KB071674

성경과 함께 읽는

성경 1장 칼럼

김명제 지음

5권

| 마가복음 ~ 요한계시록 |

서 문

강원도 태백에 있는 석탄박물관에 간 적이 있습니다. 아주 오래 전이어서 세세한 기억은 사라졌지만 절대 잊혀 지지 않은 것이 있습니다. 땅 속에 있는 광물이 너무나 많고 아름답다는 것입니다. 한국에서 캐낸 것만 해도 이 정도이니 지구, 나아가 우주에는 내가 알고 있는 광물의 만만배가 있다고 해도 과언이 아닐 것입니다. 우리는 이미 땅 위와 바다 속과 우주가 놀랍고 아름다운 것을 알고 있습니다. 하나님의 창조의 손길이 보이지 않는 땅 아래까지 이렇게 아름다운 것으로 채워 놓은 것에 감동이 밀려옵니다. 현실적으로 우주에 갈 리 없고 바다 속도 여행할 것 같지는 않지만 매일 밟고 사는 땅은 마치 이웃과 같다는 생각이 듭니다. 손 내밀면 닿을 수 있는 곳에 천국의 보화를 놓아두신 원리를 소환합니다.

(마 13:44) "천국은 마치 밭에 감추인 보화와 같으니 사람이 이를 발견한 후 숨겨 두고 기뻐하며 돌아가서 자기의 소유를 다 팔아 그 밭을 사느니라"

석탄박물관에서는 광부가 캐낸 찬란한 광물을 보았지만 그리스도인은 성경에서 보화를 채광 할 수 있습니다. 성경은 영원한 최고의 베스트셀러이고 관련 서적은 홍수처럼 넘치고 있습니다. 한국의 그리스도인에 있어서 성경은 마치 내 몸과 같은 땅처럼 아주 가까이에 있습니다. 경건을 갈망하는 신실한 기독교인은 성경을 사모하며 열심히 읽습니다. 말씀 사역자는 설교와 교육을 위해 성경을 연구하고 교재를 만듭니다. 저 또한 결신 이후 46년을 성경과 씨름하며 진력하였습니다. 2020년 코비드 상황에서 10독을 작정하고 성경에 올 인한 적이 있었습니다. 목표를 달성하고자 TV도 편하게 보지 못하고 눈을 혹사해가며 성경을 읽었습니다. 그 결과 충격적인 결론을 내리게 되었습니다. 소위 성경을 수도 없이 읽은 전문가인 저도 성경이 이토록 어려운데 성도들은 어찌할까라는 질문입니다.

성경을 의무적으로 읽지만 이해하고 적용하기에는 그 벽이 너무 두껍고 높은 현실에 직면해 있습니다. 성경을 해석하는 전문적인 책을 참고하기도 하고 설교 서적을 이용하기도 하지만 지구력에 허점이 생깁니다. 영적 감각은 매일 성경 읽고 기도하고 교제하는 것에서 가다듬어 지는데 여기에 구멍이 생기게 되는 것입니다. 성경을 직면하고 정주행하는 시스템을 위한 긴박성이 요구되었습니다.

(히 3:13) "오직 오늘이라 일컫는 동안에 매일 피차 권면하여 너희 중에 누구든지 죄의 유혹으로 완고하게 되지 않도록 하라"

성경 통독을 위한 가이드와는 다른 성경의 각 장을 짧고 쉽게 해석하며 적용하는 콘텐츠에 눈을 뜨게 되었습니다. 책과 멀어진 디지털 영상시대에 성경 1장을 정독하고 5분 안으로 읽을 수 있는 칼럼이 떠올랐습니다. 도입부를 흥미 있게 시작하고 본문을 이해하며 신구약의 복음적 통찰을 중심으로 저술하였습니다. 나아가 영적인 은혜와 신앙의 활력을 얻는 결론을 내리도록 하였습니다. 본문 내용에 따라 역사신학과 시대성찰의 메시지가 들어간 것도 있습니다. 이 책을 저술하면서 뇌리를 맴돌고 입술에서 나온 말이 있었습니다. "하나님 죄송해요"입니다. 패역한 선민의 회개하지 않는 모습이 우리, 아니 나의 모습이라는 것을 깨달았기 때문입니다. 그럼에도 심판을 늦추시고 '남은 자(The remnant)'를 통한 회복을 섭리하시는 마음을 알아 챌 때 두려운 신앙을 가다듬게 되었습니다. 하나님을 향한 거룩한 긴장과 함께 경외의 사랑을 고백할 수 있었습니다. 유기적 영감설에 의한 성경저자들의 감동을 조금이나마 느낄 수 있었습니다.

신앙생활과 목회현장의 점철된 성패의 경험들이 겸손하게 글을 쓰게 한 것 같습니다. 영적으로 몸부림친 육필의 글이 독자의 성경 보화의 채광도구로 사용되면 참 좋겠습니다. 진리의 보물은 성령님을 모신 내가 손을 내밀면 바로 잡을 수 있는 곳에 도착되어 있습니다.

(신 30:13-14) "이것이 바다 밖에 있는 것이 아니니 네가 이르기를 누가 우리를 위하여 바다를 건너가서 그의 명령을 우리에게로 가지고 와서 우리에게 들려 행하게 하랴 할 것도 아니라 오직 그 말씀이 네게 매우 가까워서 네 입에 있으며 네 마음에 있은즉 네가 이를 행할 수 있느니라 보라 내가 오늘 생명과 복과 사망과 화를 네 앞에 두었나니"

2023년 12월

인천 연수구에서

김명제

일러두기

1. 권별 안내

① 제 1권 : 창세기-룻기

② 제 2권 : 사무엘상-욥기

③ 제 3권 : 시편-이사야 1부(39장) *시편 119편은 4개입니다.

④ 제 4권 : 이사야 2부(40장)-마태복음

⑤ 제 5권 : 마가복음-요한계시록

2. 개인적인 적용

① 기도를 먼저 하고 성경의 각 장을 먼저 읽는 것이 좋습니다.

② 정독을 원칙으로 하고 사정이 되는대로 여러 번 읽으면 좋습니다.

③ 칼럼을 읽고 사정에 따라 참고 성구도 찾아 읽으면 됩니다.

④ 시간이 되면 성경 본문을 다시 정독할 때 본문을 이해하게 됩니다.

⑤ 말씀 사역자가 평생 설교할 수 있는 소스(source)가 담겨 있습니다.

3. 공동체의 적용

① 가족과 교회 공동체에서 함께 사용할 수 있습니다.

② 성경 내용을 주제로 대화와 토론을 하므로 영육간의 성숙을 이룹니다.

③ 기독교 가정의 자녀에게 성경을 읽도록 하는 기능을 줍니다.

④ 교인이었다가 떠난 분과 성경에 관심 있는 비신자에게 선물로 적당합니다.

4. 부록 사용법

책의 마지막에 있는 3가지(성숙, 기도, 전도) 경건의 도구를 사용법대로 성실하게 사용하면 능력 있는 사역자의 길을 갈 것입니다.

목차

마가복음 · 20

누가복음 · 49

요한복음 · 95

사도행전 · 135

로마서 · 187

고린도전서 · 218

고린도후서 · 248

갈라디아서 · 272

에베소서 · 284

빌립보서 · 295

골로새서 · 303

데살로니가전서 · 311

데살로니가후서 · 321

디모데전서 · 327

디모데후서 · 338

디도서 · 346

빌레몬서 · 352

히브리서 · 354

야고보서 · 380

베드로전서 · 390

베드로후서 · 400

요한1서 · 406

요한2서 · 416

요한3서 · 418

유다서 · 420

요한계시록 · 422

부록 · 470

마가복음

♦ 마가복음 1장 성경칼럼

1절 | 하나님의 아들 예수 그리스도의 복음의 시작이라
20절 | 곧 부르시니 그 아버지 세베대를 품꾼들과 함께 배에 버려 두고 예수를 따라 가니라

"4계절, 4복음서"

교회의 어른들이 청년들에게 4계절을 사귀어 본 다음에 결혼을 결정하라는 충고를 많이 합니다. 일 년의 시간을 강조하는 것과 함께 4계절이 다르듯이 여러 상황의 대처를 관찰하라는 뜻입니다. 유사어로는 '동서남북을 살피며 살라'는 말이 있습니다. 아브라함과 롯의 거주지 결정 후에 하나님께서 하신 말씀과 유사합니다(창 13:14-17). 전체를 보는 가치관을 키울 때 믿음의 그릇이 준비됩니다.

초신자 시절 성경을 무조건 읽을 때 복음서가 왜 4권일까라는 궁금증이 생겼습니다. 대답은 바로 나왔는데 각 복음서는 다른 시각과 강조점이 있는 것을 발견했기 때문입니다. 마태복음과 마가복음은 출발부터 완전히 다릅니다. 유대인을 수신자로 한 마태복음은 예수님을 구약에서 계시된 구원의 왕임을 알립니다. 마가복음은 수신자가 로마인으로 보이며 예수님을 섬기는 종으로 소개하고 1장부터 3중 사역을 바로 등장시킵니다. 마가복음은 4복음서 중에 가장 먼저 저작되었지만 신약성경 중 첫 번째 쓰여 진 갈라디아서보다 10년 이상 늦습니다.

A.D.63년의 로마 대화재 이후 기독교 박해가 극에 달했을 때 신자들을 격려하는 의도로 쓰여 졌습니다. 누가복음은 이방인을 수신자로 하여 예수님의 인성이 강조되고 요한복음은 전 인류를 대상으로 신성이 선포됩니다. 4복음서는 예수님의 생애를 다루지만 성품과 사역의 다양성과 풍성함을 보여주는 것입니다. 1장 첫 구절에 나오는 '하나님의 아들 예수 그리스도'는 로마 치하에서는 할 수 없는 고백입니다. 로마 황제가 태양신인데 그보다 우위인 신을 용납할 리가 없기 때문입니다. 믿음으로 살다가는 순교할 수밖에 없는 상황을 배경에 두고 마가복음을 읽어야 하는 것입니다.

예수님의 탄생 기사와 유년 시절이 생략되고 세례 요한이 소개되는 것은 복음이 행동화되었다는 뜻입니다(2-8절). 신학적 설명보다는 공생애의 사건들 자체를 간결하고 담백하게 묘사합니다. 활동 무대를 초기의 유다 지역을 생략하고 갈릴리와 나사렛의 사역부터 기록한 이유가 있습니다(9, 16, 39절). 갈릴리는 구약부터 이방 취급을 받았고(사 9:1) 나사렛은 지금 말로는 촌놈이란 뜻으로 주님이 죄인의 친구임을 알리고 있습니다(요 1:46). 죄가 더한 곳에 더 큰 은혜가 임하고 빈천한 자를 찾으시고 병자를 고치시는 하나님을 계시합니다.

세상 인물은 인기와 권력을 탐하지만 주님은 섬기러 오셨고 죽음의 길을 가십니다(10:45). 홍보는커녕 기적과 치유를 감추라고 하신 주님(45절)의 능력은 완전합니다. 베드로 장모가 치유 후에 바로 봉사하는 모습이 이를 증명합니다(30-31절). 주님의 종 된 자세는 따르는 제자들의 응답으로 나타납니다. 생업 도구와 부모를 버려두고 주님을 따라 나서는 제자들의 미래는 어떻게 전개될까요?(16-20절)

4절 | 무리들 때문에 예수께 데려갈 수 없으므로 그 계신 곳의 지붕을 뜯어 구멍을 내고 중풍병자가 누운 상을 달아 내리니

10절 | 그러나 인자가 땅에서 죄를 사하는 권세가 있는 줄을 너희로 알게 하려 하노라 하시고 중풍병자에게 말씀하시되

"누가 말했을까?"

사람의 결정적인 행동이 나오기까지는 과정이 있습니다. 자신만이 아닌 타인과 함께 하는 행동이라면 이 단계는 더 깊어집니다. 의식(마음, 생각)은 정보와 지식의 습득으로 정립되는데 어느새 무의식(집단 지성)도 자리 잡고 있습니다. 쌓인 생각은 언어로 나타나고 언어는 창조의 능력이 있어 행동을 낳게 됩니다. 여기서 다른 사람이 공감하며 함께 행동할 수 있다면 그 에너지는 대단한 것입니다(전 4:12). 선악의 다양한 행동 중에서 주님이 칭찬하시는 영적 열매가 맺혀졌다면 최고로 멋진 일입니다. 진리의 말 한 마디는 그토록 귀한 것이고 선을 이루게 되면 하나님의 뜻에 쓰임 받는 것입니다.

2장에 나오는 중풍병자 치유는 분명히 실화인데 한편의 영적 드라마같이 펼쳐집니다. 드라마는 각본대로 움직이지만 이 이야기는 인간의 생각과 의지가 역동적으로 작용합니다. 장소는 주님의 제 2의 고향 같은 가버나움이며 주연은 당연히 주님입니다. 인간 주연은 중풍병자와 그를 아끼는 4명이고 조연은 서기관이며 모여든 주민들은 엑스트라입니다. 주님의 치유에 사람들은 구름떼처럼 모여들었고 들것에 실린 이 병자는 주님이 계신 집안에 들어갈 수가 없습니다(1-2절). 새치기도 할 수 없고 그냥 기다리다가는 주님을 만날 가능성은 없습니다.

이런 경우 대부분의 사람들은 포기하지만 이 5명 중에 누군가 아이디어를 냅니다. 아이디어라고 표현했지만 실제적으로는 그의 정립된 영적 의식에서 나온 말입니다. '지붕으로 올라가자'입니다(4절). 수평적인 사고가 수직적인 시각으로 바뀐 것이고 사방이 막혔을 때 하늘을 본 것입니다. 유대인의 집은 단층위에 지붕이 있는데 올라가는 계단이 있는 구조입니다. 지붕을 뜯어 아래로 내리면 주님 앞에 병자를 놓을 수 있습니다.

이 믿음의 진취적 행동은 5명이 동시에 생각하고 말하고 행동하지 않았을 것입니다. 누군가 말한 것을 동의하며 기뻐했고 행동하는 수고에 동참해서 이루어졌습니다. 그런데 주님의 칭찬과 함께 주어진 말씀이 의외입니다. '네 죄 사함을 받았느니라'입니다(5절). 병을 고치러 온 자에게 구원이 임했습니다. 서기관들과의 논쟁을 통해 주님은 하나님만이 하실 수 있는 죄 사함의 권세를 증명합니다(6-11절). 치유와 구원을 완벽하게 이루신 '예수의 자기 계시'가 이루어졌습니다(12절). 믿음의 말과 행동이 하나님의 일에 동참되는 것은 면면히 이어져 우리에게까지 와 있습니다.

♦ 마가복음 3장 성경칼럼

22절 | 예루살렘에서 내려온 서기관들은 그가 바알세불이 지폈다 하며 또 귀신의 왕을 힘입어 귀신을 쫓아낸다 하니

29절 | 누구든지 성령을 모독하는 자는 영원히 사하심을 얻지 못하고 영원한 죄가 되느니라 하시니

"악마는 프라다를 입는다"

영화 제목이 먼저 생각나지만 강렬한 메시지를 주는 문장입니다. 명분과 지위를 가진 자가 나쁜 짓을 할 때 사용됩니다. '면후흑심'이 생각나고

'악마는 법복(성의)을 입는다'가 파생되어 사용됩니다. 성경에서는 '사탄도 자기를 광명의 천사로 가장하나니(고후 11:14)'와 '거짓말하는 영이 되어 세상을 꾀겠나이다(왕상 22:22)'로 정리되어 있습니다.

사탄의 사명은 인간을 지옥으로 인도하는 것입니다. 이를 위하여 수단방법을 가리지 않는 가운데 최고 전략 중의 하나가 프레임 만들기입니다. 프레임은 틀(뼈대)이란 뜻으로 사고의 체계와 마음의 창이 세워진 것을 말합니다. 특정한 언어를 들었을 때 연상되는 선입견에 대한 싸움이 프레임 전쟁입니다. 정치의 선전과 의식화와 조직과 동원이 이 힘에 의하여 결정됩니다.

3장에 나오는 주님에 대한 대적자들의 프레임 씌우기는 아주 교활합니다. 주님의 친족들이 예수님을 자기들의 상식으로 이해할 수 없어 미쳤다고 하는 것과는 차원이 다릅니다(21절). 메시야에 대한 무지는 책망 받아 마땅하지만 주님을 걱정하는 선의가 조금이라도 들어가 있습니다. 서기관들이 예루살렘에서 파송되었다는 것은 배후에 거대한 종교 기득권층이 있음을 보여줍니다(22절).

저들이 들고 나온 첫 번째 프레임은 '예수가 바알세불이 지폈다'입니다(22절). 바알세불은 사탄을 격하시킨 유다 식 표현으로 '파리들의 주'라는 뜻입니다. 제물을 건드리는 파리의 주인인데 그 사탄에게 지폈다는 것입니다. 지폈다는 것은 홀렸다 또는 사로잡혔다는 뜻입니다. 사탄의 졸개로서 사탄이 하는 일을 한다고 덮어씌우는 것입니다. 두 번째는 귀신의 왕인 마귀를 힘입어 귀신을 쫓아낸다는 프레임입니다(22절). 예수님을 귀신으로 여기는 것이니 그 모독은 끝장까지 간 것입니다. 주님께서는 이들의 악한 프레임을 철저히 분쇄합니다. 사탄이 사탄을 쫓아낼 수 없고 집과 나라가 스스로 분쟁할 수 없다는 것입니다(23-26절).

주님의 신유와 축사는 사탄을 결박하였기에 일어난 결과임을 분명히 하십니다(27절). 주님의 선포를 받아들일 리가 없는 저들에게 저주가 떨어집니다. 예수님이 하신 사역을 거부하고 모독하는 자는 성령을 훼방하는 것으로 용서가 안 됩니다(28-29절). 성령은 예수님을 믿게 하시는 분이신데 용서를 끝끝내 거부하는 자에게는 구원의 길이 없습니다. 세상의 온갖 악한 프레임을 뚫고 예수님을 주와 그리스도로 고백하는 우리는 하늘의 복을 받았습니다.

♦ 마가복음 4장 성경칼럼

37절 | 큰 광풍이 일어나며 물결이 배에 부딪쳐 들어와 배에 가득하게 되었더라
39절 | 예수께서 깨어 바람을 꾸짖으시며 바다더러 이르시되 잠잠하라 고요하라 하시니 바람이 그치고 아주 잔잔하여지더라

"우리의 광풍"

인간의 보편적 소원은 부귀영화이고 소망은 평탄하게 사는 것입니다. 이 평탄하게 사는 것이 소망이 되는 이유는 어렵기 때문입니다. 굴곡이 심하고 격랑에 휩쓸리고 생사를 가름 하는 일들이 수없이 닥치는 것이 인생살이입니다. 불교에서 인생을 고해(고통의 바다)라고 정의하는 것에 시비 거는 사람은 없습니다. 인생이 고통의 바다라는 것은 인간이 사는 세상이 바다와 비슷하다는 의미입니다.

바다가 잔잔할 때는 어머니 품처럼 아늑하고 평화롭고 아름답습니다. 하지만 바람의 세기에 따라 바다는 그 위험도가 높아집니다. 태풍, 폭풍, 광풍의 바다가 됩니다. 이렇게 되는 순간 바다에서 인간의 힘으로 할 수 있는 일은 아무 것도 없습니다. 4장에 나오는 갈릴리 바다의 광풍 장면은 그

리스도인의 삶에 결정적 지침을 선사합니다. 어부 출신 제자들이 왜 광풍을 예상하지 못했는지에 대한 의문이 있습니다.

갈릴리 해는 지중해 수면보다 약 200m 낮아서 헤르몬 산에서 요단 계곡으로 이상 기류가 흐르면 회오리바람이 일어나고 순식간에 폭풍이 됩니다. 현대의 태풍 예보와는 다르게 예측 불능인 것이 우리 인생과 닮았습니다. 배에 물이 차오르고 절대 절명의 때에 제자들은 주님이 생각나서 깨웁니다(37-38절). 볼 멘 소리로 보아 이 위기에 주무시는 주님께 불만을 가지고 일침을 놓는 분위기가 느껴집니다. 이 분위기는 제자들을 책망하시는 것으로 증명됩니다(40절). 주님께서 바람을 꾸짖으시고 평정하는 장면은 자연계를 통치하시는 하나님을 계시하는 것입니다. '꾸짖고'와 '그치고'의 부정과거 시제는 즉각적이고 단회적인 순종으로 주님의 절대적 지배를 뜻합니다.

주님 명령에 인격적 존재로 순종한 광풍처럼 우리의 광풍도 주님에 의하여 해결될 수 있습니다. 이 시대 우리의 신앙을 가로막는 광풍은 만만하지 않습니다. 철학을 가장한 무신론, 육신의 눈이 절대인 유물론, 돈의 노예가 되게 하는 배금주의, 창조에 역행하는 진화론 과학은 광풍처럼 몰아칩니다. 쾌락을 위해서 가리지 않는 말초신경의 늪, 기분 나쁜 비교와 외모 지상주의, 자긍심을 뺏는 열등감은 내면의 폭풍입니다. 행복의 울타리인 관계의 어그러짐과 파괴, 불만족한 경제 현실의 애환은 현실의 태풍입니다.

이 거대한 도전을 이길 수 있는 길은 오직 예수님께 나아가는 것뿐입니다. 제자들이 한 배에 타신 주님을 깨워 해결하였듯이 우리도 할 수 있습니다. 주님이 계신 배에 어느새 함께 있는 나를 보며 안도의 감사가 나옵니다.

(시 107:30) "그들이 평온함으로 말미암아 기뻐하는 중에 여호와께서 그들이 바라는 항구로 인도하시는도다"

♦ 마가복음 5장 성경칼럼

9절 | 이에 물으시되 네 이름이 무엇이냐 이르되 내 이름은 군대니 우리가 많음이니이다 하고

17절 | 그들이 예수께 그 지방에서 떠나시기를 간구하더라

"최악에서 최선으로"

성경을 한 구절로 압축한 말씀을 묻는다면 어디를 추천할까요? 요한복음 3장 16절이 가장 많을 것입니다. 구약에서는 레위기 26장 12절도 나올 것입니다. "나는 너희 중에 행하여 너희의 하나님이 되고 너희는 내 백성이 될 것이니라" 제가 추천하는 성구는 요한복음 5장 24절입니다. "내가 진실로 진실로 너희에게 이르노니 내 말을 듣고 또 나 보내신 이를 믿는 자는 영생을 얻었고 심판에 이르지 아니하나니 사망에서 생명으로 옮겼느니라" 예수님을 영접하면 사망(지옥)에서 생명(천국)으로 이미 옮겨졌다는 선언입니다. 최악에서 최선으로 변화되는 방법은 오직 예수님을 믿는 것입니다.

관점은 다를 수 있지만 5장에는 영육 간에 최악에서 최선으로 옮겨진 인물이 등장합니다. 그를 수식하는 용어를 살펴보면 최악의 상태가 어떠했는지를 알 수 있습니다. 거라사의 더러운 귀신들린 자이고 무덤 사이에서 왕래하며 고랑과 쇠사슬을 매어도 끊어버려 아무도 제어할 수 없습니다(2-4절). 무덤과 산에서 밤낮 괴물처럼 소리를 지르고 집도 없이 벌거숭이가 되어 돌로 자기 몸을 해쳐 피투성이입니다(5절, 눅 8:27). 이렇게 된 것은 귀신이 들렸기 때문인데 이름을 물으니 자기를 군대(레기온, 여단 규모)라고 합니다(9절).

현대적 용어로는 정신분열증인데 수천 개의 귀신이 들어와 있다는 뜻입

니다. 귀신을 쫓아내는 주님의 능력은 영계를 지배하는 하나님이심을 증거합니다. 돼지 2,000마리에게 들어간 귀신들은 바다로 내리달려 몰살합니다. 한 인간에게 잘못하면 수천 개의 귀신이 들어올 수 있다는 실증을 보여줍니다(마 12:45). 불신자가 지독하게, 아주 악착같이 예수님을 안 믿는 영적 실상을 보게 됩니다. 금기 지역인 무덤을 벗어나 정상인이 된 거라사 인이 바로 나의 모습이라는 것은 무리한 유비(analogy)가 아닙니다(15절).

우리가 사망에서 생명으로 옮겨진 구원을 받았다면 거라사 인보다 더 극적인 변화를 겪은 것입니다. 한 영혼을 천하보다 귀하게 여기시는 주님과 돼지 떼가 아까 와 주님을 배척하는 주민의 대조는 비극입니다(16-17절). 지금도 한 그릇 식물을 위하여 영적 명분을 파는 어리석음이 난무합니다.

(히 12:16) "음행하는 자와 혹 한 그릇 음식을 위하여 장자의 명분을 판 에서와 같이 망령된 자가 없도록 살피라"

5장에는 자연계(4장)와 영계를 다스리는 것에 이은 완벽한 의사와 생명의 주권자 되신 주님이 계시됩니다. 유대인의 접근 금지 사항인 피(혈루병 여인)와 시체(야이로의 딸 죽음)에 대한 정복이 선포됩니다. 주님께서는 최난이도의 문제를 단 한번으로 쉽게 해결하십니다(8, 34, 41절). 종의 자세로 전능하신 하나님을 보여주시는 주님을 따라 살아야 하겠습니다. 최고의 영성은 사랑입니다(43절).

♦ 마가복음 6장 성경칼럼

5절 | 거기서는 아무 권능도 행하실 수 없어 다만 소수의 병자에게 안수하여 고치실 뿐이었고

8절 | 명하시되 여행을 위하여 지팡이 외에는 양식이나 배낭이나 전대의 돈이나 아무 것도 가지지 말며

"소극적인 예수님?"

삼위실체 하나님은 적극적이며 열심을 내시는 분입니다. 그 열심 때문에 연약한 자가 하나님의 사람으로 변하였고(창 22:12) 최고의 증거인 성육신이 이루어졌습니다(요 1:14, 18). 구속사에서 하나님의 소극성을 만날 때가 있는데 당황하지 말고 새 지평을 열어야 합니다. 인간은 그 시야가 좁아서 하나님의 경륜을 알아채지 못합니다. 시편 기자가 수없이 하나님에 대한 인내의 한계를 부르짖는 이유입니다(시 13:1-2). 수백, 수천 년을 통한 언약의 성취를 볼 수 있는 내공을 가진 자는 희귀합니다. 이 때 확인할 단계는 인간이 이해할 수 있는 하나님은 이미 하나님이 아니라는 변증입니다.

6장에 나온 한 구절은 우리가 알고 있는 예수님이 아닌 것 같아 놀라게 됩니다. '거기서는 아무 권능도 행하실 수 없어'입니다(5절). 문장 자체를 그대로 접수하면 주님의 전능성은 부인되고 소극적인 주님이 보입니다. 주님이 전능성은 절대적인데 정확한 실상이 있을 것입니다. 해답은 '거기서는'에 있습니다. 거기는 주님의 고향인 나사렛이고 가족과 친척과 주민들이 예수님을 배척한 곳입니다. 심지어 마리아의 아들이라 부르며 사생아 취급까지 한 것을 볼 수 있습니다(3절).

30년을 함께 산 그들의 눈에는 타지에서 명망을 얻은 예수님이 시기의 대상이 되었습니다. 선지자가 고향과 가족에게 존경받지 못하는 사례가 주님에게도 임했습니다. 친밀함은 경멸을 낳고 호의를 호구로 갚는 인간사는 죄의 후유증입니다. 마키아벨리의 '군주는 선함보다 두려움의 존재가 되어야 멸시당하지 않는다'는 말이 통하는 세태입니다. 주님께서 권능을 행하지 않은 원인은 능력이 없어서가 아니라 저들이 받을 수 없어 절제하신 것입니다.

믿음의 권능은 불신하는 자에게는 역사하지 않습니다. 설교가 아무리 능력이 있어도 믿음이 없는 자에게는 소음과 같다는 원리입니다(살전 2:13).

(행 20:9) "유두고라 하는 청년이 창에 걸터앉아 있다가 깊이 졸더니 바울이 강론하기를 더 오래 하매 졸음을 이기지 못하여 삼 층에서 떨어지거늘 일으켜보니 죽었는지라"

이 원리는 복음의 전달에 있어서 그 도덕성과 연결됩니다. 주님은 전도자에게 물질에 청빈하고 외모에 단출하며 매너에 흠이 없어야 함을 명령합니다(8-11절).

주님 당시와 현대를 문자 그대로 적용할 수 없지만 오직 하나님만 의지하라는 정신은 그대로 전수되었습니다. 전도자가 이익을 위하여 하는 만큼 주님은 소극적이십니다. 믿는 자에게는 능치 못함이 없다는 가르침은 인간편에서의 믿음의 유일성을 알리는 선포입니다(막 9:23). 절연체처럼 주님의 능력을 막고 있는 나의 불신앙을 찾아내 제거해야 하겠습니다.

♦ 마가복음 7장 성경칼럼

28절 | 여자가 대답하여 이르되 주여 옳소이다마는 상아래 개들도 아이들이 먹던 부스러기를 먹나이다

33절 | 예수께서 그 사람을 따로 데리고 무리를 떠나 사 손가락을 그의 양 귀에 넣고 침을 뱉어 그의 혀에 손을 대시며

"리모델링, 재건축, 신축"

아파트가 3-40년이 지나면 리모델링과 재건축 이야기가 나옵니다. 이 두 가지의 방법은 빈 땅에 짓는 신축 건물보다 훨씬 어렵습니다. 다양한 기득권이 충돌하고 경제성과 심리적 작용까지 복잡합니다. 성경을 보면서 주

님은 유대교라는 건물을 어떻게 처리하실지 주목하게 됩니다. 이 건물이 얼마나 복잡하고 다양하게 지어졌는지 구약은 증거하고 있습니다. 제사와 율법과 성전의 규례와 함께 전통이 하나님의 뜻과 혼합되어 있습니다.

교만과 우상숭배와 음행으로 점철된 생활은 수리해서 쓸 수준이 아닙니다. 메시야가 눈앞에 와 있는데 알아보는 사람은 극소수입니다. 건물 뼈대를 살리는 리모델링으로 하기 에는 그 기본 틀이 무너진 상태입니다. 신축은 새 땅에 기독교를 세우는 것인데 조건이나 구도에서 해당이 안 됩니다. 주님께서 재건축을 위하여 새로운 뼈대를 세우시는 장면이 수없이 나타나는 이유입니다. 일단 구원에 대하여 구약에 없었던 거듭남을 말씀합니다.

(요 3:5) "예수께서 대답하시되 진실로 진실로 네게 이르노니 사람이 물과 성령으로 나지 아니하면 하나님의 나라에 들어갈 수 없느니라"

선지자들의 예언(겔 11:19)이 이제 주님으로부터 실제화 됩니다. 7장에 나오는 3가지 기사는 주님의 영적 재건축의 구도를 보여줍니다. 예루살렘의 파송을 받은 서기관들의 도전은 예수님을 올무에 빠뜨리는 것이 목적입니다. 유전에 있는 정결법을 들이대며 정죄하는데 논쟁과 변호로 될 일이 아닙니다. 주님께서는 저들의 폐단을 강력히 파괴하시며 형식이 아닌 내면의 의를 세우십니다. 율법은 메시야에게 인도하는 몽학 선생이고(갈 3:24) 주님은 율법을 완성하러 오셨습니다.

(마 5:17) "내가 율법이나 선지자를 폐하러 온 줄로 생각하지 말라 폐하러 온 것이 아니요 완전하게 하려 함이라"

유대인의 다음 벽인 선민의식은 이방인의 치유와 구원으로 깨뜨립니다. 이방의 수로보니게 여인과의 절절한 대화는 유대인의 적대감과 대조되어 이방인의 준비됨을 암시합니다. 선민의 멸시 속에 이방이 복음으로 새롭게 되는 영적 재건축이 일어납니다. 상에서 떨어진 부스러기라도 사모하여 받는 은혜의 사람 중에 우리가 들어가 있습니다(28절). 귀 먹고 말 더듬는 자의 데가볼리 치유는 이방 선교의 막이 열림을 의미합니다(31-32절).

스킨십을 통해 고치신 이유는 누구나 주님이 하신 것을 알도록 의도한 것입니다(33절). 이 사람에게 귀가 열리고 혀가 풀린 것처럼 우리에게 하늘의 문이 열렸습니다(34-35절). 재건축의 터를 구약에 두심으로 말세에 교회를 통해 이스라엘이 돌아오도록 하신 섭리는 참 오묘합니다(롬 11:24).

♦ 마가복음 8장 성경칼럼

11절 | 바리새인들이 나와서 예수를 힐난하며 그를 시험하여 하늘로부터 오는 표적을 구하거늘

15절 | 예수께서 경고하여 이르시되 삼가 바리새인들의 누룩과 헤롯의 누룩을 주의하라 하시니

"나쁜 사람"

오래 전에 의왕시에서 유아부 아이들과 있었던 일입니다. 다섯 살 정도 되는 아이들이 줄을 잡고 가고 있었는데 너무 귀여워서 아는 척을 했습니다. 그런데 아이들이 일제히 저를 보고 소리를 질렀는데 나중에 확인해 보니 '나쁜 사람'이었습니다. 당시 유아 납치 사건으로 떠들썩하였는데 아마 어린이집 교사들이 교육을 시킨 것 같았습니다. 사회가 흉흉하니 아이들에게 어른들은 일단 다 나쁜 사람이 된 셈입니다. 이 해프닝을 소개하는 것은 영적 세계의 나쁜 사람에 대한 경계 때문입니다.

세상에서도 나쁜 사람은 접촉 금지이지만 신앙세계의 나쁜 사람은 영원

한 저주로 안내합니다. 주님의 자기 계시가 제자들에게 메시야의 수난을 알릴 정도에 이르렀습니다(31절). 이것은 역으로 적대 세력의 모략과 박해가 악랄해졌다는 것을 의미합니다. 주님 입장에서는 제자들을 더욱 굳세게 훈련해야 하는 단계입니다. 바리새인들이 주님에게 하늘로부터 오는 표적을 보여 달라고 나섰습니다(11절). 주님을 메시야로 인정하기 위해서가 아니라 비난과 음해를 하기 위함입니다.

이들에게 어떤 기적을 보여주어도 소용이 없음을 아시는 주님께서 안타깝게 탄식하십니다(12절). 우리는 바리새인의 이미지가 너무 악하여 우리와 상관이 없다고 생각하지만 오산입니다.'바리새'란 히브리어 '파라쉬'에서 나왔고 '분리하다'라는 뜻입니다. 명칭의 근원은 주전 2세기 경 경건파인 '하시딤'에서 찾아볼 수 있습니다. 이들 경건 파는 헬라를 추종하는 왕정 통치에 불복하여 율법 지키기에 생명을 걸었습니다. 이들 중 열심이 특심한 자들이 바리새파를 이루었으니 그 출발은 좋았던 것입니다.

그러나 시간이 흐르면서 한계는 드러나고 생명력이 상실되어 체면을 위한 외식주의자가 됩니다. 바리새인하면 바로 떠오르는 위선의 집단이 되었습니다. 바리새인의 누룩이란 이런 위선이 습관화되면 누구도 말릴 수 없는 위선적 종교인이 된다는 뜻입니다(15절). 기독교 안에 바리새신앙이 얼마나 흘러넘치는지는 잘 아실 것입니다.

두 번째인 헤롯의 누룩은 정확히 말하면 헤롯당의 누룩입니다(15절). 헤롯의 세상 권력에 빌붙어서 이익을 얻고 권력의 지시에 따라 메시야를 박해하는 유대교 집단입니다. 대제사장 사독의 후손인 사두개파가 주류이며 타락하여 부활을 반대하는 교리를 가졌습니다. 시류에 따라 사는 세속주의자와 변절을 일삼는 신앙인은 헤롯의 누룩이 들어간 것입니다. 이 시대의 이단 사설을 분별하는 방법도 독한 위선과 쾌락적 세속주의의 누룩을 비쳐 보면 됩니다.

♦ 마가복음 9장 성경칼럼

24절 | 곧 그 아이의 아버지가 소리를 질러 이르되 내가 믿나이다 나의 믿음 없는 것을 도와주소서 하더라

29절 | 이르시되 기도 외에 다른 것으로는 이런 종류가 나갈 수 없느니라 하시니라

"준비물"

학교 다닐 때가 생각나지만 인생 전반에서 적용되는 단어입니다. 준비물이 없는 직업이 없고 준비가 안 된 사람이 사용되는 경우도 없습니다. 준비물은 물건으로 끝나는 것이 아니라 마음과 자세로 이어집니다. 그렇다면 신앙생활을 잘하기 위한 준비는 무엇일까요? 접근방법에 따라 수많은 종류가 나올 것입니다. 성실한 예배, 성경 지식, 신학과 교리, 성품의 훈련은 훌륭한 준비물입니다.

9장에는 영적생활의 열매를 위한 준비사항이 뚜렷이 등장합니다. 두 가지가 나오는데 각각 유일성을 가지고 등장합니다. 주님께서 친히 선포하신 믿음(23절)과 기도(29절)입니다. 유일성을 가졌는데 왜 두 가지일까요? 어휘는 다르지만 의미가 같기 때문입니다. 기도는 믿음의 기도이어야 하고 믿음은 기도가 없으면 견고해질 수 없습니다.

말 못하고 경련을 일으키는 귀신들린 아이의 모습은 하나님이 없는 자의 상징적 모습입니다. 그 아버지는 제자들이 못 고친 아들을 주님께로 데리고 옵니다(17-18절). 주님께서 즉시 고쳐주지 않으시고 대화를 나눕니

다. 귀신 축사보다 더 귀한 무엇을 훈련시키시려는 의도가 엿보입니다. 발병 시기는 어릴 때이고 증상은 귀신이 아들을 불과 물에 던지는 것입니다(21-22절). 귀신의 목적은 육신을 괴롭히고 결국 지옥으로 끌고 가는 것임을 알 수 있습니다.

아버지가 믿음의 부족을 고백하는 가운데 주님께서는 믿음의 만능을 선포합니다(22-23절). 아이 아버지의 우렁찬 응답은 우리의 롤 모델입니다(24절). 우리는 분명히 믿지만 그 믿음을 신뢰하지 못할 때 주님께 도와 달라고 외쳐야 합니다. 믿음의 결과는 아이의 완전 회복이었고 제자들의 조용한 질문이 이어집니다(28절). 주님의 대답은 기도 외에는 다른 방법이 없다는 것입니다(29절).

믿음이 안 보이는 것을 보는 것이라면(히 11:1) 기도는 하나님만 하실 수 있다는 고백입니다.(히 11:6) “믿음이 없이는 하나님을 기쁘시게 하지 못하나니 하나님께 나아가는 자는 반드시 그가 계신 것과 또한 그가 자기를 찾는 자들에게 상주시는 이심을 믿어야 할지니라”

즉 믿음의 기도는 하나님의 뜻이 나에게 이루어지는 통로가 됩니다. 하나님의 뜻인 영혼 구령과 양육을 기도할 때 응답받는 체험은 우리의 비밀입니다. 소홀해지기 쉬운 믿음과 기도의 준비는 매일 점검해야 효과가 있습니다(살전 5:17).

(엡 6:18) “모든 기도와 간구로 하되 무시로 성령 안에서 기도하고 이를 위하여 깨어 구하기를 항상 힘쓰며 여러 성도를 위하여 구하고”

♦ 마가복음 10장 성경칼럼

47절 | 나사렛 예수시란 말을 듣고 소리 질러 이르되 다윗의 자손 예수여 나를 불쌍

히 여기소서 하거늘

51절 | 예수께서 말씀하여 이르시되 네게 무엇을 하여 주기를 원하느냐 맹인이 이르되 선생님이여 보기를 원하나이다

"인생은 (　　)처럼"

괄호 안에 누구를 넣느냐에 따라 진지하기도 하고 조크(joke)도 됩니다. 대부분 자신의 롤모델을 넣어서 희망을 충전합니다. 실제로 놀면서 한도가 없는 부인 카드로 유유자적하게 사는 어느 남자를 집어넣는 익살도 있었습니다. 이 말을 바꾸어서 '신앙은 (　　)처럼'을 만들어 보았습니다. 각자의 가치관에 따라 성경의 수많은 인물이 괄호 안을 채울 것입니다.

혹시 요절의 분위기로 보아 바디매오가 들어갈 것을 예상하셨는지요? 설마는 물러나고 '신앙은 바디매오처럼'이 맞습니다. 성경 전체에서가 아니고 개인의 믿음에 따라 이 구도는 매우 바람직합니다. 10장의 바디매오 사건은 마가복음의 마지막 치유 이적입니다. 주님께서 여리고를 떠나 예루살렘으로 향하는 시점에 발생하였습니다. 주님의 수난이 예고되었지만 제자들은 세속적 야망으로 가득 차 있습니다(35-45절).

11장부터는 예수를 죽이고자 하는 유대 지도자들의 모략이 집중적으로 행동합니다. 주님이 가시는 길가에 앉은 바디매오는 맹인이고 거지이고 노숙자입니다. 우리와 전혀 연결점이 없는 것 같은데 성경은 아니라고 선언합니다. 그 유명한 주님의 영적 맹인 판별을 소환합니다.

(요 9:39) "예수께서 이르시되 내가 심판하러 이 세상에 왔으니 보지 못하는 자들은 보게 하고 보는 자들은 맹인이 되게 하려 함이라 하시니"

바리새인들이 영적 맹인인 것이 선언됩니다.

(요 9:40-41) "바리새인 중에 예수와 함께 있던 자들이 이 말씀을 듣고 이르되 우리도 맹인인가 예수께서 이르시되 너희가 맹인이 되었더라면 죄가 없으려니와 본다고 하니 너희 죄가 그대로 있느니라"

세상 불행을 다 떠안고 살았던 바디매오는 육안은 물론이고 영안도 열려 구원의 복을 받습니다(52절). 바디매오는 나와 상관없는 자가 아니라 구원받은 나의 모습이라는 것이 증명되고 있습니다. 그가 부른 '다윗의 자손 예수여'라는 외침은 우리의 주는 그리스도시요 하나님의 아들입니다'라는 고백과 동일합니다(47-48절). 주님의 부르심 앞에 겉옷을 내 버리고 뛰어 일어나 달려가는 모습은 주님을 만난 우리의 반응과 같습니다(49-50절).

주님의 '무엇을 원하느냐'는 질문에 '보기를 원 합니다'라는 대답은 오직 예수를 믿는 우리의 신앙입니다(51절). 신앙은 바디매오처럼 의 확정 도장은 주님만 사모하는 것에 있습니다. 오직 살길은 주님밖에 없음을 알고 불쌍히 여겨 달라고 끈질기게 부르짖으며 소원을 정확히 고백하였습니다(47-48절). 거듭난 후에 주님을 따라 나서는 것은 변절이 없는 신앙임을 확인해 줍니다(52절). 거듭나기 전의 나는 영적 맹인이고 형편없는 거지임을 인정할 때 바디매오는 나의 롤모델이 됩니다. 영안을 밝게 하여 주님 뒤를 놓치지 말고 잘 따라가야 하겠습니다.

♦ 마가복음 11장 성경칼럼

14절 | 예수께서 나무에게 말씀하여 이르시되 이제부터 영원토록 사람이 네게서 열매를 따 먹지 못하리라 하시니 제자들이 이를 듣더라

28절 | 이르되 무슨 권위로 이런 일을 하느냐 누가 이런 일 할 권위를 주었느냐

"메시야를 죽인 자들?"

세상의 살인은 죽인 자가 어떤 면에서든 힘이 있다는 전제가 붙습니다. 그렇다면 예수님이 죽으신 것은 힘이 없어서 죽었다는 논리가 생깁니다. 통일교를 비롯한 많은 이단들은 예수님이 힘이 없어 십자가에 달려 죽었고 구원에 실패했다고 주장합니다. 성경을 모르는 무지함이 십자가의 대속을 알리가 없습니다. 예수님은 사탄이나 그 추종자인 인간에게 패배하여 죽으신 것이 아닙니다. 하나님께서 구약에서 예언했던 대로 속죄 제물로 십자가에 내어 주신 것입니다.

(사 53:6) "우리는 다 양 같아서 그릇 행하여 각기 제 길로 갔거늘 여호와께서는 우리 모두의 죄악을 그에게 담당시키셨도다"

인간의 손에 의해 죽은 것처럼 보였지만 하나님께서 죄인의 대표로서 속량 제물로 받으신 것입니다.

(히 9:28) "이와 같이 그리스도도 많은 사람의 죄를 담당하시려고 단번에 드리신바 되셨고.."

불신자들이 예수님을 안 믿는 것은 십자가에 나타난 대속의 비밀을 전혀 알 수 없기 때문입니다. 그럼에도 불구하고 우리는 메시야를 죽이는데 참여한 자들을 기억해야 합니다. 깊이 들어가면 그들의 어떤 유형에 내가 들어가 있음을 깨닫게 되기 때문입니다.

메시야를 죽인 주동자는 법적으로 본디오 빌라도 총독이 주연이고 헤롯왕은 조연입니다. 당시의 통치자이고 사형을 선고한 자들입니다. 두 번째는 대제사장들과 서기관들과 장로들로서 종교적 주도자입니다(27절). 11장에 나오는 주님과 저들과의 권세 논쟁은 세상 관점으로 예수님의 죄를 보여줍니다. 성전 청결을 목격한 저들의 눈에는 이제 메시야는 염두에 없고 예수에게 덮을 죄목 찾기에 올 인합니다. '무슨 권위로 감히 성전에서 행패를 부렸는가'라는 질문이 날카롭습니다(28절). 하나님의 권세를 입었다고 하면 신성모독죄에 바로 걸립니다. 메시야의 권세라고 하면 정치적 죄목으로 반역죄에 걸립니다. 이 덫을 피하려고 침묵하면 그동안 백성들을 기만했다는 사기죄에 괘씸죄가 추가됩니다.

주님께서는 세례 요한의 엄청난 권세가 어디에서 왔는지를 대답하라고 역질문을 합니다(30절). 역공에 대답을 못하는 것으로 마무리가 되었지만 주님은 결국 앞의 세 가지 죄목으로 사형에 넘겨집니다. 백성들은 무지한 부화뇌동으로 메시야를 죽이는데 동참합니다(요 19:15). 주님이 죄가 없다는 것은 빌라도와 그의 아내를 통하여 성경에 기록됩니다(마 27:19, 24). 유대인들이 메시야를 죽인 죄의 대가는 무화과나무(이스라엘, 호 9:10)가 마른 것처럼 임하게 됩니다(14, 21절). 잎만 무성하고 열매가 없는 위선신앙이 얼마나 무서운지 경고를 받게 됩니다(13절).

♦ 마가복음 12장 성경칼럼

1절 | 예수께서 비유로 그들에게 말씀하시되 한 사람이 포도원을 만들어 산울타리로 두르고 즙 짜는 틀을 만들고 망대를 지어서 농부들에게 세로 주고 타국에 갔더니

7절 | 그 농부들이 서로 말하되 이는 상속자니 자 죽이자 그러면 그 유산이 우리 것이 되리라 하고

"모르는 숙제, 못하는 숙제"

학생이 숙제를 안 해 오면 치명적 벌칙이 주어집니다. 결석한 학생은 출석한 동료에게 숙제를 알아보고 해가야 합니다. 몰라서 안 해 왔다는 핑계

는 안 통합니다. 그러나 아는 숙제인데 못하는 숙제가 있습니다. 실력이 안 되어서 못할 수 있지만 하기 싫은 내용이어서 안하는 경우가 있습니다. 그 결과가 어떻게 될 것인지 자못 궁금합니다.

이 모든 이야기가 12장의 포도원 농부 비유에서 나옵니다. '나란히 놓다(파라볼래)'라는 뜻인 비유는 듣는 자가 쉽게 알아듣도록 구성됩니다. 유대교 지도자들에게 하신 비유는 그들이 알아들을 수 있을 뿐만 아니라 자신들의 이야기임을 알게 합니다(12절). 나아가 성경을 읽는 후대 그리스도인이 자기에게 준 말씀임을 깨닫게 합니다.

이 비유는 구약의 포도원의 노래를 배경으로 하고 있습니다(사 5:1-7). 포도원은 이스라엘, 주인은 하나님, 소작인들은 유대의 지도자들과 백성입니다. 종들은 예언자들이고 아들은 주인의 외아들이며 상속자인 예수입니다. 먼저 포도원 주인의 준비와 배려는 완벽하여 안전하고 풍족한 포도원과 필요한 장비를 베풀어 줍니다(1절). 멀리 타국에 갔다는 것은 소작인들에게 완전히 위임했다는 뜻이고 인격적으로 대하는 것입니다.

주인이 정해준 규칙은 소출의 때에 정해진 수확을 파견된 종에게 내는 것입니다(2절). 비극은 여기에서부터 시작되는데 파송된 종을 때리고 모욕하며 심지어 죽이기까지 합니다(3-4절). 지주가 장기간 안 보이니 어느새 포도원을 자기 것이라고 착각한 것입니다. 이 모습은 현대인들이 자기 기업과 재산이 하나님이 맡겨 주신 것이라고 의식하는 사람이 적은 것과 같습니다. 주인의 인내는 대단하여 이제 마지막으로 사랑하는 아들을 보냅니다(6절). 소작인들은 이제 상속자인 아들만 죽이면 다 내 것이 된다고 생각하고 실행에 옮깁니다(7-8절).

이 비유를 들은 종교 지도자들이 늦었지만 회개하고 주님을 영접했으면 얼마나 좋았겠습니까?

대세는 악하고 관습은 굳어 있고 이익의 카르텔은 끊어낼 수 없어 그들은 이 숙제를 거부하며 못하게 됩니다. 저들에게 임한 멸망과 저주(9절)를 알고 있는 이 시대 청지기의 선택은 어떠할까요? 우리의 상태를 보면 저들과 별로 다름이 없지만 능력으로 볼 때는 소망이 있습니다. 버린 돌인 예수가 모퉁이의 머릿돌이 되었고(10-11절) 교회(성도)에는 성령이 강림하였습니다(롬 8:2-6). 청지기의 숙제는 어렵지만 선한 청지기인 우리는 할 수 있습니다.

♦ 마가복음 13장 성경칼럼

32절 | 그러나 그 날과 그 때는 아무도 모르나니 하늘에 있는 천사들도, 아들도 모르고 아버지만 아시느니라

34절 | 가령 사람이 집을 떠나 타국으로 갈 때에 그 종들에게 권한을 주어 각각 사무를 맡기며 문지기에게 깨어 있으라 명함과 같으니

"종말론의 난제들"

삼킬 수도 뱉을 수도 없는 것들이 있습니다. 물리적으로는 가시, 가래, 계륵, 뜨거운 감자가 생각나지만 인생으로 들어가면 더 심각한 것이 많습니다. 사람이 대상이 되면 난이도는 높아지고 내 의지가 안 통할 수도 있습니다. 이 주제가 성경에서도 제기됩니다. 성경의 내용이 어떤 해석을 해도 흔쾌하지 않고 시비에 걸릴 수 있는 경우입니다. 특히 미래의 종말에 대한 예언은 여러 이론이 있어 정답을 찾기 어렵습니다.

천년왕국에 대한 교리는 그리스도의 재림과 관련되어 매우 중요합니다. 하지만 전천년설과 후천년설과 무천년설이 교차되면서 무엇이 맞는지 결

정하지 못했습니다. 여기에서 나온 철저적인 종말론과 실현된 종말론과 실존적 종말론이 논쟁을 가속화시킵니다. 각자 믿고 취하는 종말론이 있지만 반대편에게 압도적인 주장을 못합니다. 정상적인 종말론은 주님께서 공생애 중에 말씀하신 내용과 선지자들에게 계시된 내용을 믿는 것입니다.

종말의 징조와 시기보다 성도의 준비를 강조한 주님의 의중에 집중해야 합니다. 베드로 사도가 경고한 대로 예언을 함부로 풀다가 저주를 받으면 안 됩니다(벧후 1:20-21, 3:16). 종말에 대한 해석이 난제인 것은 묵시문학으로 기록되었기 때문입니다. 묵시란 꿈과 이상으로 계시된 것을 말하는데 시공간이 다른 사람이 이해하기 어려운 것은 당연합니다.

13장의 주님의 감람산 강화는 예루살렘 성전의 파괴를 종말과 함께 묶어 말씀하십니다(1-2절). 구약에서 초림과 재림을 한 산같이 보고 예언한 것과 같은 맥락입니다. 제자들과 후대 성도들의 가장 큰 관심은 종말의 시기에 대한 것입니다. 제자들이 징조를 곁들여 질문했지만 초점은 어느 때에 종말이 오느냐 입니다(3-4절). 주님께서 여러 징조(거짓 그리스도, 난리, 전쟁, 기근, 복음전파 현상, 인간성 파괴, 교회 핍박)를 말씀하시면서 성도의 인내를 강조합니다(5-13절).

드디어 재림의 시기를 말씀하시는데 의외의 내용입니다. 천사도 아들도 모르고 오직 아버지 하나님만 아신다는 것입니다(32절). 성자 예수님이 종말의 시기를 모른다는 말은 수많은 논란을 일으켰습니다. 예수님의 신성을 훼손하는 수많은 이단과 사설(오리게네스 주의, 모니키아니즘, 아리우스 주의, 여호와의 증인)들이 등장하였습니다. 주님께서 종말의 시기에 대해 모른다고 하신 것으로 주님의 신성과 전지성을 훼손할 수 없습니다. 성부의 섭리에 성자는 실행하시고 성령은 역사하시는 위상에 대한 복종으로 보아야 합니다. 종말의 시기를 인간이 안다면 신앙은 실족하고 성실한 성도의 견인은 위협을 받습니다. 종말의 지혜는 늘 깨어서 주님을 맞이할 준비를 하는 것입니다(33-37절).

♦ 마가복음 14장 성경칼럼

36절 | 이르시되 아빠 아버지여 아버지께는 모든 것이 가능하오니 이 잔을 내게서 옮기시옵소서 그러나 나의 원대로 마시옵고 아버지의 원대로 하옵소서 하시고

42절 | 일어나라 함께 가자 보라 나를 파는 자가 가까이 왔느니라

"아! 겟세마네.."

감탄사는 말로 설명을 할 수 없을 때 터져 나옵니다. 사건이나 사람에게 주로 붙이는데 만약 지명이라면 절절한 사연이 있을 것입니다. 성경에 감탄사를 붙일 지명이 많지만 14장을 기준으로 세 군데가 생각납니다. 예루살렘은 영광과 수치가 극명하게 드러난 곳입니다. 주님의 예루살렘을 향한 탄식 예언은 언제 보아도 슬픔에 겨워 있습니다(마 23:37). 인간 역사 속에서는 슬픈 멸망으로 마감되었지만 종말에는 새 예루살렘이 약속되어 있습니다(계 3:12).

(계 21:2) "또 내가 보매 거룩한 성 새 예루살렘이 하나님께로부터 하늘에서 내려오니 그 준비한 것이 신부가 남편을 위하여 단장한 것 같더라"

두 번째 장소는 골고다 언덕으로 해골이란 뜻이며 영어로 번역되면서 갈보리로 불립니다. 십자가가 세워져 복음의 성취가 이루어지는 골고다는 영원 속에 새겨질 이름입니다. 골고다의 주님의 보혈(요 19:34)은 성도를 거듭나게 하였습니다. 그리스도인의 영적 고향은 골고다 언덕이라는 것이

성경의 증언입니다.

(벧전 1:18-19) "너희가 알거니와 너희 조상이 물려 준 헛된 행실에서 대속함을 받은 것은 은이나 금 같이 없어질 것으로 된 것이 아니요 오직 흠 없고 점 없는 어린 양 같은 그리스도의 보배로운 피로 된 것이니라"

세 번째 장소는 14장에 나오는 겟세마네 동산입니다. '기름을 짜내는 곳'이라는 뜻을 가진 이 동산은 구속의 과정에 큰 의미를 부여합니다. 십자가에 달리시기 전 날 밤 겟세마네의 처절한 기도는 주님의 인성을 드러내며 인간의 죄를 담당한 메시야임을 인증하였습니다(34-35절). 이 복종을 통해 참혹한 고통과 최악의 배신을 감당하며 승리의 길을 가십니다(36절). 겟세마네에 대한 감탄은 기도 모범을 본받자는 교훈보다 더 심오한 깨달음에 있습니다. 겟세마네의 또 다른 주인공인 제자들 때문입니다. 제자들은 나를 포함한 후대 그리스도인들의 모델입니다.

일단 8명은 동산에 함께 가는 것마저 통과하지 못했습니다. 이들의 영적 감각은 주님이 체포되었을 때 혼비백산하여 도망가기에 바빴던 것으로 증명됩니다(50-52절). 선두 그룹에 속한 베드로와 야고보와 요한이 동산에 함께 갔지만 저들도 기도 동참에 철저히 실패하였습니다(32-41절). 고난의 잔을 복종하는 주님의 승리와 대조되는 제자들의 한계는 어떤 결과를 가져올까요? 제자의 대표인 베드로를 통해 극한 실패와 좌절이 영적 승화의 에너지가 될 수 있음을 보여줍니다. 주님 예언대로 세 번 부인 끝에 저주까지 한 베드로는 자신을 믿는 교만을 벗어 버리게 됩니다(27-31, 66-72절).

주님이 아니면 자신이 아무 것도 아님을 알 때 영적 세계는 비로소 열립니다. 한시도 기도하지 못한 겟세마네는 제자와 우리에게 탄식을 주었지만 감탄의 과정을 예비한 곳이었습니다. 모든 것을 다 알고 계시는 주님께서 못

난 제자들에게 '일어나 함께 가자'고 하신 것에 목이 메입니다(42절). 실패한 현장에서 주님 말씀이 생각나서 울어버린 베드로가 참 귀합니다(72절).

♦ 마가복음 15장 성경칼럼

30절 | 네가 너를 구원하여 십자가에서 내려오라 하고
43절 | 아리마대 사람 요셉이 와서 당돌히 빌라도에게 들어가 예수의 시체를 달라 하니 이 사람은 존경 받는 공회원이요 하나님의 나라를 기다리는 자라

"하수인, 사환"

둘 다 남의 밑에서 일하는 신분인데 느낌은 다릅니다. 하수인은 나쁜 일을 하는 졸개 같고 사환은 성실한 심부름꾼으로 보입니다. 상전이 어떤 사람이냐가 매우 중요하다는 사실을 확인할 수 있습니다. 상전을 추적하여 올라가면 영적인 위치에 당도합니다. 사탄의 하수인이 있고 하나님의 사환이 있습니다. 여기서 조심할 것은 하나님과 사탄은 수평적 위치가 절대 아니라는 것입니다. 성경을 연구하지 아니하면 사탄을 하나님과 맞상대할 수 있는 존재라고 오해합니다. 사탄은 어떤 의미에서 건물을 지을 때 사용하는 '아시바(작업 지지대)'같은 역할을 합니다.

건물의 외곽 공사가 끝나면 아시바는 미련 없이 철거됩니다. 큰 그림으로 보자면 사탄은 성도의 구원이 완성되면 지옥에 던져 폐기 처분합니다(계 20:10). 생명책에 녹명되지 못한 사탄의 하수인들은 모두 함께 그 곳에 갑니다.

(계 21:8) "그러나 두려워하는 자들과 믿지 아니하는 자들과 흉악한 자들과 살인자들과 음행하는 자들과 점술가들과 우상 숭배자들과 거짓말하는 모든 자들은 불과 유황으로 타는 못에 던져지리니 이것이 둘째 사망이라"

15장은 고난일의 메시아에 대한 재판과 선고와 고난과 죽음이 펼쳐집니다. 주님은 대속 제물로 오셔서 사명을 완수합니다. 예언대로 침묵하시며(사 53:7) 조롱을 받고(시 22:6-7) 뼈가 꺾이지 않습니다(시 34:20). 메시야를 대하는 등장인물은 사탄의 하수인과 하나님의 사환으로 정확하게 갈라집니다. 객관적으로는 사탄의 하수인들이 압도적으로 많습니다. 다만 저들은 자신들이 사탄의 하수인이라는 실상을 전혀 모르고 있습니다. 저들이 사탄의 하수인임은 구약의 예언대로 행한 것으로 증명됩니다.

십자가에 달린 메시야에게 '네가 너를 구원하여 내려오라'고 외칩니다(30-32절, 시 22:8). 광야에서 마귀가 주님을 시험할 때 천하만국을 걸고 유혹하던 것과 동일합니다(마 4:8-10). 빌라도와 종교 지도자와 군인과 민중이 역할은 달라도 사탄의 목적에 하수인으로 사용되어 저주받는 것은 같습니다. 이 엄혹한 현장에 하나님의 사환으로 등장한 사람들은 궁창의 빛과 같이 빛납니다(단 12:3). 구레네 시몬, 이방인 백부장, 막달라 마리아를 비롯한 여러 여인들, 우편 강도, 아리마대 요셉 등입니다.

산헤드린 공회의 유력자로서 자신의 모든 것을 걸고 주님의 시체를 인도받은 요셉은 걸출한 제자입니다(42-47절). 주님의 시체를 '프토마(시체)'로 쓰지 않고 신체를 뜻하는 '소마'로 기록한 복음서 기자들은 부활을 예고하고 있습니다. 성경이 완성되어 계시가 환해진 지금도 영적 하수인과 사환은 알게 모르게 활동하고 있습니다.

♦ 마가복음 16장 성경칼럼

6절 | 청년이 이르되 놀라지 말라 너희가 십자가에 못 박히신 나사렛 예수를 찾는구나 그가 살아나셨고 여기 계시지 아니하니라 보라 그를 두었던 곳이니라

19절 | 주 예수께서 말씀을 마치신 후에 하늘로 올려지사 하나님 우편에 앉으시니라

"딱 한 가지만?"

하나를 정확히 보면 나머지가 판단될 때가 있습니다. 약속을 안 지키는 사람은 그 한 가지로 모든 것을 잃을 수도 있습니다. 사기꾼이 아니라면 성적 증명서 한 장이 많은 것을 알려줍니다. 사두개인에 대한 평가 한 줄이 유독 시선을 끕니다.

(마 22:23) "부활이 없다 하는 사두개인들이 그 날 예수께 와서 물어 이르되"

다윗 시대 대제사장 사독의 후손들이 주축이 된 사두개파가 부활이 없다고 전파하고 다닙니다. 그렇다면 구속사적 진리의 시각으로 볼 때 저들에게는 구원이 없습니다.

다른 기독교 교리를 철저히 믿는다 할지라도 부활을 안 믿으면 영생은 없기 때문입니다. 역으로 대입하면 부활을 믿는 자는 다른 정통교리는 자동적으로 믿게 됩니다. 부활은 많은 열쇠 중에 딱 하나만 고르라고 할 때 마스터키(master key)를 선택하는 것과 같습니다(고전 15:13-19). 주님의 부활이 첫 열매가 되심으로 우리의 부활이 보장됩니다(고전 15:20).

그렇다면 16장에 나오는 거의 대부분의 사람들이 부활을 지독하게 안 믿는 이유는 무엇일까요?(11, 13, 14절) 주님을 사랑하고 따르던 여인들마저 부활을 기대하고 무덤에 간 것이 아니었다고 마가는 냉정하게 기술합니다(8절). 부활은 그리 쉽게 믿어지지 않는 것이 분명합니다. 주님께서 부활하신 후 40일 동안 이 땅에 머무시면서 10여 차례 이상 현현하신 이유입니다.

우리는 성경을 통하여 수천 년 동안에 드문드문 일어난 부활의 예증(에녹과 엘리야, 모세와 멜기세덱, 사르밧 과부 아들, 수넴 여인의 아들, 주님의 3명 살림)을 아주 실감나게 확인하고 있습니다. 하지만 성경을 보지 못했던 시절의 저들의 부활의 감각은 우리와 전혀 다른 것입니다. 이 원리는 지금도 성경을 만나지 못하는 자들이 부활에 대하여 무지한 것으로 이어집니다. 금방 꺼질 것 같은 촛불처럼 안 믿어졌던 부활의 소식이 성령의 역사로 산불처럼 퍼져 나갑니다. 부활의 확실성 앞에 대적할 종교나 이론은 없습니다(고전 15:55-57). 부활 신앙의 능력은 주님이 하신 기적의 사역을 대행하는 것으로 나타납니다(15-18절). 초대교회의 사도는 앉은뱅이를 일으켜 뛰게 하고(행 3:1-10) 죽은 자를 살립니다(행 9:39-42).

마가복음은 주님의 승천까지 증거하며 마무리가 됩니다(19절). 부활을 믿으니 승천은 당연히 믿어지고 승천에 연합된 우리가 발견됩니다.

(엡 2:5-6) "허물로 죽은 우리를 그리스도와 함께 살리셨고 (너희는 은혜로 구원을 받은 것이라) 또 함께 일으키사 그리스도 예수 안에서 함께 하늘에 앉히시니"

주님의 부활과 승천은 우리의 부활과 승천입니다.

(고전 15:58) "그러므로 내 사랑하는 형제들아 견실하며 흔들리지 말고 항상 주의 일에 더욱 힘쓰는 자들이 되라 이는 너희 수고가 주 안에서 헛되지 않은 줄 앎이라"

누가복음

♦ 누가복음 1장 성경칼럼

7절 | 엘리사벳이 잉태를 못하므로 그들에게 자식이 없고 두 사람의 나이가 많더라
38절 | 마리아가 이르되 주의 여종이오니 말씀대로 내게 이루어지이다 하매 천사가 떠나 가니라

"불가능과 사실"

눈으로 보고 확인한 것만 믿겠다는 사람이 많습니다. 거짓과 조작이 점점 심해지는 시대의 비극입니다. 우리는 눈에 안 보이지만 바람이 있음을 의심하지 않으며 만질 수 없는 정의가 존재한다는 사실을 알고 있습니다. 성경은 이 세상에서 불가능하다고 결정한 것을 수없이 깨고 있습니다. 태양을 멈추거나 되돌리는 일이 구속사에서 실제로 일어났고 세속사에도 기록되었습니다(수 10:12-14, 왕하 20:9-11).

사도신경으로 고백되는 우리가 믿는 신앙의 내용은 모두 불가능이 사실이 된 것입니다. 그 내용 중에 불신자들이 못 믿는 것이 있다면 동정녀가 아기를 낳은 사건입니다. 누가복음의 저자인 누가는 의사로서 치밀하고 정확한 성향의 역사가입니다. 수신자는 로마의 고위 관리인 데오빌로로서 누가복음은 이방인을 대상으로 저술되었음을 알 수 있습니다. 누가는 데오빌로에게 사도행전도 썼는데 실제로 이루어진 사실임을 분명히 하고 있습니다(1-4절, 행 1:1-3).

누가는 다른 복음서와 다르게 세례 요한의 출생에 대하여 많은 분량을 할애합니다. 그 의도의 핵심은 불가능한 일이 사실로 일어났다는 메시지에 있습니다. 동정녀의 예수 탄생 사건이 불가능이 아니라 하나님의 구속사적 사실임을 증명하려는 것입니다. 세례 요한의 부모가 무자하고 나이가 많다는 것은 인간적으로는 아기를 낳지 못한다는 뜻입니다(7절). 지금으로 보자면 70세 되는 할머니가 임신하고 아기를 낳은 것입니다.

구약을 마감하는 선지자의 대표인 세례 요한이 구약의 아기를 정상적으로 못 낳는 계보를 잇고 있습니다. 세 족장의 의미 있는 세 아내(사라, 리브가, 라헬)가 석녀였고 사무엘의 어머니인 한나가 뒤를 이었습니다. 겉으로 볼 때는 하나님께서 인간의 애를 태우는 것처럼 보입니다. 그러나 하나님께서는 그 과정을 사용하여 믿음을 세우며 하나님만 의지하도록 합니다. 나아가 하나님의 약속이 자신에게 이루어졌다는 체험을 하게 합니다. 더 깊은 섭리는 이 석녀 원리의 최종이 처녀가 아기를 낳으므로 인간의 절대 불가능이 사실이 되게 합니다.

성령으로 잉태되어 처녀에게 난 여자의 후손(창 3:15) 예수만이 인간의 원죄를 잇지 않은 유일한 메시야가 되는 것입니다(사 7:14). 도저히 믿을 수 없어 불신의 말을 했던 사가랴는 일정 기간 벙어리가 되었고 아들을 낳자 기쁨의 찬가를 부릅니다(17-20, 63-79절). 마리아는 가브리엘의 '하나님의 모든 말씀은 능하지 못함이 없다'는 수태 고지에 복종하며 부복합니다(37절). '주의 여종이오니 말씀대로 내게 이루어지이다(38절)' 이 위대한 순종은 구약의 메시야 대망 사상을 성취하는 모태가 됩니다. 믿음은 불가능을 사실로 만드는 영적 실력입니다.

(막 9:23) "예수께서 이르시되 할 수 있거든 이 무슨 말이냐 믿는 자에게는 능히 하지 못할 일이 없느니라 하시니"

♦ 누가복음 2장 성경칼럼

7절 | 첫아들을 낳아 강보로 싸서 구유에 뉘었으니 이는 여관에 있을 곳이 없음이러라

29절 | 주재여 이제는 말씀하신 대로 종을 평안히 놓아 주시는도다

"비하(humiliation)를 알아본 자"

주님께서 성육신하셔서 부활하기까지의 과정을 '그리스도의 자기 비하'라고 합니다. 자기 비하라고 한 것은 비천하게 오셨고 겸비하게 사명을 감당하셨기 때문입니다. 아기 예수를 생각할 때 가장 먼저 떠오르는 것은 마구간과 구유입니다. 가축우리에서 태어나셨고 짐승 밥통에 뉘였습니다(7절). 여관에 방이 없어서이었지만 다른 말로 하면 부모가 매우 가난했다는 뜻입니다.

예수님 탄생 당시에 메시야에 대한 관심이 없었던 것은 아니었습니다. 하지만 주로 권력자와 교권주의자들이 기득권에 손상을 받지 않으려고 관심을 쏟은 것입니다. 유력자의 가문에 태어나지 않으신 것은 이새의 뿌리에서 날 것이라는 예언의 성취입니다.

(사 11:1) "이새의 줄기에서 한 싹이 나며 그 뿌리에서 한 가지가 나서 결실할 것이요"

다윗의 아버지인 이새는 촌부였고 보잘 것 없는 신분으로 메시야의 탄생 환경을 예표 합니다.

예수님의 탄생은 빈천하였지만 영적으로는 최고의 영광을 받습니다. 메시야의 탄생 소식을 최초로 받은 자는 밤에 자기의 양떼를 지키던 목자들입니다. 유대 사회에서 믿을 수 없고 부정한 자라는 천대를 받던 목자들에

게 천사가 찾아옵니다. 메시야 탄생 소식을 전하는 천군천사의 찬양은 영원 속에서 최고의 영광을 드러냅니다. 주님의 오심은 하나님께 영광이요 믿는 자들의 평화입니다. 이 평화는 예수님을 믿고 영접한 자의 구원과 축복을 지칭한 것입니다.

천사들이 떠나자 베들레헴을 찾은 목자들의 경배는 우리를 대표하고 있습니다. 산모의 결례와 아기의 할례와 헌신례(21-24절)는 율법 아래 있는 자들을 속량하기 위한 주님의 비하입니다(갈 4:4-5). 사모함으로 메시야를 대망한 두 사람의 등장은 누가 예수님을 믿을 수 있는가에 대한 정답을 제공합니다. 시므온은 구약 마지막 선지자인 말라기를 통해 준 메시야 대망의 숙제를 해낸 우등생입니다(말라기 4장 칼럼 참조). 아기 예수를 보자 바로 메시야임을 알아보는 이유는 무엇일까요? 의롭고 경건한 삶 가운데 그리스도를 보기 전에는 죽지 아니하리라는 성령의 지시를 붙들고 살았기 때문입니다(25-27절). 아기를 안고 이제 죽어도 기쁘다며 감격의 찬양을 하는 시므온은 경건한 신앙인의 모델입니다(28-35절).

결혼한 후 7년 만에 남편과 사별하고 84세가 되도록 성전에서 금식하며 기도한 안나가 주님을 만납니다(37절). 평생을 오직 메시야를 사모하고 적극적으로 산 안나에게 주어지는 보상은 속량을 정확히 전할 수 있는 영성입니다(38절). 예수님을 어떤 분으로 아는가가 찾는 자세를 결정합니다(렘 29:13). 우리는 육신의 예수님을 만날 수는 없지만 그들에게 없는 성경이 있어서 주님을 더 사랑할 수 있습니다(요 20:29).

(벧전 1:8) "예수를 너희가 보지 못하였으나 사랑하는 도다 이제도 보지 못하나 믿고 말할 수 없는 영광스러운 즐거움으로 기뻐하니"

♦ 누가복음 3장 성경칼럼

8절 | 그러므로 회개에 합당한 열매를 맺고 속으로 아브라함이 우리 조상이라 말하지 말라 내가 너희에게 이르노니 하나님이 능히 이 돌들로도 아브라함의 자손이 되게 하시리라

38절 | 그 위는 에노스요 그 위는 셋이요 그 위는 아담이요 그 위는 하나님이시니라

"피니시 블로(finish blow)"

끝내는 한 방을 말합니다. 복싱에서 마지막 KO시키는 펀치는 승자 편에서는 최고의 스릴입니다. 법정에서 부인할 수 없는 증거를 스모킹 건이라고 하는 것과 같은 맥락입니다. 인생에 피니시 블로가 있듯이 신앙에도 당연히 있을 것입니다. 지독하게 예수를 안 믿던 사람이 어떤 이유로 믿게 되었다면 그것이 피니시 블로입니다. 다시 불신으로 돌아가지 않는다는 전제하에서 성립됩니다. 그렇다면 신앙의 여러 피니쉬 블로는 불완전할 수 있다는 논리가 나옵니다.

3장에는 세례 요한과 예수님의 기사가 교차적으로 수록되어 있습니다. 세밀한 역사가로서 당시의 정치와 종교 지도자와 로마 황제 통치 연대까지 기록합니다(1-2절). 누가는 하나님의 말씀과 구속사가 세속사의 과정에 계시되고 입증되는 진리임을 알리고 있습니다. 하나님이 일반사와 구속사를 주관하는 역사의 주인임은 족보를 통해서도 선언하고 있습니다(38절). 이런 배경에서 세례 요한의 사역은 율법의 피니시 블로가 되기에 충분합니다.

구약 율법은 철저한 하나님의 뜻으로 주어졌습니다. 죄를 깨닫게 하고 정죄와 심판의 기능을 하며 구원의 절망을 인정하게 합니다(롬 7:22-25). 그 절망에 다다른 자에게 구세주인 메시야를 소개하며 인도하는 몽학선생

의 역할을 합니다(갈 3:23-25). 마지막으로 율법은 구원받은 자가 하나님께 순종할 수 있는 윤리의 기본정신이 됩니다(마 5:17-20). 세례 요한은 구약 선지자의 한계인 몽학선생의 역할까지만 감당하였습니다.

(요 1:29) "이튿날 요한이 예수께서 자기에게 나아오심을 보고 이르되 보라 세상 죄를 지고 가는 하나님의 어린 양이로다"

세례 요한의 메시지는 정죄와 심판을 선고하여 주님을 맞을 마음을 평탄케 하는 것에 있습니다(4-6절). 하나님께서 돌로도 아브라함 자손을 만들 수 있다는 그의 최종 한방이 결국 안 통했습니다(7-9절). 그렇다면 구원의 진정한 피니시 블로는 무엇일까요? 세례 요한이 전한 주님의 정체에 정답이 있습니다. 세상 죄를 지고 가는 어린 양인 예수님이 십자가에서 대속제물이 되신 것입니다.

다양한 이유로 교회는 출석할 수 있지만 구원의 최종 한방은 십자가와 부활이 되어야 합니다. 예수님을 믿는다는 것은 하나님이 육체로 오셔서 나를 대신하여 죽으셨다는 내용을 영접하는 것입니다(요일 4:2-3). 이 결정타를 맞고도 아무 반응이 없다면 다른 길은 없습니다. 나의 죄를 담당하신(사 53:6) 예수님은 나의 주와 그리스도가 되십니다.

(요 20:27-28) "도마에게 이르시되 네 손가락을 이리 내밀어 내 손을 보고 네 손을 내밀어 내 옆구리에 넣어 보라 그리하여 믿음 없는 자가 되지 말고 믿는 자가 되라 도마가 대답하여 이르되 나의 주님이시요 나의 하나님이시니이다"

♦ 누가복음 4장 성경칼럼

18절 | 주의 성령이 내게 임하셨으니 이는 가난한 자에게 복음을 전하게 하시려고

내게 기름을 부으시고 나를 보내사 포로 된 자에게 자유를, 눈 먼 자에게 다시 보게 함을 전파하며 눌린 자를 자유롭게 하고

40절 | 해 질 무렵에 사람들이 온갖 병자들을 데리고 나아오매 예수께서 일일이 그 위에 손을 얹으사 고치시니

"복음과 나"

사람의 외로움을 표현하는 문장은 수도 없이 많습니다. 인간은 고독을 피할 수 없는 존재라는 증거입니다. 군중속의 고독은 주변에 사람이 많아도 외로움을 피할 수 없다는 의미입니다. 병이 죄라는 근본에서 나왔듯이 외로움도 죄의 결과임은 틀림없습니다.

(창 3:18) "땅이 네게 가시덤불과 엉겅퀴를 낼 것이라 네가 먹을 것은 밭의 채소인즉"

실낙원 이후 인간은 가시와 엉겅퀴 속에서 고난의 방황을 하게 되고 결핍과 허무를 안고 살게 되었습니다. 하나님을 잃은 마음은 온 세상을 다 가져도 채울 수 없습니다.

복음이란 본질적으로 하나님을 만나는 것이고 그리스도를 마음에 채우는 것입니다(엡 3:17). 주님의 대속을 믿으면 새 세계에 들어온 것이고 이를 성경은 다시 태어났다고 표현합니다(고후 5:17, 요 3:3). 하나님의 나라가 의와 평강과 희락이라는 것은 인간의 한계상황인 고독이 해결되었다는 선포입니다(롬 14:17). 인생의 정답은 나와 있는데 풀지 못하는 자가 더 많은 이유는 무엇일까요?

4장에는 주님의 공생애 사역이 시작되며 일어나는 사건들이 기록되어 있습니다. 복음의 영광과 능력 앞에서 그 혜택을 보는 자와 거부하는 자의 저주가 극명하게 드러나고 있습니다. 복음을 자기 것으로 만들지 못하는

첫 번째 이유는 예수님을 선입견으로 보는 것입니다. 예수님의 고향인 나사렛 사람들이 주님의 설교를 듣고 행한 행동은 메시야를 죽이려고 한 것입니다(23-29절). 저들에게 주님은 요셉의 아들인 목수로만 보였습니다(22절). 이 유형은 면면히 이어져 지금도 예수를 4대 성인 중의 한명으로 보는 자들이 대다수입니다.

두 번째는 가난하지 않으면 복음을 받아들이지 않는 원리입니다(18절). 가난이란 근본적으로는 심령의 가난을 의미하지만(마 5:3) 물질적인 면도 적용됩니다. 부자가 복음을 영접하지 못하는 경고는 성경에 수도 없이 많습니다(마 19:22, 약 5:1-5, 딤전 6:10). 부자는 재물만 많은 것이 아니라 마음과 상황도 다른 것으로 꽉 차 있어 주님이 들어갈 틈이 없습니다. 교만하고 즐길 것이 많고 명예욕이 솟구치는 부자가 복음을 갈망하기는 어렵습니다.

세 번째는 주님을 1대 1로 만나는 체험이 없기 때문입니다. 주님의 치유사역 현장으로 들어가 봅니다. 해질 무렵에 온갖 병자들이 나아오는데 주님께서 일일이 손을 얹어 고치시고 귀신을 쫓아내십니다(40-41절). 온종일 활동으로 피곤하실 주님께서 단체로 모아 놓고 단번에 하실 수 있었는데 그렇게 하지 않았습니다. 일일이, 한 명 한 명, 거기에 나도 있었습니다. 아, 지구에 죄인이 나 하나라도 주님은 십자가에 죽으러 오신다는 것이 믿어집니다.

♦ 누가복음 5장 성경칼럼

36절 | 또 비유하여 이르시되 새 옷에서 한 조각을 찢어 낡은 옷에 붙이는 자가 없나니 만일 그렇게 하면 새 옷을 찢을 뿐이요 또 새 옷에서 찢은 조각이 낡은 것에 어울리지 아니하리라

37절 | 새 포도주를 낡은 가죽 부대에 넣는 자가 없나니 만일 그렇게 하면 새 포도주가 부대를 터뜨려 포도주가 쏟아지고 부대도 못쓰게 되리라

"태평양 물을 한강에 다 채울 수 있다?"

누가 이 말을 한다면 정신병자나 모자란 사람으로 대할 것입니다. 예수님과 바리새인과의 금식 논쟁을 보면서 생각난 멘트입니다. 사건의 발단은 주님께서 세리(세무원)인 레위(마태)를 제자로 부르며 시작되었습니다(27절). 다른 제자들처럼 마태는 자기의 모든 기득권을 버리고 주님을 따라 나섰습니다(28절). 당시의 세리는 식민지 세력에 빌붙어 사는 매국노 같은 신분으로 창기와 죄인과 같이 천대를 받았습니다(마 21:31).

주님의 제자로 부름 받은 마태는 감격하며 자기 집에서 잔치를 벌였습니다(29절). 이 때 바리새인과 서기관들이 금식해야 할 날에 어찌 잔치를 벌일 수 있느냐며 비방합니다(30절). 당시의 대세인 세례 요한의 제자들도 금식에 동참하는데 너희들은 잘못되었다고 공격합니다(33절). 유대교는 일주일에 두 번 금식하는 유전을 만들어 지키고 있었습니다. 금식에 대한 하나님의 정해진 규례는 1년에 한번 대속죄일에 하는 것입니다(레 16:29).

처음에는 열심으로 시작한 금식이 그 목적은 사라지고 이제는 형식이 되고 짐이 되어 버렸습니다. 주님께서 이 금식 논쟁에서 3가지의 비유를 통해 진리의 교훈을 주십니다. 참된 금식은 신랑이신 주님이 함께 있는 결혼식에 하는 것이 아니라 신랑이 없을 때 하라는 것입니다(34-35절). 금식의 실행 여부는 시간에 있는 것이 아니라 하나님의 자녀들이 처해 있는 상황에 따라 결정되는 것입니다. 그리스도인이 신앙의 침체로 주님과의 관계가 끊어졌다고 진단되면 금식에 들어갈 수 있다는 원리입니다.

두 번째 비유는 새 옷을 찢어 낡은 옷의 해진 곳에 붙일 수 없다는 것입니다(36절). 새 옷은 그리스도의 교훈이며 낡은 옷은 유대주의를 가리킵니다. 생명과 진리의 복음이 형식과 위선에 점령당한 유대교와 합쳐질 수 없음을 분명히 하십니다. 주님의 교훈과 섬김만이 율법을 완성할 수 있습니다(마 5:17). 세 번째 비유는 새 포도주는 새 부대에 넣어야 하는 것입니다(37-38절). 새 포도주를 넣은 낡은 부대는 주름이 잡히고 탄력을 잃어 발효되는 순간 터지게 됩니다. 예수님의 은혜는 형식적 유대주의가 담을 수 있는 것이 아닙니다. 바닷물을 강이 담을 수 없듯이 복음은 새 부대인 변화된 새 심령과 새로운 신앙 양태가 요구됩니다.

우리는 인간의 가장 오래된 종교 부대인 샤머니즘(기복신앙)이 모든 종교를 잡아먹은 역사를 목격하였습니다. 복음의 능력은 '영의 새로운 것(성령)'이 '의문의 묵은 것(율법)'을 넉넉히 넘어서는 것입니다.

(롬 7:5-6) "우리가 육신에 있을 때에는 율법으로 말미암는 죄의 정욕이 우리 지체 중에 역사하여 우리로 사망을 위하여 열매를 맺게 하였더니 이제는 우리가 얽매였던 것에 대하여 죽었으므로 율법에서 벗어났으니 이러므로 우리가 영의 새로운 것으로 섬길 것이요 율법 조문의 묵은 것으로 아니 할지니라"

율법의 기능을 절감하는 자에게 주어지는 새 영과 새 마음의 부대가 우리의 교회(성령)시대입니다(행 4:32, 겔 36:26).

♦ 누가복음 6장 성경칼럼

38절 | 주라 그리하면 너희에게 줄 것이니 곧 후히 되어 누르고 흔들어 넘치도록 하여 너희에게 안겨 주리라 너희가 헤아리는 그 헤아림으로 너희도 헤아림을 도로 받을 것이니라

48절 | 집을 짓되 깊이 파고 주추를 반석 위에 놓은 사람과 같으니 큰물이 나서 탁류가 그 집에 부딪치되 잘 지었기 때문에 능히 요동하지 못하게 하였거니와

"최상급의 복"

구미가 당기는 제목입니다. 관심이 생기고 차지하고 싶은 갈망이 솟아납니다. 동서고금에 재앙은 피하고 복 받는 것을 마다할 사람은 없습니다. 성경에는 축복의 비결이 쌓여져 있지만 차지하는 사람은 의외로 적습니다. 그 이유가 무엇인지 6장의 평지 수훈(17절)에 정답이 나와 있습니다. 예수님을 믿고 복을 받는다는 것은 절대 진리입니다. 그 복은 영육 간에 받는 복으로 완벽합니다(골 1:9-12).

문제는 이 원리를 적용하는 인간에게 있습니다. 예수님은 잘 믿고 그 은혜로 복을 받는 순서가 아니라 복을 받을 목적으로 예수님을 믿는 것입니다. 이것은 작은 차이 같지만 결과는 아주 다르게 나타납니다. 예수님을 주인으로 모시는 신앙에서 예수님을 내가 사용하는 설정이 되어 버리기 때문입니다. 10장에 나오는 강화의 특징은 축복과 저주를 직접 대조하여 선택을 하도록 하는 것입니다(20-26절).

구약의 패턴(시 1편, 신 28장)을 사용하지만 그보다 한층 심화된 새 교훈을 줍니다. 원수를 사랑하고 선대하며 축복하고 기도하라고 명령합니다(27-28절). 주고받기의 보편적 관계가 아닌 절대 희생을 해야 한다고 가르칩니다(29-35절). 하나님의 자비와 같은 수준의 자비를 베풀고 타인을 비판하면 끝장임을 경고합니다(36-37절). 여기까지 듣다보면 이 교훈은 오직 예수님만 할 수 있고 나와는 상관이 없다는 생각이 들어옵니다.

그런데 38절에 급작스럽게 개념이 아닌 실천사항이 등장합니다. '주라'는 명령을 순종하면 최상급의 복을 주시겠다고 확정하십니다(38절). 최상급의 내용은 '후히 되어 누르고 흔들어 넘치도록 안겨 주는 것'입니다. '후히 되어(헬:메트론 칼론)'는 '좋은 분량으로 주다'라는 뜻으로 줄 수 있는 최대한으로 주겠다는 뜻입니다. 하나님께서 빈틈없이 최대한으로 주신다는 것은 우리의 상상을 초월한 축복을 의미합니다. 주는 것이 받는 것보다 복이 있다는 이 복을 바울은 팔복에 이어 제 9복이라고 명명하였습니다.

(행 20:35) "범사에 여러분에게 모본을 보여준 바와 같이 수고하여 약한 사람들을 돕고 또 주 예수께서 친히 말씀하신 바 주는 것이 받는 것보다 복이 있다 하심을 기억하여야 할지니라"

주님의 의도는 이론과 목표도 중요하지만 지금 자기가 할 수 있는 주는 것을 실천하라는 것입니다. 주는 것은 주는 내용이 다양하기에 살아 있는 사람은 누구나 마음만 먹으면 할 수 있도록 되어 있습니다. 이 선행은 집의 주초와 같은 능력이 되어 위기가 올 때 인생을 지킬 수 있다고 약속하십니다(46-49절). 주지 않고 사는 것이 축복의 장애물이 된다는 원리는 역사와 교회생활에서 증명되고 있습니다.

♦ 누가복음 7장 성경칼럼

32절 | 비유하건대 아이들이 장터에 앉아 서로 불러 이르되 우리가 너희를 향하여 피리를 불어도 너희가 춤추지 않고 우리가 곡하여도 너희가 울지 아니하였다 함과 같도다

35절 | 지혜는 자기의 모든 자녀로 인하여 옳다 함을 얻느니라

"노는 물이 달랐다"

주로 활동하는 장소나 영역이 같지 않을 때 쓰는 말입니다. 신분과 계층과 정서 등의 여러 방면에서 사용됩니다. 인간관계에서 교제권의 중요성은 아무리 강조해도 모자람이 없습니다. 이 교제권은 자기가 원한다고 들어갈

수 있는 것이 아니고 선천적 결정의 요소가 강합니다. 선하고 아름답고 우아하고 가치 있는 노는 물이 있는가 하면 간교하고 추하고 변칙적으로 노는 물도 있습니다.

세상적인 노는 물의 모양과 영적인 노는 물의 형성은 근본적 차이가 있습니다. 태생과 신분과 환경에 따른 비슷한 면은 있지만 영적인 노는 물은 하나님의 간섭이 결정적으로 작용합니다. 성경을 읽으며 바리새인과 서기관과 제사장들이 왜 진리 영역에 들어오지 못하는지 안타까움을 느끼게 됩니다. 우리는 주님께서 저들을 향하여 노하시고 저주하는 장면에 익숙합니다. 하지만 한편으로는 저들과 논쟁하고 설득과 경고의 과정을 거쳤던 것을 목격할 수 있습니다. 그중에 저들의 영역을 벗어나 은혜 받은 자가 있지만 극소수인 것은 분명합니다. 대부분의 유대교 지도자들은 율법주의의 영역에서 벗어나지 못하였습니다. 율법을 주신 하나님의 뜻보다 자기들의 생각이 들어간 규례와 전통에서 벗어날 시도를 하지 않았습니다.

7장에는 이들을 향하여 주님의 풍유적 경고가 주어집니다(30절). 풍유이기에 부드러운 분위기로 펼쳐지지만 의도는 강한 질책입니다. 이 이야기는 시공간을 넘어 지금도 영적인 영역에 무지한 사람에게 주어진 경고이기도 합니다(31절). 시장이 안서는 날 장터에서 아이들이 결혼식과 장례식 놀이를 합니다. 피리를 부는 잔치 집의 아이들은 춤을 추고, 곡을 하는 장례식의 아이들은 곡을 해야 합니다(32절). 이 정상적인 행동에 꼭 반대로 하는 아이들이 있었습니다.

주님은 이 아이들이 바로 유대교 지도자들이라고 알려줍니다. 저들은 세례 요한의 메시지에 귀신이 들렸다며 비난합니다(33절). 죄인과 세리와 어울리는 주님을 죄인과 한 패라고 몰아붙입니다(34절). 율법의 위선과 종교 기득권이라는 노는 물에서 허우적거리며 구원의 은혜에 들어오지 않는 비극을 목도합니다. 주님의 결정적 한 방은 하나님의 자녀의 열매로 진리가 증명된다는 말씀입니다(35절).

직설적으로는 '두고 보아라 예수 믿는 자들이 얼마나 대단한지..' 입니다. 어둠의 자식으로 흘러간 저들의 말로와 정반대인 초대교회의 일군들을 보신 것입니다.

(행 2:40-43) "또 여러 말로 확증하며 권하여 이르되 너희가 이 패역한 세대에서 구원을 받으라 하니 그 말을 받은 사람들은 세례를 받으매 이 날에 신도의 수가 삼천이나 더하더라 그들이 사도의 가르침을 받아 서로 교제하고 떡을 떼며 오로지 기도하기를 힘쓰니라 사람마다 두려워하는데 사도들로 말미암아 기사와 표적이 많이 나타나니"

옳다 함을 얻은 이 주소에 거하는 그리스도인은 복 있는 사람입니다(시 1편).

♦ 누가복음 8장 성경칼럼

16절 | 누구든지 등불을 켜서 그릇으로 덮거나 평상 아래에 두지 아니하고 등경 위에 두나니 이는 들어가는 자들로 그 빛을 보게 하려 함이라

21절 | 예수께서 대답하여 이르시되 내 어머니와 내 동생들은 곧 하나님의 말씀을 듣고 행하는 이 사람들이라 하시니라

"말씀을 받은 후엔?"

정통 기독교와 비정통 기독교와의 차이는 말씀을 어떻게 대하느냐로 분별합니다. 말씀 외의 다른 것을 많이 강조할수록 진리는 희미해집니다. 성령으로 역사하는 말씀이 구원의 방편입니다.

(엡 1:13) "그 안에서 너희도 진리의 말씀 곧 너희의 구원의 복음을 듣고 그 안에서 또한 믿어 약속의 성령으로 인 치심을 받았으니"

말씀을 하나님(예수님)과 동일시하고(요 1:1) 진리와 은혜라고 칭하는 이유입니다(요 1:14).

잠언서에는 주님을 지혜(말씀)로 의인화하여 표현하였습니다(잠 3:13-20). 말씀을 받는 마음의 중요성은 주님의 비유 중에서 가장 많은 분량인 것으로 증명됩니다(마 13:3-43). 말씀을 받은 것은 구원을 받았다는 것이고 그 후에는 말씀이 자라도록 하는 일과 사용하는 일을 잘해야 합니다. 대부분의 신앙 실족과 침체는 이 과정이 안 되었을 때 일어납니다. 8장에 밭의 비유를 마치고 나오는 등불 비유는 말씀을 받은 후에 해야 할 일을 제시합니다.

등불은 켜서 비추는 사명이 있는데 그릇으로 덮어 빛을 가릴 수는 없다는 것입니다(16절). 오히려 등경(받침대)위에 높여 들어가는 자들로 보게 해야 마땅합니다. 아주 당연한 이 원리는 말씀을 받아 은혜를 입으면 감출 수가 없고 널리 드러낼 수밖에 없음을 강조합니다(17절). 빛이 비추는 곳에 어두움은 물러가고 감춰 있던 모든 것이 드러나게 되어 있습니다. 주님은 우리에게 빛이 되라고 하지 않고 빛이기에 비추는 사명을 감당하라고 하십니다(마 5:14).

그럼에도 불구하고 이 사명을 감당하지 못하는 이유는 무엇일까요? 빛인 줄 모르거나 미련하여 감추거나 소멸될 경우입니다(살전 5:19). 한 달란트 받은 청지기가 주인의 뜻을 모르고 땅에 묻어버린 것과 비슷합니다(마 25:24-30). 달란트 비유는 등불 비유의 결론과 같은데 영적 부익부 빈익빈이 실행되었습니다(18절). 은혜 받은 자는 은혜의 능력을 감추지 말고 전하고 나누어야 살 수 있습니다. 좋은 일을 감출 수가 없듯이 은혜를 부지런히 자랑하며 사용할 때 30배, 60배, 100배의 가속적인 열매가 주어집니다(마 13:23).

말씀을 받아 은혜의 통로가 된 사람의 길에는 영적 가족이 주어집니다(19-21절). 혈연주의에 가치를 둔 사람에게는 충격이지만 이 원리는 주님의 뜻입니다. 하나님의 뜻을 행하는 영적 가족의 복은 신비하여 경험한 사람만이 아는 비밀입니다. 아내와 자녀가 없었던 바울에게 영적 자녀는 큰 행복과 보람을 주었습니다(딤후 1:2, 딛 1:4). 주님께서 마리아를 요한에게 봉양하도록 한 것은 효도의 본을 보이신 것입니다.

(요 19:26-27) "예수께서 자기의 어머니와 사랑하시는 제자가 곁에 서 있는 것을 보시고 자기 어머니께 말씀하시되 여자여 보소서 아들이니이다 하시고 또 그 제자에게 이르시되 보라 네 어머니라 하신대 그 때부터 그 제자가 자기 집에 모시니라"

말씀을 받은 후의 필수 과목은 성숙을 향한 갈망과 우선순위의 확립입니다.

♦ 누가복음 9장 성경칼럼

50절 | 예수께서 이르시되 금하지 말라 너희를 반대하지 않는 자는 너희를 위하는 자니라 하시니라

54절 | 제자 야고보와 요한이 이를 보고 이르되 주여 우리가 불을 명하여 하늘로부터 내려 저들을 멸하라 하기를 원하시나이까

"성골, 진골, 육두품.."

신라의 골품제로서 태어나면서부터 신분이 정해지는 것을 뜻합니다. 지금은 없지만 골품제가 상징하는 신분의 계층화가 있을 때 오르내리는 단어입니다. 현대어로 바꾸면 다이아몬드, 금, 은수저 정도로 보면 됩니다. 권

력과 재물을 가진 자들이 자기들만의 리그를 형성하는 것은 세상의 현실입니다. 별의 별 혁명과 개혁이 일어나도 이 벽이 다시 생기는 것은 인간의 욕망 때문입니다. 기독교계도 이 바람이 불어와 자유롭지 않다는 것을 느꼈을 것입니다. 인간이 사는 집단은 신기해서 손톱 두께만큼만 더 크다고 생각해도 갑 질이 일어납니다.

이 문화를 답습한 교회와 성도가 이 벽을 얼마나 극복하는지가 성숙의 척도가 됩니다. 9장에는 굵직한 사건들이 이어지고 있습니다. 열 두 제자가 파송되고 헤롯의 적개심이 비추이고 오병이어의 기적이 일어납니다. 베드로의 신앙고백을 통한 주님의 자기 계시가 주어지고 변화 산상의 영광을 체험합니다. 귀신 들린 아이를 고치고 수난을 예고하는 가운데 생뚱맞게 제자들의 영적인 키 재기는 계속됩니다. 이 과정 속에 요한의 질문을 통하여 인간 심성의 바닥에 있는 신분제가 부상합니다.

어떤 사람이 주의 이름으로 귀신을 내쫓았는데 자기들이 금하였다고 보고합니다(49절). 금한 이유는 자기들과 같은 제자 그룹이 아니었다는 것입니다. 즉 제자들은 주님 직속의 성골인데 육두품의 맨 아래 일두품 같은 자가 주의 이름을 사용했으니 못 견딘 것입니다. 성골인 자기들이 실패한 축사를 저가 했으니 열등감도 들어가 있습니다.

주님의 처방은 아주 간단하여 주님을 반대하지 않는 자는 한편이라고 합니다. 오히려 저가 주의 이름으로 귀신을 쫓아낸 것은 주님이 가르치신 대로 한 것입니다. 하나님의 일은 신분으로 하는 것이 아니라 주님의 뜻에 순종하느냐로 증명됩니다. 주의 이름으로 하는 정통적 사역자는 배척하는 관계가 아닌 동역자임을 가르치십니다. 기독교는 교회의 사도성은 지켜야 하지만 신분의 골품 제도는 경계해야 합니다. 영적 실력이 부족할수록 여러 모양의 골품제를 의지하려는 시도는 계속될 것입니다.

이어서 주님의 예루살렘 행로에 사마리아인의 배척이 일어납니다(51-53절). 야고보와 요한은 자신들이 하늘에서 불을 내려 사마리아를 멸하겠다고 요청합니다(54절). 주님은 꾸짖으셨다고 나오지만 다른 사본에는 '무슨 정신으로 이런 말을 하느냐 나는 저들을 구원하러 왔다'고 나와 있습니다(55절). 제자도는 주님의 마음을 읽고 순종하는 훈련임을 확인하게 됩니다(57-62절).

♦ 누가복음 10장 성경칼럼

29절 | 그 사람이 자기를 옳게 보이려고 예수께 여짜오되 그러면 내 이웃이 누구니이까

37절 | 이르되 자비를 베푼 자니이다 예수께서 이르시되 가서 너도 이와 같이 하라 하시니라

"비유 해석학"

성경 해석학 중의 한 분야입니다. 비유를 올바로 해석하려면 전문가가 되어야 합니다. 만약 비유를 개인과 시대에 따라 다르게 해석한다면 비유 본래의 참된 의도가 사라질 수 있습니다. 성경은 개인의 묵상에 따라 다양한 은혜가 주어지지만 핵심에 벗어나지 않는 한도에서 이루어져야 합니다. 비유 해석학은 한 가지 핵심 메시지를 놓치지 않아야 합니다. 주님이 하신 비유 중에 세상에 널리 퍼진 것이 선한 사마리아인 비유입니다. 그 이유는 '선한 사마리아인 법'이 제정되었기 때문입니다. 그 내용은 위급한 자를 돕다가 손해를 끼친 것을 면책하는 것과 도울 수 있는데도 구조를 불이행하면 처벌받는 것입니다.

10장에 나오는 율법 교사와 주님과의 대화는 복선을 깔고 시작됩니다. 다른 바리새인처럼 주님을 시험하거나 시비하려는 의도가 있었던 것입니다(마 22:35). 그는 무엇을 하여야 영생을 얻는 것으로 알고 있는 수준입니다(25절). 행위로는 구원받지 못한다는 것을 모르고 있고 인간이 무능력한 존재라는 것은 염두에 없습니다.

주님은 그의 눈높이를 맞추어 율법은 무엇을 가르치느냐며 반문합니다(26절). 구약의 613가지 규례의 핵심이 십계명이고 십계명은 하나님 사랑과 이웃 사랑임을 답변합니다(27절). 교회시대의 바울은 이 두 가지를 하나로 합치면 이웃 사랑이라고 정리하고 있습니다.

(갈 5:14) "온 율법은 네 이웃 사랑하기를 네 자신 같이 하라 하신 한 말씀에서 이루어졌나니"

자신을 사랑하듯 이웃을 사랑하지 않는 자는 하나님을 사랑하지 않는 것이며 온 율법을 어긴 것이 된다는 결론을 내립니다.

주님께서 정답을 말한 율법사에게 알았으면 행하라고 말씀합니다(28절). 이웃을 사랑하라는 명령에 내 이웃이 누구이냐는 질문에 대한 대답이 선한 사마리아인 비유입니다(29절). 강도를 만나 다 빼기고 맞아 죽게 된 자를 어떻게 대하는지가 나옵니다. 제사장과 레위인이 직무에 바빠 지나쳤지만 사마리아인이 최선을 다해 돌봅니다(31-33절). 사후 처리까지 하는 그는 선한 이웃입니다.

이 과정에 등장하는 매개체(기름과 포도주, 짐승, 주막과 주막 주인, 이틀날, 2 데나리온)가 무엇인지 설명하면 은혜가 됩니다(34-35절). 하지만 그것은 각자가 다르게 볼 수 있기에 본질이 아닙니다. 이 비유의 핵심은 강도 만난 자의 진정한 이웃이 누구이냐 입니다. 당연히 사마리아인이고 그렇다면 너도 그와 같이 하라 입니다(37절). 행위로 구원받는 것은 아니지만 구원의 믿음은 행위로 증명됩니다.

(약 2:17) “이와 같이 행함이 없는 믿음은 그 자체가 죽은 것이라”

♦ 누가복음 11장 성경칼럼

8절 | 내가 너희에게 말하노니 비록 벗 됨으로 인하여서는 일어나서 주지 아니할 지라도 그 간청함을 인하여 일어나 그 요구대로 주리라

13절 | 너희가 악할지라도 좋은 것을 자식에게 줄 줄 알거든 하물며 너희 하늘 아버지께서 구하는 자에게 성령을 주시지 않겠느냐 하시니라

"기도의 맛"

맛 하면 음식이 떠오르지만 다양하게 사용됩니다. ‘한 번도 안한 사람은 있어도 한 번만 한 사람은 없다’는 멘트는 좋고 귀한 것을 선전하는 것입니다. 반대로 나쁜 중독을 의미할 때는 강력한 경고이기도 합니다. 영적 측면으로 볼 때 기도의 맛은 최고로 추천하기에 부족함이 없습니다. 기도의 맛을 본 성도는 기도를 절대 쉬지 않고 그 축복을 누릴 것이기 때문입니다. 기도라고 할 때의 전제는 기독교에서의 온전한 기도이어야 합니다. 불신자도 소원으로서의 기도를 하고 있고 기도가 없는 종교는 없습니다.

제자들이 주님께 기도를 가르쳐 달라고 한 이유는 잘못된 기도가 많기 때문입니다(1절). 제자들의 요청에 주님께서 즉각적으로 응답하시는 것은 기도는 배워야 할 수 있음을 알려주시는 것입니다. 무엇(what)을 기도하는 것보다 이렇게(how) 하라고 하심으로 지향점을 중시합니다(2절). 기도의 본질이 자신의 요구를 관철하는 것보다 하나님과의 관계에 있음을 보여줍니다.

주기도문의 출발과 마지막에 하나님이 계심으로 기도의 목적을 분명히 합니다. 기도는 유치한 신앙일 때는 응답의 유무에 있지만 성숙할수록 하나님을 경험하는 맛으로 바뀝니다. 기도한 내용이 응답이 안 되고 더디더라도 기도하는 과정에서 자신이 변화하는 것입니다. 실제적으로 신앙의 마지막은 주님과 어떤 관계인가로 결산됩니다.

누가복음

이 기도의 과정에서 거쳐야 할 과목들이 11장에 뚜렷이 등장합니다. 기도의 응답의 전제 조건은 '나에게 죄지은 자를 용서하기'입니다(4절). 마태복음의 동행 절에서는 주기도문을 마치고 이 부분을 콕 집어 강조합니다.

(마 6:14-15) "너희가 사람의 잘못을 용서하면 너희 하늘 아버지께서도 너희 잘못을 용서하시려니와 너희가 사람의 잘못을 용서하지 아니하면 너희 아버지께서도 너희 잘못을 용서하지 아니하시리라"

신앙에서 용서의 중요성과 긴박성은 기도의 광역인 예배와도 연결되어 있습니다.

(마 5:24) "예물을 제단 앞에 두고 먼저 가서 형제와 화목하고 그 후에 와서 예물을 드리라"

기도에 있어 가장 큰 장벽은 지속적인 기도를 하지 못하는 점입니다. 이를 너무나 잘 아시는 주님께서 강청하는 기도를 가르쳐 주십니다(5-8절). 무례하게 보이는 이 기도는 간절함이 없고 끈질기지 못한 우리의 기도자세를 변화시키기 강력처방입니다. 마지막으로 기도의 응답 내용에 대한 혁명적 전환을 요구합니다. 허물 많은 육신의 아버지까지 동원하여 하늘 아버지의 사랑의 손길을 기대하게 합니다(11-12절).

온전한 기도는 어떤 모양이든 응답되며 응답의 내용은 성령이심을 알려줍니다(13절). 마태복음에서는 성령님 대신에 '좋은 것'이라고 하였는데 같은 뜻입니다(마 7:11). 식도락가들은 미식을 찾아 팔도를 떠돌지만 우리는 지금 여기(now here)에서 천상의 맛인 기도를 경험할 수 있습니다.

(막 9:29) "이르시되 기도 외에 다른 것으로는 이런 종류가 나갈 수 없느니라 하시니라"

오염된 기도를 하는 종교 지도자들에게 쏟아지는 6가지의 화는 반면교사가 됩니다(37-54절).

♦ 누가복음 12장 성경칼럼

20절 | 하나님은 이르시되 어리석은 자여 오늘 밤에 네 영혼을 도로 찾으리니 그러면 네 준비한 것이 누구의 것이 되겠느냐 하셨으니

34절 | 너희 보물 있는 곳에는 너희 마음도 있으리라

"믿음으로 보는 재물"

인생에서 무엇이 제일 어려운지를 질문하면 무엇이 나올까요? 각자 가치관과 사정에 따라 다양한 대답이 나올 것입니다. 우리는 답은 다르게 나와도 그 뿌리에는 재물이 도사리고 있음을 알고 있습니다. 그리스도인들도 목표는 하늘에 있으나 발은 이 땅을 밟고 있기에 재물을 도외시하고 살 수 없습니다. 오히려 성경은 그리스도인에게 재물에 대한 더 큰 관심과 책임을 말씀하고 있습니다. 영육으로 긴밀히 관련된 경제관을 믿음의 눈으로 볼 수 있는 훈련은 필수입니다.

주님께서 12장에서 그리스도인의 재물에 대한 가치관을 정확히 가르칩니다. 제자에게 참새에게도 미치는 하나님의 주권을 강조합니다. 성령의 가르치심으로 세상을 두려워하지 말고 담대할 것을 명령하십니다(4-12절). 재물에 대한 교훈의 발단은 유산 상속의 해결을 원하는 한 사람의 요

청으로 시작됩니다(13절). 당시의 랍비들은 이런 소송을 받을 수 있었는데 이 사람은 주님을 랍비 정도로 여겼던 것입니다.

실정법을 다루는 재판장이 아님을 천명하신 주님은 탐심을 물리치라고 말씀하십니다. 우상숭배의 핵심이 탐심(골 3:5)임을 확인하시고 유명한 부자의 비유를 도입합니다. 이 부자의 모습은 세상 부자의 전형적 모델입니다. 부에 마음이 팔려 모든 행복을 재물로부터 얻으려 하고 하나님은 잊고 자신만 의지합니다(16-19절). 성경에서 부자는 침륜과 멸망에 빠지고(딤전 6:9-10) 영혼의 파멸이 급속히 닥친다고 묘사합니다(살전 5:3).

부자의 흥분과 향연의 계획을 주님은 단 한 마디의 말씀으로 정리합니다. '오늘 밤 네 영혼을 도로 찾겠다'입니다(20절). 이 죽음의 부름 앞에 벗어날 어떤 부자도 없으며 그 재물을 지킬 자도 없습니다. 재물을 받았다는 것은 자신을 위해서가 아니라 하나님께 사용되라는 사인(sign)임을 알라고 하십니다(21절). 그릇이 안 되는데 부자가 된 것은 인생의 절대 저주를 받은 것입니다. 잠언의 지혜자가 부하게도 가난하게도 말고 필요한 양식만 구한 것이 이해가 됩니다(잠 30:8-9, 22-32절).

재물을 우상으로 변환시켜 하나님과 동등한 위치에 놓은 것(마 9:24)은 마음을 사로잡기 때문입니다. 보물이 있는 곳에 자동적으로 마음이 가서 하나님을 잊게 하는 위력을 발휘하는 것입니다(34절). 하나님께서 마음을 쏟는 구제를 위해 재물을 사용하는 것은 훈련으로만 가능합니다(33절). 믿음의 눈을 떠야만 이해가 되는 하나님 나라의 경제관은 신앙생활의 진리이며 축복입니다. 필자는 깨끗한 부자로 살 수 있는 실력이 안 되어 적당한 가난을 주신 것 같습니다. 지나온 세월 돌이켜 보니 모든 것이 하나님의 은혜입니다(고전 15:10).

♦ 누가복음 13장 성경칼럼

2절 | 대답하여 이르시되 너희는 이 갈릴리 사람들이 이같이 해 받으므로 다른 모든 갈릴리 사람보다 죄가 더 있는 줄 아느냐

8절 | 대답하여 이르되 주인이여 금년에도 그대로 두소서 내가 두루 파고 거름을 주리니

"나와 너(Ich und Du)"

1923년 마르틴 부버가 저술한 기독교 고전입니다. 사람의 본색은 사람과 사람 사이에서 가장 잘 드러난다는 것을 설파합니다. 바람직한 나와 너의 관계보다 '나와 그것'과의 관계로 그치는 한계를 분별합니다. 인격적 관계가 얼마나 어려운지를 알게 해 주고 진정한 나를 알 때 너를 볼 수 있다고 합니다. 바람직한 만남과 실존적 존재로서의 대화로 어려운 현실을 꿰뚫는다는 혜안에 공감하게 됩니다. 나와 아주 멀리 떨어져 있는 하나님을 발견하고 관계를 맺을 수 있다는 숙제를 내줍니다.

이 책의 메시지처럼 인간의 숙제는 너(타인)와의 관계입니다. 이런 나와 너의 코드(code)로서 성경을 보게 되면 안 보이던 그림을 발견하게 됩니다. 초대교회에서 베드로의 라이벌은 겉으로는 바울이지만 실제로는 요한임을 눈치 챌 수 있습니다. 풀이 죽어 재 소명을 받던 그 현장에서도 '재(요한)는 어떻게 될까요'라고 질문하였기 때문입니다(요 21:17-23). 다윗을 너로 보지 못하고 그것으로 대하며 끝까지 시기한 사울의 비극도 여기에 속합니다. 신앙의 성숙은 그리스도 안에서 나를 알고 너를 볼 수 있는가 로 잴 수 있습니다.

13장에 나오는 주님의 회개 촉구는 나와 너의 코드가 작동되는 현장을

실감나게 보여줍니다. 주님께 두어 사람이 와서 정치성 질문을 합니다. 빌라도가 갈릴리 사람들의 피를 그들의 제물에 섞었다는 것입니다(1절). 당시에는 피식민지 백성들을 살상하는 일이 흔했는데 이번에는 로마의 신전에서 벌어졌습니다. 누구의 책임이냐는 그들의 질문은 정치적으로 예민하고 종교적으로는 올무를 놓는 것입니다. 빌라도 책임이라고 하면 반역이 되고 백성들의 죄라고 하면 저들의 인과응보적인 율법을 지지하게 됩니다.

주님께서는 직접 답변을 피하시고 죽은 사람들과 너희들이 동일하다고 정리합니다(2절). 남의 불행에 대해 자기와 선을 긋는 인간의 자기중심주의를 깨부수고 계십니다. 남을 정죄하는 것이 아니라 자기의 죄를 직시하고 회개하는 것이 급선무라는 것입니다(3절). 실로암 망대가 무너져 18 명이 죽은 것을 도입함으로서 이 회개 원리가 틀림없음을 확인합니다(4-5절).

이어서 열매 맺지 못하는 무화과나무의 비유를 통하여 주님의 마음을 알립니다(6-9절). 무화과나무(유대인)가 열매를 맺지 못하여(회개 안함) 잘라 버려야 마땅하지만 주인(하나님)에게 과원지기(주님)가 연기해 달라고 요청합니다. 죄의 심판에는 빠른 응징이 마땅하지만 연기해 달라는 주님의 중보를 목격합니다.

(벧후 3:9) "주의 약속은 어떤 이들이 더디다고 생각하는 것 같이 더딘 것이 아니라 오직 주께서는 너희를 대하여 오래 참으사 아무도 멸망하지 아니하고 다 회개하기에 이르기를 원하시느니라"

종말이 아직 임하지 않은 것은 나의 회개를 위한 하나님의 자비임을 깨닫습니다.

♦ 누가복음 14장 성경칼럼

10절 | 청함을 받았을 때에 차라리 가서 끝자리에 앉으라 그러면 너를 청한 자가 와서 너더러 벗이여 올라앉으라 하리니 그 때에야 함께 앉은 모든 사람 앞에서 영광이 있으리라

26절 | 무릇 내게 오는 자가 자기 부모와 처자와 형제와 자매와 더욱이 자기 목숨까지 미워하지 아니하면 능히 내 제자가 되지 못하고

"상석은 선착순이 아니다"

어떤 모임이든 상석이 있고 말석이 있으며 큰 모임은 명패를 세워 정해 줍니다. 먼저 도착해서 상석을 차지하다가는 말석으로 쫓겨납니다. 상석에 앉으려면 자타가 인정하는 권위가 있어야 합니다. 세상에서는 지(로고스), 정(파토스), 의(에토스)를 갖추어야 하고 선출된 힘을 가져야 합니다. 영적인 세계에서도 이 원리는 통하지만 독특한 방식이 추가됩니다.

주님께서 잔치 집에 높은 자리를 차지한 자들을 향해 말씀합니다(7절). 상석에는 절대로 앉지 말고 말석에 앉아야 한다는 것입니다(10절). 타인과 하나님에 의해 앉혀지지 아니하면 헛것이 되고 수치를 당합니다. 교만은 멸망으로 가고 겸손은 존귀로 가는 것을 속히 아는 자가 지혜롭습니다(11절). 인간은 교만을 위해서 무엇을 할 필요가 없습니다. 근본이 교만하기 때문이고 이 교만은 치열한 전투(고난)가 없으면 고칠 수 없습니다.

제자들이 주님의 수난 앞에서도 누가 크냐는 논쟁을 계속하는 모습이 이를 증명합니다(막 10:35-41). 자기를 위해 높아지고 싶어 주님을 따르는 수많은 무리에게 주님이 벼락같은 말씀을 주십니다(25절). 제자의 길을 가기 위해서는 부모와 처자와 형제자매를 미워해야 한다는 것입니다(26절).

이 한 절 말씀을 믿음이 없는 자연인이 듣는다면 기독교는 패륜 종교라고 할 것입니다. 인생 행복의 근원인 가정과 가족을 미워한다는 것은 상식적이지 않기 때문입니다.

성경 전체에서 가정은 존귀하고 가족은 돌보아야 하는 대상입니다(창 2:22-24, 마 19:19, 딤전 5:8). 혈육과 심지어 자신까지 미워하지 아니하면 제자가 될 수 없다는 말씀은 우선순위의 문제입니다(27절). '미워하지'의 헬라어 '미세이'는 심리적으로 미워한다는 것이 아니라 '덜 사랑 한다'는 뜻이기 때문입니다. 제자들이 자신의 이익을 위해서 주님을 따른다면 출발부터 어긋날 수 있다는 것을 분명히 하십니다.

이어서 제자가 준비해야 할 과정에 대하여 알기 쉬운 비유를 하십니다. 망대를 세우는 자가 사전에 철저한 계획과 준비를 하고 시작해야 하듯이 제자의 길은 신중히 결정해야 합니다(28-30절). 출전하는 임금은 사전에 각오와 함께 무장을 갖추어야 합니다(31절). 기개만 가지고 덤비다가는 망하고 죽기 때문입니다(32절). 맛을 잃은 소금의 비유는 사랑과 희생을 나타내지 못하는 제자의 비참함을 경고합니다(34-35절).

충분하게 말씀하신 주님께서 '들을 귀가 있는 자는 들을지 어다'라고 마무리합니다. 현명한 판단과 자원하는 선택을 한 제자에게 주는 보상을 여운으로 남기고 계십니다.

(마 19:27-30) "이에 베드로가 대답하여 이르되 보소서 우리가 모든 것을 버리고 주를 따랐사온대 그런즉 우리가 무엇을 얻으리이까 예수께서 이르시되 내가 진실로 너희에게 이르노니 세상이 새롭게 되어 인자가 자기 영광의 보좌에 앉을 때에 나를 따르는 너희도 열두 보좌에 앉아 이스라엘 열두 지파를 심판하리라 또 내 이름을 위하여 집이나 형제나 자매나 부모

나 자식이나 전토를 버린 자마다 여러 배를 받고 또 영생을 상속하리라"

♦ 누가복음 15장 성경칼럼

7절 | 내가 너희에게 이르노니 이와 같이 죄인 한 사람이 회개하면 하늘에서는 회개할 것 없는 의인 아흔아홉으로 말미암아 기뻐하는 것보다 더하리라

17절 | 이에 스스로 돌이켜 이르되 내 아버지에게는 양식이 풍족한 품꾼이 얼마나 많은가 나는 여기서 주려 죽는구나

"재미있는 이야기, 위대한 이야기"

이야기가 내뿜는 힘은 대단하여 스토리텔링은 생활 곳곳에 스며 들어와 있습니다. 늘 대하는 드라마로부터 장편 서사(epic)에 이르기까지 다양하며 때로는 권력을 창출하는 역할도 합니다. 재미와 감동을 주는 이야기 작가는 재물과 명예를 차지합니다. 사실과 허구로 짜여 진 세상 이야기와는 다르게 성경의 이야기는 위대한 내용을 담고 있습니다. 어린 시절 들은 이야기를 어른이 되어서도 잊지 않듯이 성경의 이야기는 힘이 있습니다. 성경은 하나님이 인간에게 주신 편지로서 허황된 신화가 아니라 실제 사건입니다.

15장에 나오는 세 가지 이야기는 구원에 관한 주님의 비유입니다. 세상에서 구원보다 귀중한 것이 없으므로 위대한 이야기임이 분명합니다. 세 비유에 나오는 목자와 여자와 아버지는 삼위일체 하나님을 상징합니다. 잃은 양과 잃은 드라크마와 탕자는 죄인인 인간을 가리킵니다. 양은 자신의 미련함으로 하나님을 떠난 죄인이고 드라크마는 타인의 잘못으로 시험에 빠진 자입니다. 탕자는 사악하여 의도적으로 하나님을 떠난 자이고 맏아들은 냉혹한 마음을 가진 또 다른 탕자입니다.

하나님을 떠난 자의 비참한 모습 속에 인간의 실존이 담겨 있습니다. 잃은 양은 분별없이 헤매 이는 죄인으로 목자의 열심이 아니면 구원은 없습니다(7절). 잃은 드라크마는 무생물로서 자의식이 전혀 없는 죄인의 상태를 말하며 최선을 다한 여인이 찾아냅니다(8-9절). 탕자 비유는 복음의 본질을 전하는 최고의 스토리로 유명합니다. 앞의 비유와 다르게 탕자는 고비를 거쳐 아버지를 기억하는 터닝 포인트가 핵심입니다(13-19절). 그가 생각에만 머물지 않고 일어났다는 것은 회개의 본질을 보여준 것입니다(20절).

인간의 자유의지가 드러나 있지만 이를 발동한 힘은 아버지의 무조건 사랑에 근거합니다. 세 비유가 잃어버린 비율을 1/100, 10/1, 1/2로 함으로서 점진적 소중성을 강조합니다. 99마리를 두고 1마리를 찾아 나서고 1드라크마는 다른 9드라크마를 온전케 하는 역할이기에 꼭 찾아야 하는 것입니다. 탕자가 돌아올 때 아버지가 마중 나가고 잔치를 벌이며 기뻐하는 것은 하나님께서 나를 1:1로 대하는 모습입니다(20-24절). 맏아들은 바리새인, 유대인, 외면적 그리스도인을 상징하지만 하나님은 사랑을 거두어들이지 않았습니다(31-32절).

이 강화를 듣는 세리와 죄인과 바리새인과 서기관들이 모두 알아듣고 구원받기를 원하신 것입니다(1-2절). 무조건적인 하나님의 사랑 앞에 어떻게 할 것인지는 우리에게도 동일하게 주어졌습니다. 복음의 위대한 이야기는 하나님의 사랑에 내가 반응하는 것으로 완성됩니다(수 24:24).

(눅 9:25) "사람이 만일 온 천하를 얻고도 자기를 잃든지 빼앗기든지 하면 무엇이 유익하리요"

♦ 누가복음 16장 성경칼럼

9절 | 내가 너희에게 말하노니 불의의 재물로 친구를 사귀라 그리하면 그 재물이 없어질 때에 그들이 너희를 영주할 처소로 영접하리라

23절 | 그가 음부에서 고통 중에 눈을 들어 멀리 아브라함과 그의 품에 있는 나사로를 보고

"예수 없는 부자, 예수 있는 나사로"

이 둘 중에 하나를 고르라면 누구를 택하시겠습니까? 불신자들은 단번에 부자를 고르겠지만 기독교인은 망설일 것입니다. 나사로의 상태로 이 세상을 살고 싶은 사람은 한 명도 없기 때문입니다. 거지이고 불구자이며 살이 문드러지는 나창 병에 시달려 개들이 그 헌데를 핥기도 합니다(20절). 부자 집 대문에 버려져 상에서 떨어지는 부스러기로 연명합니다(21절). 모두에게 버려진 것이 마치 고난 중의 욥과 같은 모습입니다(욥 2:7-9).

모든 것이 없는 나사로에게 딱 한 가지가 있었는데 바로 예수님입니다. 나사로가 예수를 믿었다는 증거는 구원을 받은 것과 주님의 수많은 비유 중에 유일하게 실명이 언급된 것입니다(22-23절). 나사로는 '하나님의 도우심'이란 뜻이며 고난 중에서 하나님을 의지하며 산 것을 알 수 있습니다. 주님께서 나사로의 불행을 일반인에게 쓰는 고통이 아닌 영적인 의미인 고난이라고 명시하였습니다(25절).

나사로의 극적인 비유를 통하여 인간은 모든 것은 놓쳐도 주님만은 붙잡아야 함을 확정해 주십니다. 이 원리는 앞에 나오는 불의한 청지기의 비유에서도 드러납니다. 거짓말과 횡령 등의 비윤리적 행위를 한 불의한 청지기를 칭찬한 이유는 딱 한 가지입니다(3-7절). 미래의 마지막 때를 준비

한 지혜입니다(8-9절). 재물은 나의 것이 하나도 없다는 것을 알고 미래를 위한 준비로 재물을 쓴 그 하나를 보신 것입니다.

이 적용을 못한 부자는 재물을 자기의 쾌락을 위하여 사용하고 예수를 믿을 기회를 놓쳤습니다(19절). 부자이기에 지옥에 간 것이 아니라 예수가 없어 간 것입니다. 다 있어도 예수 없는 자가 되는 것은 절대 저주입니다(25절). 23절에 나와 있는 음부(하데스)는 구약에서는 '스올'이고 점진적 계시를 통해 '지옥(불못, 게엔나)'과 같은 뜻이 됩니다(계 20:14). 음부에 들어가면 다시 나올 수 없고 고통은 인간이 무엇을 상상하던 그 이상입니다(24-26절, 막 9:48-49).

이 비유가 복음의 절정임을 보여주는 이유는 천국 가는 길을 보여주기 때문입니다. 죽은 자가 살아오고 천사가 등장해도 안 믿을 사람은 안 믿습니다(27-30절). 오직 모세와 선지자(구약)에게 들어야 하고 지금으로 하면 성경을 듣고 믿어야만 합니다(29, 31절). 영생과 영벌은 말씀을 듣고 예수님을 믿느냐와 안 믿느냐로 결정됩니다(요 3:13-15). 아무리 부인해도 지옥은 있고 모든 인간은 심판을 피할 수 없습니다.

(히 9:27) "한번 죽는 것은 사람에게 정해진 것이요 그 후에는 심판이 있으리니"

구원의 기회를 경솔히 여기다가 지옥에 간다면 누구 탓도 못합니다.

(벧전 1:25) "오직 주의 말씀은 세세토록 있도다 하였으니 너희에게 전한 복음이 곧 이 말씀이니라"

♦ 누가복음 17장 성경칼럼

2절 | 그가 이 작은 자 중의 하나를 실족하게 할진대 차라리 연자맷돌이 그 목에

매여 바다에 던져지는 것이 나으리라

17절 | 예수께서 대답하여 이르시되 열 사람이 다 깨끗함을 받지 아니하였느냐 그 아홉은 어디 있느냐

"구원이 만만한 사람들"

어느 단체나 다양한 사람들이 조합되어 있습니다. 기질과 성품이 달라 충돌도 있지만 딛고 넘어갈 때 성숙한 모임이 됩니다. 섬기는 것이 습관이 되어 궂은일을 자원하여 기쁘게 하는 인물은 참 귀합니다. 알아주고 칭찬하면 좋은데 미성숙한 사람이 만만하게 보고 자기 수하처럼 함부로 대하는 경우가 나옵니다. 이런 모습이야 넘길 수 있고 해결할 수 있지만 영적인 세계에서 일어난다면 큰일이 됩니다.

주님께서 우리를 섬기는 모습을 극적으로 보여주는 것이 세족식입니다. 제자들의 발을 씻기는 주님의 타이밍은 구원 후에도 자기 사람을 섬기겠다는 증표입니다(요 13:8-10). 목욕이 거듭남이라면 발을 씻기는 것은 구원 이후의 죄에 대한 매일의 정결함입니다. 발을 씻겨 주시는 주님을 향하여 만만하게 보고 대한다면 큰일이라는 뜻입니다.

성경은 구원이 얼마나 대단한 사건인지를 증거 합니다. 하나님이 나의 죄를 속량하시기 위해 죽으신 것은 역사에서 최고의 사건입니다. 그런데 구원이 정해지고 믿어지면서 어느 순간 구원의 감사가 사라지는 것을 보게 됩니다. 한 영혼의 소중함을 알고 소중히 대하지 않는 자에 대한 경고가 엄혹합니다(2절). 내가 구원받은 것의 가치가 천하보다도 귀하다는 사실을 잊지 말아야 합니다.

이런 배경에서 나오는 열 명의 나병환자가 치유 받는 기사는 충격을 줍니다. 나병은 몸속 세균으로 온 몸에 결절이 생기고 손과 발의 관절을 녹여 살이 떨어져 나갑니다. 전염성이 있어 격리되고 인간 대접을 못 받는 저주의 질환을 주님께서 고쳐 주십니다(12-14절). 제사장에게 가서 몸을 보이라는 말씀을 순종하여 가는 길에서 완쾌됩니다. 절대 절망이 절대 기쁨이 되었습니다. 그런데 주님께 돌아와 감사하고 사례한 사람이 열 명 중의 한 사람밖에 안 되었습니다(15-18절).

나병환자로서는 최고의 구원이 어느새 만만한 기득권으로 바뀌었습니다. 구원을 감사하고 행동으로 사례한 10%의 확률을 어떻게 보아야 할까요? 비극적이게도 이 확률은 면면이 이어져 우리 모습이 되어 있습니다. 매일 매일 구원에 감격하며 주님께 보답할 것을 찾으며 사는 성도가 그리운 시대입니다. 사마리아인이 그 모델이 되는데 영적으로 보면 그는 이방인의 대표가 되고 교회시대를 예고하고 있는 것입니다. 즉 이방인으로 괄시받는 사마리아인이 심령이 가난한 자가 되었고 기쁘게 사례하는 자가 되었습니다. 나의 심령이 가난을 늘 보존하여 긍휼을 계속하여 누리면 참 좋겠습니다(19절).

♦ 누가복음 18장 성경칼럼

8절 | 내가 너희에게 이르노니 속히 그 원한을 풀어 주시리라 그러나 인자가 올 때에 세상에서 믿음을 보겠느냐 하시니라

14절 | 내가 너희에게 이르노니 이에 저 바리새인이 아니고 이 사람이 의롭다 하심을 받고 그의 집으로 내려갔느니라 무릇 자기를 높이는 자는 낮아지고 자기를 낮추는 자는 높아지리라 하시니라

"기도의 위치"

모든 사람은 기도하고 모든 종교에는 기도가 필수입니다. 기독교에서의 기도는 이들과는 비교할 수 없는 탁월성이 있습니다. 전능하신 아버지 하나님께 자녀들이 하는 것이기 때문입니다. 기독교의 모든 집회와 상담과 대화의 결론은 기도로 결말이 납니다. 아무리 어려워도 '우리 기도합시다' 하면 더 이상 좋은 방법은 없습니다. 누가복음 전개 과정에 있었던 전도, 위선, 탐욕, 제자도, 용서, 겸손 등의 주제의 근간에 기도가 있습니다. 신앙의 성숙에서 기도는 기초이며 능력입니다. 성경을 많이 알아도 기도를 안 하면 메마른 신앙이 됩니다. 봉사를 잘해도 기도가 없으면 시험에 들고 관계의 충돌로 이어집니다.

18장에는 불의한 재판관과 바리새인과 세리의 비유를 통해 기도의 교훈이 나옵니다. 불의한 재판관 비유는 앞서의 강청하는 친구 비유(11:5-8)와 쌍둥이처럼 닮았습니다. 기도의 간절함과 기도자의 인내가 강조됩니다. 불의한 재판관 비유는 억울한 자녀들의 아픔을 반드시 갚아 주시는 하나님이 계시되고 있습니다(1-14절). 바리새인과 세리 비유는 신앙의 독소인 자기 의로움에 함몰된 자들을 향한 교훈입니다.

우리가 바리새인처럼 기도하지 않는다는 선입견은 착각입니다. 율법을 준수하지 않는 세리를 멸시하듯 타인과 비교하며 사는 모습을 지적하고 있습니다(9-12절). 과연 세리의 모습처럼 자신의 무가치함을 알고 오직 주의 긍휼만 구하고 있는지 돌아보게 합니다(13절). 기도의 진실성이라는 잣대를 놓치는 순간 언제든지 바리새인적인 기도에 빠질 수 있다는 경고를 받습니다(14절).

후반부에 나오는 세 부류의 사람 중에 나는 어디에 속하는지를 점검하는 것은 매우 유익합니다. 부자는 종교적 열심은 있지만 본질적인 믿음이 없어 주님을 따르지 못했습니다(18-30절). 제자들은 모든 것을 버리고 주님을 따랐지만 주님의 마음과 사역을 보지 못했습니다(31-34절). 거지 맹인은 가장 비천했지만 믿음의 영안으로 주님을 알아보고 구원받아 뒤를 따랐습니다(35-43절). 이들의 모습 안에 나의 신앙이 있고 뿌리에 기도생활이 있음을 직감할 수 있습니다.

오직 주님만이 해결할 수 있다는 절박한 마음으로 기도해야 하겠습니다. 타인을 의식하지 않고 주님 앞에 나가 진실한 기도를 드려야 하겠습니다. 솔로몬이 왕이었음에도 하나님 앞에 작은 아이로 나아가는 모습이 그립습니다(왕상 3:7).

(시 62:5) "나의 영혼아 잠잠히 하나님만 바라라 무릇 나의 소망이 그로부터 나오는 도다"

♦ 누가복음 19장 성경칼럼

2절 | 삭개오라 이름 하는 자가 있으니 세리장이요 또한 부자라
3절 | 그가 예수께서 어떠한 사람인가 하여 보고자 하되 키가 작고 사람이 많아 할 수 없어

"그 후에 삭개오는?"

성경에 기록된 이후의 삭개오는 어떤 삶을 살았을까 라는 물음입니다. 궁금증이 크기에 뒷이야기도 분분합니다. 예수님을 만나기 전과 만난 후의 차이는 매우 중요합니다. 거듭남의 증거와 구원의 확증과 연결되기 때문입니다. 성경의 인물 중에 이 부분에 가장 큰 격차가 난 사람 중에 삭개오를 빠뜨릴 수 없습니다. 삭개오 하면 떠오르는 캐릭터를 들어 봅니다.

세리장(세무서장)이며 부자이고 머리는 비상하지만 동족을 착취한 관료로서 경멸을 당하고 있습니다. 유대인들은 세리를 허가 낸 도둑이라고 별명을 붙였습니다. 키가 작은 열등감에 주눅 들어 있고 진정한 친구도 별로 없어 불행 감을 지니고 있습니다. 한편에서는 안 되면 되게 하라는 열정이 있으나 이생의 허무함을 느끼는 가운데 영적갈망이 싹트고 있습니다. 가만히 들여다보니 장점이나 강점보다는 단점과 약점이 훨씬 도드라져 보입니다. 세리장으로 부자가 된 것도 겉으로는 장점이지만 부패로 된 것이기에 약점입니다.

사람은 누구나 장단점을 가지고 있습니다. 다만 그 장단점을 사용하는 방법에 따라 인생의 결실이 달라집니다. 약점에 짓눌려 주저앉아 실패를 합리화하며 불평하며 사는 1군의 사람들이 있습니다. 약점이 있기에 그 열등감을 극복하기 위해 오히려 각고의 노력으로 승화하는 2군의 사람들이 있습니다. 삭개오는 예수님의 소문을 듣고 나가서 은총을 입습니다(5-6절). 2군에 속한 사람으로서 주님의 은택을 입어 진정한 회개와 행동을 합니다(8절).

오래 전 목회자세미나에 참석해서 들었던 이중표 목사님(한신교회)의 간증이 생각납니다. 그의 아버지는 알콜 중독자이며 무능력자이었습니다. 툭탁하면 술에 취해 길거리에서 누워 버립니다. 학생 이중표의 등에 업혀 집으로 오는 길에서 아버지가 한 마디 던집니다. '아들아 너는 나 때문에 복을 받을 거야' 그는 교회를 나가면서 결국 약점을 승화시킨 2군의 인물이 되었습니다.

마무리로 제목인 '그 후에 삭개오는?'의 대답을 찾아봅니다. 초대교회 기록에 의하면 그는 변절이 없었으며 제자와 장로로서 영적지도자의 족적을 남겨 놓았습니다. 해피엔딩이 보장된 그리스도인의 반열에 꼭 들어가야 하겠습니다.

(시 73:23-24) "내가 항상 주와 함께 하니 주께서 내 오른손을 붙드셨나이다 주의 교훈으로 나를 인도하시고 후에는 영광으로 나를 영접하시리니"

♦ 누가복음 20장 성경칼럼

36절 | 그들은 다시 죽을 수도 없나니 이는 천사와 동등이요 부활의 자녀로서 하나님의 자녀임이라

44절 | 그런즉 다윗이 그리스도를 주라 칭하였으니 어찌 그의 자손이 되겠느냐 하시니라

"레벨(level)이 다르다"

가치나 질의 수준이 차이난다는 말입니다. 할아버지와 유치원 다니는 손자가 함께 장난감 놀이를 합니다. 할아버지에게는 아주 유치하여 시간 지나면 없어질 장난감이 그저 그렇습니다. 하지만 손자는 장난감에 자신의 전부가 달려 있는 듯이 진지하고 열심입니다. 아이에게는 자기가 알고 보는 세계가 전부이기 때문입니다. 사람은 자기가 아는 만큼이 딱 자기 세계입니다. 어떤 지식과 정보를 받느냐에 따라 그 사람의 수준과 가치가 가려집니다. 만약 잘못된 정보만 계속 공급받게 되면 진실을 모르고 가짜에 휘둘릴 수밖에 없습니다.

이 사실을 영적으로 적용해 봅니다. 뱃속의 태아는 바깥세상을 이해할 수 없습니다. 지구라는 뱃속에 사는 인간은 가보지 않은 내세를 알아들을 수 없는 것은 당연합니다. 이 내세는 천국과 지옥인데 아무리 설명해도 알아들을 수 없는 것이 자연인의 한계입니다. 20장에는 부활도 천사도 천국도 믿지 않는 사두개인들이 등장합니다(27절). 자기들 수준에서 예수님께 종교적 시비를 겁니다.

율법의 수혼 법에 의해 남편이 7명인 여인은 부활 때에 누구의 아내가 되느냐고 질문합니다(28-33절). 주님께서 일곱 형제 중 한 명을 택한다면 망신을 주려고 작정하였습니다. 내세에 대한 생각이 전혀 없이 현세와 동일시하여 함정을 판 것입니다. 주님은 이 전제의 오류를 이 세상과 저 세상이 다르다는 말씀으로 깨뜨립니다(34-35절). 결혼이란 이 세상에서 번식을 목적으로 한 것인데 저 세상에는 필요 없는 것임을 선포합니다.

부활 후의 세계는 천사의 숫자가 일정하듯이 제한된 구원의 사람만 있을 것이기 때문입니다. 다시 죽을 수도 없고 천사와 동등인 불멸의 존재로 결혼은 필요 없습니다. 부활의 자녀는 하나님의 자녀로서 세상에서 이해하기 어려운 다른 차원의 세계에 들어가는 것입니다(36절). 살아 있는 자의 하나님이란 하나님과 관계가 있는 자에게만 하나님이 되신다는 뜻입니다(37-38절).

(요 11:25~26) "예수께서 이르시되 나는 부활이요 생명이니 나를 믿는 자는 죽어도 살겠고 무릇 살아서 나를 믿는 자는 영원히 죽지 아니하리니 이것을 네가 믿느냐"

이 내세관이 있는 다윗이 천년 후에 오실 예수님을 향하여 내 주라고 고백한 것은 당연한 것입니다(41-44절). 주님은 혈통적으로는 다윗의 후손이지만 영으로는 하나님의 아들입니다(롬 1:3-4). 이 세상을 살지만 저 세상을 알 수 있는 레벨로 사는 그리스도인은 복된 자입니다.

(엡 1:21-22) "모든 통치와 권세와 능력과 주권과 이 세상뿐 아니라 오는 세상에 일컫는 모든 이름 위에 뛰어나게 하시고 또 만물을 그의 발아래에 복종하게 하시고 그를 만물 위에 교회의 머리로 삼으셨느니라"

♦ 누가복음 21장 성경칼럼

33절 | 천지는 없어지겠으나 내 말은 없어지지 아니하리라
34절 | 너희는 스스로 조심하라 그렇지 않으면 방탕함과 술취함과 생활의 염려로 마음이 둔하여지고 뜻밖에 그 날이 덫과 같이 너희에게 임하리라

"나를 키운 것은?"

서정주는 '자화상'이라는 시에서 '스물 세 해 동안 나를 키운 건 팔 할이 바람 이었다'고 토로합니다. 그 바람이 무엇인지 독자들마다 다르게 느껴지도록 여운을 줍니다. 사람마다 자기를 키우고 만들었던 요소들을 기억하고 있습니다. 사람과 양서와 감성과 환경과 시류 등이 등장합니다. 그리스도인을 키운 건 각자 퍼센트는 달라도 단연코 성경이 가장 많이 나올 것입니다. 성경은 영적 양식으로 말씀을 먹지 않은 그리스도인은 존재하지 않습니다.

정경 66권은 정통적 기독교회가 검증하여 정한 것이고 구원과 구원생활에 부족함이 전혀 없습니다. 성경의 어떤 책과 어떤 내용을 좋아하는지는 신앙에 영향을 줍니다. 교회사에서 인정하는 정론을 제시하겠습니다. 첫째, 성경의 일점일획을 놓치지 않고 다 귀하게 여기고 받아 들여야 합니다. 특히 구약에 나오는 인간의 절대 부패한 실상을 놓치지 말아야 합니다. 둘째, 그럼에도 불구하고 최고 가치인 책을 뽑는다면 복음서입니다.

셋째, 복음서 안에서 내용을 지정하라면 예수님께서 직접 하신 말씀이라고 볼 수 있습니다. 예수님이 이 땅에 오셔서 직접 하신 말씀의 가치는 감히 논할 수 없는 차원입니다(요 1:1, 14). 주님께서 천지는 없어지겠으나 내 말은 없어지지 아니하리라'라고 직접 확증하셨습니다(33절). 문제는 그

놀라운 말씀이 너무 흔하게 맴돌고 있다는 사실입니다. 흔하면 귀하지 않다는 느낌에 동조하여 말씀을 소홀히 대한다면 사탄의 전략에 놀아나는 것입니다.

저는 오래 전에 중국 선양 근교의 조선족 교회 사경회를 할 때 놀라운 체험을 하였습니다. 말씀이 희귀한 환경에서 회중들이 은혜 받아 기뻐하는 모습은 꼭 천국 같았습니다. 설교는 설교자보다 청중의 준비가 훨씬 중요하다는 것을 절감하였습니다.

(살전 2:13) "이러므로 우리가 하나님께 끊임없이 감사함은 너희가 우리에게 들은 바 하나님의 말씀을 받을 때에 사람의 말로 받지 아니하고 하나님의 말씀으로 받음이니 진실로 그러하도다 이 말씀이 또한 너희 믿는 자 가운데에서 역사하느니라"

주님께서 말씀을 받는 자가 얼마나 조심해야 하는지를 경고합니다. 말씀을 가로막는 것은 방탕함과 술 취함과 생활의 염려라고 적시합니다(34절). 밭과 씨의 비유에서 나온 교훈과 닮았습니다(마 13장). 성령의 충만을 받지 못하면 방탕함과 술 취함을 이기지 못합니다.

(갈 5:21) "투기와 술 취함과 방탕함과 또 그와 같은 것들이라 전에 너희에게 경계한 것 같이 경계하노니 이런 일을 하는 자들은 하나님의 나라를 유업으로 받지 못할 것이요"

주님을 의지하고 사명에 붙들리지 아니하면 생활의 염려가 엄습합니다(마 6:24-33). 그리스도인에게 말씀의 감각이 둔하여지는 것처럼 위험한 것은 없습니다. 나를 하나님의 사람으로 키운 것은 팔 할(?)이 성경이었습니다(37-38절).

♦ 누가복음 22장 성경칼럼

13절 | 그들이 나가 그 하신 말씀대로 만나 유월절을 준비하니라
19절 | 또 떡을 가져 감사기도 하시고 떼어 그들에게 주시며 이르시되 이것은 너희를 위하여 주는 내 몸이라 너희가 이를 행하여 나를 기념하라 하시고

"하나님을 경험하다"

인간이 하나님을 경험한다는 것은 논리적으로는 불가능합니다. 하나님은 무한하신 분이고 인간은 유한한 존재이기 때문입니다. 그럼에도 하나님을 경험했다는 말이 있는 것은 정확히 말해서 하나님의 속성을 경험했다는 의미입니다. 하나님의 속성에서 인간이 경험할 수 있는 것은 공유적 속성입니다. 비공유적 속성은 인간이 가질 수 없는 하나님에게만 있는 것을 뜻합니다.

하나님의 형상으로 지어진 인간은 공유적 속성에 따라 지정의가 있고 자유의지가 주어졌습니다. 타락 이후 구속으로 거듭난 신자는 개발에 따라 사랑과 진리와 거룩과 정의와 공감의 성품을 갖게 됩니다. 이것을 베드로는 신앙적 용어로 바꾸어 신의 성품에 참여했다고 정리합니다.

(벧후 1:4) "이로써 그 보배롭고 지극히 큰 약속을 우리에게 주사 이 약속으로 말미암아 너희가 정욕 때문에 세상에서 썩어질 것을 피하여 신성한 성품에 참여하는 자가 되게 하려 하셨느니라"

신앙생활의 성숙에 따라 믿음, 덕, 지식, 절제, 인내, 경건, 형제 우애, 사랑의 열매는 하나님을 경험한 열매가 됩니다(벧후 1:5-7). 그렇다면 하나님의 비공유적 속성은 우리와 상관이 없는 것일까요? 그렇지 않다는 것이 성경의 증언입니다. 22장에 나오는 주님의 예루살렘 입성의 기사는 특이한 메시지를 내고 있습니다. 유월절 의식을 앞두고 주님께서 제자들에게 준비를

지시합니다. '어디로 가서 누굴 만나 어찌 할 것'을 말씀합니다(10~12절).

제자들이 주님이 분부하신대로 순종하니 그대로 이루어집니다(13절). 각본이 있어 연극한 것도 아니고 사전 모의한 것도 아니고 실제상황입니다. 예수님의 전지성과 전능성이 나타난 것입니다. 주님의 분부에 순종한 제자들은 비공유적 속성을 경험함으로 새로운 차원의 신앙에 참여하게 되었습니다. 판타지가 아니라 하나님 나라의 실상을 목격하고 경험하였습니다. 그들이 한 일은 전지전능한 무엇을 한 것이 아니라 주님의 말씀을 믿고 순종한 것뿐입니다.

이보다 더 놀라운 경험은 유월절을 지키는 날짜에서 드러납니다. 주님께서 유월절 만찬을 하신 날은 니산월 14일이 아니고 13일이었음을 알리고 있습니다.

(요 18:28) "그들이 예수를 가야바에게서 관정으로 끌고 가니 새벽이라 그들은 더럽힘을 받지 아니하고 유월절 잔치를 먹고자 하여 관정에 들어가지 아니하더라"

유월절보다 하루 일찍 최후의 만찬을 하셨고 행사의 핵심인 어린 양도 잡지 않았습니다.

구약의 유월절은 불완전한 것이고 유월절의 참된 성취는 주님 자신임을 보여 준 것입니다. 유월절에 어린 양 도살을 생략한 채 자신의 피와 살을 드림으로 대속양이 되셨습니다. 최후의 만찬에서 제자들에게 살(떡)과 피(잔)를 나눠 주시며 대속의 결과가 영생임을 경험하게 하셨습니다(19-20절). 제자들은 성령강림 후에 이 경험을 확인하였고 우리는 성경을 통하여 주님의 속량을 경험하고 있습니다.

♦ 누가복음 23장 성경칼럼

34절 | 이에 예수께서 이르시되 아버지 저들을 사하여 주옵소서 자기들이 하는 것을 알지 못함이니이다 하시더라 그들이 그의 옷을 나눠 제비 뽑을새

55절 | 갈릴리에서 예수와 함께 온 여자들이 뒤를 따라 그 무덤과 그의 시체를 어떻게 두었는지를 보고

"그 때 내가 거기.."

가정법의 질문이지만 지혜를 얻는데 유익합니다. 예수님 십자가 사건 전후의 여러 유형의 사람들 중에 나는 어디에 속할까에 대하여 질문해 봅니다. 일단 메시야를 대적한 무리를 정리합니다. 권력자 그룹인 빌라도와 헤롯과 공회원들, 종교의 교권을 가진 제사장과 사두개인과 서기관들, 하수인 그룹인 군병들과 부화뇌동하는 민중들, 눈앞에 바로 보이는 메시야를 알아보지 못하고 모욕하는 왼편 강도 등입니다.

이제 십자가 구속의 역사에 직간접적으로 참여한 자들을 보겠습니다. 골고다 언덕길에 주님 대신 십자가를 짐으로 속량을 이루게 한 구레네 시몬(26절), 십자가에 달리신 예수님이 메시야 임을 알고 회개하여 구원에 이른 우편 강도(40절), 메시야의 죽음을 목격하고 강렬한 신앙고백을 공개적으로 한 로마군 백부장(47절), 빌라도에게 예수님의 시체를 인수하여 장례하고 자기 무덤을 내준 아리마대 요셉(50절), 열 두 제자들이 사라진 가운데에서도 끝까지 예수님 행적을 따라온 여자들(55절)입니다.

여기서 두 그룹의 행로를 갈랐던 결정적 이유는 무엇일까를 성찰하여 봅니다. 두 그룹을 자세히 살펴보니 권력 유무나 빈부귀천에 의하여 나누어지진 않았습니다. 기질, 지능, 성격유형, 또는 후천적으로 형성된 가치관

에 의하여 양쪽으로 갈라진 것은 더욱 아닙니다. 기득권 유지나 이익 추구 등으로 여부를 가릴 수는 있지만 무언가 부족합니다. 또한 예수님과 함께 한 시간의 양이나 교육의 질로 보기에는 제자들의 증발 때문에 논리가 맞지 않습니다.

고민 끝에 나온 제 의견을 제시해 보겠습니다. '저의 영적 감각과 수준으로는 대답하기 어렵다'입니다. 어떤 이론과 분석을 해도 흠 잡으려 하면 단서가 나오기 때문입니다. 여기서 한 차원 높은 답이 추출됩니다. '은혜였도다!' 은혜 아니면 설명이 안 됩니다. 보통 은혜가 아니라 불가항력적 은총(도저히 거부할 수 없는 은혜)를 받았기에 그들이 복음에 참여하였다고 생각됩니다.

성령으로 말미암아 하나님의 사랑이 부어졌기에 일어난 일입니다.

(롬 5:5) "소망이 우리를 부끄럽게 하지 아니함은 우리에게 주신 성령으로 말미암아 하나님의 사랑이 우리 마음에 부은바 됨이니"

이제 우리 차례인데 주님께서 주신 용서의 말씀에 의지하여 결정할 수 있습니다. '아버지 저들을 사하여 주옵소서 자기들이 하는 것을 알지 못함이니이다(34절)'

♦ 누가복음 24장 성경칼럼

16절 | 그들의 눈이 가리어져서 그인 줄 알아보지 못하거늘

31절 | 그들의 눈이 밝아져 그인 줄 알아보더니 예수는 그들에게 보이지 아니하시는지라

"부활 이후가 열리다"

'눈이 녹으면 뭐가 되냐고 선생님이 물으셨다 다들 물이 된다고 했다 소년은 봄이 된다고 했다' 봄에 회자 되는 작자 미상의 글입니다. 눈이 물이 되는 것, 그 현상 너머의 봄을 바라보는 소년의 마음이 참 멋집니다. 그 소년이 자라서 어떤 인물이 되었을까 즐거운 상상을 해 봅니다. 예수님의 부활 이후의 여러 사건 중의 오늘의 이야기는 흥미롭고 묘한 감동을 줍니다. 청춘을 다 바쳐서 주님을 따르다가 이제 예루살렘에서 엠마오로 낙향하는 두 제자의 마음을 헤아려 봅니다. 외롭고 낙심한 불신앙의 모습은 있지만 희망과 기대를 저버린 것은 아닙니다. 성경을 이야기하며 부활의 메시야에 대한 뉴스를 정리하며 약속을 상기하고 있습니다.

여기에 부활하신 주님이 정체를 감추고 합류합니다(16절). 단시간이 아니라 한나절 이상입니다. 목적을 이루는데 한 마디 또는 한 장면이면 충분할 터인데 그리 하지 않았습니다. 많은 군중도 아니고 열 두 제자에 속한 것도 아닌 아웃사이더 같은 두 명에게 찾아 오셨습니다. 주님은 그들과 함께 인격적으로 대화하는 가운데 위로하시고 공감 하시고 은근한 책망도 하십니다. 두 제자에게 성경공부를 시키고 예언의 성취를 보여 주시면서 부활의 영광을 경험하게 합니다. 갑자기 눈이 떠진 것이 아니고 기적적인 역사도 일어나지 않았습니다. 속죄와 부활의 말씀을 깨닫는 가운데 마음이 뜨거워졌습니다(32절).

그 어느 순간에 예수님은 시각적으로 볼 수 없게 사라집니다. 이제 주님은 시공간적으로 보여 지는 제한된 존재가 아닌 초월적이고 다양한 모습으로 만나게 되는 시대로 들어가게 되었습니다. 어느 대상에 국한하지 않은 내재적인 만남이 시작된 것입니다. 이것이 주님께서 택한 자들(교회)을 대하시는 방식입니다. 우리가 성령의 역사로 말씀을 깨닫고 순종하는 것이 바로 이 모습입니다.

엠마오로 가는 제자의 이야기가 바로 신약성도인 우리의 것이 되었습니다.

(마 18:20) “두 세 사람이 내 이름으로 모인 곳에는 나도 그들 중에 있느니라”

미천한 나와 부족한 교회에 이렇게 다가오시고 그렇게 대해 주십니다. 의심과 외로움을 극복하고 보이는 현상에 고착하지 않으며 주님과 동행하는 시대가 되었습니다. 영안을 열어 주님을 뵙고 기뻐 뛰며 예루살렘으로 달려가는 제자는 우리의 모델입니다(33절).

부활 이후 40일 동안 10여 차례 현현하신 주님의 은혜는 부활의 증인을 재생산하고 있습니다(34-53절, 행 2:32)

(고전 15:4-8) “장사 지낸 바 되셨다가 성경대로 사흘 만에 다시 살아 나사 게바에게 보이시고 후에 열두 제자에게와 그 후에 오백여 형제에게 일시에 보이셨나니 그 중에 지금까지 대다수는 살아 있고 어떤 사람은 잠들었으며 그 후에 야고보에게 보이셨으며 그 후에 모든 사도에게와 맨 나중에 만삭되지 못하여 난 자 같은 내게도 보이셨느니라”

요한복음

♦ 요한복음 1장 성경칼럼

1절 | 태초에 말씀이 계시니라 이 말씀이 하나님과 함께 계셨으니 이 말씀은 곧 하나님이시니라

14절 | 말씀이 육신이 되어 우리 가운데 거하시매 우리가 그의 영광을 보니 아버지의 독생자의 영광이요 은혜와 진리가 충만하더라

"믿어야 알게 된다"

가수 나훈아의 '테스 형'이란 노래가 있습니다. 독특한 가사에 많은 사람이 공감을 했던 것 같습니다. 소크라테스를 형이라 부르며 힘들고 이해 못할 허무한 인생을 하소연 하다가 내세가 있으면 좀 알려달라고 하며 마무리 합니다. 제가 철학자의 대표 주자인 소크라테스를 끌어온 이유가 있습니다. 최고의 학문인 철학의 주제는 '인간이란 무엇인가?', '진리란 어디에 있는가?', '인생은 어디에서 와서 어디로 가는가?'입니다. 이 질문 앞에 수천 년 동안 똑똑한 철학자들이 연구와 구도를 했지만 누구도 정답을 내릴 수가 없었습니다.

잘 모르겠다는 것이 그들이 내린 결론입니다. 그럼 우리는 어떤가요? 저들이 그토록 궁금해 하던 사람과 진리와 인생에 대하여 너무나 선명하게 대답할 수 있습니다. 성경을 믿음으로 읽고 하나님을 만난 자는 이 난해한 질문에 정답을 내릴 수 있습니다. 알아야 믿겠다는 전제보다 믿으니 알게 되었다는 고백이 나옵니다. 요한복음은 복음서 중에 가장 늦게 쓰여 진 책

으로 하나님의 아들이신 예수를 계시합니다. 신성을 강조하며 믿음이 중심 사상으로 흐르고 있습니다.

'모든 사람으로 자기를 믿게 하려 함(1:7)'으로 시작하여 '너희가 믿고 생명을 얻게 함이니라(20:31)'로 마치고 있습니다. 1절에 나오는 태초는 창세기에 나오는 태초보다 더 근원적인 것으로 예수님이 하나님이심을 선포합니다. 하나님과 예수님과 말씀이 일체임을 선언하는 성육신은 온 인류를 향한 구원을 나타냅니다(14절). 예수님께서 '나는 ..이라'는 자기 선언은 구원주로서의 확증입니다(6:35, 10:14, 14:6, 15:1).

성경을 통해 하나님을 알 때 타락한 인간의 처참한 모습을 보게 됩니다(5, 10절). 나아가 세상 사람들이 어쩜 그렇게 악착같이 하나님을 무시하고 진리를 대적하는지도 명확해 집니다. 무신론, 진화론, 유물론, 실존주의, 실리주의, 쾌락주의, 현상주의의 실체를 분별하게 됩니다. 알고 나서 믿는다는 주류를 깨고 말씀이 믿어지는 영역에 들어온 자는 기적을 맛본 것입니다. 세상에서는 기적이지만 신학에서는 '성령의 역사'라고 명칭을 붙입니다(14:17, 26).

(요일 4:13) "그의 성령을 우리에게 주시므로 우리가 그 안에 거하고 그가 우리 안에 거하시는 줄을 아느니라"

지금 우리가 영적으로 중요하게 알고 있는 것은 먼저 믿어서 된 것이 훨씬 많습니다. 어두움에 있는 자는 스스로를 볼 수 없지만 빛이 임할 때 새 세상을 볼 수 있는 원리입니다(9-13절). 이 빛이 예수님이고 말씀이고 진리의 영입니다. 종교 개혁가들이 오직 성경을 선두에 놓고 외친 이유가 드러났습니다. 종교개혁의 슬로건은 오직 성경, 오직 믿음, 오직 은혜, 오직 그리스도, 오직 하나님께 영광입니다.

♦ 요한복음 2장 성경칼럼

10절 | 말하되 사람마다 먼저 좋은 포도주를 내고 취한 후에 낮은 것을 내거늘 그대는 지금까지 좋은 포도주를 두었도다 하니라

24절 | 예수는 그의 몸을 그들에게 의탁하지 아니하셨으니 이는 친히 모든 사람을 아심이요

"사귈수록 더 좋은 사람?"

사귈수록 더 좋아져서 자주 만나고 싶은 사람이 있습니다. 시간이 갈수록 불쾌하여 멀리하고 싶은 사람도 있습니다. 인간관계는 좋게 시작해서 나쁘게 끝나는 경우가 대부분입니다. 보통 때는 좋았는데 이익이 충돌할 때에 깨지는 경우가 많습니다. 인간관계가 참 어렵고 만만치 않음을 보여줍니다. 좋은 사람을 만나는 것도 어렵고 그 관계를 좋게 이어가는 것은 기적에 가깝습니다. 객관적으로 나도 좋은 사람이 아니라는 점도 기꺼이 인정해야 합니다. 주님께서는 사람들은 사랑하셨지만 믿고 의탁하지 않으신 것은 이것을 잘 알고 계셨기 때문입니다(24절).

요한복음의 7대 기적은 예수님이 하나님이심을 선포하는 것으로 표적(sign)이라고 기록합니다. 그 중의 첫 번째가 가나 혼인잔치에서 준비한 포도주가 떨어졌을 때 물이 변하여 포도주가 되는 사건입니다. 이 표적의 절대 메세지는 주님을 만나면 '인생의 질'이 바뀐다는 것입니다. 평범한 물이 즐거움과 행복을 상징하는 최고의 포도주가 되었습니다. 예수님을 믿는다는 것은 인생의 어떤 부족함을 채우거나 고장 난 부위를 수리하는 차원이 아닙니다.

바로 '거듭남(중생)'이고 하나님 나라에 다시 태어나는 것입니다.

(요 3:3~5) "예수께서 대답하시되 진실로 진실로 네게 이르노니 사람이

물과 성령으로 나지 아니하면 하나님의 나라에 들어갈 수 없느니라"

예수님을 믿는다는 것은 인생의 본질이 달라지고 삶의 행복도가 변화되는 것입니다. 예수님은 이것을 알려주시고자 첫 번째 표적을 행하셨습니다. 나아가 사람이 만들어 준비한 첫 번째 포도주보다 훨씬 뛰어난 두 번째 포도주를 우리에게 주십니다(10절). 이것은 거듭난 자는 새로운 영적 세계와 관계가 있음을 예고하신 것입니다. 거듭나기 전에는 좋게 시작해서 나빠지는 패턴이었지만 거듭난 후에는 세월이 흐를수록 모든 관계가 점점 좋아지게 합니다.

주님이 만드신 최고의 포도주처럼 아름답고 행복한 모든 관계가 될 수 있음을 이 표적은 약속합니다. 이 표적에 순종하는 자들이 등장하는 것은 우리에게 비전을 갖게 합니다. 마리아가 포도주를 만들어 달라는 요청을 한 것은 그에게 메시야 의식이 있었음을 증명합니다(3-5절). 성령으로 잉태한 기적을 순종으로 받아들인 그에게 큰 믿음의 복을 주신 것입니다(눅 1:35-38). 연회장은 믿음의 비밀을 몰랐지만 심부름하는 하인들이 알았다는 것은 현장 봉사의 능력을 알려줍니다(9절).

나중 포도주가 형언할 수 없도록 좋다는 것은 신앙은 갈수록 아름답다는 보장입니다. 신앙의 첫사랑도 참 좋지만 그 때보다 지금이 훨씬 아름다워야 정상입니다. 보혈을 상징하는 포도주가 넉넉한 혼인 잔치의 기쁨은 지금 우리에게도 와 있습니다(눅 22:20). 세월과 함께 깊은 정이 든 나의 주님이 너무 좋습니다.

♦ 요한복음 3장 성경칼럼

8절 | 바람이 임의로 불매 네가 그 소리는 들어도 어디서 와서 어디로 가는지 알지

못하나니 성령으로 난 사람도 다 그러하니라
14절 | 모세가 광야에서 뱀을 든 것 같이 인자도 들려야 하리니

"구원의 확신"

'나는 생각한다, 고로 존재 한다'는 말은 데카르트의 관념론적 방법론에 나옵니다. 모든 것을 의심할 수 있고 일체가 허위라고 할 수 있어도 그와 같이 의심하고 생각하는 나의 존재는 의심할 수 없다는 뜻입니다. '하나님과 하나님이 하신 일을 의심하는 것'은 타락한 인간으로 당연한 현상이라는 논리입니다. 이것을 너무나 잘 알고 있는 주님이 인간을 대하실 때 얼마나 힘드셨을까 생각해 봅니다(12절). 인간이 개미 몸을 입고 개미 세계로 들어가 개미에게 인간을 이해시키려고 하는 것과 같은 것입니다.

신앙의 깊이 있는 확신에 이르기 위해서는 몇 차례의 의심을 주는 장애물을 넘어야 합니다. 성경을 하나님의 말씀으로 받아들이는 산맥을 통과해야 합니다. 성령의 역사하심과 그 은혜가 바로 나에게 임한다는 것을 의식하는 과정이 있습니다. 교회가 주님의 몸임을 알고 그 권위와 치리에 순종하는 훈련도 해야 합니다. 영적 세계의 다양성을 분별하여 내 중심에서 벗어나야 하는 장애물도 만만치 않습니다. 성숙의 단계에 이른 자가 종말에 대한 약속에 잇대어 경건한 삶을 지향하는 산맥은 거대합니다. 그런데 이 모든 것의 근간은 구원을 받아야 하는 것이고 확신이 따를 때 성취됩니다.

3장에 나오는 주님과 니고데모와의 대화는 구원의 방법과 구원의 확신에 대한 교과서와 같습니다. 종교 지도자이며 관원이고 부자인 니고데모가 밤에 은밀하게 주님을 찾아옵니다(1-2절). 동류의 사람들과 구별된 행동은 칭찬받아 마땅하지만 주님께서는 냉정하게 구원의 실체를 선언합니다. 거

듭나지 아니하면 구원받을 수 없다는 것입니다. '거듭'이란 원어 '아노덴'은 '처음부터, 완전히, 두 번째, 위에서부터'라는 뜻입니다(3-7절). 인간의 수단이 아닌 하나님께로부터 태어나야 함을 의미합니다. 이 과정이 눈에 띄진 않지만 존재하는 바람과 같이 이루어진다고 합니다(8절).

성령으로 거듭나는 것은 바람과 같은 속성으로 이루어진다는 말씀입니다. 이 원리는 구원의 방법에 대하여 알 때 이해가 됩니다. 주님은 원망하다가 불뱀에 물려 죽게 된 백성들이 높이 들린 놋뱀을 보는 순간 살아난 사건을 도입합니다.

(민 21:8-9) "여호와께서 모세에게 이르시되 불뱀을 만들어 장대 위에 매달아라 물린 자마다 그것을 보면 살리라 모세가 놋뱀을 만들어 장대 위에 다니 뱀에게 물린 자가 놋뱀을 쳐다본즉 모두 살더라"

약을 바른 것도 아니고 뱀과 싸운 것도 아니며 제물을 바친 것도 아니고 모세를 의지한 것도 아닙니다.

주님께서는 저주받은 놋뱀처럼 십자가에 달린 메시야를 쳐다보고 믿으면 구원을 받는다고 설명합니다(14-15절). 구원의 확신은 눈에 보이지 않고 손에 잡히지 않는 성격을 가지고 있다는 결론이 나옵니다. 내 생각과 생활 속에 삼위일체 하나님이 계시다면 구원을 확신할 수 있다는 것입니다(고전 2:10). 시간이 지나서 니고데모가 구원받고 쓰임 받는 장면은 성경의 숨겨진 명장면입니다(요 7:50-52). 주님을 의식하며 살고 사랑을 고백하는 우리는 구원받은 하나님의 자녀입니다.

♦ 요한복음 4장 성경칼럼

13절 | 예수께서 대답하여 이르시되 이 물을 마시는 자마다 다시 목마르려니와

14절 | 내가 주는 물을 마시는 자는 영원히 목마르지 아니하리니 내가 주는 물은 그 속에서 영생하도록 솟아나는 샘물이 되리라

"영적 갈증"

저는 짜장면 곱빼기를 좋아합니다. 어린 시절 최애음식이라는 향수와 실컷 먹고 싶은 보상심리로 곱빼기를 시킵니다. 그런데 얼마 전에 무지무지하게 짠 것을 습관대로 다 먹고 한나절 동안 물을 들이켰습니다. 물을 마음껏 먹을 수 있어서 다행이었지 그렇지 않았다면 큰일 날 뻔 했습니다. 이 때 생각난 것이 영적 갈증에 대한 사마리아 여인의 기사입니다.

사마리아 수가 마을의 여인이 느끼는 갈증은 매우 심각합니다. 사마리아는 북이스라엘의 수도이었지만 멸망 후 앗수르의 이방 이주 정책으로 혼합의 대명사가 되었습니다(왕하 17:24). 이방인과 통혼을 금한 율법을 어긴 사마리아인은 정통 유대인에게 사람 취급을 받지 못했습니다(마 15:21-27). 여자에 대해서는 더 심했는데 부정한 과거를 지닌 이 여인은 최악입니다. 남편이 다섯 명 있었고 지금 사는 남자도 정상관계가 아니어서 몸과 마음이 만신창이입니다(17-18절).

남의 눈에 안 띄려고 뜨거운 정오에 물 길으러 나온 외톨이 여인에게 주님이 다가갑니다. 피폐함과 우울 감으로 가득한 여인에게 주님께서 먼 길을 걸어 일부러 찾아오신 것입니다(3-6절). 3장의 번듯한 니고데모가 주님을 찾아 온 것과 대조되는 만남입니다. 니고데모가 외적으로 모든 것을 갖춘 유대교를 대표했다면 시마리아 여인은 정죄당하고 멸시받는 계층을 대표하고 있습니다. 니고데모에게 고압적 이미지의 매너를 보이신 주님이 여인에게 한없는 자상함을 베푸십니다.

인격적으로 대하시고 아주 길게 점진적으로 대화를 주도하시는 주님의 마음에 눈시울이 뜨거워집니다(7-19절). 이 과정을 전도의 교과서로 가르치지만 그 이상의 하나님과 사람과의 만남으로 보아야 합니다. 육적인 물을 시작으로 목마르지 아니하는 생수를 거쳐 영생을 알려 주시는 주님은 참 좋으신 구주입니다. 영생하도록 솟아나는 생수는 성령님을 의미합니다(14절). '솟아나는'의 원어 '할로메누'는 '계속적인 상태'를 뜻하며 성령님의 영속성과 내면적 자생성을 확인합니다.

(요 7:38-39) "나를 믿는 자는 성경에 이름과 같이 그 배에서 생수의 강이 흘러나오리라 하시니 이는 그를 믿는 자들이 받을 성령을 가리켜 말씀하신 것이라.."

이것은 하나님께서 우리 믿음을 끝까지 견인하시겠다는 약속입니다. 세상의 물 같은 재물과 쾌락과 인기와 권력과 지성과 명예와 자유는 다시 갈증을 주지만 성령님은 영원합니다. 주님의 말씀을 알아듣는 여인에게 기존 종교의 틀을 깬 신약교회의 진정한 예배원리가 선물로 주어집니다(20-24절). 신약성도인 우리는 지치고 목마를 때 외부를 두리번거리며 헤매 일 필요가 없습니다. 내 안에 내주하시는 성령님을 의지하면 인생 고민과 영적 갈증이 해결됩니다. 물동이를 버려두고 동네를 즉석 전도한 이 여인의 에너지는 열매를 맺게 됩니다(28-30, 39-42절) 영적이고 능력 있는 이 위대한 드라마의 주인공이 바로 나라는 생각이 드는 것은 웬일일까요?

♦ 요한복음 5장 성경칼럼

7절 | 병자가 대답하되 주여 물이 움직일 때에 나를 못에 넣어 주는 사람이 없어 내가 가는 동안에 다른 사람이 먼저 내려가나이다

14절 | 그 후에 예수께서 성전에서 그 사람을 만나 이르시되 보라 네가 나았으니 더 심한 것이 생기지 않게 다시는 죄를 범하지 말라 하시니

"로또 1등"

로또 1등에 맞을 확률은 814만분의 1로 벼락 맞을 확률과 비교되기도 합니다. 한 주에 8-9천매가 판매되고 8명에게 평균 27억(세전)의 당첨금이 주어집니다. 이 통계만 본다면 한번 희망을 품고 베팅해 볼 만하다는 생각이 듭니다. 그러나 고교 전국 1등보다 25배나 어렵다는 통계를 알고 나면 불가능에 압도됩니다. 베데스다 못가의 38년 된 앉은뱅이 병자가 있습니다. 그는 천사가 가끔 내려와 고쳐주는 기적의 치유에 당첨될 확률은 아예 없습니다(2-5절). 설혹 물이 동하는 것을 먼저 보고 들어가려고 해도 움직일 수 없어 들어 갈 가능성은 전혀 없습니다(7절). 누가 도와주는 방법이 있는데 정황상 그럴 가능성도 없습니다.

모든 것이 절망적인 그에게 예수님이 찾아 왔습니다(6절). 그를 낫게 하셔서 바로 자리를 들고 걷게 하십니다(8-9절). 그를 도와 연못에 담가 고치신 것이 아닙니다. 만약 그렇게 하셨다면 천사의 힘을 의지한 것이 되었을 것입니다. 인간이 무엇을 상상하던 그 이상을 하시는 주님을 뵙게 됩니다. 주님의 일하시는 방법은 확률도 아니고 전통을 따르는 것도 아닙니다. 그 분의 뜻에 따라 믿음을 고백하는 자에게 말씀으로 고치시고 조건 없이 은혜를 베푸십니다. 하나님이신 예수님을 만나면 불행은 끝나고 행복은 시작합니다.

그런데 이 세 번째 표적은 부록이 따라옵니다. 근본적 절망과 고난을 해결하신 주님께서 그를 다시 만나는 것으로 시작됩니다. 치유를 받고 성전에 제물을 드리러 온 그에게 주님이 먼저 알아보고 말씀합니다. '이제 나았으니 더 심한 것이 생기지 않게 다시는 죄를 짓지 말라(14절)'고 하십니다. 38년 된 최고의 저주인 병보다 더 심한 것이 있음을 명확히 알려주십니다. '더 심한 것'의 원어인 '케이론'은 '최고로 나쁘고 악한 것'으로 그것이 바로 죄라는 것을 명시합니다.

이것은 주님께서 병의 근원이 죄에 있음을 비추신 것으로 병보다 더 악한 것이 죄임을 확인하신 것입니다. 이 병자의 육체적 치유보다 엄청난 기적이 바로 구원이며 영생입니다. 지금 우리가 받은 구원은 베데스다의 기적과 비교할 수 없다는 것을 목도하게 됩니다. 나은 병자는 안식일 시비를 하는 악한 자들에게 담대히 예수를 증거 함으로 구원의 백성임을 간증하였습니다(15-18절). 이 표적은 죄악인 병자로 살아도 내세의 구원은 꼭 받아야 한다는 메시지를 내고 있습니다. 38년 된 베데스다의 병자 이야기 역시 나의 모습을 보여 준 것입니다.

(롬 6:23) "죄의 삯은 사망이요 하나님의 은사는 그리스도 예수 우리 주 안에 있는 영생이니라"

♦ 요한복음 6장 성경칼럼

48절 | 내가 곧 생명의 떡이니라
63절 | 살리는 것은 영이니 육은 무익하니라 내가 너희에게 이른 말은 영이요 생명이라

"행간을 읽다"

직접적으로 쓴 내용은 아니지만 저자가 알리고자 하는 숨은 의미를 찾아내는 것을 말합니다. 요한복음의 필자는 요한이지만 진정한 저자는 성령님입니다. 저자는 6장에서 우리에게 행간을 읽을 것을 요구하는 것 같습니다. 시작을 네 번째 표적인 오병이어로 시작하였다가 바다 위를 걸으시는 다섯 번째 표적으로 이어갑니다. 그리고 다시 오병이어로 돌아오는데 전개되는 내용이 점진적으로 깊이를 더해 갑니다. 행간에 보석 같은 메시지가

숨어 있음이 분명합니다.

두 표적의 의미는 주님께서 경제문제(오병이어)와 재난(바다 위를 걸으심)을 해결하시는 전능자이심을 계시하는 것입니다. 모든 사람들의 염려와 두려움을 해결하며 강렬한 인상을 남기고 최고의 인기를 얻게 됩니다. 그러나 주님 입장에서는 이 일이 본질적 사명이 아니었습니다. 군중의 인기를 피하셔서 홀로 있으신 이유입니다(15절). 행간의 답을 찾기 위한 다음의 객관식 문제를 풀어 보겠습니다.

Q.다음의 내용에서 가장 중요한 것을 골라 보세요
1.구약 광야에서 내린 만나(31-32절)
2.벳새다 광야에서 베푸신 오병이어(10-11절)
3.성육신하신 예수님의 생명의 살과 피(50-51절)
4.영이고 생명이라고 하신 주님의 말씀(63절)

천천히 묵상하며 찾기를 원합니다. 어떤 선택을 하느냐에 따라 베드로와 가룟 유다의 길로 나누어 질 수도 있습니다(64-71절). 도움을 드리기 위해 분별 기준을 세워 보았습니다. 일시적인 것인가와 영원한 것인가를 구분하면 됩니다. 나아가 지금 내가 가질 수 있는 것인가와 아닌가로 보면 됩니다.

구약의 만나는 오병이어의 그림자로서 육적 양식의 공급입니다. 오병이어는 주님이 생명의 떡임을 보여주는 예표입니다. 생명의 떡이신 주님은 영적 양식으로 신약교회의 성찬으로 시행됩니다. 이 모든 양식이 가리키는 곳은 주님의 말씀으로 영혼을 살립니다. 영이요 생명이신 말씀을 떠나서는 진정한 영적 열매는 맺혀지지 않습니다. 말씀을 경험하는 것은 하나님을 만나는 것입니다(요 6:63).

♦ 요한복음 7장 성경칼럼

4절 | 스스로 나타나기를 구하면서 묻혀서 일하는 사람이 없나니 이 일을 행하려 하거든 자신을 세상에 나타내소서 하니

18절 | 스스로 말하는 자는 자기 영광만 구하되 보내신 이의 영광을 구하는 자는 참되니 그 속에 불의가 없느니라

"근본과 끝을 아는 지혜"

조금 애매한 이야기로 시작합니다. 애매하다는 것은 선악의 문제가 아니고 선호도에 따라 다르게 볼 수 있다는 의미입니다. 아마존과 쿠팡 같은 세계 정상 기업들의 시작은 적자로부터 시작합니다. 1년에 수조원의 적자를 내는데 이유는 시장을 잠식하고 독점하기 위해서입니다. 무료에 가까운 서비스를 퍼부어 경쟁 기업들을 도태시킵니다. 어느 순간 독과점이 되면 나스닥에 상장을 하는데 그 가능성에 순식간에 수 십 조원의 기업이 됩니다. 이 패턴에 따라 빅 테크 기업이 세계를 지배하게 되었습니다. 목적을 위해서는 수단방법을 가리지 않는 세상을 실감합니다.

거대한 부를 이루기 위한 세상의 마케팅은 예수님 당시에도 제안되었습니다. 예수의 형제들이 세상논리에 따라 훈수를 합니다. 예수의 그 큰 능력을 세상에 알리는 마케팅을 하여 대박을 터트리라고 말합니다(4절). 그리하면 자기들에게 떨어질 것이 있음을 분명히 알기 때문입니다. 초막절을 맞아 정치와 종교의 중심지인 예루살렘에 가는 길에서 일어난 일입니다. 십자가 수난을 반년 앞두고 주님의 뜻을 모르는 주변인들의 망동입니다. 복음의 근본을 잃어버릴 때 상품화는 자연스럽게 따라오게 되어 있습니다.

복음을 위하여 살다가 복을 받는 것과 재물과 명예를 위하여 복음을 이

용하는 것은 전혀 다른 길입니다. 신앙을 잘 상품화하여 전하는 지혜는 좋은 것이지만 근본이 자기 이익을 벗어나기가 어렵다는 뜻입니다. 이 항목은 구약에서도 끊임없이 경고하였고(겔 33:31, 34:1-6) 주님께서도 직설적으로 말씀하였습니다(요 10:11-15).

주님께서 이 요구에 단호하게 반응하십니다. 정치적 메시야를 요구하는 저들의 저의를 아시고 죽으러 오신 사명의 때에 대하여 언급합니다(6-9절). 후에 은밀히 올라가시며 복음의 일군들이 어떤 중심으로 사역할 것인지를 교육합니다(16-17절). 자기 생각이 아닌 보내신 이의 뜻을 전해야 한다는 것입니다. 복음 사역자들은 자기 하고 싶은 말을 하거나 자기 야망을 위해 일하는 자가 아닙니다(18절). 성경만을, 성경 전체를 전한다는 자세를 가지지 아니하면 불의한 자가 됩니다. 오직 하나님의 영광을 위한 목적으로 일해야 하며 이것을 성경 용어로 충성이라고 합니다.

이 충성에서 벗어난 자들이 아무리 큰 업적을 남기고 겉포장을 잘하여도 냉혹한 심판이 있음을 선언합니다.

(마 7:22-23) "그 날에 많은 사람이 나더러 이르되 주여 주여 우리가 주의 이름으로 선지자 노릇 하며 주의 이름으로 귀신을 쫓아내며 주의 이름으로 많은 권능을 행하지 아니하였나이까 하리니 그 때에 내가 그들에게 밝히 말하되 내가 너희를 도무지 알지 못하니 불법을 행하는 자들아 내게서 떠나가라 하리라"

욕망 덩어리인 인간에게 정말 어려운 길이지만 그 희귀성 때문에 끝을 아는 지혜는 금생과 내세에 빛날 것입니다.

♦ 요한복음 8장 성경칼럼

32절 | 진리를 알지니 진리가 너희를 자유롭게 하리라
36절 | 그러므로 아들이 너희를 자유롭게 하면 너희가 참으로 자유로우리라

"자유에 대하여"

'자유가 아니면 죽음을 달라'는 외침은 미국 독립운동 지도자 패트릭 헨리의 연설 중에 나옵니다. 천둥과 번개처럼 울려 퍼진 이 한마디의 외침은 지금도 영향력을 발휘하고 있습니다. 인간 세계에서 최고의 힘인 죽음 앞에서 부귀영화는 금방 없어질 안개나 풀의 꽃 정도 밖에 안됩니다. 막강한 죽음과 유일하게 바꿀 수 있는 가치가 자유라는 것입니다. 자유가 없다면 인간다운 삶도 없다고 볼 수 있습니다.

자유에는 3가지 급이 있는데 개인적 자유와 양심의 자유와 영적 자유가 있습니다. 오늘 성경에 나오는 자유는 궁극적으로 모든 자유를 가리키는데 그 이유는 구원의 또 다른 이름이기 때문입니다. 구원자의 모형인 모세의 지휘 하에 일어났던 출애굽은 노예에서 벗어나 약속의 땅에서 누리는 자유이었습니다. 구원자의 원형이신 예수님이 주시는 구원은 인류를 죄로부터 해방시키고 하나님 나라의 자유를 준 것입니다. 진리가 자유를 준다고 할 때의 진리는 단순한 원리가 아닌 예수님을 의미합니다.

(요 1:17) "율법은 모세로 말미암아 주어진 것이요 은혜와 진리는 예수 그리스도로 말미암아 온 것이라"

그러므로 진리를 안다는 것은 하나님의 생명을 구체적으로 경험한다는 뜻입니다. 구약 시대에 종으로 있다가도 6년이 지나거나 희년이 되면 해방되었는데 주인의 장성한 아들도 해방시킬 권리가 있었습니다. 예수님은 하

나님의 아들로서 인류를 죄의 속박에서 해방시켜 주었습니다(36절).

(갈 5:1) "그리스도께서 우리를 자유롭게 하려고 자유를 주셨으니 그러므로 굳건하게 서서 다시는 종의 멍에를 메지 말라"

8장 초반에 나오는 음행 중에 잡힌 여인에게 자유를 주는 주님의 권세가 완전한 이유입니다(3-10절). 자유를 잃은 원인이 죄임을 알게 하고 다시는 죄를 범하지 말라고 하신 말씀은 우리에게도 주신 것입니다(34절). 자유는 본질적인 면과 함께 실제 생활에서도 위력을 발휘합니다. 성령님께서 주시는 의와 평강과 희락을 누릴 수 있습니다. 자연의 우상으로부터 벗어난 것은 너무나 좋은 것으로 불트만은 이것을 '자연의 비신화화'로 칭하였습니다. 풍습의 어떤 미신이라도 매이지 않고 떨쳐버리게 됩니다.

근심과 두려움과 심리적 옥죄임을 풀어버리고 자유를 누릴 수 있습니다. 사람에게 연연해하며 끌려가거나 강자에게 비굴하거나 주눅 들지 않습니다. 죽음의 불확정성에 공포를 느끼지 아니하고 준비하는 여유도 생깁니다. 하나님의 아들이라는 당당함이 쌓이면 내면이 성숙하여 재야의 고수가 됩니다. 이 모든 자유의 혜택은 주님으로부터 왔기에 아는 자만이 누릴 수 있습니다(36절). 진정한 자유를 누리는 그리스도인에게는 부러워서 묻는 자들이 생기게 됩니다.

(벧전 3:15) "너희 마음에 그리스도를 주로 삼아 거룩하게 하고 너희 속에 있는 소망에 관한 이유를 묻는 자에게는 대답할 것을 항상 준비하되 온유와 두려움으로 하고"

♦ 요한복음 9장 성경칼럼

7절 | 이르시되 실로암 못에 가서 씻으라 하시니 (실로암은 번역하면 보냄을 받았

다는 뜻이라) 이에 가서 씻고 밝은 눈으로 왔더라

39절 | 예수께서 이르시되 내가 심판하러 이 세상에 왔으니 보지 못하는 자들은 보게 하고 보는 자들은 맹인이 되게 하려 함이라 하시니

"가장 불쌍한 사람은?"

여러 유형의 답이 나오겠지만 오늘의 주인공이 상위 랭킹을 차지할 것이 틀림없습니다. '날 때부터 맹인'입니다. 중간에 된 맹인은 일단 이 세상의 어떤 것이라도 보았습니다. 하지만 날 때부터 맹인은 아무 것도 본 것이 없습니다. 입장을 바꿔 내가 그 맹인이라면 아찔합니다. 맹인이 눈을 뜨게 한 치유는 여러 차례 있었지만 날 때부터 맹인 된 자를 고치신 것은 이 기사가 유일합니다.

불행의 원인이 본인과 부모의 탓이 아닌 하나님이 하시는 일을 나타내기 위함이라는 주님의 해석이 특별합니다(2-3절). 여섯 번째 표적으로 기록된 이 기사는 몇 가지 장치를 통하여 단순한 치유 사건이 아님을 드러냅니다. 요한복음의 핵심 주제인 빛에 대한 언급으로 시작함으로 근본적인 구원과 연결되었음을 계시합니다(4-5절).

말씀 한 마디로 능히 모든 것을 하실 수 있는 주님께서 치유의 과정을 겪으시는 것을 주목해야 합니다. 진흙을 이기시고 침을 뱉어 섞으셔서 맹인의 눈에 바릅니다(6절). 안식일의 금기 39개 중에 있는 것을 정면으로 어기고 후에 시비 거리를 만듭니다. 진흙으로 맹인을 치료한 모습은 하나님께서 인간을 창조하실 때와 대비됩니다.

(창 2:7) "여호와 하나님이 땅의 흙으로 사람을 지으시고 생기를 그 코에 불어넣으시니 사람이 생령이 되니라"

타락한 인간을 향한 예수님의 새로운 창조행위를 암시하고 있습니다. 이 장치는 실로암 못에 가서 씻으라는 명령에서도 드러납니다(7절). 실로암의 뜻(보냄을 받았다)을 밝힘으로서 실로암이 의미하는 것이 주님이심을 보여줍니다. 이 명령을 철저히 순종한 맹인은 밝은 눈이 됩니다. 창세기의 창조가 하나님의 단독 행위였다면 예수님의 재창조는 인간의 순종이 있었던 것입니다.

눈을 뜨는 것이 육신적 빛만 보는 것이 아님은 눈이 밝아진 자의 다음 행적에서 밝혀집니다. 대적자들이 그와 가족을 회유하고 사실을 왜곡하고 심지어 출교까지 시킵니다. 은혜를 기억하며 꿋꿋한 그의 모습은 구원을 받고 주님과의 의리를 지키는 신약성도를 예표 합니다. 그를 다시 찾은 주님께서는 결국 이 사건이 영적 소경에 대한 심판이라는 사실을 선포합니다(39절). 최고의 불행을 해결하는 기적은 7절까지만 있어도 되었지만 이 메시지를 위하여 41절까지 달려온 것입니다.

'눈뜬 맹인'으로 이어지는 메시지는 영적 맹인으로 자신이 맹인인줄 모르는 자에게 주어집니다(40-41절). 1차적으로 바리새인이지만 현재는 예수님을 전혀 알아보지 못하는 사람을 가리킵니다. 이들을 위해 주님을 전하고 기도할 책임이 영안이 먼저 열린 우리에게 주어졌습니다(25-34절). 이것이 파괴된 하나님의 형상을 온전케 하신 주님의 손길에 보답하는 길입니다.

♦ 요한복음 10장 성경칼럼

9절 | 내가 문이니 누구든지 나로 말미암아 들어가면 구원을 받고 또는 들어가며 나오며 꼴을 얻으리라

14절 | 나는 선한 목자라 나는 내 양을 알고 양도 나를 아는 것이

"양의 문, 선한 목자"

심리학자 '매슬로'의 '욕구위계이론'이라는 것이 있습니다. 흔히 인간의 5대 욕구로 불리어집니다. 생리 생존적인 욕구, 안전과 안정 욕구, 소속과 애정 욕구, 존중과 명예 욕구, 자아실현과 자유의 욕구입니다. 위계이론이란 것은 1단계부터 이루어져야 다음단계로 올라 갈 수 있다는 의미입니다. 생리 생존이 되어야 안전 안정의 단계로 갈 수 있습니다.

인간의 보편적 욕구와 그리스도인의 축복관은 그리 달라 보이지 않습니다. 다만 그 욕구를 채우는 방법에서 그리스도인은 독특성이 있습니다. 주님은 선한 목자시고 우리는 그의 양이라고 할 때 1-4단계의 욕구는 달성됩니다. 주님은 우리를 풍성히 먹이시고 편하게 쉬게 하시고 안전하게 보호하십니다(10절, 시 23편). 각각의 이름을 알고 부르시며 가까이 와서 안아주시고 대화하며 교제하십니다(14-15, 27절). 목숨까지 내어 놓으시고 우리를 소중히 여기시며 존중하고 자랑스러워하십니다(11, 17, 28-30절).

마지막 5단계인 자아실현의 욕구도 인간의 욕심 충족이라는 것을 제거하면 양 우리(교회) 안에 있을 때 영적으로 이룰 수 있습니다. 이 모든 것의 공급과 혜택을 받는 전제 조건이 있습니다. 주님만이 양의 문이 되신다는 절대 원칙입니다(1, 9절). 문을 통하여 양의 우리에 들어가지 않는 목자가 있다는 것입니다. 절도는 몰래 훔치는 좀도둑이고 강도는 강제로 빼앗아 가는 산적 같습니다. 주님 앞에 있는 바리새인과 유대인을 가리키는 것으로 양의 문이 되시는 예수를 거부하였습니다.

이 시대의 거짓 종교와 이단들은 예수님의 속죄로 말미암는 유일한 구원을 받아들이지 않는 도둑과 강도입니다. 예수님과 우리는 목자와 양으로서

'절대의존 관계'라는 설정을 확인해야 합니다. 이 설정을 알지 못하고 다른 음성을 듣다가 실족하는 경우가 있습니다. 절대의존 관계는 다른 말은 걸러내고 오직 주님 말씀만 듣고 따르는 양이라는 뜻입니다. 양이라는 동물의 특징은 시각은 둔하고 청각은 아주 예민하여 신자의 모습과 꼭 닮았습니다. 자기 목자인지 아닌지 봐서 아는 게 아니고 음성을 듣고 분별합니다.

양은 목자 없이 혼자 멋대로 다니면 아주 위험합니다. 자유롭고 싶다고 우리를 나가거나 교우 관계가 귀찮다고 홀로 있으면 병들고 다칩니다. 예수님께 사랑받는 양으로서 영적 긍지를 높일 때 '향도(leader) 양'이 됩니다. 선한 목자 되신 주님을 따라 향도 역할을 하는 양은 영적 자아실현을 이루는 것입니다. 아주 가치 있고 보람 있어 영적 자긍심이 충만해집니다.

♦ 요한복음 11장 성경칼럼

25절 | 예수께서 이르시되 나는 부활이요 생명이니 나를 믿는 자는 죽어도 살겠고
26절 | 무릇 살아서 나를 믿는 자는 영원히 죽지 아니하리니 이것을 네가 믿느냐

"부활과 기독교"

기독교를 비판하는 사람들은 성경의 기적이 논리에 맞지 않음을 내세웁니다. 세상 학문의 왕인 철학은 5대 분야가 어우러진 학문체계입니다. 논리학, 윤리학, 정치학, 미학, 형이상학으로 되어 있습니다. 가장 기본이 논리학인데 그 시작이 3단 논법으로 시작합니다. A와 B는 같다,

B와 C는 같다, 그러므로 A와 C도 같다는 논리입니다. 이 논리를 종교에 역으로 대입해 봅니다.

모든 종교의 창시자는 죽었다, 기독교의 예수도 죽었지만 부활했다, 그

러므로 기독교와 예수는 다른 종교와 그 창시자 하고는 다르다 입니다. 왜 예수님을 믿느냐고 묻는다면 예수의 부활 때문이라고 대답하는 것이 정답입니다. 기독교에 부활이 없다면 다른 종교와 별로 다를 것이 없다는 것입니다. '예수의 자기 계시'라는 신학용어가 있습니다. 예수님은 하나님이시기에 누가 증명할 수가 없습니다. 오직 예수 자신만이 자기 계시를 하실 수 있기에 예수의 자기 계시라는 용어가 있는 것입니다.

'나는 ... 이니'로 한 말씀들이 예수의 자기 계시입니다. 그 중의 '나는 부활이요 생명이니'가 핵심입니다(25절). 내세를 이야기하는 사람은 많아도 '내가 부활'이라고 말하고 증명한 분은 오직 예수님밖에 없습니다. 구약의 예표로 부활의 전조를 보여 주신 하나님께서 예수님으로 부활과 영생의 대단원을 내린 것입니다.

부활은 창세기부터 예시가 되어 있는 교리입니다. 하나님과 300년 동행하다 승천한 에녹, 불 병거를 타고 승천한 엘리야, 아브라함이 드린 이삭의 번제 신앙, 성막 지성소 법궤 안의 아론의 싹 난 지팡이, 사렙다 과부의 죽은 아들을 살린 엘리야, 3일 동안 물고기 뱃속에 있다 살아난 요나, 나인성 과부의 아들을 살리신 주님(눅 7장), 회당 장 야이로의 딸을 살리신 주님(막 5장), 죽은 지 4일 된 나사로를 살리신 주님(요 11장), 죽은 여 제자 다비다를 살린 베드로(행 9장)가 나옵니다.

11장의 나사로를 죽은 지 4일 만에 살리신 일곱 번째 표적은 생명의 원천되시는 주님을 계시합니다. 예수님께서 눈물을 흘리셨다는 기록은 죽음이 하나님의 뜻이 아님을 증명합니다(35절). 나사로의 부활은 최고의 표적으로서 주님을 향하여 믿는 자와 죽이려는 자로 나누어집니다. 어떤 기적에도 자기중심인 자는 안 믿을 뿐더러 증인인 나사로를 없애려는 시도까지

합니다(46-53절, 12:9-11). 부활의 믿음을 확인하시는 주님의 음성은 이 시대에도 계속되고 있습니다(15, 26, 40, 42절).

♦ 요한복음 12장 성경칼럼

3절 | 마리아는 지극히 비싼 향유 곧 순전한 나드 한 근을 가져다가 예수의 발에 붓고 자기 머리털로 그의 발을 닦으니 향유 냄새가 집에 가득하더라

6절 | 이렇게 말함은 가난한 자들을 생각함이 아니요 그는 도둑이라 돈궤를 맡고 거기 넣는 것을 훔쳐 감이러라

"백인백색, 일인백색"

백인백색은 사람마다 각각 다른 색깔(성격)을 가지고 있다는 뜻입니다. 일인백색이란 말은

한 사람이 백 가지의 색깔(캐릭터)을 가지고 있다는 말입니다. 변화무쌍한 인간의 변덕을 은유하는 용어입니다. 여기에서 '본 캐, 부 캐'를 예능 적으로 만들어 내기도 합니다. 12장에 나오는 극단적 평가를 받는 막달라 마리아와 가룟 유다에 대하여 성찰해 봅니다. 두 사람은 예수님의 공생애에서 가장 가까운 거리에 있었습니다. 인간적으로 주님의 사랑을 가장 많이 받은 사람들 중에 들어간다는 것에 이견이 없을 것입니다. 주님의 말씀과 이적을 듣고 목격한 것에서 부족함이 없습니다.

그러나 신앙의 결과는 전혀 다르게 나왔습니다. 한 명은 주님을 아낌없이 사랑한 사람의 대표가 되어 복음이 전해지는 곳마다 기념하는 존귀한 인물이 되었습니다. 또 한 명은 기독교만이 아니라 인류 역사상 최고의 배신자 아이콘이 되었습니다. 과연 무엇이 이 둘의 길을 갈랐을까요? 수많은 의견과 분석이 나올 수 있습니다. 본성적인 면으로, 출신성향 차이로, 목적

추구 면으로, 개인 이익측면으로, 영성의 깊이 차이 등이 나옵니다.

여기서 예정론이라는 신비한 교리는 넘어 갑니다. 제가 내린 결론은 '생각'입니다. 오늘 6절에 나오는 유다의 생각은 가난한 자는 관심이 없고 돈 생각에 몰두한 상태입니다. 결국 주님을 팔려는 생각으로 달려갑니다.

(요 13:2) "마귀가 벌써 시몬의 아들 가룟 유다의 마음에 예수를 팔려는 생각을 넣었더라"

나쁜 생각의 문을 연 그에게 마귀는 스승을 팔 생각을 주입합니다.

생각을 잘못할 때 얼마나 엄청난 죄가 번개처럼 습격하는지 실감나게 보여줍니다. 반대로 마리아는 예수님께 받은 놀라운 용서와 구원이 매순간 새로워서 다른 나쁜 생각이 들어 올 틈이 없었습니다. 자신의 전 재산이며 혼수품인 향유를 장례를 위하여 아낌없이 주님께 부었습니다(3절). 지금 가치로 보면 5천만 원(3백 데나리온) 정도 됩니다.

신앙생활을 잘 하느냐 실족하느냐의 결정타는 다름 아닌 생각의 관리에 있습니다.

(잠 16:32) "노하기를 더디 하는 자는 용사보다 낫고 자기의 마음을 다스리는 자는 성을 빼앗는 자보다 나으니라"

사람은 다양하고 기복도 심하여 선악은 수시로 접근하고 왕래합니다. 결정적인 배교나 신앙의 실족을 방지하기 위해서는 주님을 의식하고 사랑하는 것을 멈추면 안 됩니다.

(벧전 1:8) "예수를 너희가 보지 못하였으나 사랑하는도다 이제도 보지 못하나 믿고 말할 수 없는 영광스러운 즐거움으로 기뻐하니"

♦ 요한복음 13장 성경칼럼

1절 | 유월절 전에 예수께서 자기가 세상을 떠나 아버지께로 돌아가실 때가 이른 줄 아시고 세상에 있는 자기 사람들을 사랑하시되 끝까지 사랑하시니라

12절 | 그들의 발을 씻으신 후에 옷을 입으시고 다시 앉아 그들에게 이르시되 내가 너희에게 행한 것을 너희가 아느냐

"세족식"

세족식 하면 제일 먼저 떠오르는 생각이 무엇인지요? 수련회와 세미나의 마지막 날에 섬김의 상징으로 행한 것들이 생각납니다. 핵심 메시지는 '종의 섬김으로 서로 사랑하라'입니다. 유대인들은 손님의 먼지가 묻은 발을 종을 시켜 씻겨 주었습니다. 최후의 만찬 전에 누가 크냐며 다투었던 제자들 안에서 발을 씻길 사람은 없었습니다. 주님께서 종의 섬김으로 제자들의 발을 씻겼습니다.

이 메시지는 적용면에서 완벽합니다. 주님이 제자들의 발을 씻긴 것처럼 그 본을 따라 우리들도 행해야 합니다(14-15절). 물리적인 행동의 세족식은 서로 불편해서 못하더라도 그 정신을 따라 상대방의 약점(발)을 씻기며 섬기는 것이 마땅합니다. 그런데 이 교훈과 모범을 목적으로 세족식을 행하신 것이라면 세족식 장면만 기록되었을 것입니다. 다른 깊은 메시지가 있다는 힌트가 발견됩니다.

첫째는 1절에 나오는 '자기 사람들을 사랑하시되 끝까지 사랑하시니라' 입니다. 둘째는 베드로와의 '목욕토론'입니다(6-10절). 이 두 가지를 연결하여 주님의 뜻을 찾아보겠습니다. 목욕은 거듭나는 것을 의미합니다. 발을 씻는 것은 거듭난 후에 매일 짓는 죄를 사함 받는 것입니다. 이것이 목

욕한 베드로에게 발 씻는 것으로 충분하다고 말씀하신 이유입니다(10절). 예수님은 우리의 구원도 완벽히 이루시고 세족식을 통해 구원 이후도 책임져 주신다는 것을 약속하셨습니다.

발을 매일 씻듯이 구원 이후의 죄와 허물을 해결해 주시는 주님을 계시합니다. 자기 사람을 끝까지 사랑하시는 주님이심(1절)을 확증하고 있습니다. 이것이 12절 말미에 주님이 질문한 이유입니다. '내가 너희에게 행한 것을 너희가 아느냐' 세족식의 원리를 온전히 알기를 진정으로 원한다는 뜻입니다. 신앙의 큰 고민 중에서 한 가지인 구원 이후의 죄 사함이 해결되었습니다.

오늘도 더러운 내 발을 씻으시는 주님께 내 죄를 내어 놓습니다. 반복되는 허물 때문에 늘 죄송한 마음이지만 주님의 사랑을 확신하기에 나아갈 수 있습니다. 끝까지 절대적으로 사랑해 주시는 주님이 정말 좋습니다. 모든 죄를 영원히 속죄하신 대속을 영접하며 기뻐합니다.

(히 9:12) "염소와 송아지의 피로 하지 아니하고 오직 자기의 피로 영원한 속죄를 이루 사 단번에 성소에 들어가셨느니라"

♦ 요한복음 14장 성경칼럼

9절 | 예수께서 이르시되 빌립아 내가 이렇게 오래 너희와 함께 있으되 네가 나를 알지 못하느냐 나를 본 자는 아버지를 보았거늘 어찌하여 아버지를 보이라 하느냐

26절 | 보혜사 곧 아버지께서 내 이름으로 보내실 성령 그가 너희에게 모든 것을 가르치고 내가 너희에게 말한 모든 것을 생각나게 하리라

"하나님을 보여 주면 믿겠다"

이 요구를 어떻게 생각합니까? 저도 믿기 전 완악했을 때 힐난을 섞어 이 질문을 하였습니다. 제자 빌립이 이 질문을 했을 때(8절) 주님께서 말씀하십니다. '나를 본 자는 하나님을 본 것이다(9절)'라고 하십니다. 예수님의 대답이 너무 직선적이어서 당황스럽지만 정답입니다. 직선적이라 함은 여러 단계를 뛰어넘어 단도직입적으로 대답하셨다는 뜻입니다. 전제할 것은 하나님은 인간이 노력하고 연구하여 알 수 있는 분이 아니라는 것입니다. 그렇게 알게 된 하나님은 이미 하나님이 아닙니다.

오직 하나님이 자신을 계시하셔야만 구원의 하나님을 만날 수 있습니다. '계시'의 원어인 '아포칼류시스'는 '감추인 것을 드러내 보인다'이며 보여 주는 편에 주도권이 있습니다. 계시는 두 가지로서 일반계시는 자연과 역사와 양심을 통하여 하나님을 보여줍니다. 이것은 하나님을 의식하게는 하지만 구원에 이르게 할 수는 없습니다.

특별계시는 하나님을 믿고 구원에 이를 수 있게 하는 것으로 두 가지입니다. 첫 번째는 이천 여 년 전에 성육신하신 예수님을 본 자는 하나님을 만난 사람입니다(9절). 두 번째는 예수님에 대하여 기록한 성경을 읽는 자는 하나님을 본 자입니다.
(요 5:39) "너희가 성경에서 영생을 얻는 줄 생각하고 성경을 연구하거니와 이 성경이 곧 내게 대하여 증언하는 것이니라"

이 두 경우 모두 성령의 감동감화하심이 있을 때 하나님을 만날 수 있습니다(26절). 우리는 현실적으로 육신으로 오신 예수님을 직접 만날 수는 없습니다. 하지만 제자들보다 훨씬 넓은 지평으로 예수님을 증거 하는 성경에서 만날 수 있습니다. 오늘 14장 줄거리가 빌립의 질문으로 시작하여 성령의 사역으로 연결되는 것은 성령의 사역이 해답이 되기 때문입니다. 성령의 역사하심이 아니면 하나님을 알 수 없고 만날 수 없으며 구원받을 수 없습니다.

제자들이 성령을 받기 전에는 영적으로 무지하다가 성령 강림 후에 주님 말씀을 깨닫고 감격한 것을 보게 됩니다.

(벧후 1:19) "또 우리에게는 더 확실한 예언이 있어 어두운 데를 비추는 등불과 같으니 날이 새어 샛별이 너희 마음에 떠오르기까지 너희가 이것을 주의하는 것이 옳으니라"

내가 구원의 유일한 길과 진리와 생명이 되시는 예수님(6절)을 믿고 있다면 성령의 역사로 이루어진 것입니다. 하나님과 예수님과 내가 하나인 것(10절)이 믿어진다면 성령님의 감동 때문입니다. 예수님의 이름으로 기도하면 예수님이 직접 시행하신다(12-14절)는 것은 확신된다면 주님의 제자로 들어온 것입니다. 세상이 모르는 성경과 성령의 비밀을 보여 주신 것을 감사드립니다.

♦ 요한복음 15장 성경칼럼

4절 | 내 안에 거하라 나도 너희 안에 거하리라 가지가 포도나무에 붙어 있지 아니하면 스스로 열매를 맺을 수 없음 같이 너희도 내 안에 있지 아니하면 그러하리라

7절 | 너희가 내 안에 거하고 내 말이 너희 안에 거하면 무엇이든지 원하는 대로 구하라 그리하면 이루리라

"공부가 제일 쉬웠어요"

천재 수석 우등생 출신들의 인터뷰에 흔히 나오는 말입니다. 쓴웃음이 나오는 것은 공부가 어렵고 힘들었다는 기억 때문입니다. 직장과 사업과

가정에서 돈 버는 일과 관계 맺는 일이 공부보다 결코 쉽지 않습니다. 어려우면서 쉬운 일이 있고 쉬우면서도 어려운 일이 있는데 신앙생활이 여기에 속합니다. 신앙의 열매를 맺는 일은 일반적인 관점에서 어렵다는 이미지가 먼저 나옵니다. 우리의 경험상 어렵다고 고백되고 주님께서도 쉽다고 하지 않았습니다. 믿음이 있는 자를 찾아보기 어렵다고 탄식하시는 장면이 곳곳에 나옵니다.

(눅 18:8) "내가 너희에게 이르노니 속히 그 원한을 풀어 주시리라 그러나 인자가 올 때에 세상에서 믿음을 보겠느냐 하시니라"

15장은 신앙의 열매를 맺는 비결에 대하여 강화하는 내용입니다. 열매를 맺는 것과 못 맺는 것에 대해 누구나 이해할 수 있는 '그림 언어(picture language)'를 사용합니다. 주님은 포도나무이고 제자는 가지인데 가지 스스로는 절대 열매를 맺지 못합니다(4절). 열매를 맺는 비결은 가지가 나무에 붙어 있기만 하면 자동적으로 맺혀진다는 것입니다(5절). 영육 간에 열매 맺는 비결은 우리가 예수님과 연결되어 있기만 하면 됩니다. 주님과 연결이 안 되어 있으면 세상의 모든 수단방법을 동원해도 안 되게 되어 있습니다.

가지치기를 당하여 버려지고 말라서 불쏘시개 신세가 됩니다(6절). 그렇다면 주님과 연결되어야 하고 나아가 일체성, 즉 '내가 주 안에 주가 나 안에'의 상태가 되어야 합니다(4절). 여기서 하나님과 예수님이 하나인 것은 이해가 되는데 우리가 주님과 하나가 될 수 있느냐는 질문이 나옵니다. 이 상태는 미래형도 아니고 신비한 환상도 아닌 신앙 현장의 실제상황입니다. 주님께서 우리 안에 머무시게 하는 구체적인 매체는 7절에 드러나는데 바로 '말씀'입니다.

성도가 중대 결정을 내릴 때 의존할 수 있는 것은 주님의 말씀입니다. 성령님께서 우리를 인도하시는 직접적인 방도 역시 말씀입니다. 올바른 기도를 하고 응답받을 수 있는 것도 말씀에 의해서입니다. 그렇다면 주님과 성도가 일체가 될 수 있는 것은 신비한 어떤 상태보다 말씀에 순종하는 것임을 알 수 있습니다. 이 교리는 후에 바울이 그리스도와의 연합 사상에서 정리하였습니다(롬 6:5-6).

(갈 2:20) "내가 그리스도와 함께 십자가에 못 박혔나니 그런즉 이제는 내가 사는 것이 아니요 오직 내 안에 그리스도께서 사시는 것이라 이제 내가 육체 가운데 사는 것은 나를 사랑하사 나를 위하여 자기 자신을 버리신 하나님의 아들을 믿는 믿음 안에서 사는 것이라"

주님께서 내 안에 거하신다는 것은 오직 믿음으로만 알 수 있습니다.

(엡 3:17) "믿음으로 말미암아 그리스도께서 너희 마음에 계시게 하시옵고 너희가 사랑 가운데서 뿌리가 박히고 터가 굳어져서"

말씀과 성령으로 주님과 일체가 되는 자에게 주시는 단계가 친구관계입니다(14-16절). 신약성도는 주님께 종으로 충성하는 능력과 함께 주님을 사랑하는 친구관계로 설정되어 있습니다. 주님과의 친구 관계는 제자들이 서로 사랑하는 관계를 이루게 하는 원동력이 됩니다(17절). 지금까지 모르고 누리지 못했다면 이제라도 확인하고 행동하면 됩니다. 아직 육신적인 호흡이 있다는 것은 하나님께서 기회를 주셨다는 표(sign)입니다.

♦ 요한복음 16장 성경칼럼

4절 | 오직 너희에게 이 말을 한 것은 너희로 그 때를 당하면 내가 너희에게 말한 이것을 기억나게 하려 함이요 처음부터 이 말을 하지 아니한 것은 내가 너희와 함께 있었음이라

33절 | 이것을 너희에게 이르는 것은 너희로 내 안에서 평안을 누리게 하려 함이라 세상에서는 너희가 환난을 당하나 담대하라 내가 세상을 이기었노라

"배우자 알기"

관계성품훈련 40커리큘럼 중 '행복한 결혼생활이 있습니다. 현대인의 이혼율이 높은 것은 결혼 생활이 어렵다는 증거입니다. 첫 부분에 나오는 ' 배우자 알기'는 결혼 생활의 기초이며 근본이 됩니다. 배우자를 대하는 4단계를 배우며 적용하게 됩니다. ①참고 인내하기, ②넓게 이해하기. ③패턴(순서) 외우기. ④주님 눈으로 바라보기 입니다.

1-2단계는 일반적으로 하는 것으로 효과는 있으나 지속하기 어려운 한계가 있습니다. 3단계는 배우자의 말과 행동의 순서를 전체적으로 외워 대처하기에 지혜로운 방법입니다. 4단계는 배우자를 내 눈이 아닌 주님의 시각을 가지고 바라보는 것입니다. 긍휼한 마음으로 대하게 되어 화평을 가져오는 성경적 방법입니다. 좋은 부부관계의 비결에서 보듯이 신앙의 위기를 대처하고 승리하는 것에도 원리가 있습니다. 지금 이 시대는 신앙의 핍박과 믿음의 실족이 치열하게 펼쳐지고 있습니다. 믿음에 따라 염려와 두려움과 공포가 교차되어 엄습할 것이라고 예상합니다.

16장은 주님께서 지상사역을 마감하시며 제자들에게 고별 강화를 하는 내용입니다. 두려워하는 제자들에게 환난과 핍박에 대처하고 승리하는 원리를 가르쳐 주십니다(1-4절). 첫째, 주님이 떠나면 성령님이 오실 것을 약속하십니다. 성령님과 함께 하면 천하무적이 된다고 하십니다(7~15절). 둘째, 아무리 큰 근심과 두려움이 있어도 그것은 반드시 지나간다는 것을 가르쳐 주십니다. 그 후에 일어날 승리를 약속합니다(21-22절). 임산부가 아기를 얻는 기쁨처럼 기대하라고 하십니다.

셋째, 응답받는 기도의 때가 오고 그 능력과 축복을 맛볼 수 있다고 약속합니다(23-24절). 실제적으로 복음서에서 거의 기도를 안 하던 제자들이 사도행전에서는 기도의 용사가 되었습니다.

(행 1:13-14) "들어가 그들이 유하는 다락방으로 올라가니 베드로, 요한, 야고보, 안드레와 빌립, 도마와 바돌로매, 마태와 및 알패오의 아들 야고보, 셀롯인 시몬, 야고보의 아들 유다가 다 거기 있어 .여자들과 예수의 어머니 마리아와 예수의 아우들과 더불어 마음을 같이하여 오로지 기도에 힘쓰더라"

넷째, 사단이 지배하는 이 세상을 이긴 주님이 우리의 대장되심을 확증합니다. 그 결과로 믿는 자에게 평안을 주신다고 보장합니다(32-33절). 이 패턴은 제자들에게만 준 것이 아니라 신약교회에게 주었습니다. 우리가 외우고 사용할 수 있는 신앙의 노하우(knowhow)가 되었습니다. 수평적으로 세상을 보는 것이 아닌 주님 시각으로 만사를 볼 수 있는 실력을 연마할 수 있습니다. 제자들이 과오는 있었으나 결국 승리하였듯이 우리도 그 길을 따르길 소원합니다.

♦ 요한복음 17장 성경칼럼

6절 | 세상 중에서 내게 주신 사람들에게 내가 아버지의 이름을 나타내었나이다 그들은 아버지의 것이었는데 내게 주셨으며 그들은 아버지의 말씀을 지키었나이다

20절 | 내가 비옵는 것은 이 사람들만 위함이 아니요 또 그들의 말로 말미암아 나를 믿는 사람들도 위함이니

"기독교인의 최다 거짓말"

기독교인이 거짓말을 한다는 것은 9계명을 어긴 것으로 분명한 죄입니

다. 그러나 죄인 줄 모르고 하는 거짓말이 엄연히 존재합니다. '기도해 줄게'입니다. 기도해 준다는 약속을 얼마나 지켰는지 살펴보면 거짓말 횟수가 나옵니다. 기도할 생각으로 약속했지만 기도하지 않는 대부분은 자기 이익과 상관없기 때문입니다. 그만큼 인간은 이기주의적이고 자기중심적 존재입니다. '인간은 부모를 죽인 원수는 잊을 수 있어도 재산을 훔친 원수는 잊지 못한다(군주론:마키아벨리)'는 유명한 말이 나온 이유입니다. 인간의 소유에 대한 원초적 욕망을 절절하게 표현하고 있습니다.

요한복음

17장은 인간의 이 방향을 정면 거부하고 기도하시는 주님을 만나게 됩니다. 공관복음의 겟세마네 기도는 인간적 고통과 수난의 고뇌에 있었습니다. 그러나 본장은 승리를 확신하며 하나님의 아들로서 기도를 드리고 있습니다. 자신을 위한 기도(1-4절)와 제자들을 위한 기도(6-19절)와 모든 성도를 위한 기도(20-26절)를 하십니다. 주님께서 개인적으로 나를 위하여 기도하셨다는 것은 놀라운 발견입니다. 지금도 하나님 보좌 우편에서 나를 위해 간구하신다는 사실이 감격스럽습니다.

(롬 8:34) "누가 정죄하리요 죽으실 뿐 아니라 다시 살아나신 이는 그리스도 예수시니 그는 하나님 우편에 계신 자요 우리를 위하여 간구하시는 자 시니라"

성령님께서 기도 안하는 나를 대신하여 탄식하며 기도하신다는 것은 죄송스럽습니다(롬 8:26-27). 예수님의 중보기도의 핵심은 제자와 성도들이 하나님의 소유라는 것에 있습니다. 바로 성도의 소유권에 대한 확정판결입니다. 하나님의 것을 예수님께 맡겼고 이제 주님께서 그 목적을 이루기 위한 기도를 하십니다(6절). 예수님이 십자가의 속량으로 성도들을 진리로 거룩하게 하여 하나님의 양아들로 드리는 기도를 합니다(17-19절). 죄인이었던 내가 하나님의 거룩한 아들(소유물)이 된 것입니다(20-21절).

하나님이 자기 소유인 우리를 어떻게 대해 주셨는지 묵상해 봅니다. '나는 하나님 것'이라는 긍지와 자신감이 가득 일어납니다. 하나님이 나를 낳으시고, 지키시고, 공급해 주시고, 교제해 주시고, 사랑해 주시는 것은 실제상황입니다. 이것이 영생의 본질입니다(3절). 우리는 영원세계에서 천사보다 높은 가장 고귀한 존재인 하나님의 후사가 되었습니다.

(히 1:14) "모든 천사들은 섬기는 영으로서 구원 받을 상속자들을 위하여 섬기라고 보내심이 아니냐"

이제 우리의 할 일은 주님의 말씀을 자발적으로 지키는 것입니다(6절). 이것이 우리가 하나님의 소유라는 유일한 등기 권리증입니다.

(시 119:55-56) "여호와여 내가 밤에 주의 이름을 기억하고 주의 법을 지켰나이다 내 소유는 이것이니 곧 주의 법도들을 지킨 것이니이다"

♦ 요한복음 18장 성경칼럼

3절 | 유다가 군대와 대제사장들과 바리새인들에게서 얻은 아랫사람들을 데리고 등과 횃불과 무기를 가지고 그리로 오는지라

36절 | 예수께서 대답하시되 내 나라는 이 세상에 속한 것이 아니니라 만일 내 나라가 이 세상에 속한 것이었더라면 내 종들이 싸워 나로 유대인들에게 넘겨지지 않게 하였으리라 이제 내 나라는 여기에 속한 것이 아니니라

"맞수?"

힘과 능력이 비슷하여 우열을 가리기 어려운 상대를 말합니다. 라이벌, 막상막하, 용호상박, 천하 쟁패 등이 연상됩니다. 이런 표현은 스릴이 넘쳐 관전의 흥미가 더해집니다. 18장의 칼럼 제목인 '맞수'에 물음표를 붙인 이유는 진정한 맞수가 아니라는 의미입니다. 18장에는 예수님을 향하여 맞수

라고 대드는 여러 부류가 등장합니다.

주님을 배신한 유다와 동원된 군대에 합류한 바리새인이 있습니다(2-3절). 유대교 교권을 가진 안나스와 당시 대제사장 가야바가 있고 정치권력을 가진 빌라도와 헤롯이 있습니다(13, 28-29절). 선동에 넘어가 바라바를 석방하고 예수를 죽이라는 군중이 있습니다(39-40절). 우리는 이들이 예수님의 맞수가 될 수 없음을 알지만 저들에게 주님은 제거해야 할 죄인으로 보입니다. 빌라도는 예수를 민란을 촉발시킬 불순분자 정도로 취급합니다(33-38절). 그는 이 선입견으로 예수에게 법적 사형 선고를 내림으로 역사의 악인으로 기록됩니다.

영적인 면에서 예수를 죽인 것은 대제사장을 중심으로 한 교권주의자와 이스라엘 민중입니다(30절). 생사여탈권을 가지고 있는 총독 빌라도의 위세 앞에 압도적으로 당당한 예수님은 어떤 분일까요? 예수님은 빌라도와 비교할 수 없는 만왕의 왕이시고 만주의 주가 되십니다.

(계 19:16) "그 옷과 그 다리에 이름을 쓴 것이 있으니 만왕의 왕이요 만주의 주라 하였더라"

예수님은 전지전능하신 하나님의 본체입니다(빌 2:6). 예수의 탄생을 800여년 앞두고 이사야가 예언한 내용은 이 사실을 선포하고 있습니다.

(사 9:6) "이는 한 아기가 우리에게 났고 한 아들을 우리에게 주신 바 되었는데 그의 어깨에는 정사를 메었고 그의 이름은 기묘자라, 모사라, 전능하신 하나님이라, 영존하시는 아버지라, 평강의 왕이라 할 것임이라"

예수님께서 전능한 권세를 쓰지 않은 이유는 고난에 대한 자발성에 있습니다. 대속 제물로 죽으러 오신 구세주의 사명을 예언대로 자원하여 감당하신 것입니다(32절).

(막 10:45) "인자가 온 것은 섬김을 받으려 함이 아니라 도리어 섬기려 하고 자기 목숨을 많은 사람의 대속물로 주려 함이니라"

천사를 동원하여 지상의 모든 권세를 멸할 수 있음에도 그 선택을 안 하셨습니다.

(마 26:53) "너는 내가 내 아버지께 구하여 지금 열두 군단 더 되는 천사를 보내시게 할 수 없는 줄로 아느냐"

잡히실 때에 말고의 잘려진 귀를 온전케 하심으로 사랑이 검을 이기는 것을 계시합니다(10-11절).

그렇다면 빌라도와 당시의 거의 모든 사람들이 어찌하여 예수님의 정체를 알아보지 못하였을까요? 나라가 달랐기 때문입니다(36절). 나라가 다르다는 것은 사는 차원이 달라 진리를 알 수 없다는 뜻입니다. 우리가 하나님 나라에 들어와 진리 되신 예수님을 알아보고 믿은 것은 최고의 기적입니다. 행악자라는 정치적인 죄목을 씌워 빌라도에게 넘기는 종교인의 궤계는 모양을 달리하여 이어지고 있습니다(30절). 역사에서 주님과 맞서는 자들이 얼마나 비참한 저주를 받는지 확인하고 경계해야 합니다(마 23:37-38).

♦ 요한복음 19장 성경칼럼

24절 | 군인들이 서로 말하되 이것을 찢지 말고 누가 얻나 제비 뽑자 하니 이는 성경에 그들이 내 옷을 나누고 내 옷을 제비 뽑나이다 한 것을 응하게 하려 함이러라 군인들은 이런 일을 하고

28절 | 그 후에 예수께서 모든 일이 이미 이루어진 줄 아시고 성경을 응하게 하려 하사 이르시되 내가 목마르다 하시니

"응하게 하려 함이라"

미래 하면 떠오르는 이미지가 있습니다. 희망과 불안이 교차하고 호기심과 두려움이 밀려오기도 합니다. 미래에 대한 불확정성을 이용하여 이익과 권력을 쟁취하는 일은 생활과 역사에 흔하게 일어납니다. 몇 년 전에 읽었던 기사를 인용하면 우리나라의 무속인은 약 100만 명이고 시장 규모는 1년에 4조여 원이나 된다고 합니다. 성숙한 그리스도인은 허탄한 주술에 결코 휘둘리지 않습니다. 그 이유는 성경의 예언과 성취에 영안이 열려 있기 때문입니다. 하나님의 섭리와 경륜은 하나님이 계획하시고 실행하시고 성취하시는 것으로 완벽하다는 뜻입니다.

19장에는 구속의 절정인 십자가 사건이 펼쳐집니다. 예수의 처형당하신 사건을 축으로 그 전후에 빌라도의 심문(1-16절)과 장사되심(31-42절)이 첨부되어 있습니다. 정치적 권모술수에 능한 빌라도와 종교적 기득권에 베팅하는 가야바가 야합하는 장면을 보게 됩니다. 그리스도인은 세상 권력이 자신들의 영달과 안위를 우선한다는 것을 직시하여 하늘의 지혜를 구하여야 합니다.

여기서 유대교 지도자들이 예수를 왜 악착같이 십자가에 처형하려 했을까를 생각해 보아야 합니다. 유대 법에 의한 돌로 쳐 죽이는 방법이 있었는데 십자가 처형을 한 것은 저들의 이익과 명분 때문입니다. 성경에서 나무에 달려 죽은 자는 하나님의 저주를 받은 자이기에 예수의 바람을 잠재울 수 있다고 여겼지만 큰 착각이었습니다.

(신 21:23) “그 시체를 나무 위에 밤새도록 두지 말고 그 날에 장사하여 네 하나님 여호와께서 네게 기업으로 주시는 땅을 더럽히지 말라 나무에 달린 자는 하나님께 저주를 받았음이니라”

저들이 무리하게 시도하여 성공한 십자가 처형은 역설적으로 하나님의 섭리를 이루게 합니다. 장대에 들린 놋뱀처럼 저주받은 하나님의 아들로 말미암아 새 이스라엘이 나타나게 되었습니다.

(요 3:14-15) "모세가 광야에서 뱀을 든 것 같이 인자도 들려야 하리니 이는 그를 믿는 자마다 영생을 얻게 하려 하심이니라"

19장에 반복된 '성경이 응하게 하려 함'이라는 말씀은 예언이 성취되었음을 확인하는 것입니다(24, 28, 36절). 여기의 성경은 구약이며 B.C.1,500-400년 사이에 기록되었습니다. 메시아에 대한 구약의 예언대로 예수님이 고난당하시고 죽으신 것을 증언하고 있습니다. 구약의 예언이 신약에서 성취된 것을 찾아보니 332번이 된다고 합니다.

19장과 시편 22편(저자:다윗, 연대: BC 1,000년)을 대조하면 성경의 정확함과 위대함을 목도하게 될 것입니다. '그가 여호와께 의탁하니 구원하실 걸, 그를 기뻐하시니 건지실 걸 하나이다(8절)', '내가 내 모든 뼈를 셀 수 있나이다 그들이 나를 주목하여 보고(17절)', '내 겉옷을 나누며 속옷을 제비 뽑나이다(18절)'. 마치 십자가의 장면을 눈앞에서 보고 기록한 것 같지 않습니까? 또한 이사야는 십자가와 장사의 광경을 직설적으로 묘사하며 바로 우리의 죄 때문임을 선언합니다(사 53:4-9).

(사 53:6) "우리는 다 양 같아서 그릇 행하여 각기 제 길로 갔거늘 여호와께서는 우리 모두의 죄악을 그에게 담당시키셨도다"

♦ 요한복음 20장 성경칼럼

19절 | 이 날 곧 안식 후 첫날 저녁 때에 제자들이 유대인들을 두려워하여 모인 곳의 문들을 닫았더니 예수께서 오사 가운데 서서 이르시되 너희에게 평강이 있을지어다

29절 | 예수께서 이르시되 너는 나를 본 고로 믿느냐 보지 못하고 믿는 자들은 복되도다 하시니라

"회의론자에게"

전임 목회자로서 사역하기 전에 생존경쟁과 종교섭렵과 제자훈련과 신학수련의 과정을 거쳤습니다. 목회자가 되어서는 사명자로서 낙오하지 않으려 어색한 상인 형 목회자의 옷을 입어 보기도 하였습니다. 영성의 기복에 몸부림치던 날들도 있었습니다. 남들보다 조금 나은걸 가지고 으스대던 교만함의 기억에 얼굴이 뜨거워집니다. 여기까지 오는 동안 '모든 것이 하나님의 은혜'임은 한 획의 토도 달 수 없습니다(고전 15:10). 예수님과 제자들의 관계를 전 방위적으로 보면서 제 자신을 비추어 보았습니다.

디두모 도마는 성경에 몇 군데 안 나오지만 누구나 아는 독특한 캐릭터입니다. 부활의 현장을 피해 다른 제자들과 떨어져 있었다는 것은 실족할 수도 있었다는 추론도 가능합니다(24절). 부활을 강하게 거부하는 그에게 주님이 나타나셔서 눈높이 교육을 시키는 광경은 감격스럽습니다. 초월적 부활체의 주님께서 우리에게도 그렇게 하신다는 믿음이 생기기 때문입니다(19절). 은혜 받은 도마는 후대에 온전하고 정확한 신앙고백이 무엇인지 알려 주었습니다. '나의 주님이시요 나의 하나님이시니이다'라는 신앙은 베드로의 고백(마 16:16)보다 업그레이드된 것입니다(28절).

나아가 우리에게 보지 못하고 믿는 자의 복을 알려 주었습니다(29절). 도마 이후의 그리스도인들은 부활체에 손을 넣어 보지 못했습니다. 요한은 A.D.85~90년에 이 책을 쓰며 부활을 직접 목격하지 못한 자들을 의식한 것은 분명합니다. 후대에 부활이 의심 없이 믿어지는 자들에게 도마보다 복 있는 자라고 격려하고 있습니다.

출애굽의 기적을 목격한 1세대는 여호수아와 갈렙을 제외하고 모두 광야에서 죽었습니다. 직접 기적을 목격하는 것이 믿음과 정비례하지 않음은 수없이 목도됩니다(눅 16:31). 오히려 하나님에 대하여 전해들은 라합의 신앙이 위대함을 선언합니다(히 11:31). 성령의 감동을 받아 성경을 보면서 조금도 의심 없이 주님의 부활이 믿어지십니까? 믿어진다면 '보지 못하고 믿는 자가 더 복되다는 반열에 합류하였습니다(31절).

이 사건 이후 도마의 행적을 추적한 기록에 의하면 그는 열 두 제자 중에 가장 멀리 전도하였습니다. 인도를 거쳐 한반도까지 이르렀다는 증거도 있습니다. 도마는 남인도에서 순교함으로서 하나님께 영광을 올렸습니다. 인도는 인구의 3%인 4,200만 명의 기독교인이 있으며 도마가 순교한 첸나이에는 도마 순교교회가 있습니다. 회의론자가 최고의 신앙으로 갈 수 있다는 증명서가 도마의 생애입니다. Thanks, Thomas!(고마워요, 도마님!) Glory to God!(하나님께 영광을!)

♦ 요한복음 21장 성경칼럼

7절 | 예수께서 사랑하시는 그 제자가 베드로에게 이르되 주님이시라 하니 시몬 베드로가 벗고 있다가 주님이라 하는 말을 듣고 겉옷을 두른 후에 바다로 뛰어 내리더라

21절 | 이에 베드로가 그를 보고 예수께 여짜오되 주님 이 사람은 어떻게 되겠사옵나이까

"베드로의 하루"

솔제니친의 '이반 데니소비치의 하루'라는 소설이 있습니다. 스탈린 치하 수용소에서의 한 죄수의 하루 이야기입니다. 가장 절망적인 환경에서 희노애락을 담고 있는데 그 시간의 양이 하루라는데 메시지가 있습니다.

인간은 하루 동안에도 선악의 양면을 오갈 수 있고 감정의 기복은 롤러코스터를 탈 수 있음을 보여줍니다. 복음서의 마지막 장인 21장을 읽으면서 이 소설이 생각난 것은 베드로 때문입니다.

베드로의 하루가 어떤 강력한 형용사로도 묘사하기 부족할 정도로 다이나믹합니다. 시작은 6명의 친구와 함께 소명 전의 생업인 어부로의 복귀이었습니다(2절). 이것을 비판하는 시각도 있지만 가정을 가진 가장의 선택이란 점에서 그저 인간적인 모습입니다. 그에게는 한 편에 뭉쳐서 자리 잡고 있는 주님과의 문제가 있습니다. 주님을 세 번 부인하고 저주까지 한 상실된 마음은 부활을 경험했음에도 자존감이 떨어져 있습니다.

어찌된 일인지 노련한 어부로서 온갖 방법을 써 봤지만 밤새도록 고기는 한 마리도 잡히지 않습니다(3절). 새벽이 되어서 주님의 지시로 153마리의 풍어를 수확할 때 제자들의 기쁨은 하늘을 날 것 같았습니다(5-6절). 사람을 낚는 어부로 부름 받은 제자에게 다시 한 번 말씀에 순종하는 훈련을 하고 있습니다. 그러나 베드로는 직감적으로 이것이 주님의 최종 목표가 아님을 알았습니다. 바닷가에 나타난 주님을 보고 바로 물에 뛰어든 그의 행동의 출처가 짐작됩니다(7절). 이젠 주님 외엔 다른 것은 안 보이는 차원으로 간 것입니다.

베드로는 주님이 준비한 새벽 식사를 하며 만감이 교차했을 것입니다(9-13절). 맨투맨으로 질의응답을 하면서 재 소명을 받습니다(15-19절). 재소명의 핵심은 주님을 사랑함으로 주의 일을 하는 목자의 길을 가는 것입니다. 목양 사역은 주님 사랑이라는 근본에서 출발하지 않으면 허사가 된다는 원리를 뼈저리게 새기게 됩니다. 여기에서 마무리가 되었다면 이 하루는 해피엔딩이었을 것입니다. 옆에 있는 한 사람이 눈에 들어오면서 진행형이 되어 버립니다(20절).

주님께 사랑받는 젊은 제자 '요한'이 문제였습니다(21-24절). 또 한 번의 감정의 롤러코스터인 시기의 응어리가 꿀렁 거립니다. 베드로의 긴 하루를 보며 우리에게 주신 남겨진 하루들을 성찰해 봅니다. 주님께서 우리와 하루를 함께 하심은 확신하지만 나의 선택은 불안합니다. 위로가 되는 것은 베드로의 초대교회 모습이고(행 3:6) 확신이 되는 것은 베드로의 말년 모습입니다. 바울을 향한 시기가 빠진 사랑의 시선이 돋보입니다.

(벧후 3:15) "또 우리 주의 오래 참으심이 구원이 될 줄로 여기라 우리가 사랑하는 형제 바울도 그 받은 지혜대로 너희에게 이같이 썼고"

우리 안에서 착한 일을 시작하신 하나님은 끝 날까지 이루실 것을 확신합니다(빌 1:6).

사도행전

♦ 사도행전 1장 성경칼럼

3절 | 그가 고난 받으신 후에 또한 그들에게 확실한 많은 증거로 친히 살아 계심을 나타내사 사십 일 동안 그들에게 보이시며 하나님 나라의 일을 말씀하시니라

9절 | 이 말씀을 마치시고 그들이 보는데 올려져 가시니 구름이 그를 가리어 보이지 않게 하더라

"승천(Ascension)"

4복음서를 통해 예수님의 지상 사역을 목격하였습니다. 부활의 확실성을 목도하며 영생을 확신할 수 있었습니다. 사도행전은 복음서 이후의 역사를 생생하게 기록합니다. 의사인 누가가 저자이고 수신자는 이방인을 대표하는 데오빌로이며 기록 연대는 A.D.65~70년경입니다(1절). 기독교의 역사성과 복음의 진실성에 대한 변증이 기록 목적입니다. 누가복음에 이어지는 2부 같은 내용으로 1부를 정리하면서 시작됩니다.

주님께서 부활 후에 40일 동안 지상에서 하신 사역은 하나님의 나라에 대하여 가르쳐 주신 것입니다(3절). 기독교 신앙의 진수는 하나님의 나라에 대하여 잘 알고 누리고 전하는데 있음을 확인할 수 있습니다. 1장의 대 주제는 승천으로 기독교 정통적 신앙고백인 사도신경에 들어가는(하늘에 오르시어) 핵심교리입니다(9-12절). 만약 예수님의 승천이 없었다면 구원의 완전성은 무너집니다. 그만큼 승천은 어떤 교리와도 연결되는 속성을 가지고 있습니다.

주님은 승천하심으로 만물의 주가 되심을 선포합니다.

(엡 1:20~21) "그의 능력이 그리스도 안에서 역사하사 죽은 자들 가운데서 다시 살리시고 하늘에서 자기의 오른편에 앉히사 모든 통치와 권세와 능력과 주권과 이 세상뿐 아니라 오는 세상에 일컫는 모든 이름 위에 뛰어나게 하시고"

주님의 승천은 구약에서 예표 된 에녹과 엘리야의 승천과는 다른 차원입니다. 그들은 죽음의 과정을 거치지 않고 올리어졌습니다. 나사로를 비롯한 몇 명의 사람들이 죽고 다시 부활했지만 그 몸으로 승천하지 못하고 이 땅에서 죽었습니다.

예수님의 승천은 승귀(exaltation)라고 하며 성육신(Incarnation)하신 비하와 대조되는 용어입니다. 육신적으로 완전히 죽으시고 3일 만에 부활v 하시고 40일 동안 사람들에게 보이시고 많은 증인들 앞에서 승천하였습니다. 주님이 승천하심으로 약속하신 성령강림이 이루어집니다. 사도행전을 다른 제목으로 성령행전이라고 부르는 이유입니다. 제자들과 초대교회 성도들은 성령강림으로 놀라운 능력의 일군으로 변하고 사역합니다. 부활체를 입고 승천하신 것은 재림 시에 살아있는 성도의 휴거를 예표 한 것이기도 합니다.

(살전 4:17) "그 후에 우리 살아남은 자들도 그들과 함께 구름 속으로 끌어 올려 공중에서 주를 영접하게 하시리니 그리하여 우리가 항상 주와 함께 있으리라"

우리는 사나 죽으나 주님의 뒤를 따라 영광의 길을 가게 될 것을 승천을 목격하며 확신할 수 있습니다. 승천을 믿는 자는 재림의 사모함이 한결 깊어질 수밖에 없습니다. 예수님이 원래 집이신 하나님 보좌 우편에 가셨듯이 우리도 주님을 따라 본향인 천국에 가게 되어 있습니다.

(히 11:16) "그들이 이제는 더 나은 본향을 사모하니 곧 하늘에 있는 것이라 이러므로 하나님이 그들의 하나님이라 일컬음 받으심을 부끄러워하지 아니하시고 그들을 위하여 한 성을 예비하셨느니라"

가룟 유다의 비극(16-20절)이 아닌 성령을 받는 공동체에 속한 은총을 감격하며 감사드립니다.

♦ 사도행전 2장 성경칼럼

13절 | 또 어떤 이들은 조롱하여 이르되 그들이 새 술에 취하였다 하더라

38절 | 베드로가 이르되 너희가 회개하여 각각 예수 그리스도의 이름으로 세례를 받고 죄 사함을 받으라 그리하면 성령의 선물을 받으리니

사도행전

"드디어 성령강림.."

사도행전 2장을 열며 드디어 기다리고 소망하던 일이 일어났습니다. 세상의 역사는 세속사라고 하고 구원의 역사는 구속사라고 합니다. 구속사에 있어서 사도행전 2장에 나오는 기사는 새 시대를 여는 거대한 사건입니다. 구약이 예언하고 예수님이 약속하신 성령강림이 이루어집니다. 성령강림의 가장 큰 의미는 구약 시대를 마감하고 진정한 신약시대가 시작되는 것입니다. 구약의 칠칠절의 열매 원리가 오순절의 성령 강림으로 실현된 것을 보여줍니다(1절). 신약 시대는 신약 교회와 같은 뜻이며 여기서 성령과 교회가 동일하다는 원리가 나옵니다. 성령강림에 대한 현상을 잘 이해하면 신약 성도의 속성을 알 수 있습니다.

성령 강림에는 세 가지 징표가 나타난 것으로 기록됩니다. 급하고 강한 바람 소리는 성령의 능력과 성령의 임함이 충만함을 가리킵니다. 제자들이 지금까지 체험하였던 것보다 더 친밀하고 인격적이며 강력하게 성령이

임재 하였습니다. 불의 혀같이 갈라짐은 전능하신 하나님의 능력과 더러운 것을 깨끗하게 하시는 사역을 상징합니다. 이 능력이 각 사람에게 임함으로 요엘의 예언이 성취되고 모든 성도가 하나님의 일을 하는 시대로 들어서게 됩니다.

(욜 2:28-29) "그 후에 내가 내 영을 만민에게 부어 주리니 너희 자녀들이 장래 일을 말할 것이며 너희 늙은이는 꿈을 꾸며 너희 젊은이는 이상을 볼 것이며 그 때에 내가 또 내 영을 남종과 여종에게 부어 줄 것이며"

충만함을 받은 자들에게 각 나라 방언이 터지는 것은 바벨탑 사건의 언어 혼잡이 회복되는 것을 상징합니다. 언어가 소통되는 상징을 통하여 전 우주적인 구원 시대로 들어선 것을 선언합니다. 성령강림 후에 나타난 현상은 변화와 능력입니다. 구약에서 그토록 지키기 힘들었던 율법이 새 술에 취한 것 같은 모양으로 이루어집니다(12-13절). 세상 사람들은 이해할 수 없어 새 술에 취했다고 조롱했지만 성령이 다스리는 신자가 된 것입니다.

사도들의 능력 설교는 이전의 비겁한 자세를 더 이상 찾아볼 수 없습니다. 강력한 복음의 선포에 마음이 찔려 어찌 할꼬 외치는 자들에게 성령이 선물로 주어집니다(37-38절). 분명히 새로운 국면이고 새 시대의 도래임을 알 수 있습니다. 신약 교회와 성도의 탄생은 초대교회의 영광된 모습을 구현합니다. '성령의 내주'시대가 열렸습니다.

(고전 6:19) "너희 몸은 너희가 하나님께로부터 받은바 너희 가운데 계신 성령의 전인 줄을 알지 못하느냐 너희는 너희 자신의 것이 아니라"

신약 성도는 성령님을 내 안(몸)에 모시고 사는 영광을 얻게 되었습니다. 주님의 것이 된 초대교회 성도들은 카리스마(은혜), 케리그마(선포), 디다케(교육), 코아노니아(교제), 디아코니아(봉사)의 축복을 누리고 있습니다(41-

47절). 교회 영광의 실체를 목격하며 마음을 굳세게 잡아야 하겠습니다.

♦ 사도행전 3장 성경칼럼

6절 | 베드로가 이르되 은과 금은 내게 없거니와 내게 있는 이것을 네게 주노니 나사렛 예수 그리스도의 이름으로 일어나 걸으라 하고

16절 | 그 이름을 믿으므로 그 이름이 너희가 보고 아는 이 사람을 성하게 하였나니 예수로 말미암아 난 믿음이 너희 모든 사람 앞에서 이같이 완전히 낫게 하였느니라

"이름의 능력"

사람의 마지막 평가는 이름으로 대표합니다. 이름을 듣는 순간 그 사람의 존재와 인격과 직책과 업적이 따라옵니다. 교도소의 죄수를 이름이 아닌 수형 번호로 부른다는 것은 인간 존재 가치가 멈춰 있음을 상징합니다. 영원 속에서 최고의 이름은 예수입니다. 정식 이름은 '주 예수 그리스도'이고 하나님(주)이시며 인간(예수)이시며 구원주(그리스도)라는 뜻입니다. 예수라는 이름 속에 '어떤 분이신가'와 '무슨 일을 하셨는가'가 담겨 있습니다.

3장은 예루살렘 교회의 사도들이 예수 이름으로 사역을 하는 장면을 기록하고 있습니다. 결과는 예수님이 하신 것과 같고 본질은 성령께서 제자들을 통하여 일하신 것입니다. 제 9시 기도 시간에 베드로와 요한이 성전 미문에서 나면서 못 걷게 된 40살(4:22)된 이를 만납니다(1-2절). '미문(니카노르 문)'은 높이 23m, 너비 18m로서 장엄하고 아름다워 다른 문과 구별되어 부르고 있습니다. 가장 멋진 곳이고 세상의 유력자들이 출입하는 이곳에 가장 불행한 불구자가 구걸하고 있습니다.

이 병자를 보며 복음서의 누군가가 오버랩 됩니다. 바로 베데스다 못가의 38년 된 누운 병자입니다(요 5:2-18). 두 명 모두 불치병으로서 하나님의 능력으로만 고칠 수 있는 병입니다. 예수님이 고친 것은 예수님이 하나님이신 것을 보여주는 표적(sign)이었습니다. 그럼 베드로가 고친 3장의 치유는 어떻게 보아야 할까요?(5-10절) 베드로를 통한 예수님의 치유라고 보는 것이 정확합니다. 예수님은 말씀으로 고치시고 베드로는 예수 이름으로 고쳤습니다. 예수 이름으로 행한다는 것은 예수님께서 이루신 '대속의 일'을 믿고 행한다는 뜻입니다.

사도들이 행한 신유의 사역은 예수님의 이름으로 행할 때 믿는 자에게 이루어진다는 것을 확인하고 있습니다(16절). 이것은 예수님의 공생애 기간에 제자들에게 이미 약속하신 것입니다. 보혜사 성령님을 보내 주시겠다고 하시면서 약속하셨습니다.

(요 14:12) "내가 진실로 진실로 너희에게 이르노니 나를 믿는 자는 내가 하는 일을 그도 할 것이요 또한 그보다 큰일도 하리니 이는 내가 아버지께로 감이라"

제자들이 주님보다 더 큰 일을 할 수 있다는 것은 능력의 다소가 아니라 구속사의 계시를 더 많이 사용할 수 있다는 뜻입니다. 이 원리에 따라 초대교회 시대와 교회사를 목격한 우리는 더욱 광대한 복음을 전할 수 있게 되었습니다. 기적을 복음의 도구로 사용한 원리의 핵심에 '예수 이름(공로로)'이 있습니다. 그리스도인이란 그리스도의 영으로 사는 자입니다.

(롬 8:9) "만일 너희 속에 하나님의 영이 거하시면 너희가 육신에 있지 아니하고 영에 있나니 누구든지 그리스도의 영이 없으면 그리스도의 사람이 아니라"

♦ 사도행전 4장 성경칼럼

2절 | 예수 안에 죽은 자의 부활이 있다고 백성을 가르치고 전함을 싫어하여
12절 | 다른 이로써는 구원을 받을 수 없나니 천하 사람 중에 구원을 받을 만한 다른 이름을 우리에게 주신 일이 없음이라 하였더라

"건곤일척"

'하늘과 땅(건곤, 천하)'을 걸고 '단판 승부(일척, 진검승부)'를 겨룬다는 뜻입니다. 지면 끝장이기에 최대의 힘과 최고의 전략으로 겨룹니다. 사단이 하나님과 맞상대가 되지 않음은 너무나 분명합니다. 그러나 인간의 시각으로 볼 때 세상을 지배하는 사단의 영향력은 막강하기만 합니다.

(요일 2:16) "이는 세상에 있는 모든 것이 육신의 정욕과 안목의 정욕과 이생의 자랑이니 다 아버지께로부터 온 것이 아니요 세상으로부터 온 것이라"

사도행전을 읽으면서 주님의 부활과 승천 이후에 엄청난 영적 전쟁이 벌어지고 있음을 목격합니다. 그 승부의 한 수(일척)가 바로 부활입니다. 왜 십자가가 아니고 부활이냐는 질문이 나올 것입니다. 초대교회 당시에는 십자가 대속 사건은 기정사실화 되었고 부활 소식이 주 메시지가 되었기 때문입니다. 실제적으로 인류 최대의 뉴스는 예수님의 부활 소식 이상의 것은 없습니다. 부활과 영생을 목숨 걸고 전하려는 제자와 성도들의 굳센 모습이 아름답습니다. 부활의 소식이 전파되는 것을 싫어하여 악착같이 막는 세력의 기세는 막강합니다(2절).

왜 부활이 이토록 중요한 것일까요? 완벽한 부활은 역사 속에서 오직 예수님 밖에 없고 영생의 구원도 예수님 외에는 다른 길이 없기 때문입니다(12절). 사단의 목표는 사람들이 천국에 가지 못하게 하는 것으로 부활 소

식은 모든 수단을 동원하여 막아야만 하는 것입니다. 부활을 듣지 못하게 하고 의심하게 만드는 마귀의 교활한 전략은 지금도 계속되고 있습니다. 실존주의, 실리주의, 인본주의, 물질숭배, 쾌락주의는 인간의 영안을 멀게 하고 육적 존재로 전락시킵니다. 개인주의, 과학만능주의, 진화론, 왜곡된 풍습과 상식 강조는 성경의 진리를 거부하도록 유도합니다.

신자 탄압, 교회에 혐오감 씌우기, 믿음 타이밍 뺏기, 종교다원주의는 교회의 출입문을 막는 장치입니다. 사도들은 부활과 예수 이름의 전파를 막으려는 세력에 대하여 일축합니다(13-18절).

(4:19-20) "베드로와 요한이 대답하여 이르되 하나님 앞에서 너희의 말을 듣는 것이 하나님의 말씀을 듣는 것보다 옳은가 판단하라 우리는 보고 들은 것을 말하지 아니할 수 없다 하니"

순교를 각오한 성령 충만한 제자들을 제어할 어떤 위협도 없음을 목격합니다.

이어진 탄압으로 안티(Anti)부활 그룹이 승기를 잡은 것처럼 보일 수도 있습니다. 그러나 초대교회사에서 이 핍박은 복음이 퍼져 나가는 역할을 합니다. 초대교회의 나눔 공동체는 사람이 모인 어떤 곳에서도 재현할 수 없는 완벽한 사랑을 구현합니다. 모든 물건을 통용하며 자기 재물을 자기 것이라 하는 자가 없는 공동체는 성령 충만의 열매입니다(32절). 우리의 자세가 견고하여 흔들리지 않을 때 부활의 증인으로 사용될 수 있습니다(고전 15:57-58). 우리의 건곤일척의 무기는 주님 부활, 성도 부활입니다(고전 15:20-24).

♦ 사도행전 5장 성경칼럼

3절 | 베드로가 이르되 아나니아야 어찌하여 사탄이 네 마음에 가득하여 네가 성령을 속이고 땅 값 얼마를 감추었느냐

11절 | 온 교회와 이 일을 듣는 사람들이 다 크게 두려워하니라

"프로토타입(prototype)"

헬라어 '프로토타이폰'에서 나온 말로 '원초적 형태(원형)'라는 뜻입니다. 쉽게 표현하자면 샘플이나 모범케이스, 경계석이나 본보기 정도로 이해하면 좋겠습니다. 성령 강림 후에 신약 교회로서 초대교회가 생성됩니다. 인류의 역사 속에서 초대교회처럼 신비하고 놀랍고 영광스런 공동체는 없었습니다. 기사와 이적과 능력과 역동적인 사랑이 넘쳐납니다. 사람이 하기 힘든 것의 마지막 끝에 있는 재산의 전부를 내놓는 일도 흔했습니다(행 4:32).

바로 이즈음에 아나니아와 삽비라 부부의 등장은 의미심장합니다. 그들은 앞장의 바나바처럼(4:36~37) 교회를 섬겨서 존경받는 권위를 사모한 것 같습니다. 그리하여 재산을 팔아서 사도들 앞에 가져 왔는데 얼마를 감추고 내어 놓았습니다(1-2절). 사도의 질책과 함께 부부가 차례로 즉사하는 일이 벌어집니다(3-11절). 이 사건은 일반적인 시각으로 보면 기이하고 이해도 쉽지 않습니다. 당시에 이 부부보다 덜 헌신한 사람들도 아무 일이 없는데 헌신한 이들 부부가 왜 죽었을까 하는 의아함이 생깁니다.

그 대답이 베드로의 입에서 나옵니다(3~4절). 핵심은 거짓말과 주의 영을 시험하는 것(9절)에 있었습니다. 그들은 현실적으로는 사람인 사도를 속인 것이지만 영적으로는 하나님과 성령님을 시험하고 속인 것이라고 했습니다. 초대교회를 뒤따르는 후대의 교회와 성도들이 명심해야 할 본보기

(경계석)가 정해진 것입니다. 이후의 교회사에서 아나니아와 삽비라 부부의 길을 걷는 자들이 많았지만 즉사하지 않은 이유는 이 부부가 본보기였기 때문입니다.

마치 축구 월드컵 결승전이 시작하자마자 한 선수가 반칙을 했는데 바로 레드카드를 꺼내 퇴장시켜 버린 것과 같은 것입니다. 영광과 능력이 고조되어 있던 초대교회에 마귀의 속성인 거짓과 탐심이 판치지 못하도록 두려움을 주신 것입니다. 교회는 죄와 허물이 많은 사람들이 모인 곳입니다. 그러나 한 가지만은 꼭 지키고자 애써야 합니다. 정직한 마음과 언어와 자세입니다. 정직은 거룩으로 가는 가치이기에 이것을 잃는 순간 교회의 영적질서가 무너집니다.

거룩을 상실한 이시대의 교회는 이 부부의 본보기를 항상 잊지 말아야 합니다. 성경은 자상하게 여러 형태의 본보기를 보여 줌으로 신앙의 실족을 방지하고 있습니다. 아담과 하와의 불신앙, 롯의 아내의 세상 미련, 나답과 아비후의 술 취함, 아간의 탐심, 웃사의 경솔함을 경계해야 합니다. 하나님을 경외한다는 것은 하나님을 두려워하며 사랑한다는 뜻입니다.

♦ 사도행전 6장 성경칼럼

3절 | 형제들아 너희 가운데서 성령과 지혜가 충만하여 칭찬 받는 사람 일곱을 택하라 우리가 이 일을 그들에게 맡기고

7절 | 하나님의 말씀이 점점 왕성하여 예루살렘에 있는 제자의 수가 더 심히 많아지고 허다한 제사장의 무리도 이 도에 복종하니라

"아마추어처럼 왜 그래"

한동안 유행했던 말인데 당신은 '프로답지 못하고 하수이다'라는 뜻이니 기분이 좋을 리가 없습니다. '당신은 순수한 사람이다'라는 의미로 썼다 하더라도 경험이 부족하다는 것이니 거기서 거기입니다. 세상에는 어떤 분야이든지 전문가가 있고 그것을 증명하는 유무형의 자격증이 있습니다. 초대교회에 성도가 늘어나면서 사도 외의 조직이 필요해졌습니다. 몇 천 명 중의 일곱 명을 뽑았으니 모든 실력이 지금의 집사 수준과는 달랐을 것입니다.

초대교회의 4가지 일군 자격을 살피고 적용하는 일은 매우 중요할 것입니다. ①성령과 지혜가 충만하여 칭찬받는 사람(3절), ②믿음과 성령이 충만한 사람(5절)입니다. 이렇게 구별해 놓으니 분석하기가 수월합니다. 절대 필수 조건은 '충만해야 한다'입니다. 충만 이란 원어로 '플레로마'이고 '차고 넘친다'는 뜻이며 의역하면 '다스림을 받는다'입니다. 세상적으로 아무리 능력 있는 사람이라도 '성령과 지혜와 믿음'의 다스림을 받지 못하면 교회 지도자가 될 수 없습니다. 성령의 다스림을 받지 못하면 결국 교만해지기 때문에 교회의 유익을 주기보다 해를 끼치게 되어 있습니다.

네 번째 조건은 '칭찬받는 사람'입니다. 하나님과의 관계 3가지의 기본을 갖추고 사람과의 관계에서 칭찬받는 열매가 있어야 합니다. 그리해야만 성도들이 믿고 순종할 수 있으며 치리의 사역이 가능합니다. 4가지 자격을 점검하고 보니 세상에서 요구하는 기준(소유, 지위, 학식, 배경, 성품 등)은 소용이 없는가라는 질문이 나옵니다. 주님 나라를 위해 쓰여 지는 도구로서의 그 기준은 당연히 필요합니다. 하지만 그 조건 때문에 교회 지도자가 되는 것은 아니라는 것입니다.

구약에서의 지도자 조건을 분석하면 같은 맥락임을 확인할 수 있습니다.
(출 18:21) "너는 또 온 백성 가운데서 능력 있는 사람들 곧 하나님을 두

려워하며 진실하며 불의한 이익을 미워하는 자를 살펴서 백성 위에 세워 천부장과 백부장과 오십부장과 십부장을 삼아"

일군을 잘 세운 예루살렘 교회는 말씀이 왕성하고 믿는 자의 숫자가 많아지는 양적 부흥이 일어납니다(7절). 이뿐 아니라 당시의 대적 세력인 제사장 무리까지 복종하는 질적 부흥으로 교회의 영적 권위가 세워집니다(7절).

임직자로서 사명을 잘 감당하는 자에게는 믿음의 비밀과 예수의 흔적을 갖는 영광이 수여됩니다.

(딤전 3:13) "집사의 직분을 잘한 자들은 아름다운 지위와 그리스도 예수 안에 있는 믿음에 큰 담력을 얻느니라"

교회 일군의 축복을 위한 기도는 모든 교회에 필요합니다.

(롬 16:4) "그들은 내 목숨을 위하여 자기들의 목까지도 내놓았나니 나뿐 아니라 이방인의 모든 교회도 그들에게 감사하느니라"

♦ 사도행전 7장 성경칼럼

55절 | 스데반이 성령 충만하여 하늘을 우러러 주목하여 하나님의 영광과 및 예수께서 하나님 우편에 서신 것을 보고

58절 | 성 밖으로 내치고 돌로 칠새 증인들이 옷을 벗어 사울이라 하는 청년의 발 앞에 두니라

"토마스 선교사"

토마스 선교사는 '대동강에 떨어진 한 알의 밀알'이라고 불립니다. 한국 개신교 최초의 선교사이며 최초의 순교자입니다. 영국 출신으로 1866년 27살에 대동강 쑥섬 모래사장에서 처형됩니다. 조선에 오자마자 처형당한 토마스 목사의 죽음을 보면 인간적으로 너무 아깝고 안타깝습니다. 하지만

세월이 흐르며 그 순교의 밀알은 찬란하게 열매를 맺습니다. 그를 처형한 박춘권은 세월이 지나 한국 최초의 장로가 되었습니다. 그가 남긴 성경책은 한 소년의 손을 거쳐 어느 집안의 도배지가 되었는데 바로 그 집이 평양 최초의 교회가 됩니다. 널다리골 예배당이고 후에 그 유명한 장대현교회가 됩니다. 길선주 목사님을 비롯한 한국기독교의 걸출한 인물을 배출하고 유명한 평양대부흥운동의 본산지가 됩니다.

7장의 스데반 집사의 생생한 순교 장면을 목도하면서 토마스 목사님 이야기를 하는 이유가 있습니다. 예수님을 닮아 순교한 스데반의 후예가 토마스이기 때문입니다. 그리고 토마스는 그 후예를 낳았는데 바로 한국 교회이며 우리입니다. 교회는 순교의 피를 먹고 자란다는 사실을 실감합니다.

(요 12:24) "내가 진실로 진실로 너희에게 이르노니 한 알의 밀이 땅에 떨어져 죽지 아니하면 한 알 그대로 있고 죽으면 많은 열매를 맺느니라"

58절에 등장하는 청년 사울은 스데반의 순교의 피를 먹고 자라 바울 사도가 됩니다. 스데반은 얼핏 보면 사역의 큰 업적을 남긴 것이 없어 보입니다. 하지만 그는 그를 죽이는 자들을 예수님처럼 용서함으로서(눅 23:34) 기독교 최고의 인물 중 하나인 바울을 세우게 됩니다..

"무릎을 꿇고 크게 불러 이르되 주여 이 죄를 그들에게 돌리지 마옵소서 이 말을 하고 자니라(60절)"

하나님 보좌 우편에서 일어서셔서 스데반을 보는 예수님의 마음을 헤아려 봅니다(55-56절). 당장 구할 수 있지만 스데반의 피가 이방을 구하는 모태이기에 가만히 계셨습니다. 나의 나(그리스도인)된 것은 전적인 하나님의 은혜입니다. 그 하나님의 은혜 속에 나를 의해 희생한 크고 작은 순교자들이 반드시 있습니다. 멀리는 스데반과 토마스가 있었고 가까이는 나를 위해 기도해 주는 자들이 있습니다.

목숨을 건 실제적 순교는 하늘의 허락과 능력이 주어져야 할 수 있습니다(55절). 그러나 '영혼과 교회'를 위한 영적 순교는 매일 매순간 나의 눈앞에 다가와 있습니다. 이 거룩한 초대 앞에 진실한 응답은 우리의 몫입니다. 순교 전에 전심을 다하여 성경을 증거 한 스데반의 명 설교(2-53절)는 수천 년 동안 메아리치고 있습니다.

♦ 사도행전 8장 성경칼럼

3절 | 사울이 교회를 잔멸할 새 각 집에 들어가 남녀를 끌어다가 옥에 넘기니라
4절 | 그 흩어진 사람들이 두루 다니며 복음의 말씀을 전할새

"흩어진 증인"

세월의 힘으로 판단은 얼마든지 바뀔 수 있습니다. 초대교회는 폭발적인 성장과 신유의 능력과 사랑의 섬김으로 지상천국 같은 모습이었습니다. 성도들의 마음에는 이대로 쭉 가서 주님 재림을 맞이하고 싶었지만 단번에 깨집니다. 교회에 큰 핍박이 임하고 교회를 잔멸하고자 하는 박해가 들이닥칩니다(1, 3절). 하나님의 힘으로 저들을 진멸하고 교회를 위대하게 세워주면 얼마나 좋았을까 하는 바람도 있었을 것입니다.

하나님께서는 왜 예루살렘 교회의 핍박을 허용하셨을까요? 하나님의 뜻은 초대교회가 '흩어진 증인'이 되는 것이었습니다. 만약 예루살렘교회가 박해가 없이 대형교회로 유지되었다면 어떤 일이 벌어졌을까요? 교회사가 증명하듯 타성화, 화석화, 상품화, 교권화, 분열화, 지역화 등의 나쁜 열매가 열렸을 것입니다. 하나님의 뜻은 흩어져서 전 세계의 복음전파를 이루

는 것입니다. 구약에서 만민에게 성령을 부어 주신다는 예언(욜 2:28)과 주님이 명령하신 모든 족속을 제자 삼는 사역(마 28:19)을 이루어야 합니다.

초대교회 성도들은 핍박에 연연하지 않고 성령을 받아 타오르는 뜨거운 가슴으로 부활의 증인이 됩니다. 빌립 집사의 능력이 얼마나 강력했는지 혹세무민하던 마술사 시몬이 놀라 자빠집니다(4-13절). 사이비가 물러가는 복음의 능력은 이 시대 우리에게 꼭 필요합니다(14-24절). 성령의 인도에 순종하는 빌립의 선교 여정은 힘 있고 아름답습니다(26-40절).

흩어진 복음은 소아시아, 북아프리카, 유럽, 미국을 거쳐 우리에게 왔습니다. 우리 민족과 교회는 기독교 역사상 아주 독특한 은혜를 받았습니다. 해외에 나가면 교회부터 설립하는 팔백만 동포가 귀하고 전 세계에 파송되어 사역하는 이만 오천 여 명의 선교사들은 보화입니다. 한국인의 선교 유전자는 탁월하여 어느 나라에 가도 기후와 언어와 문화에 적응합니다. 식민지 국가의 전과가 없고 한류의 전파는 선교의 제사장 국가로서의 장점입니다.

문제는 한반도에 있는 남북한의 천만 성도입니다. 코비드는 한국교회에 거대한 시험을 가져 왔습니다. 알곡과 쭉정이와 가라지가 어떤 모양이든 드러나게 되었습니다. 이제 신앙의 실력과 영성의 내공이 시험받는 시점에 도달하였습니다. 세상이 감당치 못할 믿음을 가진 그리스도인으로서의 훈련이 필요한 시대가 되었습니다. 모든 조건과 환경이 합력하여 하나님의 뜻을 이루는 조국교회를 소망합니다.

(롬 8:28) “우리가 알거니와 하나님을 사랑하는 자 곧 그의 뜻대로 부르심을 입은 자들에게는 모든 것이 합력하여 선을 이루느니라”

♦ 사도행전 9장 성경칼럼

5절 | 대답하되 주여 누구시니이까 이르시되 나는 네가 박해하는 예수라

40절 | 베드로가 사람을 다 내보내고 무릎을 꿇고 기도하고 돌이켜 시체를 향하여 이르되 다비다야 일어나라 하니 그가 눈을 떠 베드로를 보고 일어나 앉는지라

"베드로와 바울"

사도행전을 성령행전이라고 부르는 이유는 성령님이 주인공이기 때문입니다. 그런 시각으로 볼 때 성경 전체의 주인공은 당연히 삼위일체 하나님입니다. 성경을 묵상하면서 유의해야 할 것은 본문에서 하나님과의 만남을 기대하는 것입니다. 먼저 하나님은 어떤 분이시며 어떤 일을 하셨는가를 세밀하게 살펴봅니다. 그 다음에는 하나님이 나와 어떤 관련이 있으며 무엇을 원 하실까 를 적용하면 훌륭한 믿음으로 나아갈 수 있습니다.

9장에는 사도행전 전 후반의 주연급 인물 두 명이 등장합니다. 먼저 중풍병자 애니아를 일으키고 죽은 여 제자 다비다를 살려 사역의 절정을 찍는 베드로가 나옵니다(32-42절). 주님과 같이 죽은 자를 살리는 과정은 엘리사의 행위(왕하 4:32-37)와 비슷합니다. 이어서 살기등등하여 교회를 핍박하는 사울에서 극적인 회심으로 사도의 반열로 들어오는 바울이 등장합니다(1-3절). 다메섹에서의 주님 현현은 너무나 강력한 체험으로 그는 기회가 있을 때마다 간증합니다.

특히 주님께서 핍박받는 성도를 자신과 동일시하는 말씀은 바울에게 큰 충격을 준 것이 분명합니다(4-5절). 이 원리는 교회와 성도에게 해를 끼치는 자를 보수하시는 주님을 계시합니다(엡 1:22-23). 교회의 머리되신 주

님께서는 몸 된 교회(성도)를 보양합니다.

(엡 5:29) "누구든지 언제나 자기 육체를 미워하지 않고 오직 양육하여 보호하기를 그리스도께서 교회에게 함과 같이 하나니"

9장의 스토리는 어느 영화나 드라마보다 극적이고 흥미진진합니다. 여기서 역발상인 사고를 해 봅니다. 하나님의 간섭을 당시의 두 사람과 지금의 나중에 누가 더 알고 있을까 하는 질문입니다. 성경을 읽는 내가 당연히 더 잘 알고 있다는 답이 나옵니다. 사도행전의 베드로를 있게 한 주님의 열심은 복음서를 거쳐 온 우리에게 더 이상 설명이 필요 없을 것입니다.

우리는 하나님께서 바울의 회심과 일군 만들기 과정을 투(two) 트랙으로 역사하심을 보고 있습니다. 초자연적인 하늘의 빛으로 인간적인 눈을 멀게 하고 주님의 직접 음성으로 진리의 실상을 알게 합니다(3-6절). 이 첫 번째 트랙이 없었더라면 완악한 사울이 순종하는 바울로 변화할 수 없었을지도 모릅니다. 두 번째 트랙은 여러 사람을 동원하여 바울이 알게 모르게 다양한 역할을 맡긴 것입니다. 아나니아, 바나바, 그의 제자들, 유대인, 사도들입니다. 결국 하나님의 열심이 사도 바울을 있게 하였습니다. 바울의 하나님이 우리의 하나님이신 것을 확신합니다. 우리를 향한 하나님의 열심이 투 트랙으로 지금도 계속되고 있음을 느끼게 됩니다.

♦ 사도행전 10장 성경칼럼

2절 | 그가 경건하여 온 집안과 더불어 하나님을 경외하며 백성을 많이 구제하고 하나님께 항상 기도하더니

45절 | 베드로와 함께 온 할례 받은 신자들이 이방인들에게도 성령 부어 주심으로 말미암아 놀라니

"박물관, 시장, 학교"

한 나라를 이해하기 위해서는 세 군데를 방문하면 됩니다. 과거는 박물관, 현재는 시장, 미래는 학교를 보면 파악할 수 있습니다. 여기에 가장 중요한 곳을 추가하자면 교회입니다. 교회는 하나님이 창설한 주님의 몸으로 모든 시간과 역사를 볼 수 있는 통괄적 기관입니다. 교회의 가치는 성경을 가르치고 지키는 것에 있습니다. 성경에는 금생과 내세를 모두 알 수 있는 진리가 나옵니다. 성경을 올바로 가르치는 교회를 가진 나라는 흥왕하고 반대이면 멸망하게 되어 있습니다.

성경은 하나님의 뜻을 이야기를 통해 보여 주심으로 인간이 이해하도록 합니다. 10장부터 시작되는 이방인 구원의 출발은 우리의 구원의 근거를 확인하게 합니다. 이방인인 나의 이야기로서 구속사 박물관의 증거를 목격하는 의미를 가지고 있습니다. 꼭 알아야 하는 가치를 증명하듯이 이야기 분량이 신약에서 오병이어와 함께 가장 많습니다. 본장에 나오는 인물의 상징성과 역할에 대해 정리해 보겠습니다.

고넬료는 신약시대에 이방인 중에서 첫 번째로 구원받은 이방인 대표입니다(1절). 하나님을 만나 경건한 삶과 함께 이웃을 사랑하는 열매를 갖춘 준비된 그릇입니다(2절). 베드로는 유대인으로서 새로 시작되는 신약교회의 수장입니다. 그가 구약의 율법에 매인 완고한 사고를 먼저 깨야 새 시대가 열릴 수 있습니다. 이 두 사람은 상면할 수 없는 위치이었지만 기도하는 경건한 자라는 공통점으로 준비되어 있습니다(2, 9절).

바울은 등장하지는 않지만 이방인을 위한 그릇으로 준비되고 있습니다(9:15, 11:25-26). 이방인은 구약의 표현으로 보면 먹을 수 없는 속된 동물로 묘사됩니다(12절). 유대인은 이방인을 함부로 상종하지 않는 문화를 가지고 있습니다. 두 사람에게 초자연적인 환상을 통해 편견과 적대감을 제거하시는 하나님을 뵐 수 있습니다.

하나님께서 비슷한 내용을 지루할 정도로 반복하시는 이유는 자상한 설복입니다. 본장에도 천사와 환상과 사람을 동원하여 최선의 설득을 합니다. 유대인은 이방인에게 구원의 문이 열린다는 것은 충격이지만 그것이 사명이고 살 길임을 알아야 하는 것입니다(욜 2:28-32). 유대인 대표인 베드로가 하나님의 뜻인 이방인 구원과 성령 받음을 간증하는 것은 순종의 명장면입니다(44-48절). 이 이야기는 기독교가 민족종교로서 어떤 한 나라에 머물 수 없다는 것을 강력하게 보여줍니다. 나아가서 그리스도인은 불신자에 대하여 폐쇄된 사고를 가지고 배척할 수 없음도 강조합니다.

♦ 사도행전 11장 성경칼럼

24절 | 바나바는 착한 사람이요 성령과 믿음이 충만한 사람이라 이에 큰 무리가 주께 더하여지더라

26절 | 만나매 안디옥에 데리고 와서 둘이 교회에 일 년간 모여 있어 큰 무리를 가르쳤고 제자들이 안디옥에서 비로소 그리스도인이라 일컬음을 받게 되었더라

"알러뷰(I love you) 인형"

한 부분을 꾹 누르면 '아이러브유(사랑해)'라고 말하는 인형이 있었습니다. 사람의 궁극적 욕구인 사랑받고 싶은 마음을 담아 상품화한 것입니다. 예수 믿는 사람을 툭 자극하면 어떤 소리가 날까 대비해 봅니다. 예수라는 구별된 소리가 나는 것이 아니라 욕심 가득한 소음이 나면 어찌할까 하는

염려가 있습니다.

그리스도인이란 말은 양면성을 가지고 지어진 호칭입니다. 안디옥 교인들을 향하여 세상에서 먼저 불렀습니다(26절). '헤로디안'이 헤롯 가의 추종자이고 '가에사리아니'는 가이사의 군사들을 가리키듯 그리스도인은 그리스도를 따르는 자라는 뜻입니다. 경멸조로 시작되었지만 기독교 공동체의 독특한 개성을 인정하는 명칭이 되었습니다. 예수 믿는 사람들은 세상 사람과 구별되는 면이 있다는 것에서 출발되었습니다.

십자가와 부활의 교리를 기회만 되면 외치는데 무언가 범접하기 어려운 외경감이 느껴졌을 것입니다. 부정적인 면에서는 자기들 세계에 갇혀 있고 세상을 소란케 하는 광신자라는 이미지도 있습니다. 결국 이 양면을 합치면 '예수 우선주의자'라는 공통점이 나옵니다. 예수 우선주의자가 아니면 진정한 신자의 길을 가기가 어렵습니다. 바나바와 바울로부터 1년의 훈련을 받은 후에 붙여진 그리스도인은 안디옥 교회의 성숙을 증명합니다.

바울은 회심 후 적어도 10년 이상 고향인 다소에서 영육의 훈련을 받았습니다(26, 30절, 갈 2:1). 바나바가 바울의 사명과 그릇을 알아보고 안디옥으로 데려와 함께 말씀사역을 합니다. 바울의 수련 과정을 볼 수 있는 것은 후대의 축복입니다. 바울은 첫 순교자 스데반의 피를 거름으로 하여 멘토인 바나바의 성품 훈련이 주어졌습니다. 바나바는 성경해석에 능통하여 인격을 구비하였고 전 재산을 교회 앞에 내놓아 권위를 인정받았습니다(24절, 4:36-37).

과격하고 야심만만한 청년 사울이 바나바를 만난 것은 하나님의 섭리이었고 관계의 복을 받은 것입니다. 안디옥교회에서 최초의 선교사로서 파트너가 되어 파송될 때의 리더는 바나바이었습니다(13:2-3). 시간이 흐르고 바울의 그릇이 준비되자 바나바는 바울을 주역으로 앞세우고 자신은 후원자로 물러나는 본보기를 보입니다(13:43). 주님의 사역이 자신의 명예보다 더 소중하기에 가능한 일입니다.

여호수아에게 갈렙을 붙여 주시고 바울에게 바나바를 주신 하나님의 손길은 신비합니다. 희생과 협력이라는 훈련을 제대로 받은 사역자가 주의 일을 할 수 있다는 원리를 세워 주셨습니다(빌 2:1-4). 하나님의 복은 사람을 통해서 온다는 사실을 아는 자가 그 복을 받을 수 있습니다(롬 16:16). 오직 예수를 따르는 그리스도인은 구약에서 예언된 새 이름의 실체이었습니다.

(사 62:2) "이방 나라들이 네 공의를, 뭇 왕이 다 네 영광을 볼 것이요 너는 여호와의 입으로 정하실 새 이름으로 일컬음이 될 것이며"

사도행전

♦ 사도행전 12장 성경칼럼

11절 | 이에 베드로가 정신이 들어 이르되 내가 이제야 참으로 주께서 그의 천사를 보내어 나를 헤롯의 손과 유대 백성의 모든 기대에서 벗어나게 하신 줄 알겠노라 하여

23절 | 헤롯이 영광을 하나님께로 돌리지 아니하므로 주의 사자가 곧 치니 벌레에게 먹혀 죽으니라

"대결의 배후"

자그마한 충돌부터 거대한 전쟁까지 배후가 있습니다. 12장에는 세속 권력과 영적 권세와의 벼랑 끝 대결이 펼쳐집니다. A.D.44년 유월절 전후에 분봉 왕 헤롯이 기독교를 탄압합니다. 헤롯은 유대교의 환심을 사기 위해 물리력과 실정법을 동원합니다. 일반적인 시각으로 볼 때 헤롯의 권모

술수는 뛰어납니다. 먼저 사도의 선두 그룹(베드로, 요한, 야고보)에 들어가는 야고보를 죽입니다(2절). 다수의 유대인들이 기뻐하는 반응을 체크하며 쾌재를 부릅니다(3절).

다음 단계는 예루살렘교회의 수장인 베드로를 체포하여 옥에 가둡니다(4절). 유대인의 최대 명절이고 대군중이 집결하는 유월절 후에 보여 주기 위해서입니다. '너희들의 위대한 지도자 베드로를 보라 저 비참한 몰골이 너희의 현주소이다 까불면 너희도 죽는다'라는 메시지를 내고 있습니다. 여기서 이 박해의 배후에 누가 있는지를 분별해야 합니다. 일반적으로는 사탄의 궤계가 기독교를 해하려는 것으로 볼 수 있습니다.

하지만 참새 한 마리도 주관하시고 머리털도 세시는 하나님의 뜻이 없을 리가 없습니다. 예루살렘 교회를 향한 구속사적인 하나님의 뜻은 세계에로의 복음전파입니다. 유대 적 민족주의로 이방인 전도에 소극적인 카르텔을 깨야만 흩어져 복음이 전파될 수 있는 것입니다. 독수리의 자리를 날카롭게 하여 안주하지 못하게 하는 원리가 작동되었습니다(신 32:11). 이 사실은 영적 권세를 가진 그룹을 대하시는 하나님의 역사에서 증명됩니다.

초강력의 핍박에 대항하는 교회의 승부 전략은 간절한 기도입니다(5절). 당사자인 베드로는 닫힌 옥에서 수갑을 차고 16명이 4교대로 감시하는 가운데 평안한 수면을 취합니다(6절). 이것은 주님을 절대 신뢰하는 베드로의 믿음과 함께 불가능한 환경에서 구원하시는 하나님의 능력을 보여주려는 것입니다. 하나님의 종인 천사는 모든 문제를 해결하고 베드로를 구출합니다(7-11절). 헤롯의 계획은 박살이 나고 여전히 교만하여 영광을 대적한 그에게 징벌이 떨어집니다(21-23절).

주의 사자가 치니 벌레에게 먹혀 죽는데 문헌에는 모기에게 물려 말라리아로 죽었다고 기록되어 있습니다. 아무리 하늘을 찌르는 권력도 하나님이 쓰는 모기 한 마리보다 못하다는 것을 보여줍니다. 겉으로 볼 때는 우연한 병사로 죽은 것 같지만 분명히 하나님이 치셨습니다. 교회사에서 교회와 성도를 업신여기고 핍박하는 세력에 대한 징계는 너무나 많습니다. 교회의 가장 강한 힘은 끈질긴 합심기도임이 증명되었습니다.

(행 12:12) "깨닫고 마가라 하는 요한의 어머니 마리아의 집에 가니 여러 사람이 거기에 모여 기도하고 있더라"

♦ 사도행전 13장 성경칼럼

22절 | 폐하시고 다윗을 왕으로 세우시고 증언하여 이르시되 내가 이새의 아들 다윗을 만나니 내 마음에 맞는 사람이라 내 뜻을 다 이루리라 하시더니

48절 | 이방인들이 듣고 기뻐하여 하나님의 말씀을 찬송하며 영생을 주시기로 작정된 자는 다 믿더라

"출발!(Let's go!)"

신나고 역동적이고 기대가 되는 한 마디입니다. 사도행전의 영어 제목 'Acts'는 행동이란 뜻으로 이미 강한 실천의 기운을 뿜어내고 있습니다. 전반부는 베드로가 주도했고 13장에는 바울이 제 1차 선교 여행을 출발합니다. 그는 이방인을 위한 사도로 부름 받았고 안디옥교회에서 바나바와 함께 선교사로 파송됩니다. 출발하는 안디옥 교회는 이방(시리아)의 첫 교회로서 첫 선교사를 파송하는 영광을 맛봅니다.

구성원들이 나오는데 이미 폭넓은 그릇으로서의 공동체임을 보여줍니다(1절). 바나바와 사울은 안디옥 교회의 주축 목회자이었지만 성령의 지

시에 따라 선교사로 따로 세우게 됩니다. 주를 섬겨 금식하고 기도하며 순종하는 안디옥 교회는 성경의 3대 본보기 교회입니다(2-3절). 나머지 두 교회는 초대교회(행 2:42-47)와 빌라델비아 교회(계 3:7-13)입니다.

13장에는 '사울(구하였다)'과 '바울(작다)'이라는 이름이 함께 나오지만 이후에 이방 선교에 맞추어 헬라 식 이름인 바울로 통일됩니다. 최초 선교사인 바울의 선교 행적은 후대 선교의 본보기가 됩니다. 바울 일행은 말씀(14-47절)과 이적(4-12절)이라는 두 가지 선교 도구를 가지고 사역하지만 본질은 말씀 전파에 있었습니다. 이것은 주님이 하신 방법과 같은 것으로서 후대의 교회에게도 유효합니다.

바울의 말씀 선포는 구약에 나오는 하나님의 경륜을 기독론에 맞추어 정확하게 전하고 있습니다. 이것은 성경의 정통 지식과 구속사에 대한 통찰력과 깊은 영성을 갖춘 자여야만 할 수 있습니다. 다윗에 대한 그의 통찰은 하나님의 마음에 맞는 자라는 결론을 내립니다(22절). 죄를 안 지은 자가 의인이 아니라 죄 지은 것을 알고 돌이키는 자를 받으시는 하나님의 마음을 이해한 것입니다(시 51:1~13).

또한 복음전파의 핵심을 정확히 판단했습니다. 하나님께서 영생을 주시기로 작정된 자는 다 믿는다(48절)는 예정론을 알고 확신하였습니다. 예정론은 인간적으로는 이해도 어렵고 설명도 힘듭니다. 그러나 분명한 것은 구원받은 어떤 사람도 예정론이 적용 안 된 사람은 없습니다.(엡 1:4) "곧 창세전에 그리스도 안에서 우리를 택하사 우리로 사랑 안에서 그 앞에 거룩하고 흠이 없게 하시려고"

그의 발걸음이 핍박하는 자를 개의치 않으며 복음을 거부하는 자에게 연연하지 않았던 이유입니다(46절, 51절).

어찌 보면 무정한 것처럼 보이는 발의 티끌을 터는 절교의 행위는 이미 예수님이 명하신 것입니다(51절, 마 10:14). 복음을 받아들이지 않는 곳에서는 먼지마저도 거절함으로 심판 시에 핑계될 것이 없을 것이라는 선언입니다. 바울은 복음의 주도권을 가지고 가는 곳마다 선포하고 가르치고 교회를 설립하고 일군을 세우는 일에 돌진합니다. 사람의 기질 4가지(불, 물, 흙, 산) 중에 바울은 '산'에 해당되는 사람으로 목표지향성에 해당됩니다. 누구나 바울처럼 사역할 수는 없지만 각자의 기질과 은사로 쓰임 받을 수 있습니다.

♦ 사도행전 14장 성경칼럼

18절 | 이렇게 말하여 겨우 무리를 말려 자기들에게 제사를 못하게 하니라
19절 | 유대인들이 안디옥과 이고니온에서 와서 무리를 충동하니 그들이 돌로 바울을 쳐서 죽은 줄로 알고 시외로 끌어 내치니라

"꽃가마 vs 가시밭길"

꽃가마 타고 가는 길과 맨발로 가는 가시밭길 중 무엇을 택하시겠습니까? 세상에서는 당연히 첫 번째 길을 택할 것입니다. 이고니온의 복음 전파는 상반된 반응을 가져왔고 죽이려고 달려드는 자들을 피해 루스드라로 옵니다(1-7절). 루스드라에서의 나면서부터 걷지 못한 자를 고친 치유사건은 독특한 충돌로 이어집니다. 이 기적은 지방 루스드라 사람들에게는 한 번도 보지 못한 신의 영역에서 일어난 일로 보였습니다.

바울과 바나바에게 제우스와 헤르메스의 이름을 붙이고 제사하려 한 것에서 증명됩니다(11~13절). 헬라와 로마의 12주신으로 보았는데 이것이 그들의 신에 다한 지식입니다. 하늘의 신인 제우스, 여성의 신인 헤라, 농업과 결혼의 수호자 데미테르, 물과 지진의 신 포세이돈, 지하 세계의 신

하데스, 전쟁의 신 아레스가 있습니다. 불과 장인의 신인 헤파이토스, 술과 연회의 신 디오니소스, 미와 사랑의 신 아프로디테, 전령의 신 헤르메스, 목축과 태양의 신 아폴로, 지혜와 풍요의 신 아테네가 있습니다.

이 신들의 이미지를 현대어로 표현하면 세상에서 요구하는 축복과 능력과 아름다움이라고 볼 수 있습니다. 두 사람이 그들의 요청에 못 이겨 신의 대접을 받는 꽃가마를 탔다면 어떻게 되었을지 아찔합니다. 하나님께 올릴 영광을 인간이 차지하면 그 저주와 징벌은 피할 수 없습니다. 저들의 제사를 옷을 찢으며 말리는데 이는 분노와 회개를 극적으로 나타내는 것입니다(14절). 저들의 눈높이에 맞추어 하나님과 복음을 전하는 바울은 하나님의 사람입니다(15-18절).

그러나 하나님의 뜻을 잘 알고 행동한 그들에게 큰 상이 아닌 엄청난 핍박과 고난이 닥쳐옵니다. 복음의 대적자들로부터 돌에 맞아 성 밖에 내 던져집니다(19절). 죽은 줄로 알 정도이니 그 고통이 능히 짐작됩니다. 이 내용이 단기적으로 볼 때 참 불편한 것은 나도 너도 못하는 영역이기 때문입니다. 다만 사명이 있는 한 하나님께서 생명을 책임지신다는 것을 믿을 뿐입니다. 제자들이 시체처럼 보이는 바울을 둘러싸서 보고 있는데 벌떡 일어나는 바울을 상상해 봅니다(20절). 그뿐 아니라 다시 그 성에 들어갔다가 나와 더베로 향하는 모습에 경이로움을 느낍니다. 치료를 받았거나 의원에 간 이야기가 없는 것으로 보아 성령님의 강력한 치유가 있었음이 분명합니다.

이어진 사역에 많은 제자의 열매가 있었다는 기록은 영적승리의 결과를 알려줍니다(21절). 성령님과 함께 간 그 길은 맨발의 가시밭길이 아니라 능력을 경험하는 형통대로가 되었습니다. 신으로 추앙받기를 거부하고 고난을 선택한 바울과 바나바는 유혹당하기 쉬운 후대의 선교사와 주의 종들에게 경계석이 되었습니다. 안디옥에 돌아와 1차 선교 여행을 보고하는 그 자리에 임한 하나님의 위로가 눈에 선합니다(21-28절). 고난이 없으면 영광도 없습니다!(No hardship, No glory!)

(롬 8:17) "자녀이면 또한 상속자 곧 하나님의 상속자요 그리스도와 함께 한 상속자니 우리가 그와 함께 영광을 받기 위하여 고난도 함께 받아야 할 것이니라"

♦ 사도행전 15장 성경칼럼

11절 | 그러나 우리는 그들이 우리와 동일하게 주 예수의 은혜로 구원 받는 줄을 믿노라 하니라

29절 | 우상의 제물과 피와 목매어 죽인 것과 음행을 멀리 할지니라 이에 스스로 삼가면 잘되리라 평안함을 원하노라 하였더라

"선점된 것들의 위력"

생활에 스며들어 자리 잡고 있는 것들을 찾아보았습니다. 선입견, 편견, 고정관념, 집단무의식, 고착된 사고, 선지식, 확증편향, 진영논리, 민족사관, 전통과 풍습, 지방색, 종교색 등입니다. 선점하고 있는 생각과 관습을 바꾸는 것이 얼마나 힘든 것인지를 알 수 있습니다. 이방인의 구원이 활발하게 펼쳐지자 유대인들의 반발이 일어납니다. 핵심은 예수를 믿는 것만 가지고는 안 된다는 것입니다. 이방인들도 할례와 율법 준수가 있어야 하나님 백성이 될 수 있다고 주장합니다.

자기들은 수천 년 동안 율법을 지키며 선민이라고 자부했는데 이방인들이 믿음으로만 구원받는다고 하니 이건 아니라며 야단을 칩니다. 구약에서 이방인들이 유대인으로 들어 올 때에 제1조건이 할례였기 때문에 이 문제

가 현안이 되었습니다. 생각을 바꾸기가 이토록 어렵습니다. 자신들도 실패한 율법준수를 이방인의 구원조건으로 내세우는 비합리적 요구를 당당히 합니다. 결국 이 문제는 제 1회 예루살렘 공의회에 안건으로 회부됩니다.

베드로와 야고보가 복음의 정신을 강화합니다. 오직 주 예수의 은혜로 구원받음을 결정하고 선언합니다(11절). 그리고 또 한 가지를 결정합니다. 구원받은 자들이 지켜야 할 근본 행위를 규정합니다. 구원의 조건이 아니라 '스스로 삼가 하여 잘되어 평안을 얻는' 성격으로 정하는 것입니다(29절). 이 내용은 이방인을 접하며 교제해야 할 유대인을 배려한 측면이 강합니다. 우상의 제물을 금하고 음행을 멀리해야 하며 정결법의 핵심인 피를 삼가야 한다는 내용입니다(29절).

'목매인 것'의 의미는 고기의 신선도를 위해 동물을 목매어 천천히 죽이는 잔인함을 금한 것입니다. 이방인들이 구원은 은혜로 받지만 구별된 도를 지켜야 하며 육체의 방탕에 따라 함부로 살면 안 된다는 원리를 알려줍니다. 인류 보편적인 가치를 외면하면 유익이 없다는 것을 강조합니다. 기독교 복음이 유대교 전통이라는 거대한 껍질을 깨야 하듯이 나의 생각과 습관 중에서 하나님의 뜻과 다른 것을 고쳐야 합니다. 알면서도 가장 안 바뀌는 것도 피하지 말고 맞서야 합니다.

바울과 바나바가 마가를 사이에 두고 성격 문제로 헤어지고 사역의 새 파트너를 고른 것을 주목해야 합니다(37-41절). 다툰 것에 초점을 맞추지만 사람의 분열이 하나님의 섭리를 이루는 것을 볼 수 있습니다. 바울의 연하로서 새 동역자가 된 실라의 신실함은 사역의 효율성을 기대하게 합니다. 부자집 아들인 마가를 키우는 바나바의 사역도 마음껏 응원할 수 있습니다.

♦ 사도행전 16장 성경칼럼

9절 | 밤에 환상이 바울에게 보이니 마게도냐 사람 하나가 서서 그에게 청하여 이르되 마게도냐로 건너와서 우리를 도우라 하거늘

14절 | 두아디라 시에 있는 자색 옷감 장사로서 하나님을 섬기는 루디아라 하는 한 여자가 말을 듣고 있을 때 주께서 그 마음을 열어 바울의 말을 따르게 하신지라

"만남"

국민 애창곡 중에 노사연이 부른 만남이란 노래가 있습니다. 첫 소절의 임팩트가 매우 강합니다. 우연이 인연이 되고 인연이 필연이 되는 인간관계의 애증은 누구나 가지고 있습니다. 바울은 사역하는 여정에 여러 사람을 만납니다. 좋은 인연도 있고 나쁜 만남도 있었습니다. 15장에서 바나바와 나가 문세로 헤어지고 새 파트너인 실라와 사역을 시작합니다. 하나님이 함께 하는 바울을 만나면 영적인 복을 받는 것을 알 수 있습니다.

16장은 바울의 제 2차 전도여행으로 다섯 명과의 만남이 이루어집니다. 첫째, 실라는 바울의 파트너가 됨으로서 주님을 경험하고 쓰임 받게 되었으니 얼마나 감사하겠습니까?(25절) 둘째, 디모데는 루스드라에서 영적 아버지인 바울을 만나 후계를 이어갑니다(딤후 2:1-2). 선교의 전략을 위해 아버지가 헬라인인 디모데에게 할례를 받게 한 바울의 지혜를 볼 수 있습니다(3절, 고전 9:20).

셋째, 루디아는 마게도냐의 첫 선교지인 빌립보에서 저녁에 산책하다가 우연히 만납니다. 준비된 그릇으로 그의 집이 유럽의 첫 교회가 되고 발상지가 되는 영광을 얻습니다(12-15절). 성령께서 아시아로 향하던 발길을 유럽으로 돌리게 한 혜택을 제대로 누렸습니다(6-12절). 넷째, 점치는 귀

사도행전

신들린 여종입니다. 만약 바울을 만나지 못했다면 그녀는 마귀의 종으로서 비참한 생활을 할 수밖에 없었을 것입니다(16-18절).

다섯째, 바울과 실라가 옥에 갇혔을 때 만난 간수입니다. 하필 그 시점에 감옥 담당이 되어 바울을 만납니다. 악연이 될 뻔했지만 은혜를 받음으로 자신만 아니라 온 가족이 구원받습니다(23-40절). '주 예수를 믿으라 그리하면 너와 네 집이 구원을 받으리라(31절)'는 말씀을 받았습니다. 그에게 주어진 이 소망의 말씀은 지금도 영향을 끼치고 있습니다.

바울과 만나 영적 축복을 받은 사람은 고린도전서 16장 10-20절에 풍성히 소개되어 있습니다. 만남과 인연이 중요하다는 것은 세상 사람들도 다 인정합니다. 그리스도인은 나아가 영적인 만남(영연)의 축복을 기도하며 기대할 수 있습니다. 성숙한 그리스도인은 이 시대의 바울 역할을 맡아야 합니다. 성령님께 예민하여 은혜의 통로로 살기를 소원합니다.

(전 4:12) "한 사람이면 패하겠거니와 두 사람이면 맞설 수 있나니 세 겹 줄은 쉽게 끊어지지 아니 하느니라"

♦ 사도행전 17장 성경칼럼

11절 | 베뢰아에 있는 사람들은 데살로니가에 있는 사람들보다 더 너그러워서 간절한 마음으로 말씀을 받고 이것이 그러한가 하여 날마다 성경을 상고하므로

30절 | 알지 못하던 시대에는 하나님이 간과하셨거니와 이제는 어디든지 사람에게 다 명하사 회개하라 하셨으니

"아름다움의 단계"

아름다움(매력)의 단계를 구분하면 육체미, 지성미, 지혜미의 순서로 매

길 수 있습니다. 여기에 세상이 잘 모르는 기독교 영성의 아름다움이 숨어 있습니다. 영적 아름다움(Holy beauty)은 신앙의 여러 분야(예배, 기도, 봉사, 헌신, 선교)의 열심으로 드러납니다. 이 모든 것의 에너지는 성경에서 나오기에 말씀을 어떻게 대하느냐로 결판납니다.

바울의 모든 전도 여행이 중요하지만 17장의 내용은 핵심에 해당됩니다. 마게도냐의 수도인 데살로니가와 최상의 말씀 수용성을 가진 베뢰아와 철학과 우상의 도시 아덴의 전도 기사가 나오기 때문입니다. 유대인 회당을 요충지로 한 전도는 대적자들의 방해로 어려움을 겪습니다(2-9절). 하지만 고난이 없는 영적 사역이 없음을 알고 최선을 다합니다(10, 15절). 주목할 것은 베뢰아 사람들로 말씀을 대하는 영성의 모범을 보여줍니다(11-12절).

첫째, 너그러운(신사적) 마음으로 말씀을 대했습니다. 이 자세는 편견 없이 객관적으로 깨끗한 마음을 가지고 말씀을 대했다는 뜻입니다. 대부분의 사람들이 이 단계에서 실패하여 진리에 다가서지 못합니다. 둘째, 그들은 간절한 마음으로 말씀을 보고 자기 것으로 받았습니다. 간절한의 원어 '프로뒤미아스'는 열심히, 자신해서, 준비된 이라는 뜻입니다. 성의 없이 대충 말씀을 대하는 자에게 은혜는 주어지지 않습니다. 셋째, 베뢰아 사람들은 말씀을 연구하였습니다. '이것이 그러한가'라고 했다는 것은 검증하고 적용하며 깊이 공부했다는 의미입니다.

넷째, 그들은 날마다 말씀과 함께 하였습니다. 영적 감각은 매일 가다듬지 아니하면 녹슬고 무뎌져서 능력을 나타낼 수가 없습니다.

(히 3:12-13) "형제들아 너희는 삼가 혹 너희 중에 누가 믿지 아니하는 악한 마음을 품고 살아 계신 하나님에게서 떨어질까 조심할 것이요 오직 오늘이라 일컫는 동안에 매일 피차 권면하여 너희 중에 누구든지 죄의 유

혹으로 완고하게 되지 않도록 하라"

어쩌다 성경을 대하는 수준을 가지고는 십자가 군병으로 쓰임 받을 수 없습니다.

주님의 일을 하다가 기진하여 넘어진 일군들의 제 1원인은 말씀의 결핍에서 오는 주님과의 영적 단절입니다. 성경을 규칙적으로 진지하게 대하는 것이 최고의 영적 실력을 발휘하는 방법입니다. 아덴의 가시떨기 같은 마음이 복음을 흡수하지 못하는 결과가 이를 반증합니다(16-33절). 아덴에서 비록 소수의 결신자를 얻었지만 바울의 명 설교는 후대에게 지혜를 얻게 하였습니다.

베뢰아 사람의 모범을 본받아 말씀에 착념할 때 허물과 죄가 드러나 통회의 눈물을 흘립니다(시 51:17). 말씀을 가까이 할 때 주님과 가까이 하여 온유와 겸손의 훈련이 됩니다(마 11:28). 말씀을 먹을 때 영적 에너지가 충만하여 사역의 승리를 누릴 수 있습니다.

(계 10:10-11) "내가 천사의 손에서 작은 두루마리를 갖다 먹어 버리니 내 입에는 꿀 같이 다나 먹은 후에 내 배에서는 쓰게 되더라 그가 내게 말하기를 네가 많은 백성과 나라와 방언과 임금에게 다시 예언하여야 하리라 하더라"

♦ 사도행전 18장 성경칼럼

3절 | 생업이 같으므로 함께 살며 일을 하니 그 생업은 천막을 만드는 것이더라

10절 | 내가 너와 함께. 있으매 어떤 사람도 너를 대적하여 해롭게 할 자가 없을 것이니 이는 이 성중에 내 백성이 많음이라 하시더라

"고린도 교회"

고린도 교회 하면 무슨 이미지가 떠오르십니까? 일단 신약의 서신서 중에 제일 긴 장수로 쓰여 진 고린도전후서(29장)가 떠오릅니다. 또 한 가지는 문제가 많은 교회의 대표입니다. 아가야의 수도인 고린도는 발칸 반도 남단에 위치한 상업과 무역의 요충지로서 부요한 도시입니다. 헬라의 빛으로 불리 우며 문화가 화려하게 번창했지만 비행과 타락이 만연되어 있습니다. 아프로디테 신전에는 이방신 숭배와 함께 천 여 명의 여인들이 매음을 하여 후세에 '고린도인(Corinthian)'은 난봉꾼을 가리킬 정도입니다.

사도행전

이런 배경에 세워진 고린도 교회는 제사, 우상 제물, 이혼, 분쟁과 파벌, 은사, 쟁론, 질서 문제 등이 쌓여 있었습니다. 18장에는 이 유명한 고린도 교회의 탄생 이야기가 전개되고 있습니다. 세 2차 선교사역을 시작한 바울 일행은 빌립보와 데살로니가와 베뢰아와 아덴을 거쳐 고린도에 이르게 됩니다. 빌립보에서 매를 맞고 아덴에서 답답했던 바울 일행은 고린도에 오면서 여러 생각이 났을 것입니다. 그가 훗날 고린도를 방문했을 때의 심정을 쓴 것을 보면 두려워했다고 하였습니다.

(고전 2:3) "내가 너희 가운데 거할 때에 약하고 두려워하고 심히 떨었노라"

하지만 하나님은 자기 사람을 너무나 잘 아십니다. 동종의 천막 만드는 사업을 하는 아굴라와 부르스길라 부부를 만나게 하였습니다(2-3절). 1년 6개월을 함께 한 신앙의 의리는 평생의 동역자가 되게 합니다(11절). 이들 부부의 헌신은 바울을 위해 자기 목숨까지 기꺼이 내줄 정도입니다.

(롬 16:3-4) "너희는 그리스도 예수 안에서 나의 동역자들인 브리스가와 아굴라에게 문안하느니라 그들은 내 목숨을 위하여 자기들의 목까지도 내놓았나니 나뿐 아니라 이방인의 모든 교회도 그들에게 감사 하느니라"

고린도 사역은 바울 자신의 판단이 아닌 하나님의 뜻이었습니다. 바울은 그동안 유대인과 대적자들의 테러와 위협에 한 곳에 머무르기가 어려웠습니다. 그런 그에게 하나님께서는 환상과 음성을 통하여 안전 보장을 해주시고 영혼 열매의 약속도 주십니다(9절). 갈기오 총독의 공정한 조치를 통해 대적자들의 고소를 무력화시킵니다(12-17절). 그리스도인들에게 하나님의 약속은 최고의 힘입니다.

바울에게 주어졌던 3가지 보장은 우리에게도 주어졌습니다(10절). 하나님이 나와 함께 하십니다. 어떤 누구도 나를 대적하여 해롭게 하지 못합니다. 나를 통하여 구원할 영혼이 많다고 하십니다. 지금 내가 호흡하고 있다는 것은 사명이 남아 있다는 것이며 사명의 내용은 영혼 구원입니다. 보이는 것에 주눅 들지 말고 십자가 군병으로 담대하게 복음의 나팔을 불 수 있습니다. 과정의 난관 속에 허물이 넘쳤던 고린도 교회는 거룩한 하나님의 교회라는 영광을 얻게 됩니다.

(고전 1:2) "고린도에 있는 하나님의 교회 곧 그리스도 예수 안에서 거룩하여지고 성도라 부르심을 받은 자들과 또 각처에서 우리의 주 곧 그들과 우리의 주되신 예수 그리스도의 이름을 부르는 모든 자들에게"

♦ 사도행전 19장 성경칼럼

9절 | 어떤 사람들은 마음이 굳어 순종하지 않고 무리 앞에서 이 도를 비방하거늘 바울이 그들을 떠나 제자들을 따로 세우고 두란노 서원에서 날마다 강론하니라

15절 | 악귀가 대답하여 이르되 내가 예수도 알고 바울도 알거니와 너희는 누구냐 하며

"감별사"

귀중품의 진짜와 가짜를 판별하는 사람으로 가품이 진짜 같은 시대에 유망 업종입니다. 대상이 사람에게 진전되면 범인을 밝히고 동기를 알아내는 프로파일러로 나아갑니다. 이 영역에 제일 중요한 것이 있다면 영을 분별하는 능력입니다. 성경은 이 능력이 사람의 지식으로 되는 것이 아니라 은사로 주어진다고 말씀합니다(고전 12:10). 물론 은사는 기도하는 자에게 주어지는 속성이 있습니다(고후 1:11).

생활에서 사기꾼에게 당하지 않아야 하듯이 영적 분별력이 없으면 사이비에게 끌려가 영혼을 망치게 됩니다. 바울 일행이 소아시아 중심이며 우상 도시의 대명사인 에베소로 들어옵니다. 말씀과 이적을 통한 복음 사역이 펼쳐지면서 회당에서 두란노 서원 중심으로 전환됩니다(9절). 북동쪽에 있는 아데미 신전은 그 크기가 120/60m로 솔로몬 성전의 34배가 됩니다. 이런 에베소에 복음이 전파되고 믿는 자의 영향이 커지면서 여러 부작용이 생기기 시작합니다.

사도행전

바울의 사역은 말씀의 능력만이 아니라 기적과 치유의 능력이 함께 나타났습니다. 그의 몸에 걸쳤던 앞치마나 손수건을 가져다가 병자에게 얹기만 해도 나았습니다(11-12절). 인간 세상에서 이런 소식은 마치 산불처럼 급속히 퍼져 나갑니다. 다이아몬드가 귀하기에 큐빅이 생기듯이 바울을 흉내 내어 이익을 얻고자 하는 가짜들이 등장합니다. 유대인 마술사와 제사장 스게나의 일곱 아들이 바로 그들입니다(13-14절). 바울처럼 그들도 예수 이름으로 악귀를 쫓아내는 것은 비슷해 보입니다(15절).

그러나 결과가 전혀 다르게 나온 이유는 능력의 근원이 다르기 때문입니다. 바울의 기적은 하나님께서 하신 능력이었지만 저들은 모양만 흉내 낸 것이었습니다. 오히려 하나님을 시험하려는 불손한 동기와 자신의 이익

추구를 위하여 시도하였습니다. 저들은 악한 귀신에게 제압당해 상하고 벌거벗은 몸으로 도망치는 수치를 당합니다(15-16절). 이 사건의 결말이 퍼져 나가면서 주님의 이름을 함부로 부르지 못하는 분위기가 조성됩니다(17절). 동시에 복음의 확산이 일어나고 주님의 영광이 나타납니다(18-20절).

돈벌이에 타격을 받은 은장색 조합장 데메드리오 그룹이 복음을 향하여 도발해 옵니다(23-29절). 이 소요를 통해 바울의 의리가 돋보이고(30절) 이방을 대하는 매너와 도덕성이 증명됩니다(37절). 하나님의 사역은 하나님의 방법으로 해야 이루어집니다. 반면에 영적 암매에 빠지는 원인은 돈을 사랑하는 것에 있음이 증거 되고 있습니다.

(딤전 6:10) "돈을 사랑함이 일만 악의 뿌리가 되나니 이것을 탐내는 자들은 미혹을 받아 믿음에서 떠나 많은 근심으로써 자기를 찔렀도다"

♦ 사도행전 20장 성경칼럼

28절 | 여러분은 자기를 위하여 또는 온 양 떼를 위하여 삼가라 성령이 그들 가운데 여러분을 감독자로 삼고 하나님이 자기 피로 사신 교회를 보살피게 하셨느니라

32절 | 지금 내가 여러분을 주와 및 그 은혜의 말씀에 부탁하노니 그 말씀이 여러분을 능히 든든히 세우사 거룩하게 하심을 입은 모든 자 가운데 기업이 있게 하시리라

"마지막까지 붙들 것"

살던 집에 불이 나서 소중한 것 한 두 개만 가지고 나갈 수 있다면 무엇일까요? 사람마다 각각 자기가 중요하다고 생각하는 것을 선택할 것입니다. 그렇다면 범위를 인생과 영원으로 넓혀서 생각해 보면 무엇이 나올까요? 기독교 신앙을 가진 사람이라면 당연히 하나님이라고 생각하고 선택할

것입니다. 그러면 보이지 않는 하나님을 선택하려면 이 지상에서 '하나님의 것(소유)'이 무엇인지 알아야 합니다.

20장에는 여기에 대한 확실한 정답이 나옵니다. 바울의 3차 전도여행은 에베소를 중심으로 한 소아시아 지역이었습니다. 드로아에서 설교를 듣다 떨어져 죽은 청년 유두고를 살립니다(10절). 살리는 모양이 엎드려 안는 것은 구약과 사도시대가 연결되었음을 상징합니다(왕상 17:21, 왕하 4:34-35, 행 9:40). 이제 바울은 밀레도에서 에베소의 장로들을 초청하여 유언 설교를 합니다. 바울 사도는 간증을 거쳐 잊지 말아야 할 두 가지를 선포합니다.

첫째는 '하나님이 자기 피로 사신 교회입니다(28절). 예수님의 피로 사신 교회라고 하지 않고 하나님의 피로 사셨다고 합니다. 실제로는 성자 예수님이 피 흘리셨는데 그 피가 하나님의 피라는 것입니다. 당연히 예수님이 하나님이시고 그 피로 사셨기에 교회는 하나님의 것입니다. 교회는 예수님의 몸이고 예수님은 교회의 머리이시기에 주님과 교회는 하나입니다(엡 1:22~23). 그러므로 교회에 해를 끼치면 하나님을 해하는 자가 됩니다. 이 원리는 지역(Local) 교회와 우주적(Universal) 교회에 모두 해당됩니다. 우리는 두 교회에 속한 지체임을 알고 올바른 교회론을 배우고 교회를 섬겨야 합니다.

둘째는 '주와 및 은혜의 말씀'입니다. 주와 말씀을 동격으로 표현하고 있습니다.

(요 1:1) "태초에 말씀이 계시니라 이 말씀이 하나님과 함께 계셨으니 이 말씀은 곧 하나님이시니라"

말씀을 통하여 주님을 배울 수 있다는 것보다 더 높은 차원으로 말씀을 주님과 동일시합니다. 성경은 기독교 경전으로 그치는 것이 아니라 주님을 만나는 것과 같은 것입니다. 말씀이 성도를 보호하고 양육하는 것이기에 말씀에게 부탁한다고 표현합니다(32절). 바울의 모범과 장로들의 충성보다 말씀이 성도를 인도하고 견고하게 한다고 선언합니다(32절).

하나님의 임재와 능력과 사랑을 누릴 수 있는 두 가지는 교회와 말씀임이 증명되었습니다. 이것은 마치 홀로 유학 가는 자녀에게 확실한 신앙을 주어 보내는 것과 비슷한 모양새입니다.

(시 107:19-20) "이에 그들이 그들의 고통 때문에 여호와께 부르짖으매 그가 그들의 고통에서 그들을 구원하시되 그가 그의 말씀을 보내어 그들을 고치시고 위험한 지경에서 건지시는도다"

♦ 사도행전 21장 성경칼럼

13절 | 바울이 대답하되 여러분이 어찌하여 울어 내 마음을 상하게 하느냐 나는 주 예수의 이름을 위하여 결박당할 뿐 아니라 예루살렘에서 죽을 것도 각오하였노라 하니

26절 | 바울이 이 사람들을 데리고 이튿날 그들과 함께 결례를 행하고 성전에 들어가서 각 사람을 위하여 제사 드릴 때까지의 결례 기간이 만기된 것을 신고하니라

"꽃놀이패, 목에 걸린 가시"

이래도 좋고 저래도 좋은 것을 꽃놀이패라고 합니다. 반대로 이럴 수도 저럴 수도 없을 때는 목에 걸린 가시처럼 곤혹스럽습니다. 인생을 살다 보면 삼킬 수도 뱉을 수도 없는 난감할 때가 있습니다. 그리스도인은 성경의 원리에 따라 판단하여 지혜롭게 행동해야 합니다. 성경의 원리에 따른다는 말은 성경이 모든 해결법을 구체적으로 보여 주지 않는다는 뜻입니다. 우리는 하나님의 뜻인 '영혼 구원을 위한 기준'에 따라 지혜로운 선택과 행동

을 하면 됩니다.

바울의 선교사역에 수많은 위기가 있었지만 이번 예루살렘 입성에는 모든 면에서 확정된 위협이 기다리고 있습니다. 모든 상황과 예언과 응답으로 볼 때 체포될 것이 확실합니다(4, 11-12절). 여러 사람의 만류에도 불구하고 고난을 각오한 바울은 예루살렘 입성을 강행합니다(12-13절). 누가는 복음서의 주님 사역과 바울의 모습을 대비하며 기록하고 있는 것이 뚜렷하게 보입니다.

예루살렘 입성 이후 하나의 현안이 떠오릅니다. 유대계 그리스도인이 바울에게 결례 의식을 요구한 것입니다(20-25절). 우리가 다 알듯이 새 언약에 들어온 그리스도인은 구약의 의식법을 지키지 않아도 됩니다. 그런데 바울 사도는 그들의 요구를 과감히 수용합니다(26절). 그토록 대쪽 같았던 바울이 이 부분을 타협하듯이 수용한 이유는 무엇일까요? 당시에 예루살렘에는 수만 명의 유대계 그리스도인이 있었는데 율법에 대한 열정이 대단했습니다(20절). 바울은 이들과 복음의 비본질적인 항목인 의식법을 가지고 소모전을 하지 않은 것입니다.

복음의 본질이 영혼 구원이고 유대인의 구원을 위해서는 의식 법 참여는 할 수 있다는 판단입니다.

(고전 9:20) "유대인들에게 내가 유대인과 같이 된 것은 유대인들을 얻고자 함이요 율법 아래에 있는 자들에게는 내가 율법 아래에 있지 아니하나 율법 아래에 있는 자 같이 된 것은 율법 아래에 있는 자들을 얻고자 함이요"

바울은 이와 유사한 사례로 디모데의 유익을 위하여 할례를 행한 일이 있었습니다(행 16:2~3). 복음을 위해 죽음까지도 각오한 자는 복음의 명분을 위해 비본질적인 작은 것에 연연하지 않는 과감성을 보입니다. 하지만 그리스도인은 죄와 진리 싸움에는 피 흘리기까지 싸워야 합니다(히 12:4).

예언대로 유대인은 성전모독죄로 모함하여 바울은 체포되고 죽음의 위기에 몰립니다(27-32절). 여기서 등장한 천부장은 바울을 보호하는 역할로 사용됩니다(32-36절). 로마시민권까지 합력하여 이후 5년간의 죄수의 신분으로 하나님의 뜻을 이루는 행적이 놀랍습니다. 배울 때는 하나님의 일과 관련이 없게 보였지만 결정적일 때 사용되는 스펙(spec)과 스킬(skill)을 주목하게 됩니다. 열심히 사는 충성과 함께 영적 센스에 예민한 일군이 되어야 하겠습니다. 꽃놀이패이거나 목에 걸린 가시이거나 주님께 붙들린 자에게는 합력하여 선을 이룹니다.

♦ 사도행전 22장 성경칼럼

20절 | 또 주의 증인 스데반이 피를 흘릴 때에 내가 곁에 서서 찬성하고 그 죽이는 사람들의 옷을 지킨 줄 그들도 아나이다

29절 | 심문하려던 사람들이 곧 그에게서 물러가고 천부장도 그가 로마 시민인 줄 알고 또 그 결박한 것 때문에 두려워하니라

"흑 역사, 별이 되는 순간"

인생을 좀 살아본 사람이라면 누구나 가지고 있는 경험입니다. 창피하고 부끄러워서 숨기고 싶고 기억마저 지우고 싶은 흑 역사가 있습니다. 즐겁고 빛나고 뿌듯하고 자랑스러운 별이 되는 순간이 있습니다. 틀림없는 사실은 이 둘 중에 하나만 계속된 사람은 아무도 없습니다. 22장의 바울의 간증설교에는 이 두 가지가 섞여서 나옵니다. 특이한 것은 그의 흑 역사가 주님 손을 거칠 때 별이 되는 순간으로 바뀌었다는 것입니다.

스데반을 앞장서서 죽이고 교회를 핍박하던 그의 영적 흑 역사가 이방인을 위한 최고의 선교사로 내딛는 포인트가 바로 다메섹 도상입니다(20-21절). 이곳에서 주님을 만난 강렬한 체험은 영적으로 최고의 별이 되는 찬란한 순간이었습니다. 이 간증은 사도행전에서만 3번 나온 것으로 그로서는 사도의 변증 같은 의미가 있습니다(3-21절, 9:1-19, 26:9-18). 다메섹 사건은 인간적으로 자기의 엄청난 스펙(3절)을 내려놓는 결정적 계기가 됩니다. 하나님 앞에서 인간의 실력과 조건은 내세워 봐야 헛것인 보잘 것 없는 지푸라기로 보였습니다.

이런 바울에게 로마시민이라는 대단한 스펙을 사용하는 일이 벌어집니다(25-26절). 당시에 날 때부터 로마시민이란 신분은 식민지 영토에서 우리말로 보자면 성골 또는 진골이라는 뜻입니다. 옛날로 보면 왕족이나 귀족이며 당시로 보더라도 누구도 함부로 터치할 수 없는 법적 보장이 있었습니다(25절). 발레리안 법(Lex Valeria)은 형이 확정되기 전에는 채찍질이 금지되어 있습니다. 줄리안 법(Lex Julia)은 로마 시민이 로마 법정에 호소할 수 있는 법입니다.

히브리 방언으로 유대인에게 연설하는 내용을 알아듣지 못한 천부장이 함부로 대하자 바울은 신분을 사용합니다(24-27절). 재능과 돈으로 로마시민이 된 천부장에게 날 때부터 로마시민이었다는 바울의 말은 큰 두려움으로 다가 왔습니다(28-29절). 타의에 의하여 드러난 신분은 그의 생명과 사역을 연장하고 새 힘을 보태게 됩니다(30절). 여기서 우리는 하나님께서 일하시는 방법에 대한 오묘함을 깨닫습니다. 바울 자신의 폼과 이익을 위해서 사용하지 않았던 그의 스펙이 위기 시에 복음의 연속성을 위해서 사용할 수 있었습니다.

우리가 가진 세상적인 실력을 하나님의 주권 가운데 드리면 어떻게 사용하실지 예민하게 기대할 수 있습니다. 특별히 우리의 자손들에게 주어진 달란트가 복음을 위하여 쓰임 받도록 기도할 제목이 생겼습니다. 역설적으로는 좋은 조건과 환경을 하나님의 사역을 위해 사용하지 않는 자에 대한 경고이기도 합니다. 더 깊은 적용은 호흡이 있는 자라면 모두 할 수 있는 기도의 스펙을 사용하는 것입니다. 기도를 쉬는 것은 죄라는 사무엘의 말이 큰 울림이 됩니다(삼상 12:23). 충성된 일군에게 영적인 별이 되는 순간은 지속됩니다.

♦ 사도행전 23장 성경칼럼

5절 | 바울이 이르되 형제들아 나는 그가 대제사장인 줄 알지 못하였노라 기록하였으되 너의 백성의 관리를 비방하지 말라 하였느니라하더라

11절 | 그 날 밤에 주께서 바울 곁에 서서 이르시되 담대하라 네가 예루살렘에서 나의 일을 증언한 것 같이 로마에서도 증언하여야 하리라 하시니라

"그리스도인과 체제"

우리나라 헌법인 자유민주주의는 법치주의를 근간으로 하고 있습니다. 법치주의란 사람이 아닌 법에 의하여 통치되는 체제입니다. 왕정이나 봉건사회나 전제주의 국가에도 법은 있었습니다. 하지만 지배층은 법을 이용한 독재로 소수가 권력유지를 하고 사욕을 채웠습니다. 법치주의를 잘 발전시키면 질서가 잡히고 상식이 다스리는 안정된 사회로 나아가게 됩니다. 상식의 사회가 더욱 성숙해지면 법이 별로 필요하지 않은 도덕과 양심의 사회가 됩니다. 그러나 도덕 사회는 세상에 거의 없는 이상향일 뿐입니다.

마지막으로 신정 정치가 있습니다. 신정 정치란 하나님이 그의 백성들

을 사랑의 법으로 다스리는 것입니다. 여기까지 살펴볼 때 그리스도인이 얼마나 높은 차원의 세계에 초대되어 있는지 실감할 수 있습니다. 생뚱맞게 법과 체제 이야기를 하는 이유는 본장을 잘 이해하기 위해서입니다. 23장에는 신정주의 통치를 받는 바울을 주인공으로 여러 체제의 조연급 인물들이 나옵니다.

바울을 둘러싸고 각각의 배경을 가진 인물들이 숨 가쁘게 움직이고 있습니다. 대제사장 아나리아는 기득권 종교의 대표로서 바울과 대립합니다(2절). 바울이 진정한 신정 주의적 안목으로 겉으로만 신정주의자인 그를 인정하고 물러나는 모습은 의미심장합니다(3-6절). 잘못된 권위에 대하여 지혜롭게 대처하는 모델로 제시됩니다.

(롬 13:1) "각 사람은 위에 있는 권세들에게 복종하라 권세는 하나님으로부터 나지 않음이 없나니 모든 권세는 다 하나님께서 정하신 바라"

실정법인 로마법을 따르는 천부장과 백부장과 470명의 휘하 군인들이 나옵니다(22-23절). 자기 종교 진영에 갇힌 바리새인과 사두개인의 교리 논쟁과 그 결과들도 펼쳐집니다(7-9절). 바울을 죽이기까지 금식을 결단한 유대교 율법주의 특공대 40명도 등장합니다(12-13절). 바울의 조카로서 천부장과의 통신병 역할로 쓰임 받는 청년도 주목됩니다(16-22절).

이 절대 절명의 위협과 혼란 가운데에서 바울의 굳세고 안정된 모습은 어디에서 나왔을까요? 바로 주님이 주신 약속에 근거하고 있습니다. 예루살렘에서 주님을 증거 한 그대로 로마에서도 증거 한다는 약속입니다(11절). 어떤 계략과 위협이 있어도 결코 여기서는 죽지 않는다는 주님의 보장을 받은 것입니다. 하나님의 통치와 약속을 받는 신정주의자는 초월적 능력을 발휘할 수 있습니다. 바울에게 이토록 자상하게 보장하시고 역사하는 하나님이 우리의 주인입니다.

♦ 사도행전 24장 성경칼럼

15절 | 그들이 기다리는바 하나님께 향한 소망을 나도 가졌으니 곧 의인과 악인의 부활이 있으리라 함이니이다

25절 | 바울이 의와 절제와 장차 오는 심판을 강론하니 벨릭스가 두려워하여 대답하되 지금은 가라 내가 틈이 있으면 너를 부르리라 하고

"이니셔티브(initiative)"

주장이 되는 위치에서 이끌고 지도할 수 있는 권리를 말합니다. 제안과 기획의 의미도 있어 헤게머니(주도권)와는 차이가 있습니다. 바울은 23장에서 산헤드린 공회 앞에서 변증하고 이제 가이사랴로 압송되어 왔습니다. 로마 총독인 벨릭스와 마주 하는데 묘한 장면이 전개되고 있습니다. 최고 실권자와 죄수의 처지가 만남의 현실이지만 이니셔티브가 바울에게 있습니다. 인과율의 원리에 따라 반드시 어떤 원인이 있다는 것을 짐작할 수 있습니다.

복음성가 중에 '예수님처럼 바울처럼 그렇게 살 순 없을까'란 가사가 있습니다. 이 곡을 처음 대할 때 주님과 대비되는 신앙의 최고 존경받는 사람이 왜 바울일까 하는 생각이 들었습니다. 성경에서 바울을 만날 때마다 그 이유가 확인됩니다. 하나님과 사람에 대하여 양심에 부끄러움이 없이 살기를 소원하고 그렇게 산 바울을 만납니다(16절). 여기서 주목해야 할 단어는 '사람에 대하여'인데 쉽지 않다는 것을 철이 든 사람은 알고 있습니다.

바울의 이 능력은 바로 의인과 악인의 부활과 연결되어 있습니다(15절).

내세에 부활이 있다는 것을 안다면 이생에서 어떻게 살아야 하는지가 나옵니다. 바울이 주님 뜻대로 살 수 있었던 원동력은 내세의 심판이었습니다. 의인이든 악인이든 어느 누구도 피할 수 없는 부활의 심판을 의식하며 살 때 경건하게 살 수 있습니다. 죽음의 최고 공포인 불가측성도 능히 극복이 됩니다.

그리스도인이 매순간을 소중히 할 때 하나님과 사람 앞에서 신앙의 양심에 따라 살 수 있게 됩니다. 바울에게서 뿜어져 나오는 영적 아우라에 벨릭스 부부는 영적 갈망이 생긴 것을 보게 됩니다(24절). 하지만 그의 사생활과 돈에 집착하는 수준에 의해 은 더 이상의 진척이 없었습니다. '틈이 있으면 부르리라'는 그의 말은 이니셔티브를 오해한 대표 멘트입니다(24-26절). 하나님이 영적 주도권을 전도자에게 준 것을 알아챌 리가 없습니다. 그의 역할은 바울에게 복음 사역을 할 수 있는 연금생활 2년을 선사하는 것으로 끝나버립니다.

바울은 이 기간 동안 서신을 통하여 가치 있는 사역을 했고 우리에게는 성경의 서신서 라는 선물을 주었습니다. 이 기간에 누가는 연구와 경험을 하며(눅 1:3) 누가복음과 사도행전을 쓸 수 있는 준비를 하였습니다. 영적 귀인인 바울을 만나 옆에 두는 행운을 놓쳐버린 벨릭스 유형은 지금도 계속되고 있습니다. 실각하여 곤고한 시절에 바울이 뿌린 말씀에 회심하였으면 하는 희망을 가져 봅니다(사 55:8-11). 천국에 가면 의외의 사람이 있다고 하였는데 확인할 사람이 한 사람 더 생겼습니다.

♦ 사도행전 25장 성경칼럼

10절 | 바울이 이르되 내가 가이사의 재판 자리 앞에 섰으니 마땅히 거기서 심문을 받을 것이라 당신도 잘 아시는 바와 같이 내가 유대인들에게 불의를 행한 일이 없나이다

21절 | 바울은 황제의 판결을 받도록 자기를 지켜 주기를 호소하므로 내가 그를 가이사에게 보내기까지 지켜 두라 명하였노라 하니

"도도한 흐름"

누구도 거스릴 수 없는 역사의 흐름이라는 말이 떠오릅니다. 역사는 자연은총의 한 영역으로 결국 하나님의 뜻은 누구도 거역하지 못한다는 뜻입니다. 하나님의 뜻은 하나님의 사람을 통하여 이루어집니다. 바울을 로마로 보내시려는 하나님의 계획은 그 어떤 대적자들의 궤계와 방해에도 도도하게 진행됩니다. 권력자와 교권을 가진 자들의 간교한 협공이 전능하신 하나님의 섭리를 어긋나게 할 수 없습니다. 벨릭스는 파면되었고 베스도가 부임하여 새로운 국면을 맞이합니다.

베스도를 부추겨 바울을 예루살렘으로 압송하는 중에 죽이려는 시도가 좌절됩니다(1-5절). 베스도는 법정을 열었지만 바울의 죄목을 찾아내지 못하였고 유대인을 고려하여 예루살렘 행을 권합니다(6-9절). 바울이 로마시민의 권리로 가이사에게 상소할 것을 요청하자 베스도는 응낙합니다(10-12절). 구약에서 바로(애굽)와 고레스(바벨론)가 적국의 왕이었지만 사용하였듯이 베스도도 같은 맥락입니다. 그들의 인간적 수고가 협력하여 주님의 뜻을 이루었습니다(25절).

베스도와 아그립바의 협의 모습은 주님으로 인하여 빌라도와 헤롯이 친분을 나누는 것과 비슷합니다(눅 23:12). 아그립바 2세는 약 50년 동안 갈릴리를 통치한 헤롯 가의 마지막 왕으로 바울의 최후 설교를 듣게 됩니다(26장). 이 같은 설정은 바울의 여정 속에 주님을 닮아가는 여러 모습으로 발견됩니다. 그러면 우리는 여기에서 심각한 질문을 할 수 있습니다. 하

나님의 뜻은 어찌하던 결국 이루어지는데 '하나님이 쓰시는 사람의 역할은 무엇일까' 입니다.

첫째는 기도로서 하나님의 뜻을 알기 위한 것과 이루어지기를 기도해야 합니다. 이스라엘 민족이 바벨론에 멸망 된지 70년 후에 회복이 이루어진다는 약속이 주어졌습니다. 전능하신 하나님의 약속은 이미 이루어진 것이나 똑 같습니다. 그럼에도 하나님께서는 이스라엘 백성들에게 간절히 기도하라고 명령하셨습니다(렘 29:10~13). 기도하는 자만이 그 일을 하나님께서 하셨다는 사실을 알 수 있기 때문입니다.

둘째는 자신이 할 수 있는 일에 최선을 다하여 수고해야 합니다. 주님께서 맡은 일을 게을리 하는 자를 쓰시는 사례는 없습니다. 바울도 로마에 가기 위한 기도와 호소를 반복하여 한 것을 보세 됩니다(21절). 믿음의 기도와 최선을 다하는 순종이 하나님의 뜻을 이루는 통로가 됩니다. 기독교 복음은 종교와 정치의 법정을 거치면서 국법에 어긋나거나 윤리에 문제가 없음을 입증하고 있습니다. 로마를 넘어 전 세계를 향한 복음의 진군을 목격하게 합니다.

♦ 사도행전 26장 성경칼럼

14절 | 우리가 다 땅에 엎드러지매 내가 소리를 들으니 히브리 말로 이르되 사울아 사울아 네가 어찌하여 나를 박해하느냐 가시 채를 뒷발질하기가 네게 고생이니라

25절 | 바울이 이르되 베스도 각하여 내가 미친 것이 아니요 참되고 온전한 말을 하나이다

"가시 채를 뒷발질"

젊어서 고생은 사서도 한다는 말이 있습니다. 쓰디쓴 경험을 유익하게 승화시키는 지혜를 강조합니다. 반대말을 만든다면 헛고생, 개고생일 것입니다. 바울은 아차하면 후자의 사례에 속할 뻔 했습니다. 14절에 나오는 가시 채를 뒷발질하는 자였기 때문입니다. 가시 채란 가축을 뒤에서 독촉하는 날카로운 채찍입니다. 이것을 맞기 싫은 짐승은 뒷발질하여 날카로운 쇠 가시 채에 자기 발이 찔리게 됩니다. 안할 짓을 해서 더 다쳐 아프고 고통당하는 것을 말합니다.

이 말의 뜻은 주님께서 다메섹 이전에 바울에게 여러 번 찾아오셔서 채찍을 드셨다는 것을 전제로 합니다. 그때마다 바울은 강력하게 반발하여 뒷발질하였다고 말씀합니다. 먼저 스데반의 설교를 통하여 인격적으로 문을 두드린 것을 알 수 있습니다. 또한 스데반이 하늘 보좌 우편에 계신 예수님을 뵙는 놀라운 간증을 듣게 하였습니다. 설교와 간증으로도 무너지지 않았던 바울의 완고함은 주님이 직접 간섭하셔서 깨졌습니다(15-18절). 바울이 시간 날 때마다 다메섹의 간증을 하는 이유를 이해할 수 있습니다.

바울은 듣는 자들이 자신같이 강퍅한 사람들이었기에 박해할 때마다 매를 자초한다고 진단해 줍니다. 교회와 성도를 핍박하는 것이 예수님을 박해하는 것이니 그냥 넘어갈 수가 없습니다(15절). 왕과 총독에게 박해할 때마다 스스로에게 가시 채를 휘두르는 것과 같다고 알려주는데 그 효과는 미지수입니다(30-32절).

누가는 사도행전에서 유대인의 악착같은 핍박을 부각시키고 있습니다. 수십 년이 지났음에도 메시야를 죽인 광기에서 벗어나지 못한 선민의식과 교권의 덫을 분별해 줍니다. 사람의 영안을 멀게 하는 돈과 권력과 학문의 실체를 밝히고 있습니다. 한편으로는 복음에 문을 연 이방인을 향한 은혜의 영역을 소개합니다. 백부장 고넬료, 빌립보 간수장, 총독 서기오 바울과 갈리오와 벨릭스와 베스도를 호의적으로 다루고 있습니다.

26장에 나오는 아그립바 왕에 대해서도 그의 편견을 깬 모습을 기록합니다(30-32절). 예수를 믿는 것이 흔한 종교를 갖는 것과 개종을 하는 차원이 아님을 적시하고 있습니다. 어둠에서 빛으로, 사탄의 권세에서 하나님께로 오는 것이고 거룩한 무리(성도)가 되는 길입니다(18절). 그리스도인의 정체성이 왕보다 더 나은 것이라는 선언에 응답하는 자는 복 있는 사람입니다(28-29절). 가시 채를 뒷발질하는 사람은 절대 되지 말아야 하겠습니다.

사도행전

♦ 사도행전 27장 성경칼럼

24절 | 바울아 두려워하지 말라 네가 가이사 앞에 서야 하겠고 또 하나님께서 너와 함께 항해하는 자를 다 네게 주셨다 하였으니

34절 | 음식 먹기를 권하노니 이것이 너희의 구원을 위하는 것이요 너희 중 머리카락 하나도 잃을 자가 없으리라 하고

"자신감 뿜뿜"

최근 예능의 흥행 여부는 자막을 어떻게 넣느냐에 달렸다고 합니다. 사도행전 27장 스토리의 자막을 제가 넣는다면 '자신감 뿜뿜'입니다. 죄수 신분으로 로마로 압송되어 가는 바울의 여정에 유라굴로 라는 광풍을 만납니다. 바다에서 태풍보다 센 광풍을 만나는 것은 죽음이 들이닥치는 것과 동격입니다. 광풍이 몰아치는 망망대해에서 선박은 한 조각의 연약한 나뭇잎입니다. 재물도, 권력도, 지식도, 전략도, 기술도, 애원도 광풍 앞에서는 아무 소용이 없습니다.

두려움과 공포가 계속되고 있는 이 배 안에서 오직 한 사람 바울만이 자신감이 넘칩니다. 이유는 '내가 속한 바 곧 내가 섬기는 하나님' 때문입니다(23절). 공포에 싸인 사람들 앞에 바울의 관등성명이 선포됩니다. 이름은 바울이고 소속은 하나님의 소유이며 임무는 하나님을 섬기는 일이고 직분은 이방인을 위한 사도이며 목적지는 로마 황제 면전입니다. 바울의 근거 있는 자신감은 사명에 있었습니다.

그가 로마에 가는 것이 하나님께로부터 여러 번 보장되었기에 광풍이 무섭지 않았습니다(19:21, 23:11, 25:12). 또한 어젯밤에 주의 사자가 나타나서 재삼 확인해 주었다고 말합니다(23-24절). 오히려 그 광풍 때문에 하나님의 뜻이 순탄하게 이루어진다는 것을 알았습니다. 이제 그 배의 주도권은 선장도 백부장도 아닌 바울이 쥐게 되었습니다. 정확히 말하자면 바울 덕분에 267명이 구조 받게 되었습니다(24절). 승선할 때는 죄수였지만 하선할 때는 모든 사람의 영웅이 되어 있습니다.

이 사건은 하나님의 일군이 세상의 주역임을 알게 하는 굵은 메시지가 있습니다. 그런데 이 놀라운 메시지를 전하는 기술에 한 가지 장치가 드러납니다. 바울의 수난과 주님의 수난이 병행하는 유비적 서술입니다. 바울의 4차 전도여행 격인 로마행이 주님의 마지막 고난 주간과 유사합니다. 바울이 탄 배의 파선은 주님의 십자가의 죽음과 비견됩니다. 바울의 죽음에서의 구출은 주님의 부활과 유비됩니다(고후 11:25-26). 바울과 함께 구출 받은 사람들의 모습은 주님 안에 있는 그리스도인의 그림자입니다(33-36절, 갈 2:20).

이 모든 서술은 바울을 주님과 같은 반열에 올리고자 하는 것이 절대 아닙니다. 바울이 주님을 닮아 일하듯이 성도들도 바울을 본받아 일할 수 있음을 교훈하는 것입니다.

(고전 11:1) "내가 그리스도를 본받는 자가 된 것 같이 너희는 나를 본받는 자가 되라"

♦ 사도행전 28장 성경칼럼

6절 | 그들은 그가 붓든지 혹은 갑자기 쓰러져 죽을 줄로 기다렸다가 오래 기다려도 그에게 아무 이상이 없음을 보고 돌이켜 생각하여 말하되 그를 신이라 하더라

31절 | 하나님의 나라를 전파하며 주 예수 그리스도에 관한 모든 것을 담대하게 거침없이 가르치더라

"Acts 29"

사도행전 29장이라는 뜻으로 여러 교회에서 쓰는 표어입니다. 사도행전은 28장으로 끝내지만 사도들의 뒤를 이어 능력 있는 사역을 하자는 비전을 담고 있습니다. 유대인의 핍박이 합력하여 세계 선교를 재촉했고 완결이 아닌 무한한 가능성을 시사하고 있습니다. 불시착한 멜리데 섬에서 바울은 복음의 불모지에 전형적인 선교사역을 펼치게 됩니다. 독사에 물린 바울은 끄떡없고 병자에게 손을 얹은즉 깨끗이 낫는 역사가 일어납니다(3-9절).

이는 구약에서 이미 예언되었고(사 65:25) 주님이 승천하시기 전에 제자들에게 약속하신 권능이었습니다.

(막 16:18) "뱀을 집어 올리며 무슨 독을 마실지라도 해를 받지 아니하며 병든 사람에게 손을 얹은즉 나으리라 하시더라"

우리는 성경에서 이런 초월적인 사역을 만날 때 부러워하며 따라하고 싶은 마음이 강렬합니다. 그러나 사도행전은 이런 기적으로 마무리되지 않습니다.

능력 행함과 신유와 축사는 복음의 주 임무가 아니라 복음을 위한 보조 수단이기 때문입니다. 교회와 선교의 주된 사역은 말씀 사역임을 보여줍니다. 말씀 사역의 내용은 크게 두 가지입니다(31절). 하나님의 나라를 전파하는 것과 주 예수 그리스도에 관한 모든 것을 가르치는 일입니다. 전도와 양육이 교회를 교회답게 하는 양 날개입니다. 새가 하나의 날개로 날 수 없듯이 교회는 이 두 사역을 균형 있게 해야 합니다. 만약 교회가 다른 것을 잘 하더라도 이 두 가지를 안 하면 영적 직무유기가 됩니다.

바울은 로마에서 죄수의 신분이었지만 세를 든 집에서 경호를 받습니다(16절). 오히려 다른 곳에서보다 안전하게 서신을 쓰고 많은 사람들을 만납니다(30절). 담대하게 복음 전파와 제자 훈련에 힘쓰고 있습니다. 이것은 신약 교회가 가야 할 사역의 길을 본보기로 보여주는 것입니다. 당시의 세계 수도인 로마에서 2년 동안 사역하게 하신 주님의 섭리와 배려가 참 오묘합니다.

이방 선교는 물보다 피가 진하고 피보다 종교가 더 강하다는 말을 확인합니다(23-28절). 이렇게 사도행전은 일단 막이 내리지만 Acts 29장은 이어집니다. 지금도 써 내려가고 있는 생명책의 기록에 우리의 이야기도 보태어 지도록 애를 써봅시다. 여기에 선한 역할로 기록되는 조건은 하나님 우선주의로 사는 것입니다. 하나님을 차선으로 밀어내고 자기중심으로 사는 자는 하나님의 나라에 합당하지 않습니다.

(마 6:33) "그런즉 너희는 먼저 그의 나라와 그의 의를 구하라 그리하면 이 모든 것을 너희에게 더하시리라"

로마서

♦ 로마서 1장 성경칼럼

17절 | 복음에는 하나님의 의가 나타나서 믿음으로 믿음에 이르게 하나니 기록된 바 오직 의인은 믿음으로 말미암아 살리라 함과 같으니라

28절 | 또한 그들이 마음에 하나님 두기를 싫어하매 하나님께서 그들을 그 상실한 마음대로 내버려 두사 합당하지 못한 일을 하게 하셨으니

"인간의 죄악, 하나님의 의"

어거스틴, 마틴 루터, 존 번연, 존 칼빈, 요한 웨슬리, 존 크리소스톰은 기독교 역사에서 굵직한 족적을 남긴 영적인 거목들입니다. 이들의 공통점은 로마서를 통하여 거듭났거나 회심했다고 간증한 것입니다. 멀리서 찾을 것 없이 우리 주변에서 좋아하는 성경 앙케이트를 해 보면 로마서의 위대성은 바로 증명됩니다. 교도소에서 로마서 전체를 암송하면 신학교에 보내준다고 하여 합격한 사례도 있었습니다.

총 16장으로 되어 있는 로마서는 구원 이전의 죄인의 처참함으로 시작하여 구원의 경륜과 교리와 그 영광이 전개됩니다. 나아가 육적 이스라엘의 결말과 신자의 구원 이후의 생활 원리까지 기록되어 있습니다. 로마서는 로마교회에 보내는 바울의 서신으로 첫 번째에 나오지만 기록 연대는 A.D.57-58년 경 고린도에서 저술하였습니다. 로마에 가고자 하였으나 여의치 않아 먼저 서신을 통해 신자들의 필요를 채워 주기 위해 쓴 것입니다. 마치 유언하는 심정으로 교리와 함께 실제 생활의 교훈을 주려는 열정이

후대 인류를 감동케 하는 명작이 되었습니다.

1장은 로마서 전체의 개관으로 중심 주제는 인간의 죄악과 하나님의 의입니다. 인간은 누구나 죄인이기에 그 죄에 대한 진노의 형벌을 받아야 합니다. 구원은 인간의 노력이 아닌 그리스도의 사건에 나타난 하나님의 의를 믿어야 하는데 이를 '이신득의(justification of faith)'라고 합니다. 복음은 오직 믿음으로 믿음에 이르게 하는 것이라고 선언합니다(16-17절).

문장으로는 믿음의 성장 과정으로 보이나 NIV 성경은 '처음부터 끝까지 믿음으로(by firth from first to last)'로 번역하였습니다. 1장에서 강조되는 구절을 보면 인간의 전적 부패와 무능을 목격할 수 있습니다. '내버려 두사'라는 구절이 3번이나 나옵니다(24, 26, 28절). 정확하게 정리하면 '마음에 하나님 두기(하나님을 깊이 생각하는 것)를 싫어하는 자는 그냥 버려 둔다'입니다. 이 의미가 얼마나 무서운 것인지 아는 사람은 알 것입니다.

세상에서도 무관심이 최고의 형벌인데 하나님의 유기는 처절한 저주입니다. 인간은 하나님의 은혜 아니면 살 수 없는데 하나님이 관심을 거두신다니 정말 아찔합니다. 하나님의 노크는 복음을 듣기 전의 사람에게는 자연과 양심을 통해서 하였기에 핑계치 못합니다(18-22절). 하물며 성경과 교회를 만난 시대에 사는 사람은 더 핑계 댈 것이 없을 것입니다.

어떤 인간도 하나님의 불공정성을 따질 수 없다고 못을 박습니다. 하나님을 기뻐하여 하나님의 소유가 된 성도의 무리에 들어 온 자들의 영광을 확인할 수 있습니다(1-7절). 하나님을 마음에 두기를 싫어하는 자들이 저절로 맺는 21가지의 죄악의 열매들(28-32절)은 신자의 체크 목록입니다. 개인적으로 어떤 항목이 걸려 있는지와 변화되었는지를 살피는 것은 영성에 큰 유익이 될 것입니다. 믿음으로 살겠다는 '경성함(히:솨카드, 밤을 새우다)'이 밀려옵니다.

(마 26:46) "일어나라 함께 가자 보라 나를 파는 자가 가까이 왔느니라"

♦ 로마서 2장 성경칼럼

4절 | 혹 네가 하나님의 인자하심이 너를 인도하여 회개하게 하심을 알지 못하여 그의 인자하심과 용납하심과 길이 참으심이 풍성함을 멸시하느냐

29절 | 오직 이면적 유대인이 유대인이며 할례는 마음에 할지니 영에 있고 율법 조문에 있지 아니한 것이라 그 칭찬이 사람에게서가 아니요 다만 하나님에게서니라

"디아트리베"

로마서

헬라어로 '가정'이란 뜻입니다. 바울 당시에 사용하던 문체로서 가상적인 비판자를 설정하고 그로부터 나올 반론에 대답하는 방식입니다. 2장에는 바울이 누군가를 향해 죄를 고발하는데 차츰 그 대상이 유대인이라는 사실이 드러납니다. 이 원리는 성경을 다른 목적으로 읽다가 어느 순간 자신에게 주어진 말씀으로 영접하는 것과 유사합니다. 1장에서 먼저 이방인의 죄를 지적하였는데 유대인의 죄를 깨닫게 하기 위한 목적도 있었습니다.

책망으로 머물지 않고 초강도로 회개를 촉구합니다. 같은 이슬을 마셔도 꿀벌에게서 꿀이 나오고 독사에게서 독이 나온다는 원리를 도입합니다. 유대인은 말씀과 성전을 위탁받고 할례까지 실천했지만 하나님의 뜻과 진리를 행하지 못했다는 것입니다. 꿀을 내어야 할 존재가 독을 뿜어내고 메시야를 죽였으니 동족을 사랑하는 바울이 통탄하는 것입니다.

로마서 2장은 죄의 특징과 그 정체성을 정확히 진단합니다. 우리가 이미 잘 알고 있듯이 구원은 죄를 어떻게 해결하는가가 핵심입니다. 욕심이 죄를 낳고 죄가 사망을 가져오며 그 후에는 심판이 있기 때문에 살아있는 동안에 죄를 처리해야 합니다(히 9:27). 죄 중에서 극악의 죄는 예수님을 거부하는 죄입니다.

(요 16:9) "죄에 대하여 라 함은 그들이 나를 믿지 아니함이요"

하나님의 구원의 뜻인 예수님의 대속을 믿지 아니하면 죄를 용서받을 길은 절대 없습니다.

바울은 메시야를 거부하는 유대인들에게 하나님의 긍휼과 인자하심과 오래 참으심을 멸시하지 말라고 경고합니다(4절). 고집과 회개하지 않는 고집으로 하나님의 진노를 쌓는다고 지적합니다(5절). 죄는 가속성이 있어서 처음 출발은 작고 느리더라도 죄가 반복되면 멈출 수 없어 회개가 불가능하게 만듭니다. 죄는 흡인력이 있어 자신만이 아니라 타인까지 끌어들여 죄를 합리화 합니다. 죄의 일반화는 사회와 교회가 모두 죄에 대하여 공감함으로 신전의식은 사라지고 인본주의 구조가 되게 합니다.

유대인들이 회개를 잊고 살았던 것처럼 이 시대 기득권인 기독교인이 그 길을 뒤따를 수 있다는 뜻입니다. 하나님 앞에서는 율법을 듣는 자가 의인이 아니요 오직 율법을 행하는 자라야 의롭다 하심을 얻는다는 것을 명심해야 합니다(13절). 유대인이 율법주의의 덫에 빠졌듯이 믿음만 강조하는 은혜 파는 도덕 페기 론의 함정에 빠질 수 있습니다(17-24절).

바울은 유대인이 자랑했던 할례가 인간을 의롭게 하지 못함을 자세히 설명합니다(25-29절). 그리스도인은 말씀을 순종하여 지키는 내면적 할례자의 영역에 들어와 있습니다. 이것을 모르거나 누리지 못한다면 책망 받는 유대인과 같이 이슬이 아닌 독을 뿜을 수 있습니다.

(골 3:16) "그리스도의 말씀이 너희 속에 풍성히 거하여 모든 지혜로 피차 가르치며 권면하고 시와 찬송과 신령한 노래를 부르며 감사하는 마음으로 하나님을 찬양하고"

♦ 로마서 3장 성경칼럼

10절 | 기록된바 의인은 없나니 하나도 없으며
20 절 | 그러므로 율법의 행위로 그의 앞에 의롭다 하심을 얻을 육체가 없나니 율법으로는 죄를 깨달음이니라

"가짜 기독교인에 대하여"

참 곤란하고 어려운 질문입니다. 기독교인을 판별하는 기준과 주체부터 시비에 걸릴 수 있습니다. 그럼에도 불구하고 우리가 꼭 알아야 하는 현실적인 주제입니다. 이 문제는 구약 역사가 깊이 다루고 있고 신약에 알곡과 가라지와 쭉정이로 비유했기 때문입니다(마 3:12, 13:24-30). 한국에 교회를 출석하다가 실족한 사람을 천만 명 이상으로 보고 있는데 무언가 크게 잘못되었다는 것은 분명합니다.

예정론 등의 신학을 차치하고 가짜 신앙의 가장 큰 이유를 뽑는다면 구원의 첫 단추 문제가 등장합니다. 구원의 첫 단추는 '죄와 죄인'이라는 관문입니다. 죄가 무엇인지 모르고 자신이 죄인이라는 사실을 인정하지 못하고 다음 단계로 가는 신앙은 위험합니다. 대부분의 교인들이 이 단계를 대강 때우듯이 건너뛰고 은혜와 사랑과 행복으로 직행합니다. 로마서의 출발이 1장부터 죄와 율법 문제를 악착같이 다루고 있는 이유는 이 문제와 연결되어 있습니다. 그뿐 아니라 이 주제는 로마서 중간 중간 계속하여 튀어

로마서

나옵니다. 그만큼 인간은 구제불능의 죄인임을 철저히 인식해야 한다는 것입니다.

구약 성막의 뜰은 신앙의 초입에 해당됩니다. 짐승의 울음소리로 시끄럽고 피비린내가 진동하며 침울한 기운이 감도는 것을 연상해 봅니다. 앞장의 이방인과 유대인의 죄를 고발한 후에 이제 3장은 모든 인간이 죄인임을 선언합니다. 죄를 지어서 죄인이 아니라 죄의 본성을 가져서 죄를 지을 수밖에 없음을 말씀합니다. 죄의 성격이 하나님과의 관계에서 '빗나가(하마르티아)' 윤리적 죄로 뻗어 나간다는 것을 밝힙니다.

온전한 신앙을 위해서는 10-18절을 통과해야 합니다. 자신을 대입하여 진저리나도록 빠져서 계속 머무를수록 좋습니다. 뼛골에 사무치도록, 가슴에 멍이 들도록, 천지가 무너지듯이, 눈이 붓도록 울면서, 지옥의 아랫목에서, 어찌 할꼬 통탄하며, 그렇게 내가 죄인임을 깨닫고 하나님을 두려워해야 합니다. 이 관문은 그 어떤 조건을 가진 인간도 단 한 사람의 열외가 없이 통과해야 합니다(9-12절).

이 과정에서 율법의 주요 기능인 죄를 깨닫게 하고 죄를 정하고 죄의 심판이 선포됩니다(19-20절, 갈 3:23-24). 영혼의 구원과 영생의 초입이 이렇습니다. 병자가 죽을병에 걸렸다는 것을 인정해야 의사에게 몸을 맡기는 것과 같은 원리입니다. 이 문을 제대로 통과한 사람은 자기 이익이나 감정이나 환경에 따라 구세주를 버릴 수 없습니다. 영혼의 어머니 역할을 하는 유무형의 교회를 함부로 대하고 비방하며 떠날 수도 없습니다. 죄와 죄인에 대한 철저한 인식은 주님이 주신 은혜의 입구로 인도합니다(21-28절).

♦ 로마서 4장 성경칼럼

17절 | 기록된 바 내가 너를 많은 민족의 조상으로 세웠다 하심과 같으니 그가 믿은 바 하나님은 죽은 자를 살리시며 없는 것을 있는 것으로 부르시는 이시니라

18절 | 아브라함이 바랄 수 없는 중에 바라고 믿었으니 이는 네 후손이 이같으리라 하신 말씀대로 많은 민족의 조상이 되게 하려 하심이라

"동굴과 터널"

동굴과 터널의 다른 점을 무엇일까요? 동굴은 출구를 모르지만 터널은 끝이 있고 나가는 것이 보장되어 있습니다. 죄와 율법과 심판과 지옥 이야기는 거북한 주제이지만 나가는 출구가 보장된 터널 같은 성격을 가지고 있습니다. 율법으로 말미암아 죄를 깨닫고 죄인임을 철저히 인식한 사람은 절망할 수밖에 없습니다. 이 절망의 터널을 지나야 나오는 것이 바로 광명 같은 믿음의 순간입니다. 지나올 때는 절망의 터널이었지만 지나온 후에는 은혜의 터널이었음을 알게 됩니다.

자기 행위와 노력으로는 절대 이를 수 없는 구원의 영역에 들어가는 유일한 방법은 믿음입니다. 이 믿음도 하나님이 주시는 것이어서 '은혜'라고 하며 하나님의 선물이라고 합니다.

(엡 2:8) "너희는 그 은혜에 의하여 믿음으로 말미암아 구원을 받았으니 이것은 너희에게서 난 것이 아니요 하나님의 선물이라"

사람의 감각으로 볼 때는 믿음에 인간의 역할이 있는 것 같지만 그렇지 않다는 것이 성경의 전체적 결론입니다. 구원의 서정 교리에서도 중생 다음에 회심과 믿음이 있는 이유입니다.

4장에서는 아브라함의 이야기를 통하여 믿음의 정의를 내리고 있습니

로마서

다. 결론은 아브라함이 행위로 의롭다함을 받은 것이 아니라는 것입니다. 할례를 받기 전에 하나님은 이미 그를 의롭다고 하였습니다(9-10절). 그리하여 할례자에게 믿음의 조상이 되었고 무할례자인 우리도 아브라함의 후손이 된 것입니다(11-12절). 이제 아브라함은 하나님께로부터 믿음의 선물을 받아 믿음의 의를 견고하게 구축해 나가는 것을 보게 됩니다(19-22절).

그가 하나님을 향해 가졌던 믿음의 내용은 무엇일까요? 첫째, 죽은 자를 살리시는 하나님을 믿음으로 이삭을 번제로 드리는 순종입니다(17절). 둘째, 없는 것을 있게 하시는 하나님으로 백세의 나이에 이삭을 얻습니다(17절). 셋째, 바랄 수 없는 중에 바라고 믿게 하시는 하나님으로 하늘의 별들만큼 생성된 영적 후손의 조상이 됩니다(18절). 하나님의 열심이 허물 많은 아브라함을 견고한 믿음의 조상으로 만들어 간 것입니다.

구약에 그림자로 보여 주었던 믿음의 칭의는 그리스도의 대속의 죽음과 승리의 부활로 성취됩니다(25절). 아브라함이 주님을 즐거이 바라보았고(요 8:56) 다윗이 주님에게 신앙을 고백하였다는 것(6-8절)은 메시야를 바라보는 믿음을 보여 줍니다. 구약과 우리가 다른 것은 우리는 대속의 완성된 복음을 만났고 성령의 내주시대에 산다는 사실입니다. 구약의 예언대로 새 마음과 새 영이 주어진 신약성도는 능력이 주어진 만큼 책임도 막중합니다(겔 36:26-27). 긍정적인 표현으로는 성도의 자원함이 상급을 받을 수 있는 그릇이 된다는 뜻입니다.

(유 1:20) "사랑하는 자들아 너희는 너희의 지극히 거룩한 믿음 위에 자신을 세우며 성령으로 기도하며"

♦ 로마서 5장 성경칼럼

18절 | 그런즉 한 범죄로 많은 사람이 정죄에 이른 것 같이 한 의로운 행위로 말미암아 많은 사람이 의롭다 하심을 받아 생명에 이르렀느니라
19절 | 한 사람이 순종하지 아니함으로 많은 사람이 죄인 된 것 같이 한 사람이 순종하심으로 많은 사람이 의인이 되리라

"원리, 핵심, 필수, 절대, 급소"

가장 중요한 것을 표현할 때 쓰는 단어들입니다. 복음을 전할 때 필수적으로 전해야 하는 것 중의 하나가 '대표원리'입니다. 대표하면 2002년 월드컵 대표팀과 피겨의 김연아 선수가 떠오릅니다. 온 나라가 들썩거린 그 때의 분위기가 지금도 눈에 선합니다. 그들이 우리의 대표였기 때문입니다.

로마서 5장은 타락과 구원은 대표성에 의해 이루어짐을 보여 줍니다(12-19절). 죄와 사망의 대표는 아담이고 구원과 영생의 대표는 예수님입니다. 한 사람 아담으로부터 들어온 죄는 사망을 가져왔고 온 인류는 아담의 뒤를 따라 죄의 대가를 치르게 됩니다. 하나님의 구원의 계획은 아담의 타락 이후 바로 시작됩니다. 도망치는 아담과 하와에게 가죽옷(창 3:21)을 입히시고 여자의 후손(창3:15)인 예수님을 예고하십니다.

때가 차 매(갈 4:4~5) 이 땅에 성육신하신 예수님은 대속의 어린 양이 되셔서 온 인류의 죄를 짊어지시고 죄인의 대표가 되어 죽습니다. 이제 예수님의 대속을 믿는 자는 예수님께 속한 자가 되어 구원의 자녀가 됩니다.

(고전 15:45) "기록된바 첫 사람 아담은 생령이 되었다 함과 같이 마지막 아담은 살려 주는 영이 되었나니"

부활하셔서 살려 주는 영이 되신 예수께 속하게 된 것이 대속의 대표 원

리입니다.

(이사야 53:6) "우리는 다 양 같아서 그릇 행하여 각기 제 길로 갔거늘 여호와께서는 우리 모두의 죄악을 그에게 담당시키셨도다"

어느 종교에도 없고 누구도 따라 할 수도 없는 대속의 대표원리가 구원의 확실성을 가져옵니다. 타종교에게 이 대표 원리는 피할 수 없는 급소가 되고 우리에게는 자랑스러운 복음이 됩니다. 기독교권에서 영을 분별할 때 예수님의 대속을 부인하거나 왜곡하면 이단이나 사이비가 틀림없습니다. 과거의 나는 사단과 타락과 지옥의 족보에 속해 있었습니다. 그런데 나도 모르는 사이에 예수님의 속죄로 구원과 영생의 족보에 들어와 있는 것입니다.

월드컵 4강 국가라는 자부심은 일시적인 기쁨이지만 예수님의 대속으로 구원의 영생을 얻은 것은 영원한 기쁨입니다. 인간적으로나 세상적으로 도저히 이해가 안 되고 믿어지지 않는 이 원리를 믿게 하신 분은 하나님입니다. 사랑과 성령을 부으셔서 우리가 거부할 수 없는 강권하심으로 우리가 믿게 되었습니다(5절). 불가항적 은혜는 대속의 사랑을 알 때 내 것이 되고 나의 신앙의 비밀이 됩니다. 주님과 비밀을 공유하며 어떤 고난이라도 감당할 때 나의 인생에는 예수의 흔적이 새겨집니다(갈 6:17). 구원의 결과가 하나님과의 화평임을 알 때 인간은 진정한 안정을 누릴 수 있습니다(1절). 하나님의 영광을 즐거워 할 수 있는 믿음의 마당이 우리의 영적 주소입니다(2-4절).

♦ 로마서 6장 성경칼럼

6절 | 우리가 알거니와 우리의 옛 사람이 예수와 함께 십자가에 못 박힌 것은 죄의 몸이 죽어 다시는 우리가 죄에게 종노릇 하지 아니하려 함이니

22절 | 그러나 이제는 너희가 죄로부터 해방되고 하나님께 종이 되어 거룩함에 이르는 열매를 맺었으니 그 마지막은 영생이라

"이미 그러나 아직(Already but not yet)"

'이미 왔는데 아직 안 왔다'는 뜻입니다. 하나님의 나라의 핵심은 하나님의 다스림입니다. 그리스도인은 예수님과 연합되었다고 선언합니다(4절). 예수님이 죽을 때 우리도 함께 죽고 살아날 때 함께 살아났다고 합니다. 이것은 하나님께서 우리의 구원을 완벽히 이루셨다는 뜻입니다. 구원은 내가 똑똑하고 노력을 해서 받은 것이 아니라 하나님께서 하셨기에 완전한 것입니다. 하나님은 시공간을 초월하여 그리스도 안에서 연합하여 우리를 아들로 받으셨습니다. 십자가와 부활을 통하여 벌써 이루셨기에 이미 라는 용어를 쓰는 것입니다(3-5절).

그럼 아직 안 이루어진 것은 무엇일까요? 6절에 나오는 '죄의 몸'을 주목해야 합니다. 거듭난 후에 믿지 않았을 때의 상태를 '옛사람'이라고 합니다. 이 옛사람과 죄의 몸은 예수님이 죽으실 때 함께 죽었지만 죄의 몸은 감각적으로 그대로 있습니다. 분명히 하나님의 뜻대로 살고 싶은데 육욕과 정욕과 야욕이 거세게 도전하는 것을 느끼는 이유입니다. 죄의 몸을 이해하기 쉽게 설명하자면 운전의 경험을 되새기면 됩니다. 새로운 길을 갈 때 아차 하는 순간 그동안 익숙하게 다녔던 길로 향하고 있는 것을 경험했을 것입니다.

영적으로 옛사람은 죽었고 분명히 새사람이 되었는데 어느새 옛사람이 했던 죄의 몸의 습성을 그대로 하고 있습니다. 이것을 아직 하나님의 통치가 이루어지지 않았다고 하는 것입니다. 이제는 옛사람이 아니고 죄의 종도 아니니 거기에 순종하지 말아야 합니다. 오히려 의의 종이기에 자기 지체를 의의 병기로 적극적으로 드려야 합니다(10-13절).

신앙생활이란 바로 죄의 몸의 도전을 능히 이기는 전투입니다. 죄의 몸은 원어로 '토 소마 테스 하마르티아스'로 송장이란 뜻입니다. 그리스도인에게는 능력이 없는 '이빨 빠진 사자가 쇠사슬에 묶여 있는 상태'와 같습니다. 우리를 향해 사나운 폼을 잡고 으르렁거리지만 실제로는 해칠 능력이 없는 존재입니다. 그러나 이것을 모르는 자는 겁을 먹고 그 영향력에 지배될 수밖에 없습니다.

분명한 것은 옛사람과 죄의 몸은 죽었기에 우리가 대적하여 이기도록 정해져 있다는 사실입니다(19-22절). 칭의는 개인적이고 단회적인 반면에 성화는 이웃과 하나님과 자신 앞에서 의의 삶으로 전 생애에 이루어지는 것입니다. 성화의 비결은 죄의 몸의 정체를 아는데 있었습니다.

사도행전의 제자들이 오직 예수의 이름으로 사역하여 승리한 것은 이 원리를 사용한 것입니다.

(행 3:6) "베드로가 이르되 은과 금은 내게 없거니와 내게 있는 이것을 네게 주노니 나사렛 예수 그리스도의 이름으로 일어나 걸으라 하고"

♦ 로마서 7장 성경칼럼

2절 | 남편 있는 여인이 그 남편 생전에는 법으로 그에게 매인 바 되나 만일 그 남편이 죽으면 남편의 법에서 벗어나느니라

23절 | 내 지체 속에서 한 다른 법이 내 마음의 법과 싸워 내 지체 속에 있는 죄의 법으로 나를 사로잡는 것을 보는도다

"율법과 성도"

"누구나 그럴싸한 계획을 가지고 있다 나한테 처맞기 전까지는"

핵주먹으로 불리 우는 마이크 타이슨의 명언입니다. 이 말이 생각난 이

유는 율법이 인간에게 하는 말과 똑같기 때문입니다. 구약의 율법은 6,000여 가지이고 핵심은 613가지인데 다 지켜야 하고 항상 지켜야 합니다. 율법을 통하여 구원을 받고자 한다면 매일 매순간에 악 소리를 내며 절망할 수밖에 없습니다.

바울은 이를 최악의 남편과 살고 있는 여자로 비유합니다(1-2절). 율법이라는 남편의 결벽증은 먼지 하나도 용납이 안 되고 무슨 옷을 입어도 반드시 흠을 잡고 쥐 잡듯이 볶아 댑니다. 이것을 먹어도 걸리고 저것을 먹어도 걸려 신경 쓰다 보니 기력도 없고 피골이 상접합니다. 하나를 잘못하면 옛날 과거까지 들춰내어 공격하고 망신을 줍니다. 질책과 비방과 정죄로 끝나는 것이 아니라 '너 지옥 간다'며 조문을 들이대는데 반격도 못하고 공포에 휩싸입니다. 말 잘 듣겠다고 결심해서 될 일도 아니고 하루 세 번씩 철저히 기도해서 될 일도 아닙니다.

이 세계에 이혼은 절대 없고 오직 방법이 있다면 남편(율법)이 죽거나 아내(신자)가 죽으면 됩니다(2-3절). 남편인 율법이 죽을 리가 없으니 아내인 성도가 죽는 수밖에 없습니다. 성도가 죽는 것은 오직 그리스도의 몸으로만 가능합니다(4절). 하나님의 아들 그리스도가 오셔서 성도와 연합하여 죽으심으로 율법의 모든 요구를 다 이루었습니다. 그리스도인이란 새 남편인 그리스도의 세계에 들어온 존재가 되었다는 뜻입니다.

이제 여자가 해야 할 일은 새 남편에 맞추어서 살면 됩니다(5-6절). 옛 남편의 악독함을 경험했기에 새 남편의 고마움을 느끼고 잘할 것 같지만 현실은 그렇지 않습니다. 잘하는 것이 얼마나 어려운지 바울 같은 사람도 비명을 지릅니다. 탐심을 중심으로 한 죄악의 마음과 의를 이루고자 하는 선한 마음이 치열하게 싸우고 있다고 통탄합니다(24절). 이제는 과거의 외면적 전투가 아니라 거듭난 심령의 선한 싸움이 시작된 것입니다. 율법의 새로운 기능인 경건의 기준이 작동되기 시작하였습니다.

(마 5:17) "내가 율법이나 선지자를 폐하러 온 줄로 생각하지 말라 폐하러 온 것이 아니요 완전하게 하려 함이라"

7장의 마지막이 터널 끝의 서광을 목격한 것처럼 흥미와 기대를 주고 있습니다(25절). 6장의 죄와 7장의 율법과 8장의 죽음으로부터의 자유는 성도의 성화를 위한 코스입니다. 이미 이루어진 구원과 아직 미완성인 성화는 하나님의 의를 사모하도록 조합되어 있습니다(15-23절). 바울의 '오호라 고백(24-25절)'은 오늘을 사는 성도의 고뇌이며 기도내용입니다.

♦ 로마서 8장 성경칼럼

2절 | 이는 그리스도 예수 안에 있는 생명의 성령의 법이 죄와 사망의 법에서 너를 해방하였음이라

15절 | 너희는 다시 무서워하는 종의 영을 받지 아니하고 양자의 영을 받았으므로 우리가 아빠 아버지라고 부르짖느니라

"아.. 성령님!"

성경학자들은 로마서가 가장 가치 있는 보석이라면 8장은 그 보석의 찬란한 빛이 나는 부분이라고 칭합니다. 6, 7장의 죄와 율법에 대한 내용이 강렬한 공격조의 변증이었다면 8장은 부드러운 분위기로 반전되어 있습니다. 그 이유는 성령님에 대한 19번의 언급에 있습니다. 하나님과 예수님과 성령님은 삼위로 존재하지만 일체입니다. 성령은 하나님의 영이고 그리스도의 영으로 성령을 예수님으로 의식해도 잘못된 것은 아닙니다.

(고전 15:45) "기록된바 첫 사람 아담은 생령이 되었다 함과 같이 마지

막 아담은 살려 주는 영이 되었나니”

마지막 아담인 예수님을 ‘살려 주는 영(life giving spirit)’ 즉 성령님과 같은 표현으로 쓰고 있습니다.

로마서의 순서로 볼 때 창조(1장)와 구속(3장)과 칭의(4장)와 화목(5장)과 연합(6장)의 하나님이 8장에는 우리 안에 계시다고 선언합니다(9-11절). 이 선언문은 세상의 위대한 선언문과 비교할 수 없는 영원세계의 선포입니다. 성령님이 우리의 영 안에 계시면서 우리를 변화시키시고 거룩하게 하는 주동인이 되십니다. 앞서의 화평과 연합과 해방의 주제에서 나아가 우리가 하나님의 자녀임을 증거하고 최종 승리를 확신시키는 것입니다.

전능하신 하나님의 명령으로 주어진 구원의 선포에서 구원 생활의 능력까지 이어지고 있습니다. 몸서리치는 율법으로부터 해방이 선포되고 생명의 성령의 법이 현실이 됩니다(2절). 그리스도의 영이 거하는 그리스도인의 영광과 능력이 실제상황이 됩니다(3-4절). 하나님의 양자로 입적한 자녀로서 후사의 약속이 주어집니다(15-17절). 고난의 역설적 축복을 배우며 진정한 연단과 소망의 사람으로 나아갑니다(18-25절).

성령님의 깊은 사랑의 탄식이 우리의 연약함 때문임을 실감하며 그 분과 교제가 이루어집니다(26-27절). 구원의 서정을 통해 창조와 종말의 전 과정을 통찰하는 영적지혜를 얻습니다(29-30절). 아들을 주신 하나님의 희생은 다른 어떤 것도 주저하지 않으시고 우리에게 주신다는 확신을 얻게 됩니다(31-34절). 그 어떤 세상의 강한 능력도 그리스도 예수 안에 있는 하나님의 사랑을 끊을 수 없기에 배교나 실족은 없습니다(35-39절).

로마서 8장의 실재를 주시기 위해 하나님께서 얼마나 깊은 섭리를 하셨을까 생각하게 됩니다.

신앙생활의 지름길은 성령님과 가까이 해야 된다는 결론도 내리게 됩니다. 8장에는 평생을 붙들고 살 수 있는 인생 성구가 보석처럼 쌓여 있습니다. 성령님을 의지하여 반복하여 읽으면 반드시 주실 것입니다. 아주 오래전부터 저에게 주어진 인생 성구가 있습니다. 어떤 위기에서도 새 힘을 주고 일어나게 한 고마운 말씀입니다.

"우리가 알거니와 하나님을 사랑하는 자 곧 그의 뜻대로 부르심을 입은 자들에게는 모든 것이 합력하여 선을 이루느니라(28절)"

♦ 로마서 9장 성경칼럼

4절 | 그들은 이스라엘 사람이라 그들에게는 양자 됨과 영광과 언약들과 율법을 세우신 것과 예배와 약속들이 있고

20절 | 이 사람아 네가 누구이기에 감히 하나님께 반문하느냐 지음을 받은 물건이 지은 자에게 어찌 나를 이같이 만들었느냐 말하겠느냐

"신묘막측(wonderful)"

기이하고 놀랍고 예측하기 힘들며 설명하기도 어려울 때 쓰는 단어입니다. 기독교에서는 하나님의 경륜과 섭리가 너무 초월적이어서 이해하기 어려울 때 감탄사로 쓰고 있습니다(시 139:14). 하나님과 인간은 창조주와 피조물의 관계로 항변할 수 없도록 설정되어 있습니다. 하나님은 토기장이이고 인간은 흙으로 빚은 그릇입니다(20절). 인간이 하나님께 불평을 하는 이유는 바로 죄의 속성 때문입니다. 자유의지가 주어진 아담의 타락은 하나님을 불신앙하며 불순종함으로서 시작되었습니다.

이 죄의 변이 현상중의 하나가 계급투쟁입니다. 사람은 조금이라도 틈

이 보이면 위를 향하여 치받아 자신의 계급을 올려 이익을 얻으려고 투쟁합니다. 이 인간 본성 때문에 가장 사이가 좋아야 할 가족이나 친구사이에서 싸움이 일어납니다. 권력 집단과 결사체는 기질이 강하기에 상명하복의 독재성 체제로 질서를 잡습니다. 인간 세계의 상위 계층은 신에 대한 도전으로 갈 수밖에 없고 나아가 스스로 신이 되려 합니다. 하위 계층은 인간 세계에서 대들다 눌려 버리니 보이지 않는 신에게 불평하며 책임을 전가합니다. 하나님 입장으로 보면 가소로워 한방에 보낼 수 있지만 오래 참고 긍휼을 베푸십니다(16절).

로마서는 9-11장이 없어도 구원의 신학 논문으로 손색이 없습니다. 그럼에도 마치 다리처럼 육적 이스라엘의 구원 문제가 들어간 것은 이 난제를 해결해야 했기 때문입니다. 이스라엘의 선택과 유기와 회복을 다루어야 진정한 구원의 진리를 확인할 수 있는 것입니다. 이스라엘의 선택은 그들에게 특권을 부여하였습니다. 양자됨, 영광, 언약들, 율법 수립, 예배, 약속들, 조상들, 그리스도를 주셨습니다(4-5절).

이 특권은 하나님의 선민으로 이방에 대한 제사장 사명을 감당하라는 명령이었습니다. 그러나 자유의지와 함께 주어진 권리와 의무는 처절한 실패를 가져왔고 남은 자 사상(27-29절)만 살아남았습니다. 결국 이방 구원의 섭리로 나타났고(24-26절) 이를 통해 유대인도 믿음을 통해서 구원받아야 함을 깨닫게 합니다(30-33절). 여기에서 하나님의 '악한 그릇'이라는 허용이 나오지만 그 비밀을 이해하기가 쉽지 않습니다.

허용이라는 표현을 쓰는 이유는 타락한 인간에게 궁극적 책임이 있다는 뜻입니다. 9장에서 이스라엘과 에서와 바로가 나오지만 성경의 수많은 인물이 여기에 속합니다(13, 17절). 악인과 악한 제도까지도 궁극적으로 사용하시는 하나님을 인간이 이해하기는 어려울 것입니다. 11장까지 이스라엘 민족의 구원을 배경으로 펼쳐지는 하나님의 비밀이야기가 기대됩니다. 하나님의 신묘막측 하심을 바울의 마음을 품고 바라보아야 하겠습니다.

♦ 로마서 10장 성경칼럼

3절 | 하나님의 의를 모르고 자기 의를 세우려고 힘써 하나님의 의에 복종하지 아니하였느니라

9절 | 네가 만일 네 입으로 예수를 주로 시인하며 또 하나님께서 그를 죽은 자 가운데서 살리신 것을 네 마음에 믿으면 구원을 받으리라

"역사의 쓸모"

최태성 씨의 저서 '역사의 쓸모'의 서언에 '길을 잃고 방황할 때마다 나는 역사에서 답을 찾았다'는 문장이 나옵니다. 신학의 4분야(조직, 성경, 실천, 역사) 중의 하나가 역사신학입니다. 기독교인이 역사신학에 약하면 통찰력이 부족하여 오류를 범할 수밖에 없습니다. 당시에는 맞는 것 같지만 후대에 잘못된 신앙으로 판정되는 경우가 허다합니다. 초대교회의 혼합주의, 3세기의 영지주의, 18세기의 경건주의, 20세기의 세대주의, 21세기의 과학주의 등이 그 사례입니다.

이들의 공통점은 구원은 어떤 특별하고 새로운 조건이 갖추어져야 받는다고 주장합니다. 영에 대한 고급지식을 요구하고 영성과 특별한 행위의 증거를 요구합니다. 어떤 구별된 집단에 속하여야 하고 세상과는 절연해야 구원에 이른다고 주장합니다. 사람은 호기심이 있어서 차별성과 메리트가 있는 듯해 속이는 이단의 유혹에 쉽게 넘어 갑니다. 역사에서 정답을 찾아내듯이 우리는 이스라엘의 오류를 통해 바른 구원관을 가질 수 있습니다.

10장에는 이스라엘이 왜 하나님께 버림을 받게 되었는지를 쪽 집게 강의하듯 설파합니다. 율법의 행위를 통해 의를 얻고자 했다는 것을 지적합니다(2절). 잘못된 것은 열심히 할수록 더 잘못되듯이 그들의 율법적 열심은 최대의 장애물이 되었습니다(3절). 하나님의 의에 대한 영적 무지는 메시야를 배척하고 십자가에 못 박게 됩니다. 그리스도께서 율법의 마침이 된다는 위대한 진리를 외면한 이스라엘은 유기되기에 충분합니다(4절). 율법의 의가 아닌 그리스도의 의만이 새 시대의 구원이 됩니다.

(롬 3:22) “곧 예수 그리스도를 믿음으로 말미암아 모든 믿는 자에게 미치는 하나님의 의니 차별이 없느니라”

복음서에서 인간적인 공로가 전혀 없는 자들에게 하나님의 나라가 임하는 이유입니다. 바울은 구원은 오직 예수님을 믿는 것으로 받는다고 철저히 선포합니다. 예수를 주로 시인하고 부활을 마음에 믿고 입으로 시인하면 구원에 이르는 것입니다(9-10절). 신앙 행위와 열매는 구원받은 증거는 되어도 구원의 조건이 아닙니다.

여기서 한 가지 전제가 있다면 ‘마음으로 믿고 입으로 시인 한다’의 실체입니다. 이 말은 생명을 걸고 인격적으로 믿고 고백한다는 뜻입니다. 마음과 언어를 일체화하는 히브리적 사고(헤브라이즘)에서 나왔습니다. 구원은 누구에게든지 열려 있는 보편성을 가지고 있습니다(11절). 이것을 모르는 유대인들은 자기들 종교 전통의 우월감 때문에 복음을 거부하는 잘못을 저질렀습니다(2-3절, 9:4~5). 믿음은 ‘그리스도의 말씀을 들을 때 생긴다’는 것은 성경에 관심 없는 자의 유기를 경고합니다(17절). 먼저 들은 우리는 그리스도의 말씀을 전하는 위치에 있습니다(15절).

♦ 로마서 11장 성경칼럼

5절 | 그런즉 이와 같이 지금도 은혜로 택하심을 따라 남은 자가 있느니라
29절 | 하나님의 은사와 부르심에는 후회하심이 없느니라

"애증이 겹치다"

'양가감정'중의 하나로 사랑하기도 하고 미워하기도 할 때 쓰는 표현입니다. 특히 친한 관계 사이에서 나타나며 사람이라면 누구나 가지고 있는 경험입니다. 인간 사이의 애증은 증오 쪽으로 치달아가서 끝나는 경우가 대부분입니다. 만일 사랑으로 결과가 맺혀지면 성인군자라고 기쁘게 칭찬할 수 있습니다. 11장의 하나님과 이스라엘의 관계를 읽으면서 다른 차원의 애증을 발견합니다.

구약을 보면 이스라엘은 선민으로 하나님의 처절한(?) 구애를 받습니다. 처절한이란 표현을 쓴 이유는 하나님의 일방적 짝사랑이었기 때문입니다. 이스라엘은 전능자이신 하나님께 철부지 차원을 넘어 악독하게 반항합니다. 예수님은 포도원 비유를 통하여 그 악함을 지적하시고 아들까지 죽인 이스라엘의 심판을 말씀합니다.

(눅 20:14) "농부들이 그를 보고 서로 의논하여 이르되 이는 상속자니 죽이고 그 유산을 우리의 것으로 만들자 하고"

인간 차원이라면 여기서 끝입니다. 그러나 하나님께서는 그 사랑을 거두지 않았다는 사실을 알려주십니다. 엘리야 시대에 오직 한 사람만이 하나님 편으로 보였지만 7천 명의 숨어있는 남은 자가 있었다고 합니다(2-5절). 신학적으로 크게 기록되는 '남은 자(Remnant) 사상'입니다. 거룩한 씨와 그루터기라고도 하는데 멸망과 분산에도 하나님의 약속을 유지해 가

는 주체입니다. 노아의 8식구, 엘리야, 바벨론의 경건한 포로, 예레미야, 레갑 족속 등이 해당됩니다.

바울은 자기 동족에 대한 구원을 자기 영생과 바꿔도 좋다는 심정으로 간구하고 있습니다(롬 9:1~2). 먼저 구원받은 자로서 동족을 위해 희생할 때 이스라엘의 구원이 이루어질 것으로 보았습니다. 자기와 같은 자들의 존재가 남은 자들임을 암시하고 있습니다. 그리고 그 대답을 받는데 하나님의 사랑입니다. 부르신 자기 백성을 향해 오래 참으시고 끝까지 책임지시는 후회하지 않는 사랑을 바라보았습니다(29절). 돌감람나무인 이방인들도 구원하시는 하나님께서 참감람나무인 선민을 결국 구원하신다는 것입니다(17, 24절).

바울은 그 과정에서 이스라엘의 시기심까지 사용하신다는 것을 알게 됩니다(14절). 구원받은 이방인들도 결코 자만해서는 안 된다는 것을 엄중히 경고합니다(17-22절). 하나님과 이스라엘의 구원 이야기는 러브 엔딩(love ending)이 될 것입니다. 이 언약에 감격하여 드리는 바울의 설레는 시와 찬미에 우리도 동참하십니다.

(롬 11:33-34절) "깊도다 하나님의 지혜와 지식의 풍성함이여, 그의 판단은 헤아리지 못할 것이며 그의 길은 찾지 못할 것이로다 누가 주의 마음을 알았느냐 누가 그의 모사가 되었느냐"

♦ 로마서 12장 성경칼럼

1절 | 그러므로 형제들아 내가 하나님의 모든 자비하심으로 너희를 권하노니 너희 몸을 하나님이 기뻐하시는 거룩한 산 제물로 드리라 이는 너희가 드릴 영적 예배니라

3절 | 내게 주신 은혜로 말미암아 너희 각 사람에게 말하노니 마땅히 생각할 그 이상의 생각을 품지 말고 오직 하나님께서 각 사람에게 나누어 주신 믿음의 분

"산에 오르고 내려오다"

등산을 좋아한다고 산에서 살지는 않습니다. 올라갈 때의 자세와 내려올 때의 마음을 바르게 잡아야 합니다. 우리는 로마서라는 복음의 산정을 등반하고 있습니다. 1장의 죄 문제에서 출발하여 칭의와 성별과 선택과 9-11장의 구속사의 비밀까지 경험하였습니다. 이제 정상에서 내려와 신앙생활이라는 치열한 현장을 마주 대해야 합니다. 12장의 첫 단어가 그러므로 로 출발하는 것은 복음의 산정을 오르면서 받은 것을 기억해야 할 것을 강조합니다.

일상생활을 잘하기 위해 능선에 걸쳐 있는 은혜와 헌신과 사랑을 배워 새로운 믿음으로 나아가야 합니다. 12장은 하나님과 교회와 타인에 대한 의무와 핍박하는 대적자들에 대한 자세를 말씀합니다. 자상한 교육이 아닌 사도로서 권위를 가지고 명령함으로 선택이 아닌 필수적 의무임을 나타냅니다. 하나님을 향한 의무를 잘 하기 위해서 꼭 기억해야 할 단어는 '산 제물'입니다. 이 산 제물이라는 영적 산맥을 넘지 못하면 성도로서 능력 있는 삶으로 나아 갈 수 없습니다.

구약에서의 제물은 반드시 죽어야만 합니다. 그런데 바울은 성도가 제물이지만 살아 있는 산 제물이라고 하였습니다. 영적으로 예수님과 연합하여 죽은 성도들이 육체를 가지고 사는 것은 '산 제물이라는 신분'으로 산다는 것을 분별해 주고 있습니다. 몸을 드린다는 것은 전인격적 존재를 다하여 산다는 뜻입니다.

(갈 2:20) "내가 그리스도와 함께 십자가에 못 박혔나니 그런즉 이제는 내가 사는 것이 아니요 오직 내 안에 그리스도께서 사시는 것이라 이제 내

가 육체 가운데 사는 것은 나를 사랑하사 나를 위하여 자기 자신을 버리신 하나님의 아들을 믿는 믿음 안에서 사는 것이라"

새 생활의 핵심인 산 제물이 되었을 때 교회와 타인과의 관계가 온전할 수 있습니다. 제자들이 성령을 받기 전 누가 크냐는 씨름을 계속한 것을 기억해야 합니다. 교회에서는 믿음의 분량대로 생각하는 것이 가장 중요합니다. 은사의 원리인 통일성과 다양성을 품고 섬길 때 덕과 질서의 교회가 됩니다(3-8절). 타인을 향하여는 적극적 이타주의가 되어야 합니다(9-13절). 대적자들에 대한 자세는 주님의 권세로 선을 행해야 합니다(14-21절).

세상은 과제를 주고 실력을 키우지만 하나님 나라는 신분과 권세를 먼저 주고 과제를 하게 합니다. 산 제물이 신분이고 능력이며 생활로 예배드리는 것이 과제입니다. 이 영적원리를 잘 알고 적용하면 축복을 받고 못하면 탈이 납니다. 교회에서 들려오는 시끄러운 잡음은 죽지 않은 제물의 괴성이라고 생각하니 아찔합니다.

(고전 15:31) "형제들아 내가 그리스도 예수 우리 주 안에서 가진 바 너희에 대한 나의 자랑을 두고 단언하노니 나는 날마다 죽노라"

♦ 로마서 13장 성경칼럼

8절 | 피차 사랑의 빚 외에는 아무에게든지 아무 빚도 지지 말라 남을 사랑하는 자는 율법을 다 이루었느니라

11절 | 또한 너희가 이 시기를 알거니와 자다가 깰 때가 벌써 되었으니 이는 이제 우리의 구원이 처음 믿을 때보다 가까웠음이라

"공부 잘 하는 비결"

국어는 책을 많이 읽어 놓으면 문제와 정답이 나오는데 준비기간이 길어 벼락공부가 안 통합니다. 수학은 공식을 외우는 기초에 직접 문제를 많이 풀어야 실력이 향상됩니다. 외국어 영역은 오직 거듭된 반복과 실습만이 실력을 늘릴 수 있습니다. 암기 과목은 핵심요약을 잘하여 8시간이 지나기 전에 복습을 여러 번 하면 틀림없습니다. 그러나 이 모든 것에 선행되는 것은 공부 안하면 끝이라는 절박함과 목적을 성취했을 때 오는 보상을 바라보는 자세입니다. 이 서론은 그리스도인이 어떻게 해야 신앙의 실력을 쌓을 수 있는가 로 귀결됩니다.

신앙의 내용은 하나님의 뜻을 행하는 것이고 하나님의 뜻은 율법을 지키는 것입니다. 613가지 율법의 핵심은 십계명이고 십계명을 압축하면 하나님 사랑과 이웃사랑입니다. 구약과 신약 모두 이웃 사랑을 행할 때 하나님의 뜻을 이루는 것이라고 선언합니다(8-10절, 갈 5:14).

(마 25:40) "..너희가 여기 내 형제 중에 지극히 작은 자 하나에게 한 것이 곧 내게 한 것이니라 하시고"

구약은 외식으로 실패했고 신약은 성령의 능력으로 행할 수 있게 되었습니다. 사랑은 성령으로만 실천할 수 있다는 결론이 나옵니다.

(롬 5:5) "소망이 우리를 부끄럽게 하지 아니함은 우리에게 주신 성령으로 말미암아 하나님의 사랑이 우리 마음에 부은바 됨이니"

하나님의 뜻도 알고 성령과 사랑도 충만하게 부어졌는데 현실에서 열매가 없는 이유는 무엇일까요? 공부 잘하는 비결보다 자세가 중요하듯이 신앙의 자세에 문제가 있는 것입니다. 가축을 물가로 인도할 수는 있지만 강제로 입을 벌리고 먹이지는 못합니다. 목마른 자가 물을 마시듯이 하나님의 의에 대한 간절함이 있어야 합니다. 나아가 이것이 아니면 죽는다는 절박함이 필요합니다.

제가 말레이시아에 가서 목격한 것은 무슬림의 개인적 선행입니다. 그들이 우리보다 착해서가 아니라 선행이 구원의 조건이기에 당연히 하는 것을 보았습니다. 율법준수인 사랑의 행위가 기독교 구원의 조건이 아니어서 설렁설렁 넘어간다면 큰 손해를 보게 됩니다. 구원의 증거와 확신을 놓치면 하나님께 받은 사랑의 힘도 증명할 수 없습니다.

11절부터는 말씀 순종의 채찍과 당근이 될 수 있는 원리가 나옵니다. 종말과 심판의 시기를 의식하는 지혜를 가지라고 권면합니다(11절). 자다가 깨야 하고 어둠의 일을 벗고 빛의 갑옷을 입어야 합니다(12절). 하나님이 미워하는 방탕과 술 취함과 음란과 호색과 질투를 끊어내야 합니다(13절). 항상 그리스도의 옷을 입을 때 정욕과 육신의 일을 이겨낼 수 있습니다(14절). 벼락같이 쏟아진 이 명령에 충격을 받고 회심한 어거스틴을 비롯한 선배들이 떠오릅니다.

♦ 로마서 14장 성경칼럼

6절 | 날을 중히 여기는 자도 주를 위하여 중히 여기고 먹는 자도 주를 위하여 먹으니 이는 하나님께 감사함이요 먹지 않는 자도 주를 위하여 먹지 아니하며 하나님께 감사하느니라

19절 | 그러므로 우리가 화평의 일과 서로 덕을 세우는 일을 힘쓰나니

"본질적 문제, 지엽적 문제"

미국의 대형교회를 일으키고 번영신학의 젊은 피라고 불리 우는 '긍정의 힘'의 저자 조엘 오스틴목사가 2007년 방한했습니다. 뜨거운 열기 속에 집회를 마친 목사는 숙소에 돌아와 늘 하던 대로 담배를 피웠습니다. 이 순간의 흡연은 자신에게 보상하는 것이고 위로가 되기에 다른 생각은 하지

않았습니다. 그때 관련 청년들이 피드백을 위해 숙소에 왔다가 흡연하는 그와 마주쳤습니다. 눈치 채셨겠지만 미국이나 유럽의 교회는 일부 보수교단을 빼고는 대부분의 교회가 주초 문제에 제한이 없습니다.

소스라치게 놀라는 한국 청년들을 보고 그 이유를 확인한 그는 그 후로는 한국에서 공개적으로 흡연을 하지 않았습니다. '나는 주초 문제에 자유를 누릴 수 있지만 은혜를 전하는데 누가 되고 시험 드는 사람이 있다면 나의 자유를 기꺼이 포기 한다'는 입장이었습니다. 위의 해프닝은 14장의 내용을 해석하는데 아주 적당합니다. 신앙의 영역에는 절대적이고 필수적이며 우선적인 것이 있습니다. 주님을 위하여 사는 것(6~8절)과 영혼 구원을 위한 것(10, 13절)과 복음의 화평과 덕을 위한 것(19절)입니다

이것에 비해 지엽적이고 양비 적인 요소가 있습니다. 양비 적이란 선악으로 정확히 구분하기보다 상황에 따라 변할 수 있고 쓰는 사람에 의해 결과가 다를 수 있는 성격을 말합니다. 신학 용어로는 '아디아포라(adiaphora)'라고 하는데 '대수롭지 않은 것'이란 뜻입니다. 하나님께서 직접 명령하지 않은 것으로 각 개인의 책임감 있는 판단과 양심의 자유에 맡겨진 것입니다. 이 원리를 이해하지 못하면 믿음의 공동체에 논쟁과 다툼이 일어나고 상처를 주고받게 됩니다.

가장 먼저 확인해야 할 것은 인간의 집단에는 다양성이 있다는 사실입니다. 연약한 자와 강한 자가 있고 미숙한 자가 있고 성숙한 자가 있어 서로를 배려해야 합니다. 그리스도인은 하나님 앞에서 자유 하지만 사랑에 관하여는 누구에게나 종속되어 있습니다(딤전 4:3-4, 고전 8:13).

14장에 나오는 음식과 날과 절기에 대한 문제에 대한 바울의 해답은 화

목입니다(17-19절). 가치관과 기호와 성숙과 포용이 다른 자들끼리 다툼으로 해결될 수가 없습니다. 복음과 영혼구원의 대의를 위해서라면 상대적인 것에 대한 관용이 필요합니다. 직설적으로는 '먹고 마시는 문턱에 걸려서 싸우고 지옥에 갈 수는 없지 않느냐'는 역질문입니다. 미신자나 초신자나 특별한 사정이 있는 경우에 기독교 문화를 화평과 덕이라는 대의를 가지고 고려해야 한다는 뜻입니다.

14장의 메시지는 플레처의 상황윤리처럼 사람의 행복이 우선되는 것이 아니라 절대 진리를 지키는 목적이 있습니다. 나아가 음식과 절기에 대한 자유를 오용하여 방탕의 기회로 삼지 말라는 교훈도 담겨 있습니다. 교회 역사에서 경건한 그리스도인들은 계명에 대하여 철저한 준수를 한 자들이었습니다(17-21절). 교리를 먼저 정립하고 믿음과 덕으로 실천하는 순서를 펼치는 바울의 지혜가 돋보입니다(22-23절).

로마서

♦ 로마서 15장 성경칼럼

16절 | 이 은혜는 곧 나로 이방인을 위하여 그리스도 예수의 일꾼이 되어 하나님의 복음의 제사장 직분을 하게 하사 이방인을 제물로 드리는 것이 성령 안에서 거룩하게 되어 받으실 만하게 하려 하심이라

20절 | 또 내가 그리스도의 이름을 부르는 곳에는 복음을 전하지 않기를 힘썼노니 이는 남의 터 위에 건축하지 아니하려 함이라

"히포크라테스 선서"

의대 졸업식에서 하는 유명한 선서입니다. 4세기의 원문과 1948년에 수정된 '제네바 선언'을 찾아보았습니다. 그 정신과 윤리 수준이 매우 높았습니다. 의사는 사람의 육체의 생명을 다루는 직업이기에 마음과 자세가 올바

르지 아니하면 안 되는 것입니다. 의사는 사람의 육체와 정신 영역을 치료하지만 선교사와 목회자는 인간의 전인(영, 혼, 육) 치료자라고 볼 수 있습니다. 의사보다 훨씬 뛰어난 지성과 인격과 영성을 갖추어야 마땅합니다. 비기독교 문화권인 한국의 현실은 그렇지 못하여 안타까운 마음입니다.

15장의 초반부는 전장의 아디아포라의 결론으로 강한 자의 책임을 강조합니다(1-13절). 뒤이어 로마서를 마무리하면서 자신의 이야기와 마음을 토로하고 있습니다. 사역의 구체적 행로를 전하면서 '사도로서의 선서'와 같은 내용을 쓰고 있습니다. 우리가 잘 알고 있듯이 그는 목표지향성 기질을 가지고 있습니다. 일반적으로 이런 성향의 사람들이 빠지기 쉬운 함정은 모든 수단방법을 동원한 성취욕구와 명예취득입니다.

그러나 바울은 이 덫을 멋지게 돌파하는 것을 볼 수 있습니다. 15장에서 드러나는 그의 사도 선서는 후배들에게 소중할 것입니다. 첫째, 예수님을 본받고자 하는 열정으로 연약한 사람을 받을 수 있는 동력이 생겼음을 알게 됩니다(1~7절). 둘째, 사도로서의 정체성으로 예수의 일군, 복음의 제사장 직분, 이방인을 위해 파송된 자라는 것을 한시도 잊지 않았습니다(16~19절). 셋째, 자신의 사역 영역에 대한 기준을 정하고 엄격히 지켜낸 것을 볼 수 있습니다. 다른 선교사의 선교지에는 사역하지 않았다는 것은 효율적 선택과 함께 권력과 명예를 추구하지 않았다는 것입니다(20절).

그가 기회가 있을 때마다 다메섹의 간증을 되풀이한 것은 절대 교만하지 않겠다는 회초리입니다. 회초리는 '초심으로 돌아가라고 드는 매'라는 뜻입니다. 직업군들마다 다양한 선서가 있고 이것을 다른 단어로 초심이라고 합니다. 초심은 잘못된 것이 없기에 시간과 경력이 쌓이면서 점검하는 것이 중요합니다. 각 직업군들마다 이 초심의 선서를 지켰더라면 교도소

수형자가 반 이상 줄어들었을 것입니다.

주님 영접할 때의 초심과 교회 임직자로서의 초심과 기독교 지도자의 초심을 기억해 봅니다. 이 기초석 위에 경륜과 덕을 쌓아서 아름다운 신앙의 집을 지어야 하겠습니다. 천년의 변화가 십년에 이루어지는 격동의 21세기는 신앙의 경계가 날카로 와야 실족하지 않습니다. 돌아보고 점검하며 되새김질하고 수정하며 살 수 있도록 주님의 은택을 간구합니다.

♦ 로마서 16장 성경칼럼

4절 | 그들은 내 목숨을 위하여 자기들의 목까지도 내놓았나니 나뿐 아니라 이방인의 모든 교회도 그들에게 감사하느니라

18절 | 이같은 자들은 우리 주 그리스도를 섬기지 아니하고 다만 자기들의 배만 섬기나니 교활한 말과 아첨하는 말로 순진한 자들의 마음을 미혹하느니라

"고마운 사람, 얄미운 사람"

두 부류 중에 당연히 후자가 많다고 대답할 것입니다. 인간은 백 번 고마운 것보다 한 번 섭섭한 것을 두고두고 되새기기 때문입니다. 인간의 죄 성은 자기중심적이어서 자기 잘못을 안 보이고 타인의 잘못은 돋보입니다. 구원받은 후에 올바르게 성숙한 신자의 가장 큰 변화는 이 분야의 역전입니다. 섭섭한 것은 잊고 고마운 것만 생각하는 방향으로 전환됩니다. 쉽지는 않지만 주님께서 나에게 대해 주신 것을 생각하면 행할 힘이 생기고 가능성이 높아집니다. 실상을 말하자면 그 길을 선택하지 아니하면 내가 큰일이 납니다.

무한대를 상징하는 일만 달란트 탕감 받은 내가 나에게 백 데나리온(천만 원) 빚진 자를 용서하지 못하고 닦달 했을 때 주님의 대처는 무섭습니다

(마 18:23~34). 바울은 로마서를 마치면서 주안에서 협력한 동역자들을 격려하고 칭찬하며 로마교회 성도들에게 문안하라고 권합니다. 대충 뭉뚱그려 성의 없이 하지 않고 개인과 가족 단위로 특징을 살려 축복하며 감사하고 있습니다. 브리스가와 아굴라 부부의 생명을 건 헌신은 성경이 읽혀지는 곳마다 은혜가 전달될 것입니다(3-5절).

바울에게도 섭섭하고 미운 사람들이 많았을 것입니다. 성경에 몇 명이 나오는데 안타까운 심정을 나타낼 뿐입니다(딤후 4:10, 딤후 1:15). 그러나 복음을 대적하고 교회를 어지럽힌 자들에 대한 바울의 대응은 너무나 단호합니다(17~18절). 목숨을 걸고 전장에 나선 영적투사로서의 바울을 보게 됩니다. 영적 전쟁이기에 그렇게 하지 아니하면 선한 성도들이 다치기 때문입니다.

(딤전 1:20) "그 가운데 후메내오와 알렉산더가 있으니 내가 사탄에게 내준 것은 그들로 훈계를 받아 신성을 모독하지 못하게 하려 함이라"

실제적으로 신앙생활에서 가장 어려운 일은 동역자간의 좋은 관계를 유지하고 주의 사역에 협력하는 일입니다. 선교사 훈련에서도 우선적으로 점검하는 분야가 관계성품의 성숙입니다. 이 영역은 마귀가 호시탐탐 틈을 노리고 있어서 조금이라도 긴장(tension)이 늦춰지면 팀웍이 무너지게 되어 있습니다. 이 영적 텐션을 유지하는 최선의 방법이 무엇일까요? 복음으로 견고하게 함과 지혜로우신 하나님과의 관계입니다(26-27절).

복음의 능력은 날이 갈수록 우리를 탄탄하게 하고 하나님의 놀라운 지혜는 우리를 영광의 일군으로 사용할 것입니다. 저와 함께 한 신앙의 동역자들의 아름다운 헌신을 깊이 감사하며 고마움을 전합니다. 신앙의 추억들을 되새기며 영혼이 잘되고 범사에 축복받기를 소원합니다. 어디에서 주님을 섬기든지 한 사람도 배교나 실족이 없기를 기도합니다.

“지혜로우신 하나님께 예수 그리스도로 말미암아 영광이 세세 무궁하도록 있을지어다 아멘(27절)”

고린도전서

♦ 고린도전서 1장 성경칼럼

2절 | 고린도에 있는 하나님의 교회 곧 그리스도 예수 안에서 거룩하여지고 성도라 부르심을 받은 자들과 또 각처에서 우리의 주 곧 그들과 우리의 주되신 예수 그리스도의 이름을 부르는 모든 자들에게

29절 | 이는 아무 육체도 하나님 앞에서 자랑하지 못하게 하려 하심이라

"문제아 아들"

말썽쟁이 아들을 둔 아버지가 있었습니다. 누가 보아도 분명히 문제아가 틀림없는데 이 아버지의 말은 반대입니다. 훌륭한 인재이고 앞으로 크게 잘 될 것이라고 자랑합니다. 센스가 빠른 분들이 눈치 채셨듯이 바로 우리 아버지 하나님 이야기입니다. 신앙의 연륜이 조금이라도 있는 신자는 고린도교회가 문제투성이라는 것을 잘 압니다.

그런데 1장을 출발하면서 고린도교회를 바라보는 하나님의 평가를 만나게 됩니다(2절). 하나님의 교회로서 예수 안에서 거룩해지고 성도로 부르심을 받았다고 평가합니다. 하나님이 보시는 교회는 거룩하고 완벽하며 끝까지 책임지시겠다고 선언합니다(8절). 죄인들이 모인 유형(보이는)교회가 온전할 리 없습니다. 전투하는 교회이기에 상처투성이입니다. 그럼에도 불구하고 교회와 성도들이 하나님의 소유요 그리스의 몸이기 때문에 특별한 대우를 받는 것입니다. 교인들이 잘나고 잘해서가 아니라 예수님의 공로로 거룩한 신분과 그에 걸 맞는 영적인 대접을 받고 있습니다. 이것을 무형교

회라고 하며 승리하는 교회라고도 합니다. 약하고 천하고 미련하고 지위도 없는 자들이 주님 때문에 존귀한 자들이 되었습니다.

고린도교회의 첫 문제인 분쟁을 4장까지 길게 다루면서 교회의 본질과 성도의 정체를 밝히고 있습니다. 교회가 시끄럽고 분쟁과 당파가 많은 이유가 자랑 때문이라는 것이 증명되었습니다. 자랑이 없어지면 교회 문제의 대부분이 해결됩니다(29절). 자랑 문제의 해결을 위해서는 우리가 진정으로 자랑할 것이 무엇인지 찾아야 합니다. 십자가에 못 박히신 그리스도를 자랑하면 됩니다(22-23절). 종교적 표적과 실용적 지혜를 자랑하고픈 마음을 갈아엎는 작업을 해야 합니다(22절). 목까지 치밀어 올라오는 자랑의 유혹을 이길 힘은 오직 십자가입니다(23절). 나를 대신하여 십자가에 죽으신 그리스도 앞에 매일 나가는 일입니다(갈5:24, 고전15:31).

그곳에 있는 지혜와 의로움과 거룩함과 구원함은 우리의 영적 자랑이 될 수 있습니다(30절). 신약의 이 자랑은 구약의 자랑과 맥이 닿아 있습니다.

(렘 9:24) "자랑하는 자는 이것으로 자랑할지니 곧 명철하여 나를 아는 것과 나 여호와는 사랑과 정의와 공의를 땅에 행하는 자인 줄 깨닫는 것이라 나는 이 일을 기뻐하노라 여호와의 말씀이니라"

고린도교회의 많은 문제는 이 시대의 교회 문제와 별반 다르지 않습니다. 교리서인 로마서와 갈라디아서 사이에서 신앙의 실제를 적용할 수 있도록 배치되어 있습니다. 본질적으로는 거룩한 교회이지만 불안정한 상태인 교회를 목도하며 신앙의 개조를 이루는 여행이 기대됩니다. 이 여행은 문제아인 우리가 하나님의 능력인 십자가를 체험하는 길이 될 것입니다(18절).

♦ 고린도전서 2장 성경칼럼

3절 | 내가 너희 가운데 거할 때에 약하고 두려워하고 심히 떨었노라
14절 | 육에 속한 사람은 하나님의 성령의 일들을 받지 아니하나니 이는 그것들이 그에게는 어리석게 보임이요 또 그는 그것들을 알 수도 없나니 그러한 일은 영적으로 분별되기 때문이라

"인간의 지혜, 성령의 사역"

30대 초반에 안양평안교회 전도사가 되었습니다. 5년 동안 학생부를 담임하며 매주 설교를 하였습니다. 그 수많은 주일 중에 지금도 잊혀 지지 않는 예배가 있습니다. 토요일에 식중독에 걸렸고 밤새도록 토사광란에 시달렸습니다. 설교자는 토요일이 가장 중요한데 몸에 탈이 나니 모든 준비가 부족할 수밖에 없었습니다. 탈이 난 몸을 가지고 설교는 했는데 무슨 내용을 전했는지도 모를 지경이었습니다. 다만 생각나는 것은 다른 어떤 설교 때보다 두려웠고 떨렸으며 준비가 부족하였기에 간절했습니다. 그 연약한 시간이 지난 후에 저와 회중들은 어느 때보다 더욱 많은 은혜를 받았다는 것을 확인했습니다. 그 때 알고 깨달은 것이 영의 세계입니다. 하나님의 일은 성령께서 역사하셔야 된다는 사실을 경험하였습니다.

2장에서 바울은 영적인 일을 할 때 약하고 두려워하며 심히 떨었다고 고백합니다(3절). 바울은 당대 최고의 석학이고 가문도 성골이며 열심과 열매도 타의 추종을 불허할 정도의 인물입니다. 그런 그가 심히 떨었다는 것은 영적인 일은 다른 차원의 일이라는 사실을 알았기 때문입니다. 오죽하면 자신이 가진 스펙과 실력을 주님을 아는 고상한 지식을 위해서는 배설물처럼 버리겠다고 하겠습니까?

(빌 3:8) "또한 모든 것을 해로 여김은 내 주 그리스도 예수를 아는 지식

이 가장 고상하기 때문이라 내가 그를 위하여 모든 것을 잃어버리고 배설물로 여김은 그리스도를 얻고"

영적 세계의 가장 큰 속성은 육에 속한 사람에게 철벽을 치고 있다는 것입니다(8-9절). 육에 속한 사람의 특징은 인간의 말과 지식과 지혜로 영의 세계를 요리하려는 것입니다. 눈과 귀, 마음이 모두 막히니 하나님을 알아볼 수가 없고 오히려 영적인 세계를 어리석다고 몰아치게 됩니다(12절). 바울은 고린도교회의 파당이 성령의 감화가 없는 인간 지혜에서 왔음을 지적하고 있습니다.

십자가는 인간의 지혜로 접근하거나 이해될 수 없는 영적 영역의 사건입니다(6-8절). 오직 성령으로만이 하나님의 깊은 비밀인 십자가를 통달할 수 있습니다(10-11절). 육에 속한 사람들과의 불통이 안타깝지만 그럴 수밖에 없다는 사실을 받아들이고 대처해야 합니다. 영에 속한 사람만이 영적인 세계를 사모하여 볼 수 있고 은혜를 경험하며 주님을 증거 할 수 있습니다(12, 15-16절).

우리가 하나님의 말씀을 들을 때 아멘하며 영접할 수 있는 것은 영에 속한 사람이라는 증거입니다. 이 축복이 얼마나 놀랍고 대단한 것인지를 다시 한 번 확인하며 기뻐합니다. 주의 일을 할 때 약하며 두렵지만 간절함이 있는 영의 사람으로 변치 않기를 원합니다. 이 은혜를 받아 주님의 일에 성실한 바울의 후예가 되어가기를 기도합니다.

♦ 고린도전서 3장 성경칼럼

3절 | 너희는 아직도 육신에 속한 자로다 너희 가운데 시기와 분쟁이 있으니 어찌

육신에 속하여 사람을 따라 행함이 아니리요

16절 | 너희는 너희가 하나님의 성전인 것과 하나님의 성령이 너희 안에 계시는 것을 알지 못하느냐

"분쟁의 원인"

제자훈련 그룹의 적당한 인원은 몇 명일까요? 저는 많게는 20명, 적게는 3명 정도로 제자훈련을 해 보았습니다. 그 결과 6명에서 10명 정도가 가장 효과적이라는 결론을 얻었습니다. 10명이 넘으면 집중도와 교제에 어려움이 있고 6명보다 적으면 역동성이 부족하고 다양성에 손해를 볼 수 있습니다. 여기서 다양성이라는 것은 내가 갖고 있지 않은 다른 경험을 의미합니다. 나와 다른 사고와 정서를 가진 사람을 만나는 것은 영적훈련에서 매우 중요합니다.

어린아이는 자기중심적이기에 타인을 시기하고 잘 싸우는 특징을 가지고 있습니다. 자기 혼자 힘으로 안 되는 것을 알고 편당을 짓는 수순으로 가게 됩니다. 어느 곳이든 6명이상 모인 멤버가 같은 수준이나 성향을 가진 사람들만 모인 예는 거의 없습니다. 이것은 하나님의 창조원리인 자유의지를 인간에게 주셨기 때문입니다. 인간관계에서 같은 성향의 사람끼리 만나면 편안하지만 재미는 덜합니다. 다른 성향의 사람끼리 만나면 불편하지만 잘 극복하면 다양성을 맛보며 포용력을 갖추어 나갑니다.

제자훈련은 공부를 뛰어넘는 훈련이란 뜻이기에 다양한 사람끼리 부딪히며 관계성품훈련이 이루어져야 합니다. 바울사도가 고린도교회의 분쟁을 다루면서 육신에 속한 영적 미숙아를 도입하는 이유는 성장에 있습니다(1-3절). 그리스도인의 성장이 없으면 이 분쟁 문제가 해결될 수 없기 때

문입니다. 보이는 사람에 따라 휘둘리며 파쟁을 짓는 이유는 어린아이같이 분별력이 없어서 일어나는 현상입니다.

분쟁 문제를 근본적으로 방지하기 위해서는 신자와 성령님의 관계 설정을 확인해야 합니다. 내가 하나님의 성전이고 성령이 내 안에 거하시는 것을 꼭 알아야 합니다(16절). 내가 성령님을 모시고 있다는 것보다 더 큰 성장은 없기에 이제 영적 어른의 자태를 갖추게 됩니다. 그리스도인이 외부영향을 받지 말고 성령의 내주하심을 알고 성령님과 교제해야 할 이유입니다. 내가 성전인 것을 의식하면 함부로 더러운 분쟁에 휘둘릴 수 없게 됩니다(17절).

성령님과 사람 중에 누구와 가까이 하는 것이 유익하고 지혜로운 것인지 선택해야 합니다(18-21절). 이 문제가 결정되면 아름다운 인간관계의 행복은 따라오게 되어 있습니다. 우리는 세상의 지혜가 하나님께 어리석음이 된다는 것을 시행착오를 통해 확인하면서 성숙한 그릇으로 다듬어져 갑니다. 어린아이가 속성으로 어른이 될 수 없듯이 성숙의 길은 이론위에 실전을 훈련해야 합니다. 성막과 성전의 지상적 최종 목표가 나의 몸에 성령이 내주한다는 것은 최상의 감격입니다(6:19). 이 능력이 인간의 최고 난제인 시기와 분쟁을 물리치는 것은 당연합니다.

♦ 고린도전서 4장 성경칼럼

15절 | 그리스도 안에서 일만 스승이 있으되 아버지는 많지 아니하니 그리스도 예수 안에서 내가 복음으로써 너희를 낳았음이라

20절 | 하나님의 나라는 말에 있지 아니하고 오직 능력에 있음이라

"내 교회, 내 목사"

20대 중반에 영등포에서 김포읍까지 1주일에 4번(수, 금, 토, 주일)을 4시간씩 왕복하며 지인목사님이 개척한 교회를 섬겼습니다. 2년의 세월이 흐르고 교회가 자립되면서 비전을 따라 섬기던 교회에 인사를 하고 서울에 섬길 교회를 찾기 시작했습니다. 그런데 이게 무슨 일인지 내 맘에 드는 교회를 찾을 수가 없는 것입니다. 처음에는 그러려니 했는데 몇 달이 지나면서 무언가 잘못되었다는 생각이 들기 시작했습니다. 주일 아침만 되면 방황이 시작되는데 근처 교회는 다 다녀봤고 이제 버스를 타고 찾기 시작합니다.

2번째 오는 버스를 타고 3번째 정류장에 내려 4번째 보이는 교회에 가서 예배드리는 변칙도 해 보았습니다. 일 년이 지났고 저의 영혼은 마치 길 잃은 양처럼 피폐해진 것을 느꼈습니다. '내 교회 내 목사'가 없는 신자의 비참함을 경험하게 된 것입니다. 나를 위해 부모처럼 돌봐주고 기도해 주는 목회자를 잃었고 형제처럼 나와 함께 부딪히며 교제하는 성도가 없었던 것입니다. 결국은 가장 가까운 교회를 정했고 교회의 방황은 마쳤습니다.

내 교회 내 목사라는 영적원리는 은혜로운 신앙생활의 중요한 요소입니다. 바울은 4장에서 절박한 심정으로 이 부분을 다루고 있습니다. 스승은 일 만 명이 있어도 아버지는 많지 않다는 의미가 바로 그것입니다(15절). 스승이 많으면 많이 배울 수 있어서 좋지만 아비는 절대 많을 수 없고 많아서도 안 되는 것입니다. 사랑은 집중력과 밀접성이 핵심이기에 궁극적으로 한 사람이 한 사람만 사랑할 때 빛이 납니다.

교회는 성도의 사랑의 대상으로 교회는 많아도 내 교회가 하나일 때 소중합니다. 이 원리를 모르고 교회를 통한 성령의 기름 부으심이 없는 신앙생활을 한다면 잃은 양처럼 위험하고 비참한 상태가 됩니다. 바울은 이 아비의 자격을 함부로 가질 수 없는 존귀한 위치에 놓고 있습니다. 아비 같은 목자의 영적인 의미는 애정으로 돌보고 사랑으로 말씀을 먹인다는 뜻입니다. 얼마나 고통과 연단과 경험이 있어야 이 아비의 심령을 가질 수 있는지 바울은 통탄하며 기록하고 있습니다. 죽음의 끄트머리, 영육의 구경거리, 모진 굶주림, 노동의 고달픔, 쓰레기 취급을 당했습니다(9-13절).

고생을 한 부모가 강하듯이 영적인 아비의 모진 고난은 자기를 초월할 수 있고 주님의 마음을 품을 수 있습니다. 이 주님의 마음을 아비와 같다고 비유하고 있습니다. 한국교회의 가나안 성도들이 오죽하면 교회를 떠나서 다시는 교회에 안 나가려고 결심했을까 하는 마음을 헤아려 봅니다. 그 상처에 마음이 메이지만 그렇다고 그대로 주저앉아 마귀의 밥이 될 수는 없습니다.

아비 같은 목자와 교회를 끌어안고 사랑하는 성도는 말이 아닌 능력에 있다고 일갈합니다(20절). 내가 가서 교만한 자들과 승부를 내겠다고 통보하며 교회와 성도를 위해서는 타협이 없는 강직함을 나타냅니다(17~21절). 교회에 시기와 분쟁 문제를 마무리하며 지도자의 우상화가 얼마나 위험한지를 증명하고 있습니다(1-2절).

♦ 고린도전서 5장 성경칼럼

6절 | 너희가 자랑하는 것이 옳지 아니하도다 적은 누룩이 온 덩어리에 퍼지는 것을 알지 못하느냐

13절 | 밖에 있는 사람들은 하나님이 심판하시려니와 이 악한 사람은 너희 중에서 내쫓으라

"허용의 한계"

‘선을 넘다, 금기를 깨다, 역린을 건드리다, 임계점, 루비콘 강을 건너다, 티핑 포인트, 대세를 잡다’ 허용의 한계를 분야별로 형용하는 단어들입니다. 어떤 조직이나 집단이나 공동체이든지 룰(규칙)이 있습니다. 룰의 목적은 허용의 한계점을 정함으로 질서를 세우고 공동체의 훼손을 방지하기 위한 것입니다. 바울이 고린도교회의 현안인 음행 문제를 다루면서 누룩 이야기를 하는 이유가 있습니다.

누룩은 눈에 잘 보이지 않지만 그 파급력과 결과는 엄청납니다. 누룩처럼 작고 안 보인다고 그냥 놔두면 어느새 퍼져서 나중에는 공동체를 집어삼킬 수도 있습니다(6-8절). 세상에서 허용되는 비윤리적인 것들에 우리가 격리되어 살 수는 없습니다(10절). 하지만 이것이 교회 안에서는 허용될 수는 없다고 분명히 못을 박습니다(12절). 이단과 음행 문제는 교회의 통일성과 구별된 거룩성을 위하여 시초부터 싹을 도려내야 하는 문제입니다(1-5절). 초대교회에서 아나니아 부부가 사도를 속이려다가 즉사한 사건을 통하여 신자의 정직성을 엄히 본보기로 보이셨습니다(행 5:5~11).

이제 고린도교회의 근친상간 등의 음행사건에 접촉금지(11절)와 출교(13절)라는 권징을 명령합니다. 고린도는 아프로디테 신전에 천 명이 넘는 무녀(창녀)들이 방탕을 부추기는 도시이었습니다. 성적 파급력이 얼마나 대단한지 한 사람을 용납하고 작은 것이라고 허용하면 전염되고 확대되고 변이됩니다. 성소수자가 보편화되는 순간 여러 형태의 변이적인 타락이 뒤 따라 오는 것이 그 사례입니다. (예(LGBTQ):레즈비언~여성동성애자, 게이~남성동성애자, 바이섹슈얼~양성애자, 트랜스젠더~성전환자, 퀴어~성소수자)

교회는 거룩성을 지키기 위해 공권력과 용역 등의 물리적인 힘을 동원할 수는 없습니다. 오직 주님이 허락하신 위임 권위에 의한 다스림과 교회 정관에 의한 권징만이 있습니다. 그런데 한국교회는 이 두 가지의 행사가 현재 거의 사라진 상황에 처해 있습니다. 그 결과 세상과 교회는 비슷한 수준이 되었고 소금의 역할을 못하는 교회가 짓밟히는 현실이 되었습니다(마 5:13).

논리에 의한 해결 방법은 교회와 성도의 질을 높이는 것입니다. 오래 걸릴 것이고 어려울 것입니다. 그렇다면 지금 내가, 우리가 할 수 있는 것을 찾아야 합니다. 하나님의 일하시는 방법은 의인 한 사람을 통하여 변화의 바람이 일으키는 것입니다. 내가, 우리 교회가 그 한 사람이 되기를 자원해야 합니다. 성숙을 위하여 매일 성경 읽고 성령으로 기도하며 교제하는 것보다 능력 있는 것은 없습니다. 이 기반 위에 하루에 한번 착한 일을 애쓰면 됩니다(마 5:16). 하나님은 변화를 사모하는 자를 반드시 사용하십니다.

♦ 고린도전서 6장 성경칼럼

13절 | 음식은 배를 위하여 있고 배는 음식을 위하여 있으나 하나님은 이것 저것을 다 폐하시리라 몸은 음란을 위하여 있지 않고 오직 주를 위하여 있으며 주는 몸을 위하여 계시느니라

20절 | 값으로 산 것이 되었으니 그런즉 너희 몸으로 하나님께 영광을 돌리라

"건강의 비결"

누구나 늘 빠지지 않는 기도 제목은 건강입니다. 재물과 권력이 아무리 많아도 건강을 잃으면 소용이 없기 때문입니다. 누구나 알고 있는 건강의 비결을 나열해 봅니다. 좋은 음식과 물, 정상적인 배설, 휴식과 야간수면, 올바른 호흡법, 스트레스 관리, 기와 혈의 운동, 봉사의 엔돌핀 등입니다. 성경에서는 건강의 길을 3가지로 말씀하고 있습니다.

①하나님을 경외하는 삶(잠 3:7~8). ②주님이 주시는 마음의 즐거움(잠 17:22), ③주님의 일에 몸을 드리는 것입니다(고전 6:13). 1, 2번과 연결된 3번째 말씀의 간증입니다. 신학대학 2학년 방학 때 동기 12명이 일주일간 전국 전도여행을 떠나게 되었습니다. 출발을 며칠 앞두고 신전도사가 다리를 절단하는 수술 일정이 잡혔습니다. 그동안 15시간이상 걸리는 다리수술을 17번 했는데 이제는 방법이 없어 잘라야 된다는 것입니다.

당시 리더였던 제가 예배를 드리면서 성령의 감동으로 3번에 있는 말씀을 본문으로 하여 설교하였습니다. 예배 후에 신전도사는 이 말씀에 순종하겠다고 했고 수술을 보류하고 전도여행에 동참했습니다. 르망을 직접 운전하며 열심히 몸을 드려 전도하는 신전도사가 너무 멋져 보였습니다. 다음 주 보훈병원을 다녀 온 그는 상기된 목소리로 연락이 왔습니다. 의사가 말하기를 다리를 절단 안 해도 되며 나았다는 것입니다. 말씀을 직접 경험한 그 때의 감격은 지금도 잊을 수가 없습니다.

그리스도인의 건강 비결은 세상 사람들이 눈치 챌 수 없습니다. 세상 사람들이 볼 때 헛수고처럼 보이는 복음 사역과 교회 봉사가 건강의 비결인 줄 누가 알겠습니까? 저는 그동안 교회의 봉사를 통해 치유 받은 많은 사람을 목격했습니다. 몸은 음란과 쾌락을 위하여 던지는 것이 아니고 주님의 소유이기에 주님을 위하여 드려야 합니다(19절). 그렇게 한다면 주님이 내 몸을 위해 주신다고 하십니다. 음식이 내 몸을 위한 것이 당연하듯이 주님이 내 몸을 책임지신다니 건강하지 못한 분들은 베팅할 만하지 않겠습니까? 이 원리는 마음과 함께 꼭 몸을 드린다는 것이 핵심입니다(20절).

영과 마음을 우위에 두는 기독교 교리가 몸의 봉사를 통해 증명되는 것은 숨겨져 있는 진리입니다. 몸을 떠나서 살 수 없는 인간의 한계는 몸의 헌신이 마음을 보여주는 표가 됩니다. 성도간의 소송 문제도 주님 앞에서 서로를 존귀하게 여기는 마음에서 해결될 수 있음을 알 수 있습니다(1-11절).

(요삼 1:2) "사랑하는 자여 네 영혼이 잘됨 같이 네가 범사에 잘되고 강건하기를 내가 간구하노라"

♦ 고린도전서 7장 성경칼럼

6절 | 그러나 내가 이 말을 함은 허락이요 명령은 아니니라

35절 | 내가 이것을 말함은 너희의 유익을 위함이요 너희에게 올무를 놓으려 함이 아니니 오직 너희로 하여금 이치에 합당하게 하여 흐트러짐이 없이 주를 섬기게 하려 함이라

"아디아포라(adiaphora)"

헬라어 단어로서 신앙생활에 있어서 꼭 알아야 하는 용어입니다. 이 말은 디아포라(diaphora, 꼭 지켜야 하는 규범)의 상대적인 것으로 '해도 좋고 안 해도 괜찮은 것'을 의미합니다. 예를 들어 익은 감자를 지방색이나 취향에 따라 소금과 설탕과 고추장에 찍어 먹습니다. 그런데 나와 다르다고 다투다가 일이 커져 이혼이나 절교를 한다면 얼마나 황당한 일입니까? 그런데 우리 주변에 이와 비슷한 일은 비일 비재합니다.

7장의 내용은 바울이 '명령이 아니다'라는 말과 '괜찮은 것'이라는 말과 '잘하는 것'이라는 말을 교차하여 쓰고 있습니다(6절). 사람마다 사정이 있고 처한 입장도 다른데 절대적으로 한 가지 선택만 할 수 없는 영역이 있다는 것입니다. 결혼과 독신은 장단점이 있는 것이고 사람에 따라 더 좋은 선택을 할 수 있다고 합니다(1-7절). 소모적 논쟁을 벌이기보다 각자 처한 조건에서 주님을 기쁘시게 하며 사역에 집중할 것을 권고하고 있습니다(35절).

아디아포라를 유익하게 적용하는 분야가 구약 율법입니다. 구약을 읽다가 '이게 나와 무슨 상관이 있는가'라고 생각들 때가 많을 것입니다. 성경에 나와 있고 지키라 하는데 지금 상황과 안 맞으니 헷갈리는 것이 당연합니다. 구약 율법은 도덕법, 의식법, 시민법의 세 분야가 있습니다. 도덕법은 하나님이 인간에게 주신 기본 윤리강령이니 시대와 공간을 초월한 불변성을 가지고 있으므로 지켜야 되는 것입니다. 십계명이 대표적이고 그 핵심은 하나님 사랑과 이웃사랑입니다.

의식법은 제사법과 성결법으로 주님의 구속사역을 예표 합니다. 예수님의 구속사역이 성취된 신약시대는 대부분 폐지되었지만 건강을 위해 음식과 성결 규례는 유의해야 합니다. 시민법은 구약의 재산, 이혼, 보상, 재판, 민사, 형사법 등으로서 상황이 달라진 지금과 다르지만 중심사상은 눈 여겨 보아야 합니다. 나아가 우리는 주님의 산상수훈과 사도들이 전해준 신약의 교훈들은 깊이 배울 필요가 있습니다.

도덕법은 디아포라에 속하기에 타협하지 말고 강직하게 지켜내야 합니다. 의식법과 시민법은 아디아포라에 해당되는 것이므로 그 중심을 알고 지혜롭고 덕스럽게 적용하면 될 것입니다. 한국교회는 코로나 시대를 거치면서 아디아포라를 어느 지점에서 적용할 것인지 대 혼돈을 겪었습니다. 절대적 위치인 예배가 아디아포라로 전락되어 은혜가 끊긴 많은 성도가 실족하여 돌아 오지 않고 있습니다.

코로나보다 100배나 무서웠던 흑사병 시대와 전쟁 시에도 예배는 멈추지 않았다는 역사적 교훈을 지키지 못했습니다. 로마서 14장과 같은 맥락인 7장의 아디아포라 원리는 철저한 교리 교육을 할 때 지혜로 행할 수 있습니다.

(롬 12:2) “너희는 이 세대를 본받지 말고 오직 마음을 새롭게 함으로 변화를 받아 하나님의 선하시고 기뻐하시고 온전하신 뜻이 무엇인지 분별하도록 하라”

이 시대를 향도하는 능력 있는 기독교 지도자로 나아가기를 소원합니다.

♦ 고린도전서 8장 성경칼럼

1절 | 우상의 제물에 대하여는 우리가 다 지식이 있는 줄을 아나 지식은 교만하게 하며 사랑은 덕을 세우나니

9절 | 그런즉 너희의 자유가 믿음이 약한 자들에게 걸려 넘어지게 하는 것이 되지 않도록 조심하라

"노하우(know-how), 노웨어(know-where)"

노하우는 내가 알고 배우고 경험한 것을 말합니다. 개인적인 것이기에 당연히 그 양과 질은 적고 얕을 수밖에 없습니다. 노웨어는 그 정보가 어디에 있는지를 알고 나아가 그 전문가를 찾아내어 활용할 수 있는 실력입니다. 1차적으로는 검색 기능을 말하지만 넓게는 좋은 인적 네트워크를 의미합니다. 21세기는 정보와 지식이 홍수처럼 쏟아지는 시대입니다. 원하기만 하면 첨단 정보통신기능을 이용하여 얼마든지 많은 지식을 얻을 수 있습니다.

문제는 그 정보의 진실성과 유익성과 편향성입니다. 해로운 정보를 분별해야 하며 한쪽으로 치우친 집단을 세뇌하는 가짜뉴스(MK울트라 프로젝트, MSM, 일부 SNS, 역정보 등)를 걸러내야 하는데 만만치가 않습니다. 옛날 말에 세상에서 제일 무서운(?) 사람은 책 한권을 읽고 다 아는 척 하는 사람이라는 말이 있습니다. 요새 말로 바꾸어 표현하자면 자기가 듣고 싶은 것만 듣고 믿고 싶은 것만 믿는 확증편향의 사람이라는 의미입니다. 이

길은 결국 교만과 불통과 아집의 사람이 되어 설득이 어려운 사람이 되기 가 쉽습니다(2절). 성장의 한 과정으로 보며 장기간에 걸친 위로와 기도를 하는 것이 우리가 할 일입니다.

1절에 지식은 교만하게 하며 사랑은 덕을 세운다고 분명히 말씀합니다. 여기에서의 지식은 하나님께서 주시는 노웨어가 아니라 자기중심의 노하우 성격의 지식입니다. 우상 제물에 관하여 각 사람마다 노하우(견해와 지식)는 다양할 것입니다. 그러나 바울은 우상 제물을 처리하는 참된 믿음의 적용은 하나님의 사랑에 근거(노웨어)하여야 한다고 정리합니다. 영양실조가 많았던 당시의 서민들에게 우상에게 바쳤던 고기를 먹느냐 안 먹느냐는 매우 중요한 현안입니다. 반대로 신앙이 성숙한 바울 같은 사람이 그까짓 우상제물을 먹는다고 무슨 영적 타격이 있겠습니까?(4-6절)

우상제물도 일종의 음식으로 보고 먹을 수 있는 자유가 그리스도인에게 있지만(딤전 4:3~5) 그것을 먹고 양심이 약해지고 더러워지는 사람도 있다는 것입니다(7절). 여기서 덕을 세우는 사랑의 동기가 필요합니다. 바로 불신자의 영혼을 위해서와 초신자의 시험 당함의 방지를 위해서입니다(9-12절). 쉽게 표현하자면 '나는 다 할 수 있는 자유가 있지만 널 위해서 안 한다'입니다(13절).

여기에서 기독교인의 '노와이(know-why)'가 나옵니다. 무슨 일을 왜 해야 하는지를 아는 것이 선택의 기준가 되어야 한다는 것입니다. 헛된 지식이 주는 교만은 멸망하는 길이지만 사랑의 동기로 이루어지는 영혼 섬김은 축복의 길입니다. 우리가 마주하고 있는 현실은 퍽퍽하지만 사랑 있는 지식은 그 상황을 넉넉히 변화시킬 것입니다.

(마 25:40) "임금이 대답하여 이르시되 내가 진실로 너희에게 이르노니

너희가 여기 내 형제 중에 지극히 작은 자 하나에게 한 것이 곧 내게 한 것이니라 하시고"

♦ 고린도전서 9장 성경칼럼

12절 | 다른 이들도 너희에게 이런 권리를 가졌거든 하물며 우리일까보냐 그러나 우리가 이 권리를 쓰지 아니하고 범사에 참는 것은 그리스도의 복음에 아무 장애가 없게 하려 함이로다

27절 | 내가 내 몸을 쳐 복종하게 함은 내가 남에게 전파한 후에 자신이 도리어 버림을 당할까 두려워함이로다

"왕관을 쓰려는 자, 그 무게를 이겨라"

드라마의 대사로 유명하지만 셰익스피어의 희곡 '헨리 5세'에 나온 대사입니다. 큰 목표를 이루기 위해서는 큰 책임이라는 무게를 이겨내야 한다는 뜻입니다. 바울 사도는 밖으로는 복음 대적자들의 핍박이 있었고 안으로는 여러 시비를 거는 훼방자들이 있었습니다. 과거 행적이 불손했다, 정통 사도의 조건을 갖추지 못했다, 상황윤리론자이다, 재물과 교권에 마음이 가 있다, 언변이 시원치 않다, 자기 병도 못 고친다 등입니다. 우리가 바울의 입장이라면 아이들 말로는 돌아버릴 일이고 어른들 말로 하면 유치해서 불쌍해 보일 것입니다.

이에 바울은 9장에서 감정을 실어서 그 입장을 토로하고 있습니다. 여기서의 의문문은 시비를 거는 훼방자들을 향한 바울 어법상의 강한 질책입니다(1-13절). 세상에서의 대부분 싸움은 옳고 그름보다 힘의 논리로서 승부가 결정 납니다. 그래서 억울한 사람이 많을 수밖에 없습니다. 영적인 세계의 승부는 조금 복잡합니다. 이 모든 것을 잘 알고 있는 바울은 복음 전달

고린도전서

자로서 여러 대처를 하고 있습니다.

그가 독신으로 사역을 하는 것이 가정의 알콩달콩의 인간적 행복을 몰라서가 아닙니다(5절). 한 지역에 정착하여 교회로부터 안정된 지위와 저녁이 있는 삶을 누릴 줄 몰라서 험지를 떠돌며 전도한 것도 아닙니다. 신구약에 약속된 주의 일군에 대한 사례법을 몰라 천막 짓는 노동을 한 것도 아닙니다(6-11절). 무엇이 부족하여 유대인과 이방인과 약한 자들에게 눈높이를 맞추어 대한 것도 아닙니다(19-23절). 모든 행동의 동기는 복음의 사자로서 책임과 그 열매에 지장을 주지 않기 위해서였습니다(12절).

하나님의 종으로서, 주님의 사도로서, 복음의 일군으로, 교회의 지도자로서 바울은 그 영광스런 왕관의 무게를 기꺼이 감당하겠다는 것입니다(12, 15절). 희생과 책임을 다하지 않는 지도자는 세상과 영적세계에서 인정을 받을 수 없습니다. 바울이 초심을 잃지 않고 끝까지 견고하게 사역을 감당할 수가 있었던 힘은 어디에서 나왔을까요? 복음을 전하는 것을 소홀히 할 때 오는 징벌을 의식했음을 알 수 있습니다(16절). 군인이 비상 걸린 상태를 늘 유지하고 운동선수가 훈련을 쉬지 않는 것과 같습니다. 나아가 자신의 영혼 구원의 경각심이 늘 깨어 있었습니다(26-27절).

자신을 쳐서 복종하는 종의 책임과 가장 귀한 구원에 버림받으면 안 된다는 것을 각성하고 있었습니다. 경건하게 살고 싶고 주의 사역에 쓰임 받고자 소원하는 자라면 바울의 이 고백에 가슴이 떨릴 것입니다. 지금도 복음의 면류관을 위해 육신의 정강이를 꺾는 바울의 후예들이 하나님의 나라를 전파하고 있습니다. 진리가 주는 자유를 사랑의 동기에서 절제하는 자가 썩지 않을 승리의 관을 얻을 것입니다(25절).

(갈 5:24) "그리스도 예수의 사람들은 육체와 함께 그 정욕과 탐심을 십

자가에 못 박았느니라"

♦ 고린도전서 10장 성경칼럼

11절 | 그들에게 일어난 이런 일은 본보기가 되고 또한 말세를 만난 우리를 깨우치기 위하여 기록 되었느니라
32절 | 유대인에게나 헬라인에게나 하나님의 교회에나 거치는 자가 되지 말고

"손에 쥐어 주어도 모른다"

답답한 사람이나 철부지를 일컬을 때 쓰는 말입니다. 자녀를 키우거나 학생을 가르칠 때 잘 알아듣고 실력이 쑥쑥 자라면 보람이 있습니다. 반대인 경우의 속상함은 이루 표현할 수 없을 정도입니다. 그런데 성경을 보면 하나님의 마음이 후자에 훨씬 가깝습니다. 이스라엘은 선민으로 특별 훈련을 너무나 자상하게 시켰음에도 불순종함으로서 그 결과가 처참합니다.

이제 그리스도의 구속으로 선민이 된 신약성도에게 구약은 '손에 쥐어 주는 본보기'가 되었습니다. 궁극적으로 구약의 모든 사실들은 그리스도와 그의 몸 된 교회에 집중하고 있습니다. 첫 번째 아담은 마지막 아담인 그리스도의 모형이고(15:20, 롬 5:14) 하와는 그리스도의 신부된 교회의 모형입니다(엡 5:30-32). 유월절과 출애굽의 사건은 죄악과 노예로부터의 해방임을 알려줍니다. 홍해를 건너는 사건은 그리스도와 연합하여 죽고 살아난 신약성도의 세례를 보여 줍니다(1-2절). 이 사실을 통해 구원은 전적인 은혜의 사건임을 알려줍니다.

광야에서 매일 주어진 만나는 성육신하셔서 생명의 떡이 되신 그리스도의 그림자이었습니다(3-4절, 요 6:35). 우리도 매일 하늘에서 주시는 성경

말씀을 먹고 살고 있습니다. 반석의 생수는 성령의 모형으로 나타납니다(요 4:14, 7:38-39). 은총을 받은 구약의 선민들이 악을 즐겨하여 멸망에 이르렀다는 결론 앞에 할 말을 잊게 됩니다(5절).

하나님께서 우리에게 금해야 할 것을 구약을 거울삼아 콕 집어서 말씀하십니다(6절). 우상 숭배하는 것(영적인 선택)과 음행하는 것(몸으로 짓는 죄)과 주님을 시험하는 것(교만의 죄)과 원망하는 것(언어의 죄악)입니다(7-10절). 그 결과가 얼마나 살벌한지를 우리 손에 꼭 쥐어 주십니다(7-11절). 그리고 확인도장을 찍듯이 권고합니다. 이 모든 것에서 자신할 자는 없으며 선줄로 생각하는 자가 더 넘어지기 쉽다고 경고합니다(12절).

나아가 좋으신 하나님께서 안전장치를 주십니다. 우리에게 감당할 만한 시험만 허락하시고 피할 길도 내셔서 능히 감당하게 하신다는 것입니다(13절). 만약 이 보장이 없었다면 불안하고 두려울 터인데 참 다행입니다. 불안감을 넘어 안정감을 가진 우리에게 이제 할 일을 주십니다. 첫째, 모든 범사를 하나님의 영광을 위해서 하는 것입니다(31절). 둘째, 교회에 거치는 자가 되지 말고 타인에게 유익을 주는 자가 되는 것입니다(32-33절). 이것이 은혜를 입은 우리가 최선을 다하여 힘쓸 구원생활의 내용입니다.

♦ 고린도전서 11장 성경칼럼

24절 | 축사하시고 떼어 이르시되 이것은 너희를 위하는 내 몸이니 이것을 행하여 나를 기념하라 하시고

29절 | 주의 몸을 분별하지 못하고 먹고 마시는 자는 자기의 죄를 먹고 마시는 것이니라

"은혜의 방편(a way of grace)"

성도가 하나님의 영적축복(구원의 은혜)을 받는 수단을 의미합니다. 4가지로 말씀, 성례, 권징, 기도이며 교파에 따라 기도를 제외하기도 합니다. 11장에는 예배에 있어서의 여자의 태도가 나오고 성례와 권징에 대한 말씀이 이어집니다. 고린도교회가 바울에게 질문한 것에 대한 답변으로 성찬에 문제가 있었다는 뜻입니다. 사람이 모이면 식사를 하게 되는데 교회에서는 '아가페 밀(Agape meal)'이라는 이름의 애찬을 하고 있었습니다.

시간이 지나며 성도의 친교를 도모하는 본래의 의도가 상실되고 분열이 생겼습니다. 부자는 풍요하여 취하고 가난한 자는 굶주리며 상처를 받게 되었습니다(20-22, 33-34절). 바울은 성찬의 은혜가 상실한 것을 개탄하며 주의 만찬의 참된 의미를 역설합니다. 개신교 성례전의 2가지는 세례와 성찬으로 주님의 명령이기에 꼭 행해야 합니다(24절, 마 28:19, 고전 11:24). 카톨릭에는 7성례(성세, 견진, 성체, 고해, 종부, 신품, 혼인)가 있지만 개신교는 주님의 명령인 두 가지만 행합니다.

성찬의 본질적 의미는 예수님의 살과 피에 내가 참여한다는 것입니다(요 6:53~57). 이 참여의 강도에 따라 4가지 교리가 나오는데 화체설(카톨릭)은 떡과 포도주가 기도하는 순간 주님의 진짜 살과 피로 변화된다는 것입니다. 공재설(루터)은 떡과 포도주 안에 주님의 전인격이 임재 한다는 설입니다. 기념설(쯔빙글리)은 성찬식이 상징과 표징으로서 주님의 대속의 죽음을 기념하고 신자의 신앙고백의 표라고 주장하는 것입니다. 영적 임재설(칼빈)은 성찬에 참여하는 성도에게 하나님의 영이 임재 하여 주님의 살과 피의 효력을 전달하고 주님과 신비로운 연합을 하는 것이라고 합니다.

개혁교회의 교리는 영적 임재설(신비설)과 기념설을 조화하여 받아들이고 있습니다. 성찬에 참여한다는 것은 구속에 대한 진실한 신앙고백입니다

(25절). 그러므로 성찬에 참여한다는 것은 주의 죽으심을 전하는 것이 됩니다(26절). 성찬은 주님의 몸과 피에 참여하는 것이므로 의미 없이 함부로 하면 죄를 짓는 것이 됩니다(27-28절). 죄에는 반드시 형벌이 따르는데 초대교회에서는 죽고(자는) 병든 사례가 있었음을 보여줍니다(29-30절). 이 영적치리가 교회법으로 권징이 되고 성도에게 회개할 기회와 바른 신앙생활의 훈련을 시키는 것으로 발전됩니다.

성찬의 마지막 의미는 교회의 공동체의식을 확인하는 것입니다. 떡과 포도주가 하나에서 나왔듯이 함께 성찬에 참여한 교우들이 주님 안에서 하나임을 확인합니다. 한 몸이니 서로 사랑하는 것이 마땅하고 사랑할 수 있는 능력도 주어지는 것입니다. 결론적으로 성례전은 하나님이 우리에게 주시는 은혜의 시청각 축복입니다. 말씀이 보여 지고 느껴지고 내 안에 들어오고 하나가 되는 신비한 경험입니다. 이 약속에 따라오는 능력과 사랑은 믿음으로 참여하는 자에게만 임합니다.

♦ 고린도전서 12장 성경칼럼

7절 | 각 사람에게 성령을 나타내심은 유익하게 하려 하심이라
25절 | 몸 가운데서 분쟁이 없고 오직 여러 지체가 서로 같이 돌보게 하셨느니라

"열심히 하는 것보다 잘 해야 한다"

단체나 직장 생활을 해 본 사람은 그 뜻을 잘 압니다. 이익을 목적으로 한 집단에서는 실적을 내야 합니다. 열심히 하는 것은 가능성은 있지만 계속 봐주지는 않습니다. 그리스도인들의 또 다른 이름은 십자가 군병입니다. 승리를 위하여 체력과 군사기술과 강력한 무기를 갖추고 전략전술까지 능수능란해야 합니다. 십자가 군병에게 주어진 무기와 전술이 성령의 은사입니다.

영적전쟁에서 이 은사를 사용할 수 없다면 그 결말은 당연한 패배입니다.

영적 사역을 하면서 세상의 수단방법으로 하려고 한다면 판판이 깨질 수밖에 없습니다. 안 맞는 열쇠로 아무리 애써보아도 문이 열리지 않는 것과 같은 이치입니다. 바울은 이토록 중요하고 필수적인 성령의 은사는 일반인들은 알 수 없는 신령한 세계에 속한다고 말씀합니다. 부정의 부정법을 써서 영적일군이라면 꼭 알고 받아야 한다고 강조합니다(1절). 은사는 본질적으로 성령 하나님이 나눠 주는 것으로 개인이 이익이나 욕심으로 차지하는 것이 아닙니다. 은사는 하나님 나라의 복음과 교회의 사역과 성도의 섬김을 위한 목적으로 주어지기 때문입니다(7절).

이 소망을 가진 성도가 간절히 기도할 때 각자에게 다양하게 주어집니다.

(고후 1:11) “너희도 우리를 위하여 간구함으로 도우라 이는 우리가 많은 사람의 기도로 얻은 은사로 말미암아 많은 사람이 우리를 위하여 감사하게 하려 함이라”

은사를 받은 자는 은사가 자기의 특허가 아님을 철저히 인식해야 합니다. 자기 주머니에서 마음대로 어느 때나 꺼내 사용할 수 있다고 교만하면 큰일이 납니다. 고린도교회의 거짓 은사자들처럼 장난치다가 멸망과 저주에 이른 자들을 많이 보았습니다.

은사의 속성 중에 가장 중요한 것이 겸손이라면 이를 적용한 것이 지체의식입니다(25절). 우리 몸의 어떤 부위가 다른 부위에 대하여 우위를 주장하거나 험담하거나 멸시할 수 없는 원리입니다. 은사는 서로 존중하며 협력하는 공동체의식이 필수적이라는 뜻입니다(14-27절). 12장의 문맥은 한 성령의 통일성을 우선으로 하여 여러 지체의 다양성으로 진전됩니다.

그리고 다양한 은사를 가진 지체들이 다시 한 몸이라는 통일성을 이루라고 함으로 통일성 없는 다양성을 절제시킵니다. 성령의 은사 9가지(8-11절)를 외우고 사모하십시다. 과반수인 5개 이상을 구하는 거룩한 욕심도 낼 수 있습니다. 은사는 신령한 세계를 경험하는 것으로 견실한 믿음의 축복을 받는 지름길입니다. 모든 은사를 은사되게 하는 최종 은사가 다음 장에 기다리고 있습니다.

♦ 고린도전서 13장 성경칼럼

8절 | 사랑은 언제까지나 떨어지지 아니하되 예언도 폐하고 방언도 그치고 지식도 폐하리라

11절 | 내가 어렸을 때에는 말하는 것이 어린 아이와 같고 깨닫는 것이 어린 아이와 같고 생각하는 것이 어린 아이와 같다가 장성한 사람이 되어서는 어린 아이의 일을 버렸노라

"사랑이 없다면, 사랑만 있다면"

13장을 몇 번 읽고 묵상하다가 지은 제목입니다. 사랑이 없다면 어떤 위대한 것들도 별 볼일 없다고 단언합니다. 우리가 사모하는 사람의 방언과 천사의 말도 비밀과 지식을 예언하는 능력과 역사하는 믿음도 전 재산을 내놓고 몸을 불사르는 헌신도 소용이 없답니다(1-3절). 평범한 사람은 감히 흉내도 못내는 이 일을 했다고 할지라도 사랑이 없으면 헛것이랍니다. 큰 업적이 있어도 그 동기가 사랑이 아니라면 소용이 없다는 뜻입니다.

사랑이 차지하고 있는 위치는 그 어떤 것도 감히 견줄 수가 없다고 선언합니다. 사랑이 가장 가치 있고 강한 이유는 사랑은 하나님의 것이기 때문입니다.

(요일 4:8) "사랑하지 아니하는 자는 하나님을 알지 못하나니 이는 하나님은 사랑이심이라"

하나님만이 인간을 변화시킬 수 있다는 것은 하나님의 사랑만이 사람을 변화시킬 수 있다는 뜻입니다. 구원 자체가 하나님 사랑의 절정인 십자가 사랑으로 이루어졌습니다(요일 4:9-10).

사랑의 15가지 성품은 읽고 묵상하기에도 벅찹니다(4-7절). 사랑의 성품에 공통적으로 들어가 있는 '오래'라는 성분 때문입니다. 하나님께서는 오래를 감당하시고 인간은 오래를 못 견딥니다. 하루에도 이 성품과 반대되는 감정과 의지들이 번갈아 솟구칩니다. 섭섭하고 화나고 기다리기 힘들고 포기해 버리는 습성이 사랑의 성품과 부딪히며 괴롭힙니다. 위로가 되는 것은 사랑의 성품은 본래 나에게 속한 것이 아니라는 선언입니다.

하늘에 속한 것이고 예수님이 나타내 주신 것이기에 분명히 새 방법이 있음을 암시합니다. 방법에 앞서 일단 명령에 순종할 것을 결단해야 합니다(요일 4:11). 교리적으로는 그리스도와의 연합사상을 확인해야 합니다.

(롬 6:3-4) "그러므로 우리가 그의 죽으심과 합하여 세례를 받음으로 그와 함께 장사되었나니 이는 아버지의 영광으로 말미암아 그리스도를 죽은 자 가운데서 살리심과 같이 우리로 또한 새 생명 가운데서 행하게 하려 함이라 만일 우리가 그의 죽으심과 같은 모양으로 연합한 자가 되었으면 또한 그의 부활과 같은 모양으로 연합한 자도 되리라"

실 생활적으로는 주님과 동거하여 먹고 마시는 문을 열어야 합니다(계 3:20-21). 갓난아이가 엄마의 사랑을 다 알고 느낄 수가 없듯이 우리도 영적 어린아이 시절을 겪을 수밖에 없습니다(11절). 그러나 평생 아기로 살수 없듯이 어느덧 우리는 어른이 되어 갈 것입니다. 알지 못하는 사이에 받은 주님의 사랑으로 나도 어느새 사랑에 응답하는 성숙한 사람이 되어갈 것입니다.

그 사랑만 있다면 영원세계의 신비한 영역까지 경험할 수 있습니다. 부분적이고 희미하게 알던 것이 얼굴을 맞대고 보듯 확실히 보게 될 날이 기다리고 있습니다(12절). 사랑만 있다면 지치지 않고 이미 초대되어 있는 의와 평강과 희락을 누릴 수 있습니다(롬 14:17).

(아 1:10) "나의 사랑하는 자가 내게 말하여 이르기를 나의 사랑, 내 어여쁜 자야 일어나서 함께 가자"

♦ 고린도전서 14장 성경칼럼

19절 | 그러나 교회에서 네가 남을 가르치기 위하여 깨달은 마음으로 다섯 마디 말을 하는 것이 일만 마디 방언으로 말하는 것보다 나으니라

40절 | 모든 것을 품위 있게 하고 질서 있게 하라

"독재가 무정부보다 낫다?"

정치사회적으로 논란을 일으키는 주제입니다. 자유와 평등과 인권을 말살하는 독재체제를 좋아할 사람은 없습니다. 그러나 국민이 이 독재보다 더 피해야 할 것이 무정부상태입니다. 무정부상태가 되면 치안이 무너져 폭동과 약탈이 일어나고 약자들의 생명과 재산이 보호받지 못합니다. 그렇다고 독재가 혼돈의 궁극적 원천이 된다는 것에서 자유롭다는 뜻은 아닙니다.

12장의 은사 장과 13장의 사랑 장에 이어 14장에는 교회의 질서에 대한 이야기를 이어가고 있습니다. 은사와 사랑을 강조하고 그 분위기가 이루어질 때 어떤 일이 일어나겠습니까? 과장과 자랑이 나오고 비교와 시기가 나오게 되어 있습니다. 성화되지 못한 죄인 된 성품을 가진 사람들이 모인 곳

이니 당연합니다. 고린도교회의 모습도 예외가 아니었기에 바울은 교회에서의 '덕과 질서'에 대한 정리를 하게 된 것입니다.

고린도교회의 방언은 오순절의 언어 통일이 아닌 통역이 없이는 이해 불가능한 신비한 것이었습니다. 당연히 이목이 집중되며 선망하게 되었고 예배 시간에 행함으로 무질서를 가져왔습니다. 이 방언과 통역과 예언(교육)의 질서를 잡지 않으면 그 좋은 은사가 교만과 무질서의 수단이 되는 상태입니다. 방언과 통역은 자신과 믿지 않는 자들을 위한 표적으로서의 유익이 있습니다(4, 22절).

신약교회의 예언은 단지 앞날을 예측하는 의미를 뛰어넘어 하나님 말씀을 해석하여 전하는 의미가 있습니다(19-20절). 공동체의 순서와 질서에 따라 조심해야 하며 겸손하게 행해야 한다고 권고합니다(29-33절). 방언과 통역에 관한 것은 순서와 덕을 세우는 기준에 따라서 해야 부작용이 없다는 것을 가르칩니다(26-28절). 신령한 세계를 경험한 사람이 타인을 먼저 배려하고 겸손하기는 참 어렵습니다. 사랑의 열매를 맺은 사람에게 다가오는 것은 가면을 쓴 교만이기에 경계해야 합니다. 은혜와 능력이 주어지면 그만큼의 책임을 지어야 하며 그 훈련을 통해 질서 있는 성숙으로 가게 합니다(36-38절). 그 훈련의 핵심이 바로 모든 일을 품위 있게 하고 질서 있게 하는 것입니다(40절).

46년 신앙생활을 해오면서 교회에서 권위가 무너지고 질서가 깨지고 파쟁으로 가는 사례를 여러 번 목격하였습니다. 마치 세속의 무정부 상태와 같이 혼란을 겪을 때 교회의 성도들이 엄청난 피해를 보는 것을 목격했습니다. 꼴을 먹지 못한 양처럼 피폐하고 방황하며 실족하여 이리에게 먹히는 일이 벌어집니다. 은사와 사랑 장 다음에 마치 안전장치처럼 질서 장을 쓴 이유를 능히 짐작할 수 있습니다. 교회와 교인을 사랑하는 중심에서 나온 헌신에 하나님의 복락이 주어집니다. 구약의 선한 왕은 백성을 편안하게 하고 즐겁게 해준 기준으로 정한 것과 같은 원리입니다(대하 30:23-27, 역대하 30장 칼럼 참조).

♦ 고린도전서 15장 성경칼럼

19절 | 만일 그리스도 안에서 우리가 바라는 것이 다만 이 세상의 삶뿐이면 모든 사람 가운데 우리가 더욱 불쌍한 자이리라

35절 | 누가 묻기를 죽은 자들이 어떻게 다시 살아나며 어떠한 몸으로 오느냐 하리니

"죽음과 부활"

죽으면 다 끝이다 는 사람은 타락하여 막 살기도 하고 극단적으로는 자살하기도 합니다. 죽기 밖에 더 하겠어 라는 사람은 하고 싶은 것에 죽기 살기로 도전하여 이름을 남기기도 합니다. 죽은 후에는 영생이 있다는 그리스도인은 내세를 준비하며 삽니다(히 9:27). 바울은 기독교의 위대한 선포인 부활에 대하여 빈틈없는 논증을 전개합니다. 당대에 있었던 헬라계의 부활은 영혼의 부활은 인정하지만 육의 부활은 부인하였고 사두개파는 어떤 부활이든 인정하지 않았습니다.

15장에 부활의 몸에 대하여 변증한 내용이 많은 이유입니다(35-44절). 이 세상에서 몸이 인격적 현실이듯이 하나님 나라에서 부활한 신령한 몸은 필수불가결의 성격을 가지고 있습니다. 주님의 부활체가 초월적이었지만 제자들이 알아보는 인격체인 것은 우리의 부활체를 예시한 것입니다(요 20:19-29). 부활이 없다면 그리스도인들은 세상에서 가장 불행한 자들입니다(19절). 내세 때문에 좋아하는 쾌락을 포기하며 교회를 위해 희생한 바

보이기 때문입니다.

커피 마니아들은 커피 이야기로 밤을 새우고 와인 애호가는 와인이야기가 끝이 없이 펼쳐진다고 합니다. 초대교회 성도들은 부활 이야기를 하면서 수백 년 동안 갑바도기아 카타콤 동굴에서 세상의 모든 것을 포기하고 신앙을 보존하고 계승하였습니다. 우리는 대화중에 부활이야기를 얼마나 하는지 점검하면 부끄러운 마음이 듭니다. 아담 한 명으로부터 내려온 사망의 저주가 예수님 한 분의 부활로 해결되었습니다. 로마서 6장의 대표 원리가 부활 장에서는 아주 구체적으로 여러 번 반복됩니다(21, 22, 45절).

예수님을 부활의 첫 열매라고 한 것은 믿는 자들의 부활이 이어진다는 것을 약속하신 것입니다(23-24절). 종교의 씨를 가지고 있는 사람들이 궁금해 한 것은 부활의 방법과 부활의 몸에 대한 것이있습니다(35절). 부활의 영광을 준비하는 자들에게 주어진 부활체의 핵심은 '차등 원리'입니다. 부활의 영광과 상급에 차등이 있다는 것을 씨와 별의 비유를 통하여 자세히 증거 합니다(38-41절). 이 땅에서 차별받는 것도 서러운데 천국 가서도 차등이 있다 하니 이해가 안 될 수도 있습니다. 그러나 다시 생각해 보면 천국에 가서 영광의 차등이 없다면 그것이 바로 하나님의 불공정이 아니겠습니까? 천국에서의 차등은 이 땅의 억울한 차별과는 차원이 다른 것으로 아무도 불만이 없도록 되어 있습니다.

우리가 신앙생활에 온전히 올 인하는 시간을 계산해 본 적이 있습니다. 사는 연수와 믿은 햇수에 따라 다르겠지만 평균 2-3년 밖에 안 되는 것에 놀랐습니다. 이것저것 빼고 나서 주님의 일을 한 시간을 더해 보니 그렇다는 것입니다. 이 얼마 안 되는 시간 동안에 나의 영생의 상급이 결정된다고 생각하니 집중력이 생기게 됩니다. 견고한 부활신앙으로 주의 일에 더욱 힘써 내세를 준비하며 살기를 소원합니다(58절).

♦ 고린도전서 16장 성경칼럼

2절 | 매주 첫날에 너희 각 사람이 수입에 따라 모아 두어서 내가 갈 때에 연보를 하지 않게 하라

22절 | 만일 누구든지 주를 사랑하지 아니하면 저주를 받을지어다 우리 주여 오시옵소서

"신화적 인물은 없다"

단군, 주몽, 김수로, 박혁거세, 김알지, 김일성, 제우스, 헤라 등은 신화의 주인공입니다. 분명히 신이 아니고 신도 될 수가 없는데 통치를 위하여 신격화하여 백성들을 세뇌시키고 혹세무민하는 나쁜 사례입니다. 인간의 죄악 중에서 마지막에 있는 최악의 죄가 교만을 뿌리로 한 신이 되고자 하거나 신을 만드는 헛된 욕망입니다. 앞으로 다가올 말세지말에는 적그리스도와 거짓 선지자가 자신의 신격화를 시도할 것입니다.

바울은 고린도전서를 마무리하면서 사역의 내용과 일정을 전하고 있습니다. 또한 동역자들의 안부와 함께 권면도 하고 수고한 일군들을 위로하며 칭찬하고 있습니다. 이것이 인간이 목적을 위하여 꾸미고 포장하여 만든 신화와 다른 기독교신앙의 실체적 모습입니다. 성경은 인물을 기록할 때 죄와 허물도 드러내고 연약함도 숨기지 않고 감정의 기복도 적나라하게 나타냅니다. 이는 인간이 철저한 절망의 끝자락을 인식하지 않는 한 하나님을 바라보지 않기 때문입니다. 하나님을 바라보지 않으니 간절함이 있을리 없고 계명을 지킬 수도 없습니다.

모교회인 예루살렘교회의 구제를 위하여 연보를 권고하는 것은 사랑의 실천을 구체적으로 이루는 일입니다. 바울이 헌금이야기를 돌려서 이야기하지 않고 아주 분명하고 단순하게 하는 것은 하나님의 뜻이 함께 하는 권위가 있기 때문입니다(1-3절). 자신의 후계자격인 디모데의 위치를 설정해주는 것도 담대하고 투명하게 이야기합니다(10-11절). 고린도교회의 지도자인 아볼로에 대해서도 아무 거리낌 없이 소통하며 할 말을 다하는 바울을 보게 됩니다(12절).

어떤 사람이든 자신에게 수식되는 캐릭터가 있습니다. 16장에 등장한 바울 팀 인물들의 한 줄 평을 짚어보면서 신앙의 롤 모델을 찾는 것도 유익할 것입니다. 스데바나의 집은 아가야의 첫 열매로 성도 섬기기로 작정하였습니다. 스데바나와 브드나도와 아가이고는 부족한 것을 채우고 사역자의 마음을 시원케 하였습니다. 아굴라와 브리스가는 자신의 집과 함께 목숨까지 내놓고 온 집안이 구원받은 신앙의 명문입니다.

마지막으로 바울은 사랑의 역설적 기능에 대하여 선포합니다. 사랑은 그리스도인이 해도 되고 안 해도 되는 선택사항이 아님을 분명히 합니다(22절). 주를 사랑하지 않으면 저주를 받는다는 것은 그 성취가 확실하다는 뜻입니다(14절). 주를 사랑하지 아니하면 사역도 생활도 되는 일이 없으니 결과가 저주일 수밖에 없습니다. 베드로의 재 소명 때에 확인한 딱 한가지인 '주님을 사랑하느냐'가 사역의 원동력입니다(요 21:15-17). 본래 사람은 자신 안에 없는 사랑을 발휘할 수는 없습니다. 하지만 주님께 연결된 그리스도인은 사랑의 통로가 될 수 있습니다. 허황된 비전보다 매순간 깨어 믿음에 굳게 서서 강건하게(남자답게) 살기를 소원합니다(13절).

고린도후서

♦ 고린도후서 1장 성경칼럼

4절 | 우리의 모든 환난 중에서 우리를 위로하사 우리로 하여금 하나님께 받는 위로로써 모든 환난 중에 있는 자들을 능히 위로하게 하시는 이시로다

24절 | 우리가 너희 믿음을 주관하려는 것이 아니요 오직 너희 기쁨을 돕는 자가 되려 함이니 이는 너희가 믿음에 섰음이라

"사랑의 언어"

인정하는 말, 함께 하는 시간, 선물, 봉사, 육체적인 접촉은 게리 채프먼이 정리한 5가지 사랑의 언어입니다. 이 5가지 중에서 가장 사랑을 받는다고 느끼는 것이 제 1 사랑의 언어라고 합니다. 인간관계에서 상대방의 제 1 언어를 파악하여 그 필요를 채워주면 행복한 관계를 이룰 수 있습니다. 반대로 상대방이 진정으로 바라지 않는 것을 사랑한다고 베풀다가 관계가 어그러지는 일도 발생합니다. 선물을 좋아하는 사람에게 선물은 전혀 안하고 입으로 칭찬만 하면 좋아할 리가 없습니다.

5가지 사랑의 언어를 들여다보면 한 가지 공통분모가 있음을 발견합니다. 5가지 모두 그 목적이 '위로'라는 결과를 향하고 있다는 사실입니다. 사랑의 또 다른 말은 위로 또는 기쁨입니다. 불완전하고 외롭고 두려움이 드리운 인간에게 위로는 꼭 필요합니다. 고린도전서에 이어 1년 여 지난 후에 마게도냐에서 쓴 고린도후서는 위로의 하나님을 소개하며 시작합니다. 본서는 바울의 서신중에서 자서전 성격이 강하며 인간적 모습이 드러나 있습니다.

환난과 핍박속의 교회와 성도들에게 하나님의 위로가 없다면 큰일입니다. 위로는 서로가 한편이라는 전제가 있어야 이루어집니다. 가족과 친구와 교우들 간에 한편이라는 의식이 없으면 위로하기보다 상처를 주기가 쉽습니다. 하나님과 우리가 한편이라는 분명한 사실을 확인할 때 하나님의 위로를 받을 수 있습니다. 독생자를 십자가에 내어주셔서 우리의 죄를 대속하신 하나님이 우리와 한편이라는 사실은 전혀 의심할 필요가 없습니다.

(신 31:23) "여호와께서 또 눈의 아들 여호수아에게 명령하여 이르시되 너는 이스라엘 자손들을 인도하여 내가 그들에게 맹세한 땅으로 들어가게 하리니 강하고 담대하라 내가 너와 함께 하리라 하시니라"

한편이라는 표현이 부족하여 한 몸이라고 하십니다.

(요 17:21) "아버지여, 아버지께서 내 안에, 내가 아버지 안에 있는 것 같이 그들도 다 하나가 되어 우리 안에 있게 하사 세상으로 아버지께서 나를 보내신 것을 믿게 하옵소서"

성령으로 하나님의 자녀임을 인치시고 보증하셨습니다(22절). 아예 직설적으로 '너는 내 것이라고 하십니다(사 43:1). 위로의 헬라어 '파라클레세우스'는 '곁에서 부르다'는 의미이며 보혜사 성령님과 어원이 같고 자비가 외적 행위로 구체화된 것입니다(요 14:16-17).

하나님께로부터 온 말씀과 위로는 반드시 흐르게 되어 있습니다(사 45:10~11). 우리에게 온 하나님의 놀라운 위로는 이제 위로가 필요한 어려운 이웃에게 가게 됩니다(4-7절). 이 위로의 통로가 막히지 않도록 영적 감각을 가다듬어야 합니다. 내 살기도 힘든데 누굴 위로하는가에서

'위로받은 나의 사명은 위로하는 것이야'로 설정해 놓아야 합니다. 위로를 먼저 한 자는 자동적으로 위로가 다시 돌아오는 것을 경험하셨을 것입니다. 고난을 겪으며 하나님의 위로로 새로워진 바울은 권위적인 자세가

아니라 곁에서 돕는 위로자가 되었습니다(24절). 바울이 앞서 간 위로자의 길을 이기심의 힘을 빼고 따라가야 하겠습니다.

♦ 고린도후서 2장 성경칼럼

14절 | 항상 우리를 그리스도 안에서 이기게 하시고 우리로 말미암아 각처에서 그리스도를 아는 냄새를 나타내시는 하나님께 감사하노라

15절 | 우리는 구원 받는 자들에게나 망하는 자들에게나 하나님 앞에서 그리스도의 향기니

"속이지 못하는 3가지"

흔히 재채기, 가난, 사랑이라고 말합니다. 이 세 가지는 생리적, 생활적, 감정적인 것의 대표 격입니다. 저의 경험으로 볼 때 가장 감출 수 없는 것 중의 하나가 냄새라고 생각합니다. 냄새를 감추려고 향수를 뿌려 보지만 향기 역시 냄새입니다. 자기 직업에 따라 풍기며 그 냄새가 싫은 사람은 없애려 하지만 자기는 못 맡아도 상대방은 알아챕니다. 사람에게 있는 생각과 지식과 언어와 정신과 매너와 성품도 일종의 냄새입니다. 일면식이 없는 사람을 만나도 10분 동안 함께 있어 보면 어지간한 개성의 냄새는 맡을 수 있습니다.

2천 년대 초반에 중국 대련한인교회에 부흥회를 인도하러 카페리 호를 탄 적이 있었습니다. 안전(?)을 위하여 안 입던 허름한 무채색 점퍼를 입고 선상에서 밤바다를 보고 있는데 한 사람이 말을 걸었습니다. '목사님이시지요?' 깜짝 놀라 어떻게 알았느냐고 하니 그냥 느낌이 그러했다는 것입니다. 초면이지만 말이 트이니 자기의 기구한 인생의 사연(원양선박 1등기관사, 외도한 아내로 인한 이혼, 조선족 여자와의 재혼을 위한 방중)을 이야기합니다.

그 날 밤 예상치 않은 대화와 상담을 통하여 서로 위로가 된 적이 있었습니다. 저는 목사가 될 때 목사 냄새를 안 내고 살자며 다짐했었습니다. 여기서의 목사 냄새는 부정적인 캐릭터를 말합니다. 그런 면에서 이 사건은 초심의 다짐이 실패를 한 것처럼 보여 집니다. 분명한 것은 나도 모르는 순간 목사 냄새를 피우고 있었다는 것이 확인된 것입니다.

본장에서 바울은 그리스도인들은 반드시 그리스도의 향기를 낼 수밖에 없음을 말씀합니다(14절). 이것은 그리스도인들 끼리만이 아니라 믿지 않는 자에게까지 해당된다고 합니다(15절). 진짜 자랑할 것이 있는데 가만히 있을 사람이 없듯이 예수님을 믿는 복음의 향기를 감출 수 있겠느냐는 뜻입니다. 그리고 이 향기는 구원의 영역에 속하므로 심판의 냄새가 된다고 합니다. 예수의 향기라는 실체가 선과 악, 생명과 죽음의 두 가지 효력을 발생하게 된다는 것입니다(16-17절).

우리가 피우는 그리스도의 향기는 반드시 내세의 결말을 가져 옵니다. 생명의 냄새가 될 것인지 사망의 냄새가 될 것인지 성적은 매겨질 것입니다. 성적이 좋으면 세상의 빛과 소금이 될 것입니다. 이 냄새는 하나님의 말씀을 지켜 순전한 신앙으로 사는 것을 의미하기 때문입니다(17절). 우리는 각처에서 어떤 냄새이든 퍼트리고 다닐 것입니다.

♦ 고린도후서 3장 성경칼럼

6절 | 그가 또한 우리를 새 언약의 일꾼 되기에 만족하게 하셨으니 율법 조문으로 하지 아니하고 오직 영으로 함이니 율법 조문은 죽이는 것이요 영은 살리는 것이니라

17절 | 주는 영이시니 주의 영이 계신 곳에는 자유가 있느니라

"가슴 떨리는 문장"

성경을 읽다가 '이건 내 말씀이야' 라고 외칠 때가 있습니다. 가슴이 뛰고 눈시울이 시큰하고 성경을 덮어도 떠오르고 그와 연결된 꿈도 꿉니다. 객관적 하나님의 말씀이 로고스라면 레마는 개인에게 적용되는 주관적 말씀입니다. 3장의 배경은 바울의 사도 권에 대한 반론에서 출발합니다. 기존 열 두 사도의 시각에서 보면 바울은 사도로서 돌연변이로 보입니다. 사도의 자격 중의 기본이 예수님의 공생애와 상관이 있어야 하는데 바울은 이에 해당되지 않습니다.

이에 바울은 자신이 주님께 택함 받고 사명 받은 자임을 다메섹 간증을 통하여 누누이 이야기합니다. 그리고 결정적인 사도 권에 대한 증거를 대는데 그것이 바로 자신이 '새 언약의 일꾼'이라는 것입니다. 누구의 추천이 중요한 것이 아니라 '내가 한 사역의 열매를 확인해 봐라' 라고 합니다(1-5절). 이어서 옛 언약과 새 언약을 대조하며 그 능력과 영광의 차이를 설파하고 있습니다. 두 언약의 대조는 신구약 성경 전체를 해석하는 열쇠가 되므로 정리가 필요합니다.

옛 언약-새 언약, 문자(그람마)-영(프뉴마), 모세(세례요한)-예수님, 종(율법)-아들(은혜), 성막-성령이 거하는 몸, 돌판-마음판, 행위(자랑)-믿음(감사), 제사-예배, 안식일(절기)-주일(생활의 산제사), 정죄의 직분(죽임)-의의 직분(살림), 수건(못 봄)-거울(보임), 없어질 영광-길이 있을 영광, 그림자-실체, 흠이 있음-흠이 없음, 속박-자유입니다.

목적한 실체를 만나면 실체를 대신했던 그림자에게 연연하지 않습니다. 실체는 새 언약이신 예수님이시고 그림자는 구약에 나오는 구속의 예표들입니다. 그러므로 실체인 새 언약의 일꾼은 그 가치가 엄청난 것입니다. 하지만 신앙의 현장에서는 율법을 이용한 정죄 직분의 위력이 살아 있고 그 영광도 있습니다(7, 9절). 그 이유는 율법의 기능인 죄를 깨닫게 하고 심판을 두려워하며 그리스도를 갈급하게 찾게 하는 과정이 필요하기 때문입니다. 문제는 이 과정에 계속 머물러 있으면 안 됩니다.

주의 영의 자유 함을 누리는 것이 구원의 본질이기 때문입니다(17절). 교회가 율법을 가지고 목회하면 교회의 부흥과 성도의 관리 면에서 쉬운 측면이 있습니다. 나아가 육적인 풍성함과 영광도 분명히 있는 것을 많이 목격했습니다. 이런 공동체의 특징은 강력한 권위 아래에 일사불란하고 철저한 헌신과 헌금이 이루어지고 분란이 없는 모습이 이루어집니다. 하지만 자세히 들여다보면 영혼의 자유 함과 하늘이 주시는 희락과 자원함의 봉사에 무언가 허전함이 있습니다. 율법에는 저주가 병행되기에 늘 긴장하며 살수 밖에 없는 분위기를 감출 수가 없습니다. 신약성도는 주의 영의 자유 함을 누리는 인격적인 신앙생활로 초대된 자입니다. 새 언약의 일꾼이란 명칭은 대할 때마다 가슴이 떨립니다.

♦ 고린도후서 4장 성경칼럼

4절 | 그 중에 이 세상의 신이 믿지 아니하는 자들의 마음을 혼미하게 하여 그리스도의 영광의 복음의 광채가 비치지 못하게 함이니 그리스도는 하나님의 형상이니라

7절 | 우리가 이 보배를 질그릇에 가졌으니 이는 심히 큰 능력은 하나님께 있고 우리에게 있지 아니함을 알게 하려 함이라

"누구냐 넌?"

영화 '올드보이'에서 최민식(오대수)이 내뱉은 짧지만 굵은 명대사입니다. 비슷하지만 전혀 다른 질문을 해 봅니다. "누군가 난?" 지피지기 백전불태(적을 알고 나를 알면 백번 싸워도 위태하지 않다)의 손자병법에서 힌트를 얻어 만들어 보았습니다. 사람을 잘 파악하고 자신에 대하여 성찰할 수 있는 자가 인생의 강자라는 것은 이의가 없을 것입니다. 일반인(불신자)에서 진정한 그리스도인이 되기까지 쉽게 되었다고 생각하는 사람도 있을 것입니다. 그러나 저의 경험에서 살펴보면 그리스도인이 되기까지 녹록치 않았습니다.

산 넘고 물 건너 정글과 사막을 헤치고 하늘을 날라 지금 이 자리에까지 왔습니다. 그리스도의 영광의 광채가 나에게 오지 못하도록 혼미케 하는 이 세상의 못된 신들이 온갖 작업을 한 것이 틀림없습니다(4절). 세상의 가장 큰 기적은 다름 아닌 우리가 예수를 믿은 것입니다. 그러면 진정한 그리스도인의 자세는 무엇일까요?

첫째, 나의 정체가 보배를 담은 질그릇임을 아는 것입니다(7절). 보잘 것 없는 흙으로 만든 연약한 그릇인 나에게 영원 속에서 가장 귀한 보화인 그리스도가 담겨 있습니다. 다른 표현으로 하면 나의 몸이 성령의 전이 되었습니다(고전 3:16). 보화 되신 예수님을 자랑할 수 있고 그 보호와 능력을 힘입을 수 있게 되었습니다. 예수님을 태운 나귀처럼 쓰임 받게 되었습니다(막 11:2-3) 군중들은 나귀를 거들떠보지 않고 예수님을 향해 환호했지만 나귀는 기분이 좋았을 것입니다. 나귀나 우리나 보화를 모신 질그릇입니다.

둘째, 그리스도인이 되었다는 것은 인생의 어떤 고난과 위기에서도 이길 힘을 가졌다는 뜻입니다. 사방으로 포위를 당하여도 끝난 것이 아니며 답답한 일이 있어도 낙심하지 않습니다(8절). 박해를 받아도 버려진 게 아니고 누가 넘어뜨려도 망한 것이 아닙니다(9절). 오히려 이 모든 일들이 예수님을 믿는 실력을 드러낼 찬스가 됩니다(10절).

셋째, 세상의 기준이 아니라 영원의 가치를 위해 살게 됩니다. 세상에서는 나이가 들수록 외모가 시들고 힘이 쇠퇴해집니다. 하지만 그리스도인은 세월이 갈수록 속사람이 강성해지고 영적 아름다움으로 빛납니다(16절). 보이는 잠깐의 영화보다 보이지 않는 영광의 광채를 주목하며 살게 됩니다. 그리스도인은 처음보다 나중이 점점 좋아지는 특별한 여정이 예비 되어 있습니다. 개인적으로나 역사적으로 주님을 뵙는 영원세계의 절정의 날을 준비하며 살기를 원합니다.

♦ 고린도후서 5장 성경칼럼

10절 | 이는 우리가 다 반드시 그리스도의 심판대 앞에 나타나게 되어 각각 선악간에 그 몸으로 행한 것을 따라 받으려 함이라

14절 | 그리스도의 사랑이 우리를 강권하시는도다 우리가 생각하건대 한 사람이 모든 사람을 대신하여 죽었은즉 모든 사람이 죽은 것이라

고린도후서

"강권"

이중적인 뉘앙스가 있는 단어입니다. 사람은 본능적으로 누가 강요하는 것을 싫어합니다. '하려고 했는데 하라고 해서 안 할래'라는 우스운 광경이 수시로 일어납니다. 반대로 '먹는 것은 세 번은 권해 보아라'라는 말은 좋은 느낌의 강권입니다. 거절하는 상대에게 한 숟가락 만요'라고 미소 지으며 서너 번 권하면 응할 확률이 높아집니다. '나를 키운 건 8할이 바람 이었다'라는 미당 서정주의 고백을 많은 사람들이 공감합니다. 바람의 특징은 보이지 않지만 그 영향은 반드시 있기 때문이라고 해석됩니다.

그리스도인이 성숙해져 가는 과정에 그리스도의 사랑이 있습니다. 그냥 잔잔한 바람 같은 사랑이 아니라 폭풍 같은 강권의 사랑입니다. 어리석고 둔감한 인간이기에 강권하는 사랑이 아니면 느끼지도 못하고 변화도 안 되기 때문입니다. 이 강권의 사랑은 사람마다 다양하다는 것이 특징입니다. 어떤 사람은 당시에 뼈저리게 느끼고 다른 사람은 먼 훗날 회상해 보며 실감하기도 합니다.

기도응답의 경우에도 적용됩니다. '그 때 내가 기도한대로 되었다면 큰일 날 뻔 했어'라고 한 적이 한두 번이 아닙니다. 기도응답이 안된 것이 주님의 강권하시는 사랑이었던 것입니다. 찬양을 할 때 유달리 눈물이 나는 곡의 리스트를 만들어 본 적이 있습니다. 주님의 사랑을 주제로 한 것이 대부분이었습니다. 바울은 험한 사역의 과정에서 그리스도의 강권하시는 사랑을 얼마나 깊이 체험했는지 죽음과도 바꿀 수 없다고 고백합니다.

누구나 두려워하고 피하고 싶은 죽음의 공포를 고통의 종결로 보며 즐기는 수준까지 간 것을 간증합니다. 오히려 속히 이 육신을 떠나 주님을 뵙는 것을 진심으로 원하고 있습니다(1-8절). 다만 육신을 가지고 있는 동안에 화목하게 하는 직분의 일을 충실히 하고 싶을 뿐입니다(18-20절). 마지막 날 모든 인간의 심판은 영생과 영벌로 나누어집니다(마 25:46).

영생을 받은 그리스도인은 이제 상급의 심판이 남아 있습니다(10절). 그 상급의 기준은 세상 업적이 아닌 영혼에 대한 일로 주어집니다. 그리스도의 사신으로서 하나님과 불신자를 어떻게 화목하게 하였는지가 핵심입니다. 영혼에 대한 일과 영혼의 일을 하는 교회의 사역에 어떻게 힘을 다했는지를 정확히 잴 것입니다. 새로운 피조물로서 새 직분을 오롯이 감당하며 하나님의 의로 살아가기를 소원합니다(21절).

♦ 고린도후서 6장 성경칼럼

2절 | 이르시되 내가 은혜 베풀 때에 너에게 듣고 구원의 날에 너를 도왔다 하셨으니 보라 지금은 은혜 받을 만한 때요 보라 지금은 구원의 날 이로다

14절 | 너희는 믿지 않는 자와 멍에를 함께 메지 말라 의와 불법이 어찌 함께 하며 빛과 어둠이 어찌 사귀며

"소금, 황금, 지금"

예부터 가장 소중한 3가지 금이라고 알려져 있습니다. 소금은 생활필수품의 대표로서 생존에 없어서는 안 되는 것이고 황금은 소유의 대표로서 인간의 욕구와 필요를 채우는 것으로 소중합니다. 지금은 시간의 현재성을 말하는 것으로 선택을 잘 해야 한다는 뜻입니다. 과거와 미래가 모두 중요하지만 지금 내가 무엇을 어떻게 하는지가 가장 중요합니다. 세상 사람들은 주어진 시간을 자기 좋을 대로 쓰지만 그리스도인은 다릅니다. 지금 은혜 받아야 하며 오늘 당장 구원받아야 한다고 선언합니다.

A.D.55년 여름, 고린도의 가슴 아픈 방문을 한 바울이 후서를 쓰며 하나님의 은혜를 핵심 정리한 것입니다. 미래를 핑계 대다가 실족하는 일이 없도록 지금 은혜를 붙잡아야 합니다. 신앙생활을 하다가 배교하거나 실족한 사람들은 지금을 소홀히 한 것입니다. 노아의 방주에 들어올 많은 기회가 있었지만 그 때를 놓친 자들에게 더 이상 구원은 없었습니다.
(창 7:16) "들어간 것들은 모든 것의 암수라 하나님이 그에게 명하신 대로 들어가매 여호와께서 그를 들여보내고 문을 닫으시니라"

구원의 영역에 들어온 사람들은 성결한 생활에 초대된 것입니다. 성결한 생활을 위해서는 먼저 갈급함이 전제되어야 합니다. 거룩의 뜻은 분리

고린도후서

이기에 세상의 악한 것에 대하여 단호하게 절연하는 결단이 요구됩니다. 그리스도인은 믿지 않는 자와 멍에를 함께 메지 말고 불법과 함께 하지 말며 어둠과 사귀면 안 됩니다(14절). 벨리알(사단의 별칭)과 조화되려는 생각조차 하면 안 됩니다(15-16절). 믿지 않는 자와 어찌 한번 상관하려다가는 큰 낭패를 당할 수 있습니다.

하나님의 성전과 우상을 혼합시키려는 시도는 저주가 따라옵니다. 성도들이 멘토의 점검 없이 교회 밖의 모임에 참석하면 위험합니다. 사단도 광명의 천사로 가장하는 원리에 따라 변장한 이단을 순박한 성도들이 알아채기 어렵습니다(고후 11:14-15). 불량한 친구와 이웃과 타락한 문화를 가까이 하면 안 됩니다. 어느새 자신도 모르는 사이에 방탕함의 바이러스에 전염되는 것을 수없이 목격합니다(잠 7:23).

유튜브를 비롯한 sns 정보를 분별하는 것도 중요합니다. 믿음과 은혜를 위한 좋은 콘텐츠가 있지만 이단들이 훨씬 강세를 보이는 곳입니다. 좋은 말씀 9번 듣다가 이단 괴설 1번 들으면 타격받는 것이 인간의 영혼입니다. 독초 한 번에 평생 위장을 버리고 호기심으로 마약에 손을 대는 순간 인생을 망치는 것과 비슷합니다. 오늘 지금 은혜 받는 것이 거룩한 근원으로 쓰임 받는 비결입니다(17절).

♦ 고린도후서 7장 성경칼럼

1절 | 그런즉 사랑하는 자들아 이 약속을 가진 우리는 하나님을 두려워하는 가운데서 거룩함을 온전히 이루어 육과 영의 온갖 더러운 것에서 자신을 깨끗하게 하자

10절 | 하나님의 뜻대로 하는 근심은 후회할 것이 없는 구원에 이르게 하는 회개를 이루는 것이요 세상 근심은 사망을 이루는 것이니라

"딱 하나 좋은 근심"

걱정 근심 염려는 피와 뼈를 마르게 합니다(잠 17:22). 생명은 피와 뼈에 있는데 그것이 마르면 건강할 수 없습니다. 암에 걸린 사람의 대부분은 2-4년 전에 엄청난 근심과 스트레스를 받았다는 통계가 이를 증명합니다. 이토록 안 좋은 근심이 좋은 결과를 가져오는 경우가 딱 하나가 있습니다. '하나님의 뜻대로 하는 근심'입니다. 세상 근심은 사망을 가져오지만 하나님의 뜻대로 하는 근심은 구원에 이르는 하는 회개를 가져옵니다(9-10절).

문장대로라면 회개해야 구원받는다는 의미인데 우리가 배운 교리와 확연히 다릅니다. 구원은 하나님의 은혜로 받는 것이지 인간의 행위에 속하는 회개에 의하여 받는 것이 아닙니다. 구원의 서정에서도 회개(회심)는 중생(거듭남) 다음에 나옵니다. 중생한 신자만이 회개할 수 있다는 뜻인데 다른 의미가 있는 것이 분명합니다. 구원받은 신자의 회개는 구원받은 확신을 강화시켜 주고 증명하는 은혜의 열매입니다.

구원에 감격하며 구원받은 자로서 살고 싶은 소원은 간절한데 그렇지 못한 자신을 보며 마음을 찢고 돌이키는 것이 본질입니다. 이 거룩한 근심 때문에 몸부림칠 때 하나님의 위로를 받게 됩니다.

"보라 하나님의 뜻대로 하게 된 이 근심이 너희로 얼마나 간절하게 하며 얼마나 변증하게 하며 얼마나 분하게 하며 얼마나 두렵게 하며 얼마나 사모하게 하며 얼마나 열심 있게 하며 얼마나 벌하게 하였는가 너희가 그 일에 대하여 일체 너희 자신의 깨끗함을 나타내었느니라(11절)"

절절한 고백은 아이러니하게도 환난 중에 나옵니다.

(시 102:7) "내가 밤을 새우니 지붕 위의 외로운 참새 같으니이다"

신령한 근심은 하나님께서 유일하게 허락하는 고통이라고 부르고 있습니다. 가룟 유다는 세상 근심에 헤매다 하나님의 뜻대로 하는 근심인 회개에 이르지 못한 반면교사입니다. 하나님 뜻대로 하는 거룩한 근심은 역설적으로 폭발적인 영적 에너지를 뿜어냅니다. 내적 성숙을 향한 오직 예수라는 그물을 내리고 다른 길은 없다고 외치게 합니다.

구원받은 자들은 많지만 경건한 하나님의 사람은 성경에서 보듯이 흔하지 않습니다. 경건한 하나님의 사람은 하나님의 약속을 붙듭니다. 하나님을 두려워하여 하나님을 가장 우선순위로 모십니다. 거룩함을 온전히 이루어 나가려는 몸부림을 칩니다. 온갖 더러운 것에서 자신을 깨끗하게 하고자 하는 의지가 팽팽합니다(1절). 세상적인 근심은 다 주께 던지고 거룩한 영적 근심으로 고백하는 신자로 살기를 소원합니다.

(벧전 5:7) "너희 염려를 다 주께 맡기라 이는 그가 너희를 돌보심이라"

♦ 고린도후서 8장 성경칼럼

9절 | 우리 주 예수 그리스도의 은혜를 너희가 알거니와 부요하신 이로서 너희를 위하여 가난하게 되심은 그의 가난함으로 말미암아 너희를 부요하게 하려 하심이라

14절 | 이제 너희의 넉넉한 것으로 그들의 부족한 것을 보충함은 후에 그들의 넉넉한 것으로 너희의 부족한 것을 보충하여 균등하게 하려 함이라

"양날의 칼"

어떻게 쓰느냐에 따라 해악도 되고 유익도 되는 경우를 말합니다. 대표적으로 재물은 잘 쓰면 최고의 영향력과 행복을 가져오지만 잘못 쓰면 수치와 멸망이 닥쳐옵니다. 교인들은 헌금에 대한 가치관을 세워야 합니다.

교인들도 돈 싫어하는 사람 있으면 나와 보라고 하면 나설 사람 별로 없습니다. 그만큼 소유와 돈은 사람의 마음을 사로잡는 것이기에 영물 차원으로 올라가 있습니다. 이것을 너무나 잘 알고 계시는 주님께서 재물을 신의 반열에 놓고 말씀하셨습니다(마 6:24). 재물을 하나님과 대등하게 놓고 한쪽을 선택하라고 하십니다.

헌금이란 사람의 마음을 뺏는 영물에 자리한 재물을 하나님께 드려 주님의 일에 쓰임 받는 것입니다. 모든 인간에게 생명 같은 역할을 하는 돈을 헌금하는 것은 하나님을 돈보다 더 귀하다고 신앙 고백하는 것입니다. 나아가 이제 하나님께서 주신 것으로 살겠다고 결심하는 것이기도 합니다. 그러므로 헌금의 의미와 정신과 태도를 배우고 실천하는 것은 매우 중요합니다. 여기에서 신앙생활의 성공과 실패가 갈라지고 축복과 저주가 결정되는 수가 많습니다.

일단 성경에서 가르치는 헌금의 정신과 자세와 효력을 찾아보겠습니다. 예루살렘 교회의 기근으로 인한 구제헌금에 대한 권면이 배경이 되고 있습니다. 힘대로(3절) 하고, 정한대로 하며(고후 9:7절), 힘에 지나도록 하고(3절), 풍성하게 드립니다(2절). 자원함으로 하고(3절), 인색함이나 억지로 하지 않고(고후 9:7절), 미리 준비함으로 정성을 드립니다(고후 9:5). 거둠의 원리를 적용하고(9절, 고후 9:6, 8절), 헌금이 균등함(평등)을 이루는 것임을 알고 실천합니다(5절). 온전한 십일조의 실천을 위해 신구약에서 십일조의 원리를 배우고(말 3:7-12, 엡 5:9-10), 헌금과 연보와 봉헌이 하나님의 은사임을 알고 기도로 구합니다(13-15절).

기도를 배워서 해야 하듯이 헌금도 배워서 해야 합니다. 배우지 아니하면 기복신앙에 빠져 기독교인의 정체성을 잃고 맙니다. 부자라고 잘 하는 것도 아니고 가난하다고 못하는 것도 아닌 것이 헌금과 그 축복의 세계입니다. 헌금은 물질이 오가는 것을 넘어 화해와 사귐의 열매가 있다는 것을 초대교회에서 증명하고 있습니다.

신앙생활의 가장 예민한 분야이며 잘못하면 실족을 가져오는 헌금 부분에 훈련을 받아서 축복신앙으로 가야 하겠습니다. 물질의 청지기로 부름받은 그리스도인들은 그 물질 관리의 사명을 잘 감당할 때 재물의 부요함이 보장되어 있습니다(7-9절). 신앙 여정에서 만난 일군들이 이 훈련을 잘 받고 적용하여 축복의 사람이 된 것을 담대히 간증할 수 있습니다. 보물이 있는 곳에 마음이 있듯이 헌금생활은 복된 천국을 선 체험하는 것입니다(눅 12:34).

♦ 고린도후서 9장 성경칼럼

8절 | 하나님이 능히 모든 은혜를 너희에게 넘치게 하시나니 이는 너희로 모든 일에 항상 모든 것이 넉넉하여 모든 착한 일을 넘치게 하게 하려 하심이라

14절 | 또 그들이 너희를 위하여 간구하며 하나님이 너희에게 주신 지극한 은혜로 말미암아 너희를 사모하느니라

"이론과 실제, 이치와 기운"

이론에 강한 사람은 명분을 중요하게 여기고 실제에 노력을 하는 사람은 현실적 이익을 얻습니다. 이 두 가지는 서로 교차하고 조화하여 대세를 주고받으며 역사를 이끌어 갑니다. 헤겔의 변증법과 퇴계와 기대승의 사단칠정 쟁론은 이 주제를 다루었습니다. 신앙에 있어서도 원리에 강하고 성품이 강직하여 선비처럼 살아가는 사람이 있습니다. 반면에 계산이 빠르고 처세술이 능하여 이익을 남기는 현장에 강한 사람이 있습니다. 여기서 어

느 편이 옳고 그름을 따지면 결판이 나지 않습니다. 이것은 진리의 문제가 아니라 성향의 차이입니다.

그런데 신앙의 깊이에 들어가면 갈수록 이 두 성향의 차이가 좁혀지는 것을 발견합니다. 사도 바울이 연보와 헌금 이야기를 하면서 이것이 근본적 은혜와 관련이 있다는 사실을 여러 차례 이야기합니다. 헌금의 축복이 믿음과 은혜 없이는 어려운 것을 명확히 합니다. 역으로 헌금을 잘 했을 때 자연스럽게 따라오는 믿음의 진보와 관계의 행복도 강조합니다(8절). 연보의 위력은 단지 누구를 돕는 것을 넘어 봉사의 기쁨을 주고 화목의 열매를 거두게 됩니다(13-14절).

주님께서는 이 연보와 헌금의 귀함을 너무 잘 아셨기에 여러 번 언급하십니다.

(눅 12:33) "너희 소유를 팔아 구제하여 낡아지지 아니하는 배낭을 만들라 곧 하늘에 둔 바 다함이 없는 보물이니 거기는 도둑도 가까이 하는 일이 없고 좀도 먹는 일이 없느니라"

인간 최고의 관심이 보물이라면 그 보물이 가는 곳에 마음이 따라갑니다. 마음이 따라가니 그 곳과 그 사람이 잘되기를 바라는 기도를 하게 됩니다. 잘되기를 바라고 기도까지 하니 좋지 않았던 관계가 나쁜 감정은 사라지고 화목하게 됩니다.

혹시 미운 사람이 있다면 억지로라도 그를 위하여 기도하고 무엇이든지 도와줘 보십시오. 이전과는 반대의 감정과 관계가 내게 이루어진 것을 느낄 것입니다. 연보를 함으로서 뒤 따라 오는 영적 파급력이 신앙의 이론과 실제를 다 할 수 있게 되는 것을 알 수 있습니다. 헌금을 하는 자는 하나님께서 정해놓으신 파종과 수확의 법칙을 통해 믿음의 그릇이 만들어지게 됩니다(9-10절). '주머니가 회개하지 않은 자는 진정한 회개를 한 것이 아니다'라는 유명한 말이 있습니다. 물질은 진정성이 들어 있어 어떤 사람인지는 쓰는 돈의 내용과 똑같다는 뜻입니다.

다윗의 곤고한 도망 시절에 물질의 복을 멋지게 사용했던 바르실래의 축복은 참으로 귀합니다(삼하 17, 19장). 하늘에서 주어지는 물질의 복을 받아 착한 일을 넉넉하게 하는 하나님의 일군을 사모합니다. 성숙의 길에 큰 장애물이 되는 헌금과 재정의 테스트를 통과할 때 진정한 사역이 열립니다. 믿음의 족장들의 부요함이 성숙에 비례한 것이 그 증거입니다(창 26장).

♦ 고린도후서 10장 성경칼럼

4절 | 우리의 싸우는 무기는 육신에 속한 것이 아니요 오직 어떤 견고한 진도 무너뜨리는 하나님의 능력이라 모든 이론을 무너뜨리며

18절 | 옳다 인정함을 받는 자는 자기를 칭찬하는 자가 아니요 오직 주께서 칭찬하시는 자니라

"상대가 되어야 싸우지.."

스파링 파트너나 페이스메이커는 엇비슷해야만 상대자가 될 수 있습니다. 초등학교 선수와 대학교 선수는 맞붙을 수 없고 헤비급 선수와 플라이급 선수는 경기하지 않습니다. 바울 사도가 계속하여 그의 사도 권에 시비거는 자들에게 단호하게 이야기합니다. 영적인 사역을 하는 바울에게 육신적인 잣대를 들이대며 흠을 내려는 자들을 엄하게 경고합니다. 세상과 육신을 상대로 세상 것과 육신의 무기를 가지고 싸우면 질 수밖에 없다는 것을 강조합니다(3절).

바울은 진정한 영적 무기는 하나님의 능력임을 선포합니다(4절). 하나님의 능력만이 세상의 견고한 진을 격파하고 세상의 교활한 이론을 무너뜨릴 수 있습니다(4절). 하나님의 능력만이 인간 스스로 높아진 교만의 아성을 산산조각 낼 수 있습니다(5절). 하나님의 능력만이 자아로 똘똘 뭉친 인간적 생각들을 깨뜨려 하나님께 복종시킬 수 있습니다(5절).

저들이 자기 영역의 이권 때문에 바울을 시기하여 모함하는 내용이 참 한심합니다. 편지를 보니 무게도 있고 영력도 있어 보이는데 실물을 보니 외모도 언변도 별 볼일 없지 않느냐며 업신여깁니다(10-11절). 결국은 종합적 실력이 우리보다 못하지 않느냐며 디스(dis)합니다. 바울의 열매 론을 통해 자신을 변호하며 저들을 공박합니다. 나무는 그 열매를 보면 아는데 너희들이 시비를 거니 한번 비교해 보자고 합니다(12절).

첫째, 바울은 바로 고린도교회의 성도들이 자신의 열매임을 이야기합니다. 저들과 달리 바울은 복음을 전했고 양육하여 성장시켰고 영적 재생산까지 이루는 열매가 있었음을 들이댑니다(13-14절). 이것은 인간적 자랑이 아니라 주안에서의 자랑임을 밝힙니다(17-18절). 둘째, 바울이 저들과 결정적으로 다른 점은 영역 싸움에 참여하지 않은 것입니다. 영역 싸움이란 교권 욕으로 인간의 욕구의 꼭지 점에 있는 것이 명예욕과 권력욕입니다. 바울은 바로 이 부분에서 저들과 결정적으로 달랐습니다. 남의 터나 규범에 침범하여 사역한 적이 없었음을 분명히 합니다(15-16절).

성경 전체 맥락에서 묵상해 볼 주제는 일군의 분기점 이야기입니다. 하나님의 영적 일군과 육신적인 일군이 갈라지는 분기점은 하나님과의 관계입니다. 그분 앞에서 사는 것과 그렇지 않은 것의 차이입니다. 바울은 신전의식(Coram deo)에 민감하여 그 마음에 하나님이 가득 차니 세상의 것과 수단이 눈에 안 들어옵니다. 육신의 일군들은 욕심을 부려 쌓이고 싸이니 마음이 콘크리트처럼 굳어져 하나님이 들어 올 틈이 없습니다. 이 신전 의식은 처음에는 조그만 차이로 시작하다가 나중에는 좁혀지지 않는 간격으로 벌어집니다. 영적 대적자들을 이기려는 목적보다 성도의 보양을 위해 전투하는 바울의 마음을 투사해 봅니다.

♦ 고린도후서 11장 성경칼럼

3절 | 뱀이 그 간계로 하와를 미혹한 것 같이 너희 마음이 그리스도를 향하는 진실함과 깨끗함에서 떠나 부패할까 두려워하노라

4절 | 만일 누가 가서 우리가 전파하지 아니한 다른 예수를 전파하거나 혹은 너희가 받지 아니한 다른 영을 받게 하거나 혹은 너희가 받지 아니한 다른 복음을 받게 할 때에는 너희가 잘 용납하는구나

"다른 예수, 다른 영, 다른 복음"

우리는 듣기만 해도 섬뜩한 느낌인데 사람들은 신기하게도 잘 용납합니다(4절). 사람들이 이단들의 궤계를 잘 용납하는 이유는 그들이 뱀의 후예들이기 때문입니다. 선악과를 놓고 하와를 꾈 때 뱀의 간계는 달콤합니다.

(창 3:6) "여자가 그 나무를 본즉 먹음직도 하고 보암 직도 하고 지혜롭게 할 만큼 탐스럽기도 한 나무인지라 여자가 그 열매를 따먹고 자기와 함께 있는 남편에게도 주매 그도 먹은지라"

하나님과 같이 된다는 것은 하나님 슬하를 떠나 살 수 있다는 최고의 유혹입니다(창 3:5). 그 나무를 보니 먹음직하고 보암직하고 지혜롭게 해줄 탐스러운 모습이었습니다(3절). 하나님께 불순종만 하면 이 모든 것이 한방에 주어집니다. 이것이 자유의지가 있는 인간에게 온 영적 미혹의 실상

입니다. 바로 눈앞에 있고 볼 수 있고 느낄 수 있고 만질 수 있고 당장 먹을 수 있다는 매력 앞에 인간은 허물어져 내립니다. 하나님을 불신앙하고 불순종하여 치르는 지옥의 대가는 생각하지 못하게 합니다.

고난당하신 메시야가 아닌 변형된 '다른 예수'를 제시하며 미혹합니다. 인격적인 성령님이 아닌 마귀의 '다른 영'을 받게 합니다. 십자가와 부활이 빠진 사람의 필요를 채워주는 '다른 복음'을 받게 합니다. 그러면 하나님께서는 왜 사단의 일꾼들의 작업을 허용하셨을까요? 수많은 사람들이 저들의 간계에 빠져 악질의 신앙이 되고 허송생활을 하는 것이 너무 아깝습니다. 하나님의 깊은 뜻을 헤아리기가 어렵지만 기도하며 구해 본다면 두 가지로 정리해 볼 수가 있습니다.

첫째, 진정한 신앙은 고난과 시험을 통해서 연단되기 때문입니다. 이른바 '메기 효과'로 진정한 신자가 깨어 있게 만드는 것이라고 볼 수 있습니다. 우리는 거짓 선지자와 이단들의 도전을 이겨낼 수 있는 영분별의 은사와 강한 믿음의 훈련을 받아야 합니다. 그리스도를 향한 진실함과 깨끗함을 늘 깨어서 갈고 다듬어야 합니다(3절).

둘째, 사단의 일꾼들의 심판과 이단들의 유혹을 받는 자들의 책임 문제를 직시해야 합니다(15절). 저들의 마지막은 무저갱으로 바닥이 없는 깊은 구덩이라는 뜻입니다. 불못(계 20:14)에 던져지는 마지막을 안다면 눈앞의 미혹을 능히 이길 수가 있을 것입니다.

(계 20:10) "또 그들을 미혹하는 마귀가 불과 유황 못에 던져지니 거기는 그 짐승과 거짓 선지자도 있어 세세토록 밤낮 괴로움을 받으리라"

외적으로만 보면 바울이 고군분투하는 것처럼 보이지만 실제로는 하나님을 깊이 체험하는 것입니다(23-31절). 유혹하는 세상과 이단의 도전을 분별하고 담대하게 주님과의 동행을 즐겨야 합니다. 영적으로 한편이 될 수 없는 저들이 하는 것은 시비와 공격뿐임을 알고 대처하는 지혜가 긴요합니다.

♦ 고린도후서 12장 성경칼럼

2절 | 내가 그리스도 안에 있는 한 사람을 아노니 그는 십사 년 전에 셋째 하늘에 이끌려 간 자라 (그가 몸 안에 있었는지 몸 밖에 있었는지 나는 모르거니와 하나님은 아시느니라)

7절 | 여러 계시를 받은 것이 지극히 크므로 너무 자만하지 않게 하시려고 내 육체에 가시 곧 사탄의 사자를 주셨으니 이는 나를 쳐서 너무 자만하지 않게 하려 하심이라

"엄청난데 말할 수 없다"

바울이 셋째 하늘(천국)에 대하여 내린 결론입니다. 바울은 영적인 경험으로 볼 때 어느 누구보다도 탁월한 것을 나타낼 수 있지만 극도로 절제하고 있습니다. 다른 사람 이야기처럼 하지만 자신의 이야기임을 비출 뿐입니다(1~5절). 신앙생활에서 천국에 대한 계시와 환상(입신)에 대한 것은 엄청난 지식과 비밀에 속합니다. 누구에게 자랑하면 아이들 말로 껌뻑 죽는 기가 찬 경험입니다(4절).

이를 잘 알고 있는 거짓 일꾼은 가짜 간증으로 순진한 성도들을 속이는데 넘어가서는 안 됩니다. 입신의 경험은 주관적인 것이기에 개인적으로 믿음을 강화하고 간직하는 것이 좋습니다. 입신은 구원의 조건에는 들어가지 않습니다. 바울이 자기의 체험을 도전자들에게 비교하라고 제시할 뿐 자세히 이야기하지 않는 이유입니다(6절). 영적인 세계는 보통 인간이 경험하는 3차원의 세계를 초월합니다.

물리학은 4차원을 공간과 시간을 넘어서는 것으로 보는데 우주에는 양자역학을 비롯한 7차원의 세계까지 밝혀졌습니다. 한 예로 블랙홀은 시간과 공간이 사라지는 신비한 세계입니다. 이 4차원 세계 이후를 상상하며 그린 영화나 드라마들이 많습니다. 혹성탈출, 매트릭스, 마이너리티 리포트, 토탈 리콜, 인터스텔라, 전우치, 신과 함께, 별에서 온 그대, 더킹 등으로 날이 갈수록 비중이 높아지고 있습니다. 사람들의 영원세계에 대한 호기심과 사모함의 한 단면입니다. 삼층 천이란 보이는 우주의 물리적 7차원의 세계를 넘은 안 보이는 곳이니 그 경이로움 때문에 성경은 더 이상 계시하지 않습니다. 우리에게 예비 된 천국이 얼마나 설명이 어렵고 묘사도 하기 힘든 곳인지만 알면 됩니다.

천국 체험이 있고 최고 영적 차원에 있는 바울에게 육체의 가시는 풀기 힘든 난제이었습니다. '사탄의 사자'라는 부제가 붙었으니 현실적인 괴로움은 엄청났을 것입니다(7절). 그 병이 무엇이든 안 아팠으면 주의 사역에 훨씬 더 좋은 열매가 있지 않았겠습니까? 그러나 이것은 사람의 생각이고 하나님께서는 바울이 겸손하게 주님만 의지하는 자세를 원하셨습니다. 치유를 위하여 세 번이나 간구한 바울에게 주어진 응답은 '내 은혜가 네게 족하도다'입니다.

주님의 능력은 바울이 약할 때 온전하게 이루어진다고 말씀하십니다. 바울의 위대한 점은 병이 나아서 기뻐한 것이 아니라 주님의 뜻을 알고 크게 기뻐한 점입니다(9절). 이 사건은 약점 많은 주의 일군들에게 큰 교훈이 되며 위로를 주는 말씀입니다. 우리 대부분이 육체의 가시가 있고 건강한 사람이라 할지라도 치명적 약점이 없는 사람은 없습니다. 그런데 그 질병과 약점이 주님을 절대 의지하는 동력으로 사용된다면 역설적 은혜가 됩니다. '내 은혜가 네게 족하도다'는 나에게 주신 응답입니다.

♦ 고린도후서 13장 성경칼럼

5절 | 너희는 믿음 안에 있는가 너희 자신을 시험하고 너희 자신을 확증하라 예수 그리스도께서 너희 안에 계신 줄을 너희가 스스로 알지 못하느냐 그렇지 않으면 너희는 버림 받은 자니라

13절 | 주 예수 그리스도의 은혜와 하나님의 사랑과 성령의 교통하심이 너희 무리와 함께 있을지어다

"잘못 들어선 고속도로"

듣자마자 난감한 생각이 스쳐갑니다. 다시 돌아서 목적된 행로로 오기까지 시간과 경비에 손해를 봅니다. 혹시 동승한 사람이 힐난의 한 마디를 하면 기분이 확 나빠집니다. 저는 아차 하는 순간 인천공항 가는 고속도로를 타서 도로 비까지 내며 다녀온 적이 있습니다. 인생에서 이와 비슷한 일이 수시로 생기지만 수정하고 보완하고 반성하면 경험이라는 실력으로 바뀔 수 있습니다. 그런데 영적인 세계에서는 이 방향성을 바꾸기가 매우 어렵고 불가능하다는 생각까지 듭니다.

수많은 기회를 주었음에도 돌아서지 않고 고집스럽게 바울을 대적하는 무리들이 징글징글합니다. 오죽하면 바울은 세 번째 방문에서는 단호하게 그들을 용서하지 않겠다고 하겠습니까?(1-3절) 나아가서 고린도교회의 성도들에게도 너희 자신을 테스트하며 점검하여 확증하라고 심각하게 권면합니다(5절). 점검의 기준은 '주님이 너희 안에 계시는 것을 스스로 확인하라'입니다. 고전 3:16과 6:19에 나오는 것과 같은데 '스스로'라는 말이 추가되었습니다. 객관적인 내주를 이제는 주관적인 내주로 확인하라는 것입니다.

주님이 내 안에 거하심을 확인하면 이제는 내가 주인이 아니라 주님이 나의 주인이 되어서 살게 됩니다. 성령의 내주하심으로 주님의 주권이 이루어지고 계속 이어지면 그 방향의 길이 열리고 쭉 가도록 되어 있습니다. 바울은 진리를 행하는 이 길에 관성이 붙어 이제는 진리를 거슬려 살 수 없다고 고백합니다(8절). 진리의 고속도로로 들어섰으니 딴 길은 없고 진리의 성령님을 따라 살면 되는 것입니다. 성령님께 순종하겠다고 방향을 정하는 순간 신앙생활은 쉬워지고 하늘의 능력과 축복이 주어지도록 되어 있습니다.

이 반대의 방향으로 주님 없이 내가 주인이 되어 사는 것은 절대로 가면 안 되는 길입니다. 세 번째 방문에서 율법이 정한대로(신 19:15) 복음을 대적하는 자를 확정하겠다는 선언은 무서운 경고입니다(1-3절). 하지만 회개하기만 하면 다시 세워 마음을 합치고 하나님의 복을 나누겠다고 손을 내밉니다(10-11절).

바울은 서신을 마감하면서 성도들에게 전심을 다하여 성심껏 축복기도를 합니다(13절). 삼위일체 하나님의 위임을 받아 사도의 권위로 성도들에게 하고 있습니다. 이 기도가 신약교회의 전통적인 축도로 지금까지 이어져 내려오고 있습니다. 구약의 백성들이 제사장을 통하여 받았던 축도를 묵상하면서 깊고 아름다운 복을 누리시기를 기원합니다.

(민 6:24~26) "여호와는 네게 복을 주시고 너를 지키시기를 원하며 여호와는 그의 얼굴을 네게 비추 사 은혜 베푸시기를 원하며 여호와는 그 얼굴을 네게로 향하여 드 사 평강 주시기를 원하노라"

갈라디아서

♦ 갈라디아서 1장 성경칼럼

8절 | 그러나 우리나 혹은 하늘로부터 온 천사라도 우리가 너희에게 전한 복음 외에 다른 복음을 전하면 저주를 받을 지어다

10절 | 이제 내가 사람들에게 좋게 하랴 하나님께 좋게 하랴 사람들에게 기쁨을 구하랴 내가 지금까지 사람들의 기쁨을 구하였다면 그리스도의 종이 아니니라

"사계절을 겪어 봐야 한다"

사람을 쉽게 판단하지 말라는 뜻입니다. 화날 때의 감정 처리와 손해 받을 때의 대처와 위기 때의 극복 실력을 보면 그 사람의 진면목이 드러납니다. 사람에게 속아보기도 하고 상처를 받아 보고 배신도 당해 보면 사람을 신뢰한다는 것이 그리 쉽지 않습니다. 신앙은 흔들림과 시험이 없이 성숙되지 않습니다.

갈라디아서는 바울이 1차 전도여행 때에 설립하였습니다. 루스드라와 이고니온과 더베와 비시디아 안디옥이 남 갈라디아 지역입니다(행 13-14장). 본래 이교도의 배경을 가지고 복음을 받아들인 교회는 바울이 없는 동안 율법주의 거짓 교사들의 영향을 받게 됩니다. 할례 소동으로 율법과 복음을 혼동하게 되었고 바울은 이를 바로 잡고자 갈라디아서를 쓰게 된 것입니다. 갈라디아서는 이신득의의 구원과 함께 구원 생활도 믿음으로 이어가야 함을 강조함으로 '소 로마서'로 불리기도 합니다.

구원의 영광과 진리의 자유를 설파함으로 '기독교 자유의 대헌장'으로 일컬어집니다. 바울은 흔들리는 신앙을 복음으로 견고하게 뿌리내리기를 원하며 전투적으로 논박합니다. 온전한 복음을 전하는 자들과 다른 복음으로 속이는 자들을 엄격히 구별합니다. 온전한 복음이란 오직 예수님이 우리 죄를 대속하기 위해 몸을 드려 죽으신 것을 믿는 것입니다(4절). 예수님의 속죄외의 다른 어떤 것으로 구원의 방법을 제시하면 다른 복음이며 사단의 미혹입니다.

특별한 한 가지에 의해서 구원이 결정된다고 하거나 어떤 집단에 소속되어야 구원받는다고 하면 사이비입니다(요 4:21). 그것이 시대적으로 통하고 율법 준행의 열매가 있으며 하늘에서 내려온 천사가 전해 준다 하더라도 가짜이며 저주를 받습니다(8절). 비 진리에 대한 분별의 기준은 예수님에 대한 지식과 믿음입니다.

(요일 4:2) "이로써 너희가 하나님의 영을 알지니 곧 예수 그리스도께서 육체로 오신 것을 시인하는 영마다 하나님께 속한 것이요"

'육체로 오신 것'이란 하나님이신 예수님이 육체로 오셔서 하신 일인 '고난과 십자가와 부활'을 의미합니다. 이 주님의 사역을 시인하고 믿는 자여야만 바른 복음의 사람입니다.

바울은 너무나도 명쾌한 이 기준에 따라 동역의 관계도 설정합니다. 자신의 목회적인 욕망을 이루기 위해 복음의 사람이 아님에도 비위를 맞추고 기쁘게 하지 않았습니다. 오직 하나님이 좋아하시는 일만 해 왔으며 하겠다고 다짐합니다(10절). 이 결심은 즉흥적이거나 감정적으로 단기간에 이루어진 것이 아닙니다. 적어도 아라비아 사막에서의 3년과 무명에 가까운 14년의 수도생활과 훈련을 겪으며 내린 진주 같은 결단입니다(18절, 2:1). 복음의 사람들이 바울을 보면서 하나님께 영광을 돌리는 모습은 영적 아름다움입니다(22-24절). 온전한 복음을 소유할수록 신앙생활의 관계도 온전할 수 있다는 것을 확인할 수 있습니다.

♦ 갈라디아서 2장 성경칼럼

4절 | 이는 가만히 들어온 거짓 형제들 때문이라 그들이 가만히 들어온 것은 그리스도 예수 안에서 우리가 가진 자유를 엿보고 우리를 종으로 삼고자 함이로되

11절 | 게바가 안디옥에 이르렀을 때에 책망 받을 일이 있기로 내가 그를 대면하여 책망하였노라

"회귀본능"

귀소본능이라고도 하는데 살던 곳이나 익숙한 것으로 돌아가려는 강한 본능을 말합니다. 갈라디아서는 저작 연대가 신약성경에서 빠른 A.D.55년경에 쓰여 졌습니다. 예수님이 부활 승천하시고 불과 20여년 밖에 지나지 않았을 때입니다. 율법주의로 수천 년의 전통을 가진 유대인들에게 있어 율법으로 돌아가려는 회귀본능이 얼마나 강할지 능히 짐작됩니다. 오직 믿음을 그토록 강조해도 할례를 중심으로 한 율법 행위를 구원 조건에 첨가하려는 거짓 복음은 거세게 도전합니다. 행위를 동반한 믿음은 사람에게 자랑을 좋아하는 공명심을 채워 주기에 흡인력이 강합니다.

이런 배경을 이해하고 2장을 대하면 여러 상황과 인물의 모습이 밝히 보입니다. 교통이 안 좋고 책도 출판할 수 없고 정보 전달이 어려운 환경에 정확한 믿음 교육이 어려운 것은 당연합니다. 교회에 가만히 들어온 거짓 형제들로 인하여 은혜의 구원과 진리의 자유가 타격을 받게 되었습니다(4절). 바울과 게바(베드로)의 충돌은 이와 같은 현안을 배경으로 해석해야 합니다. 무얼 그리 강경하게 최고 지도자인 베드로를 책망하느냐고 바울을

힐난하는 사람도 있습니다.

그러나 바울은 진리의 복음을 정착시키기 위해서는 이 외식 사건을 그냥 넘겨서는 안 되는 것입니다. 이신득의의 교리가 무너지면 기독교 복음은 혼합적 이교도 종교로 전락되기 때문입니다(16-19, 21절). 바울이 뒤에서 베드로를 비방하지 않고 대면하여 책망하는 정공법을 취한 것은 문제해결의 귀감이 됩니다(11-14절). 결과적으로 제1차 예루살렘 공의회는 율법 혼합의 구원이 아닌 예수님의 대속으로만 구원에 이른다고 결의합니다(행 15:6-11). 바울의 하나님 중심의 행동이 베드로를 비롯한 주변 인물을 오히려 회복시킨 결과를 가져오게 되었습니다.

과거의 한 가닥 했을 때의 에너지가 나왔을 때 '살아있네'라는 말을 사용합니다. 고넬료 사건으로 이방인 구원의 직접 훈련을 받은 베드로도 자신속에 살아 있는 율법주의로 회귀할 뻔했습니다(행 10장). 바울의 초기 선교파트너로서 성숙한 성품의 바나바도 실수할 수 있었습니다(13절). 베드로가 바울과의 인간적 감정을 극복하고 사랑하는 동역자의 관계를 성취한 것은 속 좁은 우리에게 모범이 됩니다.

(벧후 3:15) "또 우리 주의 오래 참으심이 구원이 될 줄로 여기라 우리가 사랑하는 형제 바울도 그 받은 지혜대로 너희에게 이같이 썼고"

우리는 수천 년 동안 무속신앙과 도교와 불교와 유교의 DNA를 물려받아 탑지하고 살아온 민족입니다. 언제 어느 때 복음 아닌 이교도의 에너지가 불쑥 솟아나올지 모릅니다. 진정한 복음의 사람으로 살아가는 것은 훈련되지 아니하면 어렵습니다. 그리스도인의 소중한 묵상 구절인 20절의 철저한 인식과 실천이 진정한 자유를 누리는 삶으로 인도할 것입니다.

"내가 그리스도와 함께 십자가에 못 박혔나니 그런즉 이제는 내가 사는 것이 아니요 오직 내 안에 그리스도께서 사시는 것이라 이제 내가 육체 가운데 사는 것은 나를 사랑하사 나를 위하여 자기 자신을 버리신 하나님의 아들을 믿는 믿음 안에서 사는 것이라"

♦ 갈라디아서 3장 성경칼럼

10절 | 무릇 율법 행위에 속한 자들은 저주 아래에 있나니 기록된바 누구든지 율법 책에 기록된 대로 모든 일을 항상 행하지 아니하는 자는 저주 아래에 있는 자라 하였음이라

26절 | 너희가 다 믿음으로 말미암아 그리스도 예수 안에서 하나님의 아들이 되었으니

"퍼펙트(perfect)"

완전한, 온전한 이란 뜻의 형용사입니다. 야구에서 투수가 9이닝 이상 주자를 단 한 명도 내보내지 않고 승리했을 때 퍼펙트게임이라고 하며 투수 최고의 명예를 줍니다. 투수만 잘해서 되는 것이 아니라 야수들이 에러를 한 번도 안해야 됩니다. 42년 역사의 한국 프로야구에서는 아직 한 번도 없고 150 여년 역사의 메이저리그에서 20번이 나왔습니다. 여기서 인류 역사에서 단 한 번도 나오지 않은 퍼펙트가 있다면 무엇일지 생각해 보았습니다.

인간으로서 율법을 완벽하게 지키는 '퍼펙트 맨'은 단 한 명도 나올 수 없습니다. 율법 책에 기록된 대로 모든 일을 항상 행해야 하기 때문입니다(10절). 율법 책은 구약의 모세오경을 의미하는데 6,000개가 있고 압축한 613가지의 율법 조문이 있습니다. 이 모든 항목을 다 지켜야 하고 항상 동시에 지켜야 합니다. 역설적 퍼펙트로 아무도 어느 시대도 율법 준수의 행위로 구원받는 것은 불가능하다는 결론입니다.

성경은 신구약을 통해 인간의 전적부패를 선인합니다(롬 3:10-13, 렘 17:9). 바울은 이전에 갈라디아 교회의 성도들에게 율법으로 구원받는다는 것은 불가능하다고 철저히 가르쳤습니다. 예수님의 십자가의 대속으로만 죄 사함 받아 구원에 이르게 되는데 그들이 어리석게도 다시 율법으로 돌아가려 합니다(1절). 그것은 어리석은 것을 넘어 그리스도의 십자가의 죽음을 거부하고 무효화시키는 것입니다. 그들에게 성령으로 시작하였다가 육체로 끝마치려 하느냐며 강한 질책을 합니다(3절).

그럼 하나님으로부터 주어진 율법은 무엇 때문에 주셨으며 어떤 기능을 가지고 있을까요? 율법의 역할은 구원의 과정에 매우 중요합니다. 죄를 깨닫게 하고(롬 3:20) 죄를 정하고 심판에 이르게 합니다(22-23절). 죄에 대해 절망하면서 구원의 길을 갈망하게 하고(24절) 하나님의 뜻으로서 구원 이후의 생활에 기준이 됩니다(롬 7:12). 율법은 구원의 방도는 될 수 없지만 구원의 도구로 활용됨을 알 수 있습니다.

바울은 이 부분을 설명하기 위해 아브라함을 동원합니다. 모세 때에 주어진 율법을 430년 전 사람인 아브라함은 알지 못합니다. 아브라함은 율법이 아닌 오실 메시야 인 예수님의 의로 구원받음으로 믿음의 조상이 되었습니다(16-18절). 예수님을 믿고 구원받았다는 것은 이전의 죄의 옷이 아니라 새로운 의의 옷이 입혀졌다는 의미입니다. 구약의 율법을 지킬 수 없다고 방종 한다면 율법보다 엄정한 예수의 의를 무시하는 것이 됩니다. 몸은 변화가 어렵지만 옷은 무슨 옷을 입느냐에 따라 행동의 변화를 가져옵니다. 그리스도의 옷은 성도에게 주어진 옷으로 우리가 그리스도를 나타내고 있는 것입니다(27절, 마 5:16).

♦ 갈라디아서 4장 성경칼럼

4절 | 때가 차매 하나님이 그 아들을 보내사 여자에게서 나게 하시고 율법 아래에 나게 하신 것은

5절 | 율법 아래에 있는 자들을 속량하시고 우리로 아들의 명분을 얻게 하려 하심이라

"국화 옆에서"

'한 송이 국화꽃을 피우기 위해 봄부터 소쩍새는 그리 울었나 보다' 서정주의 '국화 옆에서'의 첫 번째 연입니다. 가을의 국화꽃과 봄의 소쩍새는 별 상관이 없어 보이는데 시인의 눈에는 그렇지 않은가 봅니다. 하나의 꽃도 봄부터 가을까지 수많은 원인과 조건이 작용하는데 인간이라는 존재는 얼마나 신비할까를 묻고 있습니다.

우리는 '때가 차 매' 그리스도를 이 땅에 보내기까지 얼마나 많은 준비와 예고편이 있었는지를 알고 있습니다(4절).

(히 1:1) "옛적에 선지자들을 통하여 여러 부분과 여러 모양으로 우리 조상들에게 말씀하신 하나님이"

구약의 선지자들이 하나님께로부터 받은 예언이 집중하여 가리키는 곳은 오직 예수였습니다. 구약에서 하나님의 사람의 어떤 부분과 모양이 바로 예수님을 보여주는 그림자이었습니다.

드디어 때가 차서 여자에게서 나게 하셔서 육신이 되신 예수님은 바로 하나님입니다(요 1:1).

(요 1:14) "말씀이 육신이 되어 우리 가운데 거하시매 우리가 그의 영광을 보니 아버지의 독생자의 영광이요 은혜와 진리가 충만 하더라"

여자(동정녀)에게서 나셨다 함은 아담의 원죄와 상관없는 성령 잉태의 성육신임을 선포하는 것입니다(4절). 율법 아래 나셨다 함은 완전한 인간으로 오신 것을 가리킵니다. 그래서 율법 아래의 죄인인 우리를 속량하실 수 있는 '자리'로 오셨습니다(4절).

그 구속으로 우리는 하나님의 아들의 명분을 얻게 되었습니다(5절). 율법의 종이었던 우리가 이제 아들의 영을 받아 하나님을 '아빠 아버지'라고 부르게 되었습니다(6절, 롬 8:15). 예수님이 이 땅에 오셔서 구속사역을 성취하신 것은 실재이며 역사적 사건입니다. 내가 예수님을 믿고 영접하여 그리스도인이 된 것도 실존이고 주관적으로 경험한 일입니다. 때가 차서 메시야의 구속이 이루어지듯 나의 구원도 많은 관계와 작용과 협력으로 이루어졌음이 확실합니다.

한 송이 국화꽃을 피우기 위해 봄부터 가을까지 빛, 바람. 비. 온도, 흙, 벌레. 새, 사람의 눈길이 작용하였듯이 나에게도 하나님이 그리하셨습니다. 하나님께서 나에게 이루신 구원은 세밀히 살펴보면 신비한 영광이 도처에 스며 들어와 있습니다. 구약에서 같은 아브라함의 여인임에도 사라와 하갈이 다른 길을 가듯이 우리의 길도 정해져 있습니다. 종이 아닌 자유자이고 시내 산이 아닌 예루살렘이고 이스마엘이 아닌 이삭이며 육체를 따라 난 자가 아니라 성령을 따라 난 자입니다(22-29절).

율법 위에 선 복음의 은총을 받은 우리에게 이제 그리스도의 형상을 이루는 길이 펼쳐져 있습니다(19절). 그리스도의 형상을 이루는 일이 얼마나 어렵고 힘든 고통인지 해산의 수고와 견주고 있습니다. 전도와 양육을 해산의 수고로 설명한 바울의 심정을 깊이 공감합니다. 공감 뒤에 떠오르는 것은 해산의 수고는커녕 영혼을 지레 포기해 버린 부끄러움입니다. 주님께

죄송한 흑 역사를 딛고 다시 일어서야 하겠습니다.

♦ 갈라디아서 5장 성경칼럼

13절 | 형제들아 너희가 자유를 위하여 부르심을 입었으나 그러나 그 자유로 육체의 기회를 삼지 말고 오직 사랑으로 서로 종 노릇 하라

24절 | 그리스도 예수의 사람들은 육체와 함께 그 정욕과 탐심을 십자가에 못 박았느니라

"저절로 되는 일?"

저절로 되는 일이 있고 엄청 노력해야만 겨우 되는 일도 있습니다. 자신을 위한 일이나 어린 자녀를 사랑하는 일은 누가 시키지 않아도 쉽게 됩니다. 하지만 부모에게 진정으로 효도하는 것과 이웃을 사랑으로 섬기는 일은 있는 힘을 다해 몸부림쳐야 할 수 있습니다. 일의 성취 여부는 하고 싶은 동기와 해낼 수 있는 능력이 있느냐로 결정됩니다. 하고 싶어도 실력이 없으면 못하고 능력이 있어도 하고 싶은 마음이 없으면 무위로 돌아갑니다.

신앙생활의 영역에서 먼저 점검해야 하는 것은 하나님의 뜻을 행하고 싶은가입니다. 제가 감각적으로 느끼기에는 이미 이 부분에서 7-80%는 탈락되었다고 판단됩니다. 이 아픈 현실의 뒤안길에는 아이러니하게도 그리스도인의 자유가 있습니다. 예수님의 대속으로 율법의 멍에를 벗은 그리스도인에게 주어진 자유를 방종으로 오용하게 된 것입니다(13절). 그 이유는 율법으로 돌아가려는 관성 때문이기도 하지만 근본적인 문제는 성령님과의 관계입니다.

성령의 다스림으로 저절로 하나님의 뜻대로 사는 시절이 분명히 있지만

현실적으로 그리 길지 못합니다. 신앙은 기복이 있게 되어 있고 심지어 성령을 소멸한 것처럼 보이는 시기도 있습니다(살전 5:19). 여기서의 해결 방안을 '다시 성령 충만을 위하여 기도하자'라고만 할 수 없습니다. 왜냐하면 성령 충만의 기본 단계를 탄탄히 다지는 일이 절대 필요하기 때문입니다.

성령 충만의 단계에 이르기 전에 십자가와 부활이 있었습니다. 십자가와 부활은 예수님이 다 하신 것이지만 영적인 실제는 우리가 주님과 함께 연합하여 죽고 살아난 것입니다(롬 6:3-6). 그 십자가에서 우리의 세 가지가 함께 못 박혀 죽었습니다. 육체와 정욕과 탐욕으로 이미 이루어진 과거 완료형입니다(24절). 이 기본적인 영적 실제상황의 바탕위에 성령을 따라 행하는 나의 자유의지가 발동해야 합니다.

자유가 주어진 그리스도인에게 육체의 욕심을 따르지 않는 길은 이 십자가의 일을 확인할 때 주어집니다. 영적 갈망의 동기부여를 위해 육체의 일과 성령의 열매를 대비하는 작업을 해 보겠습니다. 육체의 일은 음행과 더러운 것과 호색과 우상 숭배와 주술과 원수 맺는 것과 분쟁과 시기와 분냄과 당 짓는 것과 분열함과 이단과 투기와 술 취함과 방탕함으로 대가는 하나님 나라의 유업을 받지 못합니다(19-21절).

성령의 열매는 사랑과 희락과 화평과 오래 참음과 자비와 양선과 충성과 온유와 절제로 실천하면 영적으로 천하무적입니다. 빛과 어둠, 스산함과 화사함, 더러움과 청량함, 피폐함과 생동감, 음울함과 즐거움, 절망과 소망, 종과 아들, 얽매임과 자유함, 형벌과 유업이 교차되고 있습니다. 반대적인 두 분위기를 얼핏 살펴보아도 우리의 선택은 쉽습니다. 사랑이 일하게 하는 성령을 따라 행해야 하겠습니다(16, 25절).

(요 15:5) "나는 포도나무요 너희는 가지라 그가 내 안에, 내가 그 안에

거하면 사람이 열매를 많이 맺나니 나를 떠나서는 너희가 아무 것도 할 수 없음이라"

♦ 갈라디아서 6장 성경칼럼

7절 | 스스로 속이지 말라 하나님은 업신여김을 받지 아니하시나니 사람이 무엇으로 심든지 그대로 거두리라

17절 | 이 후로는 누구든지 나를 괴롭게 하지 말라 내가 내 몸에 예수의 흔적을 지니고 있노라

"돈에 울고 사랑에 속고"

왕년에 이 말을 안 들어본 사람은 거의 없을 것입니다. 여기에 제가 한 마디를 첨가하자면 '스스로 속인다'입니다. 자신에게조차 솔직하지 못한 인생의 슬픈 자화상입니다. 스스로 속이는 일은 영적으로 하나님을 업신여기는 것이라고 말씀합니다. 하나님께서는 아주 쉽고도 정확하게 알려 주시는데 인간은 알지 않으려 하고 믿지 않으려 합니다.

심은 대로 거두는 법칙은 이 세상이 존재하는 한 존속하는 원리입니다. 이 원리가 무너지면 다른 모든 법칙도 무용지물이고 극단적으로는 먹고 살 방법도 없습니다. 과거의 심음으로 지금의 상황이 있고 지금의 애씀이 미래의 열매로 맺혀진다는 것은 하늘이 정해준 일반원리입니다. 일반원리라는 것은 모든 사람들에게 적용되는 것이며 신자구원의 특별원리와 구분됩니다.

여기에 대항한 현대인의 생각과 생활 방식이 '욜로(yolo)족'입니다. 욜로란 뜻은 '인생은 한 번 뿐이다(you only live once)'라는 뜻으로 불확실한 미래보다 현재의 행복과 즐거움을 우선으로 여기고 사는 것입니다. 성

경의 여러 군데에서 이를 지지하는 듯한 성구를 발견합니다. 그러나 그 성구의 전제조건은 하나님 앞에서 믿음을 가지고 자족하며 사는 지혜를 뜻합니다. 보이는 현재의 육신적 쾌락을 위하여 미래는 생각하지 말고 함부로 살라는 권고는 절대 아닙니다. 선을 행하고 착한 일을 하는 것은 성령으로 영적인 씨를 심는 일입니다(7-9절). 어느 농부가 봄에 씨를 심지 않고 가을에 거둘 것을 기대하겠습니까?

너무나도 당연한 이 영육간의 원리를 외면하고 행동한다면 스스로 속이는 것이며 하나님을 업신여기는 것이고 그 결과는 비참할 것입니다. 성경에서 심고 거둠의 원리는 몇 가지로 나타납니다. 1.시기에 맞추어 좋은 씨(선한 일)를 심는다. 2.심는 양에 따라 수확하는 양도 결정된다. 3.때가 되어야 거둘 수 있기에 인내와 뚝심이 필수적이다. 4.하늘이 도와야 열매를 거두기에 겸손해야 한다. 5.적어도 30배, 60배, 100배의 수확을 얻는다. 6.나쁜 씨(악한 일)는 저주의 열매가 있음을 각별히 새겨야 한다. 7.영적인 거둠이 있음을 알아야 하며 이는 내세로까지 이어 진다 입니다.

육적인 농사 이야기를 통하여 영적 사역의 약속을 확인해 보았습니다. 바울은 영적 농사꾼의 자세로서 자신의 잘남이 아니라 십자가만 자랑한다고 선언합니다(14절). 이 영적 농사의 여정에는 고난과 위기가 있겠지만 그 영광으로 '예수의 흔적'이 새겨졌다고 간증합니다(17절). 예수의 흔적은 그리스도인과 십자가 군병으로 몸과 마음과 영에 새기고 싶은 비밀스러운 목표입니다. 은혜의 통로가 되고 영적 경고와 도전을 준 사도 바울에게 고마움을 전합니다.

에베소서

♦ 에베소서 1장 성경칼럼

4절 | 곧 창세전에 그리스도 안에서 우리를 택하사 우리로 사랑 안에서 그 앞에 거룩하고 흠이 없게 하시려고
23절 | 교회는 그의 몸이니 만물 안에서 만물을 충만하게 하시는 이의 충만함이니라

"꾹꾹 눌러 쓴 연애편지"

자세히 보니 떨어진 눈물 자국도 보이고 살결도 스미어 있고 숨소리도 담겨 있습니다. 사랑하는 자에게서 이런 편지를 받는다면 읽고 또 읽어 외워 버릴 것입니다. 에베소서를 읽으며 이와 같은 마음이 든 사람이 저만이 아닐 것입니다. 어느 문장 어느 단어도 아까워서 허투루 넘어갈 수 없습니다. 이토록 장대하고 엄위하며 존귀하고 능력적인 글을 성경 말고는 본 적이 없습니다. 영적인 연애편지를 읽으면서 받는 감동은 세상의 모든 것을 다 준다 해도 바꿀 수 없습니다. 마치 하나님의 아들의 피로 쓴 것 같은 기운이 전달되어 몸 둘 바를 모르겠습니다.

세상의 수많은 에픽(epic. 대서사시, 전설적)적 글을 만나 봤지만 상상과 허구와 조작의 기운을 눈치 챌 수 있었습니다. 성경은 역사에서 실제로 이루어진 일이 기록되었기에 사람의 입맛에 맞게 조미료(가식)를 첨가하지 않았습니다. 에베소서는 빌립보서와 골로새서와 빌레몬서와 함께 옥중서신으로 분류됩니다. 바울은 가이사랴와 로마에서 감옥 생활을 하였는데 내용으로 보아 로마에서 저술한 것으로 보입니다(행 28:30, 빌 1:13).

1차 수신자는 에베소교회이지만 회람용으로 여러 교회에 주어졌고 궁극적으로는 그리스도 안의 모든 성도가 수신자입니다. 바로 나에게 주어진 서신이며 교회의 오묘한 의미와 성도의 고상한 지위와 신앙생활의 복락을 알려줍니다. 세상의 어떤 힘도 사람을 변화시키지 못하지만 성경을 읽으면 근본적 변화가 일어납니다. 반대로 말씀은 하나님의 현현이기에 훼손하거나 말살시키려는 자들은 저주를 받습니다(요 1:1, 계 22:18~19).

1장에서 청천벽력처럼 다가오는 말씀은 '예지예정'으로 '미리 알고 미리 정하셨다'는 뜻입니다. 그것도 인간의 상상이 불가능한 창세전에 나를 알고 선택하시고 구원하셨다고 선언합니다(4절). 그와 연관된 문장이 4절이나 나오는데 틀림없다는 보증입니다(4, 5, 9, 11절). 전지전능하신 하나님께서 세밀한 계획(경륜)에 따라 성취하신 구속의 사역이 바로 나의 구원입니다. 독생자 아들을 통해 하나님의 아들의 신분을 주고 하나님의 기업이 되게 하였습니다(11절).

바울은 아들의 신분을 주었으니 그 근본에서 영적 기업과 신령한 복이 주어지도록 기도하고 있습니다(16-19절). 우리를 거룩하고 흠이 없게 하시는 것이 하나님의 목적입니다(4절). 이 신묘한 여정 속에 주님의 몸 된 교회가 우뚝 서 있습니다. 교회는 주님이 머리가 되심으로 하나님과 일체가 됩니다. 유형의 교회가 언뜻 시시해 보여도 실상은 하나님의 피로 사신 교회(행 20:28)이고 최고의 영광된 실체임을 직시해야 합니다(22-23절). 주님의 마음을 품고 유 무형 교회를 섬기는 자가 그와 연관된 영육간의 복을 받는 이유입니다. 신비한 구원과 함께 눈앞의 몸 된 교회를 주신 주님께 찬양과 영광을 올립니다.

♦ 에베소서 2장 성경칼럼

2절 | 그 때에 너희는 그 가운데서 행하여 이 세상 풍조를 따르고 공중의 권세 잡은 자를 따랐으니 곧 지금 불순종의 아들들 가운데서 역사하는 영이라

6절 | 또 함께 일으키사 그리스도 예수 안에서 함께 하늘에 앉히시니

"하나님도 어쩔 수 없는 사람?"

전능하신 하나님께서는 못하실 일은 없지만 사람에 대하여는 어쩔 수 없는 사람이 분명히 있습니다. 하나님께서는 모든 사람이 다 구원받기를 원하시지만(딤전 2:4) 실상은 구원 못 받는 사람이 많다는 게 그 증거입니다. 혹자는 하나님께서 어쩔 수 없는 사람을 35가지를 찾아냈는데 다 맞는 내용이었습니다. 거듭나기 전의 모든 인간은 죄와 허물로 죽은 자이며 직설적인 표현은 '영적 시체'입니다(1절). 심판 적 측면으로는 지옥에 있는 것이라고 보면 됩니다. 자연인이 우리가 경험한 하나님 나라의 의와 평강과 희락(롬 14:17)을 아무리 이야기해도 못 알아듣는 것은 당연합니다. 세상 풍조에 세뇌되어 힘과 이익을 좇아가고 마귀에게 복종하여 사는 자에게 복음을 들을 수 있는 영적 귀는 없습니다(2절).

하나님의 뜻을 알 수도 없고 순종할 수도 없는 본질상 진노의 자녀라는 그 범주에 나도 속해 있었습니다(3절). 그러면 그리스도인이 된 지금의 나에게 대체 무슨 일이 일어난 것일까요? 하나님의 은혜인 믿음이 임하였으며 이것은 전적인 하나님의 선물입니다(8절). 왜 하필 내가 은총을 받은 것인지 질문한다면 정답을 말하기도 두렵습니다. 신비라고 말하거나 천국 가서 주님께 여쭤 볼 수밖에 없습니다. 정확한 이유를 모르기에 자랑은 금물입니다(고전 1:29).

은혜의 내용은 예수님과 함께 십자가에 죽었고 부활할 때 함께 연합하여 일어난 것입니다(5절). 나아가 예수님이 승천하셔서 하나님 보좌 우편에 앉으실 때 우리도 연합하여 함께 앉았다고 완료형으로 선포합니다(6절). 이 일은 지금 나의 상태와는 상관없이 하나님이 이미 이루어 놓으신 일로 '그리스도 안(엔 크리스토)' 교리입니다. 인간에게 있는 시간과 공간 개념은 하나님에게는 아무 상관이 없습니다. 그러하기에 구원받은 나의 영적 주소는 이미 하나님 보좌 우편으로 정해졌습니다. 이 상태를 교리적인 용어로 승귀(ascension)라고 합니다.

(빌 3:20) "그러나 우리의 시민권은 하늘에 있는지라 거기로부터 구원하는 자 곧 주 예수 그리스도를 기다리노니"

성경은 우리의 구원에 있어서 은혜와 믿음을 강조하고 구원생활에 있어서는 선한 일을 하라고 명령합니다(10절). 이 선한 일은 세상 기준이 아니라 하나님께 속한 일을 의미합니다. 이 선한 일의 하나가 화평케 하는 직분입니다. 유대인과 이방인의 적대적인 관계를 해결하는 역할을 초대교인들에게 맡겼습니다(11-19절). 그 결과로 교회는 국경을 넘어 차별 없이 어우러지고 나그네도 가족처럼 교제가 되는 마당이 되기 시작합니다.

구원은 그리스도의 속량으로 값없이 은혜로 받습니다. 하지만 구원생활은 하나님의 권속(가족)으로서 의지를 가지고 수고해야 합니다. 이 지어져 가는 영적 가족을 교회라고 하며 원어(에클레시아)의 뜻대로 세상에서 불러낸 거룩한 무리입니다(20-22절). 교회에게 최상급의 충만을 선사하는 하나님의 뜻을 되새기며 교회를 섬겨야 하겠습니다(1:22-23).

♦ 에베소서 3장 성경칼럼

17절 | 믿음으로 말미암아 그리스도께서 너희 마음에 계시게 하시옵고 너희가 사랑 가운데서 뿌리가 박히고 터가 굳어져서

20절 | 우리 가운데서 역사하시는 능력대로 우리가 구하거나 생각하는 모든 것에 더 넘치도록 능히 하실 이에게

"엄마, 내 생각 주머니는 없는 거야?"

아들이 말을 배우고 나서 자기 생각과 다른 엄마에게 툴툴거리며 자주 하던 멘트입니다. 입장을 바꿔서 생각해 보는 것은 인간관계의 갈등을 해결하는 열쇠입니다. 감옥에 갇힌 바울의 처지를 입장을 바꾸어서 생각해 보았습니다. 사도행전에서 억울하게 감옥에 갇혔지만 그에게는 그곳을 새로운 사역지로 바꾸는 발상과 행동을 한 것을 목격했습니다(행 16:19~40). 그는 여기서 한걸음 더 나아가 감옥에서의 '육체 제한적 환경'을 '영적 수련의 터'로 바꾸어 서신을 쓰기 시작합니다(1절). 로마에서의 연금이라는 환경이 오히려 영적 깊이가 필요한 저작의 모태가 되었습니다.

바울의 저서 13권 중에서 감옥에서 쓴 책이 5권(엡, 골, 빌, 몬, 딤후) 정도 됩니다. 어쩌면 감옥 이라는 환경이 아니었다면 옥중서신과 똑같은 작품은 나오지 못했을 수도 있습니다. 한국교회는 코비드-19라는 희한한 감옥에 한동안 갇혀 있었습니다. 한국 성도들도 바울의 감옥 생활이 합력하여 선을 이루었듯이 영적 성찰과 성숙의 기회로 삼으면 좋겠습니다.

바울의 환경을 초월한 역동적 사역의 힘은 어디에서 나왔을까요? 소명의식(7-8절)과 사명감(9-12절)입니다. 소명을 주신 전능하신 하나님을 신뢰하며 소명 내용이 이방인을 위한 사도임을 한시도 잊지 않았습니다(1, 6절). 이 존

귀한 선물에 대한 반응이 철저한 사명감입니다. 그가 결단코 자신의 이익이나 감정이나 명예에 따라서 좌우되지 아니한 것은 영적 사명감 때문입니다.

바울의 사명감에서 뿜어져 나오는 기도의 내용을 읽을 때마다 솟구치는 감격이 있습니다(13-19절). 어쩌면 기도가 이렇게 능력 있고 멋지고 아름다울까요? 그중의 한 구절에서 '성령의 내재'에 대한 의문의 정답을 찾았습니다. 예수님이 내 안에 거하신다는 것을 확인하는 길은 오직 믿음을 구사해야 한다는 말씀입니다(17절). 믿음이 있으면 주님이 내 안에 계심을 의심 없이 알 수 있고 믿음이 없으면 그 반대입니다.

또한 기도에 대한 놀라운 선물이 등장합니다. 우리가 '구하거나 생각하는 모든 것'이 바로 기도라는 구절입니다(20절). 구하는 기도와 나의 생각이 동격으로 나옵니다. 두 가지 똑같이 주님이 더 넘치도록 능히 응답하신다고 약속합니다. 주님 뜻대로 생각을 잘하는 것이 얼마나 중요한지를 알 수 있습니다. 경험적으로 보면 기도보다 생각이 하나님 앞에 더 솔직한 경우가 많습니다. 성경 묵상을 통해 하나님께서 기뻐하시는 생각을 한다면 그것이 바로 기도가 되고 응답으로 이어질 것입니다.

♦ 에베소서 4장 성경칼럼

1절 | 그러므로 주 안에서 갇힌 내가 너희를 권하노니 너희가 부르심을 받은 일에 합당하게 행하여

13절 | 우리가 다 하나님의 아들을 믿는 것과 아는 일에 하나가 되어 온전한 사람을 이루어 그리스도의 장성한 분량이 충만한 데까지 이르리니

"권한과 능력"

어느 집단에서든 사회생활을 해본 사람이라면 단번에 이해하는 단어입니다. 권한이 주어졌는데 해낼 능력이 없으면 즉시 회수되고 능력은 있지만 권한이 주어지지 않아 묻히는 경우도 흔합니다. 권한과 능력이 다 있어도 성실하지 않으면 가차 없이 퇴출됩니다. 그렇다면 권한과 능력의 상수(변하지 않은 것)는 성실이며 성실하지 않으면 권한도 능력도 아무 소용이 없습니다. 그리스도인은 구원받은 후에 하나님 나라의 일에 사명을 받습니다. 이 사명은 다양한 능력과 함께 주어집니다.

3장까지의 내용을 통해 우리가 얼마나 대단한 존재이며 주어진 권한이 놀라운 것인지 확인되었습니다. 하나님의 원대하신 예정과 구속과 화해 등의 교리를 익혔습니다. 4장은 이 신분과 능력을 삶에서 어떻게 구체적으로 적용시켜 나갈 것인지를 설명합니다. 교리와 실천은 동전의 양면처럼 되어 있고 원인과 결과로 밀접하게 나타납니다. 믿음을 구사하고 성실한 자세를 갖추지 아니하면 영적사역에 쓰임 받을 수 없음을 강조합니다. 진득함을 가지고 훈련받고자 하는 소원을 가지고 정리해 보았습니다.

1.성령님과의 교제를 통한 성품 훈련(2-3절), 2.삼위일체 하나님의 하나 됨의 영광에 참여함(3-6절), 3.예수님의 비하와 승귀에 대한 확신의 선물을 받음(7-10절), 4.그리스도의 몸인 교회를 세우고 성도를 온전케 하는 목적인 직분을 받는 일(11-12절). 5.어린아이가 아닌 장성한 일꾼으로 자라기 위한 믿는 내용과 아는(경험하는) 것이 일치되는 훈련(13-16절), 6.세상과 그 풍조와 미혹의 영을 분별하고 구별된 생활로 거룩함을 추구함(17-20절), 7.구습의 옛사람을 벗어버리고 진리와 거룩의 새사람으로서의 옷을 입는 실천, 8.언어생활과 감정 처리를 위한 훈련을 위해 마귀에게 틈을 주지 말 것(25-27절), 9.성령님이 근심(소멸)하지 않도록 실제 생활에서 동행하는 일(28-32절)입니다.

본문을 되풀이하여 읽고 핵심을 요약하다 보니 의외의 복병을 만났습니다. 너무 어려운 것 아니냐는 생각이 들고 새 율법이 주어진 것 같은 느낌이 든 것입니다. 그러나 곧이어 들려오는 내적 음성은 '내 멍에는 쉽고 내 짐은 가볍다'는 주님의 말씀입니다. 주님께서 율법의 짐과 생활의 고생에 찌들려 있는 인생들에게 직접 주신 말씀입니다.

(마 11:28~30) "수고하고 무거운 짐 진 자들아 다 내게로 오라 내가 너희를 쉬게 하리라 나는 마음이 온유하고 겸손하니 나의 멍에를 메고 내게 배우라 그리하면 너희 마음이 쉼을 얻으리니 이는 내 멍에는 쉽고 내 짐은 가벼움이라 하시니라"

이 약속은 우리를 그리스도와 연합하게 하신 것(15절)과 교회의 교제 권에 거하게 하심으로(16절) 실행하셨습니다. 권한과 능력을 주시고 위로와 확신도 주시는 주님이 참 좋습니다.

♦ 에베소서 5장 성경칼럼

3절 | 음행과 온갖 더러운 것과 탐욕은 너희 중에서 그 이름조차도 부르지 말라 이는 성도에게 마땅한 바니라

9절 | 빛의 열매는 모든 착함과 의로움과 진실함에 있느니라

"인간의 악함, 인간의 거룩함"

인간은 어디까지 악해질 수 있으며 얼마나 거룩해 질 수 있을까요? 먼저 악한 분야를 순화(3절, 살전 5:22, 엡 4:22)하여 살펴보겠습니다. 역사적으로 권력을 위해 부모형제도 죽이고 수백만 명의 사람도 학살하고 전쟁을 일부러 일으키는 일도 수두룩합니다. 인간은 일신의 쾌락을 위해서 변태의 꼭지 점까지 가는데 그 실태는 도저히 입에 담기도 힘듭니다(12절). 소아와

약자를 대상으로 한 범죄는 너무 충격적이어서 보도도 제한되어 있습니다.

그렇다면 인간의 선함과 거룩함의 열매는 어느 정도일까요? 이 영역은 악의 편만함에 비하여 희귀성을 가지고 있습니다. 사마리아 나병환자의 사례(눅 17:11-19)와 관찰의 감각으로 볼 때 10% 정도 되면 다행입니다. 원수까지 사랑하고 교회와 이웃을 위한 희생의 열매를 맺는 본보기는 희귀한 만큼 영광은 찬란합니다. 이처럼 극과 극으로 나누어지는 선악간의 행위의 뿌리가 5장의 본문 안에서 명확하게 드러납니다.

첫째, 술 취함과 성령 충만의 갈림길입니다(18절). 여기서의 술은 물리적인 것만이 아니라 사람을 지배하는 힘을 상징하고 있습니다. 술 취한 자가 제 정신이 아니듯이 정욕과 탐욕의 에너지에 통치되면 저절로 악인의 길로 가게 됩니다. 성령의 다스림을 받지 못하면 마귀의 지배를 받는 방향 외의 다른 길은 없습니다. 둘째, 작아 보이는 습관의 축적이 선악간의 발걸음이 됩니다(3-5절). 악한 말 한마디를 생각 없이 하다가 올무에 빠지는 수가 있습니다. 인생의 성패가 언어에 달렸다는 성구는 수없이 많습니다(잠 11:11, 약 1:26).

주님께서 미움과 살인을 동격으로 보시고 타인에 대한 험담에 책임질 것이라고 경고합니다(마 5:21-22). 적극적인 영적 언어인 시와 찬미로 감사하는 습관은 반드시 믿음의 행위로 이어지도록 되어 있습니다. 내 옆에 어떤 습관을 가진 사람이 머무르고 있는지 민감하게 관리해야 합니다(6-7절). 1번의 큰 사고 전에 29번의 작은 사고가 먼저 발생하고 300번의 잠재적 징후가 있었다는 하인니히의 법칙은 선악의 양면에 적용됩니다.

교회와 가정의 교차되는 이야기는 영육의 원리가 서로 영향을 주고 있음을 증명합니다(22-33절). 영적 교회생활과 가정의 부부관계는 긴밀하게 연결되어 있습니다. 인간의 힘으로 아내의 복종과 남편의 순교적 사랑은 실천되지 않습니다. 오직 그리스도와 교회의 관계를 적용해야 이해되고 실천할 수 있습니다. 성경은 십일조(말 3:10)와 주를 기쁘시게 할 것(10절)만을 시험하라고 허락합니다. 빛의 자녀로서 착함과 의로움과 진실함을 심어 복을 받는지 실험해 보시기 바랍니다(9절).

♦ 에베소서 6장 성경칼럼

8절 | 이는 각 사람이 무슨 선을 행하든지 종이나 자유인이나 주께로부터 그대로 받을 줄을 앎이라

13절 | 그러므로 하나님의 전신 갑주를 취하라 이는 악한 날에 너희가 능히 대적하고 모든 일을 행한 후에 서기 위함이라

"고수는 고수를 알아본다"

어린 시절 무협지를 재미있게 보던 시절이 있었습니다. 강호 고수들의 쟁패가 벌어지는데 일합을 겨루기 전에 서로의 내공을 알아보는 것이 신기했습니다. 두 사자가 정글의 왕을 놓고 대결하는데 기 싸움 한 방에 꼬리 내리고 그 영역을 떠나는 것을 보았습니다. 무당이 굿을 하다가 성령 충만한 사람이 오면 굿이 안 된다고 제발 떠나달라고 애원했다는 이야기도 듣습니다.

그리스도인을 사역적으로 표현하면 십자가의 군병입니다. 군인이 승리를 위하여 전심으로 훈련하고 준비하듯이 우리들은 영적 전쟁을 위하여 소명을 받았습니다. 국가 안보와 평화는 허세가 아니라 실질적인 군사력에 의하여 보장된다는 것이 세계 전쟁사의 교훈입니다. 그리스도인이 영적 화력이 강하지 않으면 원수 대적자에게 당할 수밖에 없습니다. 이것은 역으

로 우리의 실력과 대비가 탄탄하다면 마귀는 영물이기에 알아채고 도전하지도 못한다는 뜻입니다.

바울은 대적자들의 정체와 능력을 정확하게 알려줍니다(11-12절). 마귀의 간계와 통치자과 권세들과 어둠의 세상 주관자들과 하늘에 있는 악의 영들입니다. 엄청난 강적이고 대단해 보입니다. 이제 십자가의 군병들이 준비하고 훈련받아야 할 7가지 전신갑주와 무기를 알아보겠습니다(13-18절). 진리의 허리띠와 의의 호심경과 복음의 신과 믿음의 방패와 구원의 투구와 성령의 검 곧 하나님의 말씀과 모든 기도와 간구입니다.

1번에서 5번까지는 방어용이고 6번과 7번은 공격용입니다. 기도와 간구가 공격무기라는 것을 주목해야 합니다. 세속 전쟁의 승패는 정예 군사와 첨단 무기와 전략전술과 사기와 천운에 의하여 좌우됩니다. 그리스도인의 전쟁은 영적으로 훨씬 복잡하고 변수가 많지만 결과론적인 면에서는 단순합니다. 우리의 싸움은 혈과 육의 씨름이 아니라 주 예수 그리스도의 이름으로 하는 것이기 때문입니다. 위에서 열거한 준비물과 무기가 모두 주님과 연결되어 있습니다. 우리는 마귀에게 이미 승리하신 주님(마 4:1-11)이 대장이시고 그에게 속한 군사이기에 승리의 확신이 가장 중요합니다.

어떤 시험이나 미혹이나 환난이 와도 담대하게 승리하신 주님을 믿고 의지하면 됩니다(요 16:33). 영적인 전쟁에서 승리를 거듭하고 실력이 쌓이면 외유내강의 저력을 갖추게 됩니다. 속으로는 강하고 단단하지만 겉으로는 부드럽고 여유가 있습니다. 바울이 축복하는 평안과 믿음을 겸한 사랑의 사람으로 나아갑니다(23절). 조그만 일에 얄팍하게 흔들리는 자가 아니라 진중함을 갖춘 듬직한 영성의 일군으로 성장합니다. 선을 행할 때 주님이 갚아 주신다는 약속을 확인하며 주님 기뻐하시는 일에 열심을 내야 하겠습니다(8절).

빌립보서

♦ 빌립보서 1장 성경칼럼

6절 | 너희 안에서 착한 일을 시작하신 이가 그리스도 예수의 날까지 이루실 줄을 우리는 확신하노라

29절 | 그리스도를 위하여 너희에게 은혜를 주신 것은 다만 그를 믿을 뿐 아니라 또한 그를 위하여 고난도 받게 하려 하심이라

"보는 눈이 특이하다"

창조적인 시각과 색다른 생각을 하여 매력 있다고 할 때 쓰입니다. 상식에 어긋나고 별스러워서 소통이 잘 되지 않는다는 의미로도 사용합니다. 세상 사람들이 그리스도인을 향하여 특이하다는 말을 하는 것은 이러한 양면성을 가지고 있습니다. 1장에서 바울 사도는 일반 그리스도인들과는 다른 특이한 시각을 가지고 판단하는 것이 발견됩니다.

유럽 최초의 교회인 빌립보 교회(행 16장)를 향한 바울의 애정은 기쁨이라는 단어가 16번 나올 정도로 각별합니다. 첫째, 이 서신을 감옥에서 쓰면서 자신의 매임(옥에 갇힌 것)이 여러 유익이 있었음을 알립니다. 일반적으로는 억울하고 불편할 일인데 바울은 영적인 시각으로 해석합니다. 감옥에서 영혼 구령의 열매가 있었고 그 영향과 효과는 놀라울 정도입니다(12-14절). 복음을 전할 때 핍박으로 옥에 갇혔는데 이것으로 그곳에 복음이 전파되고 신뢰가 올라가게 되었습니다. 반대파에게 바울이 자신의 안위만을 위하여 사는 자가 아니라는 반증이 되었습니다.

둘째, 하나님의 사역에 참여하는 자들에 대한 다양한 이해입니다. 바울은 복음 전달자로서 자신만이 순수하고 올바르다는 아집에 갇히지 않았습니다. 복음사역을 순수하게 하는 것이 마땅하지만 인간 이해의 고수인 바울은 순수한 사람이 아주 소수임을 알고 있었습니다. 투기와 분쟁과 외식 등의 다양한 방도로 하는 것을 놓고 비방하기보다 오히려 격려하는 모습을 보입니다(15-18절). 아이러니하게도 투기와 분쟁으로 사역하는 자들의 열정이 더 대단한 것을 발견합니다. 메리트(보상)가 없는 도덕적 행동은 얼마 가지 못한다는 것은 인간 이해의 깊은 지혜입니다. 그리스도가 전파되고 구령의 열매에 가치를 두면 다양한 방법에 대한 호불호는 하위개념으로 내릴 수 있습니다

셋째, 육신의 생사에 대한 이해도가 특이합니다. 문장의 행간을 보면 바울의 솔직한 마음은 속히 주님을 만나는 종말을 원하고 있습니다(23절). 그러나 그 일은 자기가 원한다고 되는 것이 아니기에 주님께 맡기고 자원하여 충성합니다. 충성의 보람이 교회이며 성도이기에 사는 동안 주님의 사랑을 가지고 기쁘게 감당하겠다고 합니다(24-25절). 이 죽음을 담보한 신앙에서 뿜어져 나오는 것이 고난에 대한 자세입니다. 고난을 좋아할 사람은 거의 없는데 새롭고 특이한 해석을 합니다.

고난을 믿음과 같은 반열에 놓고 믿음이 은혜이듯이 고난도 은혜임을 고백합니다(29절). 고난을 통하지 않은 경건한 그리스도인은 없으므로 고난은 은혜 중의 은혜가 됩니다(욥 23:10). 바울의 놀랍고 특이한 영적시각은 주님을 절대 신뢰하는 기초에서 나왔습니다. 우리에게 착한 일을 시작하신 이가 그리스도 예수의 날까지 책임지실 것을 확신하는 것이 바로 이 기초석입니다(6절). 세상의 눈치를 보다가 주님의 뜻을 놓치면 큰 영적 손해를 볼 것입니다.

♦ 빌립보서 2장 성경칼럼

8절 | 사람의 모양으로 나타나사 자기를 낮추시고 죽기까지 복종하셨으니 곧 십자가에 죽으심이라

12절 | 그러므로 나의 사랑하는 자들아 너희가 나 있을 때뿐 아니라 더욱 지금 나 없을 때에도 항상 복종하여 두렵고 떨림으로 너희 구원을 이루라

"살면서 가장 기분이 상할 때"

설문조사에 이런 질문이 있다면 그 결과가 궁금합니다. 인간관계에서 오는 불쾌함이 압도적일 것입니다. 인간관계에서 오는 것 중의 으뜸은 무시당할 때라고 생각됩니다. 내가 무시당할 짓을 했다면 감당해야 합니다. 그러나 상대방에게 최선의 정성을 다했는데 고맙게 생각하기보다 외면당하고 욕을 먹는 경우가 있습니다. 이럴 때 쓰는 사자성어가 배은망덕이고 극단적으로는 인간 말종이라고 부릅니다. 그런데 그리스도인이 하나님께 이러고 있다면 큰일입니다.

이렇게 서론을 길게 하는 이유는 바로 12절 때문입니다. 두렵고 떨림으로 너희 구원을 이루라고 합니다. 우리가 알고 믿었던 구원의 교리와 정반대 메시지입니다. 문장 그대로라면 구원에 있어서 내가 해야만 할 것이 엄청 무겁습니다. 이미 하나님께서 완벽하게 이루어 놓으신 구원을 누리기만 하면 되는 줄 알았는데 그게 아닌 것 같아 불안감이 엄습합니다.

두렵고 떨림으로 너희 구원을 이루라는 말씀은 하나님의 구원의 대가를 잊지 말라는 뜻입니다. 우리가 구원을 공짜로 받았다고 하나님이 쉽게 주신 것이 아닙니다. 독생자를 십자가에 내어주셔서 죽게 하신 최고의 희생을 값으로 치르셨습니다(6-8절, 요 19:30). 그런데 우리가 이 십자가를 공

짜라고 쉽게 생각하고 감사하지 않는다면 영적인 배은망덕입니다. 제대로 된 사람이라면 100조원을 받고 시큰둥하게 생각하고 준 사람을 무시하고 살지는 않을 것입니다.

우리 구원의 가치는 100조원 정도가 아니라 셀 수 없는 무한대의 값어치를 가지고 있습니다(마 18:23~27). 매일 매순간 구원을 의식하고 감사하며 고마워하는 것이 두렵고 떨림으로 구원을 이루어 나가는 것입니다(12절). 구원을 이루라는 것은 교리적으로는 '성화 적 구원'이라고 하며 현재적 구원생활의 중요성을 강조하는 것입니다. 이 성화 구원의 실제적인 현상이 바로 하나님의 기쁘신 뜻을 내 마음에 소원으로 있게 하신 것입니다(13절).

구원받았다는 것을 확신할 수 있는 것은 내가 하나님을 향한 기쁜 소원이 있느냐로 알 수 있습니다. 하나님을 향한 뜨겁고 기쁜 소원이 1도 없다면 무엇이 문제인지 심각하게 고민해야 합니다. 하나님을 가장 귀하게 의식하고 경건하게 사는 것이 소원인 신자(15절), 주님이 비천한 육체로 낮아지신 그 본을 좇아 살겠다는 소원을 가진 그리스도인(2-4절)이 구원에 대한 자세입니다. 이것이 두렵고 떨림으로 현재적 구원을 이루어 나가는 실체입니다. 두렵고 떨리는 신앙의 긴장(tension)은 기쁨의 소원과 경건 훈련의 에너지로 바뀌게 됩니다(16-18절).

♦ 빌립보서 3장 성경칼럼

2절 | 개들을 삼가고 행악하는 자들을 삼가고 몸을 상해하는 일을 삼가라
19절 | 그들의 마침은 멸망이요 그들의 신은 배요 그 영광은 그들의 부끄러움에 있고 땅의 일을 생각하는 자라

"멀티태스팅(multitasking)"

다중작업이라고 번역되며 동시에 여러 가지를 하는 능력을 의미합니다. 좋은 면에서는 능력자에 대한 칭찬이지만 성품에 적용하면 다중인격의 위선을 집어내는 말일 수도 있습니다. 그러나 컴퓨터든 사람이든 실제적으로는 여러 가지 일을 동시에 하지는 못합니다. 여러 가지 일을 번갈아 빠르게 처리하면서 하는 것이 동시에 하는 것처럼 보일 뿐입니다. 이것을 신앙생활과 연결하여 생각해 봅니다.

바울 사도는 빌립보교회 성도들에게 악의 무리와 가까이 하는 것을 삼가라고 권면합니다(2절). 악과 접하면서 선한 행위를 동시에 할 수 없는 것이 인간입니다(고후 6:14~15). 악한 영역에 접촉을 하는 순간 영적인 일을 할 수 없고 설혹 한다고 하더라도 타격은 불가피합니다. 개들은 신자들을 향하여 짖어대고 물어뜯는 무리들을 말합니다. 안 듣느니보다 못하다는 말이 있듯이 귀에 들어와 마음에 심겨진 안티 기독교의 험담은 의외로 큰 영향을 끼칩니다. 이단들의 희한한 궤변에 마음을 뺏기는 순간 정통 기독교의 말씀은 은혜로 와 닿지 않게 됩니다.

나아가서 그들은 말로만이 아니라 행동으로 악을 함께 행하자고 유혹합니다. 죄에 오염되고 외로움에 처해 있는 인간은 이들의 유혹에 블랙홀에 빠져들듯이 넘어가기가 아주 쉽습니다. 호기심으로 손댄 것들이 어느새 자

신을 정복하고 중독 시켜 악의 구렁에서 뒹굴게 만듭니다. 타인에 대한 경계에 이어 몸을 상하게 하는 것을 삼가야 한다고 한 것은 신자의 육신과 정신을 지켜야 한다는 뜻입니다. 성전 된 우리 몸을 상하게 하는 것과 정신적으로 해로운 것이라면 접촉을 금하고 단호하게 외면하는 결단을 요구하고 있습니다. 내 몸과 마음은 내가 근신하여 지켜야 하는 것이기에 누구를 의지하거나 무엇을 핑계 삼아서 될 일이 아닙니다.

바울은 여기서 한걸음 더 나아가 세상 것들에 대한 영적 분별력을 가질 것을 권고합니다. 세상적으로 자랑할 것이 많은 그가 오히려 그 가진 것이 사역에 해가 되었다고 고백합니다. 당대 최고 석학의 지식도, 종교 명문의 배경도, 종교적 업적과 열심도 그리스도를 아는 지식과 비교하면 배설물과 같아 버리겠다고 합니다(7-8절).

다른 측면에서 세상의 것들을 잘 활용하고 응용도 잘 해왔던 그가 이렇게 이야기하는 이유는 무엇일까요? 복음 사역의 특징이 세상 것을 가지고 하는 것이 아니기 때문입니다. 그 방법에 매몰되면 어느새 주님을 소홀히 하고 성령님을 의지하지 않을 여지가 너무나 많음을 알고 있었습니다. 그는 여러 번 실패한 경험이 있었기에 사역의 열쇠를 성령님의 나타남과 능력으로 하겠다고 결단합니다(고전 2:4~5).

세상 것을 가지고 일시적으로 뽐내는 세속적인 자들에 대한 판정도 냉혹합니다. 그들은 땅의 것(썩어질 것)을 생각하며 정욕(배, 본능)을 신으로 섬기다가 결국 멸망으로 갈 것이니 우리가 부러워 할 필요가 없습니다(19절). 신자의 눈앞에는 예수님을 향하여 가는 푯대가 늘 표시되어 안내하고 있습니다(12-14절). 한쪽에는 세상 것을 사랑하여 뒤돌아보다가 소금 기둥이 된 롯의 아내의 비참한 본보기도 놓여 있습니다(눅 18:28~32).

♦ 빌립보서 4장 성경칼럼

6절 | 아무 것도 염려하지 말고 다만 모든 일에 기도와 간구로, 너희 구할 것을 감사함으로 하나님께 아뢰라

12절 | 나는 비천에 처할 줄도 알고 풍부에 처할 줄도 알아 모든 일 곧 배부름과 배고픔과 풍부와 궁핍에도 처할 줄 아는 일체의 비결을 배웠노라

"반대말 찾기 게임"

창조적 생각을 넓히고 공감의 어휘력을 연마하는데 도움이 됩니다. '사랑 한다'의 반대말은 사랑하지 않는다, 미워한다, 증오한다, 무관심하다로 다 맞는 말입니다. 그런데 다음의 답을 듣는 순간 싸하니 다가오며 슬픔도 솟구치는 문장이 있습니다. '사랑했었다'입니다. '기도'의 반대말은 기도 안한다, 제 힘으로 산다 일 것입니다. 그런데 성경은 기도의 반대발을 '염려'라고 정확히 알려주고 있습니다(6-7절). 기도 안할 때 인간적 염려가 가득하고 기도하면 하나님의 평강이 임한다는 것을 말씀합니다.

신앙의 연륜이 쌓인 신자라면 누구나 몸과 마음으로 경험한 실체적 진실입니다. 주님께서 공생애 초기에 근심걱정에 싸여 있는 제자들에게 하신 기도에 대한 가르침도 염려와 연결됩니다(마 6:23~34). 염려함으로 얻을 것은 아무 것도 없음을 말씀하십니다. 하나님의 나라와 의를 구할 때 생활의 필요는 더해진다고 약속하십니다. 기도의 내용은 하나님의 뜻대로 모든 것을 구할 수 있습니다(6절). 영육간의 침체 문제와 경제적 고민들도 모든 것에 속해 있습니다.

기도하는 자세는 감사함으로 구하며 의심하지 말고 믿음으로 확신하는 것입니다(6절, 약 1:5-9). 기도의 영역에 훈련받은 자에게 오는 축복이 '자

족의 능력'입니다(11-13절). 바울사도가 빈부간의 일체의 비결을 터득한 경지에 이르렀다고 고백합니다(12절). 이 차원은 우리가 이르기엔 벅찬 곳이지만 목표로 삼아야 할 것은 분명합니다. 자족의 능력은 배고픔과 배부름도 궁핍이나 풍부에도 비천이나 존귀에도 호들갑을 떨지 않습니다. 그것은 어차피 지나가고 그 과정에서 믿음의 역사만이 남기 때문입니다.

이 빈부귀천에 대한 일체의 비결을 배운 바울은 그리스도인으로서 청빈(존귀한 빈자)와 청부(깨끗한 부자)의 책임으로 나아갑니다. 그리스도인은 가난하면 가난한 자의 책임인 비굴을 떠난 당당한 존귀함을 지켜야 합니다. 하나님의 물질적 복을 받아 부자가 되길 원한다면 돈을 버는 과정의 투명함과 돈을 쓰는 손의 깨끗함을 행할 책임을 연마해야 합니다.

하나님의 본심은 우리가 고생하고 근심하며 사는 것이 아닙니다(애 3:32-33). 하나님은 예수 안에서 영광 가운데 그 풍성한 대로 모든 쓸 것을 우리에게 채우시기를 원하십니다(19절). 이 청빈과 청부의 대열에는 누구나 참여할 수 있고 그 축복도 제한이 없습니다. 영적 아비로서 사랑의 권면을 하는 바울은 유오디아와 순두게의 갈등을 옆에서 해소해 줄 것을 권합니다(1-5절). 교회의 지도적 위치에 있는 두 여인에게 불화를 극복한 기쁨이 임하길 원하고 있습니다. 가장 개인적인 서신인 빌립보서는 사랑과 기쁨이 겸손에 있다는 결론을 내리고 있습니다.

골로새서

♦ 골로새서 1장 성경칼럼

15절 | 그는 보이지 아니하는 하나님의 형상이시요 모든 피조물보다 먼저 나신 이시니

24절 | 나는 이제 너희를 위하여 받는 괴로움을 기뻐하고 그리스도의 남은 고난을 그의 몸된 교회를 위하여 내 육체에 채우노라

"아버지가방에들어가신다"

국어 시간에 띄어쓰기의 중요성을 강조할 때 쓰던 예문입니다. 자칫하면 '아버지 가방에 들어 가신다'라고 다른 뜻으로 쓰여 질 수도 있다는 것입니다. 성경을 읽으면서 전후 문맥을 놓치면 엄청난 오류를 범합니다. 15절의 '먼저 나신 이' 라는 문장은 기독교 교리사에서 그리스도의 양성교리에 최고의 쟁론을 몰고 온 성구입니다. 이단인 여호와의 증인은 이 구절을 근거로 삼아 그리스도의 신성을 부인하며 기독교에 도전해 왔습니다.

그들은 예수를 모든 피조물보다 먼저 나신 이 라고 했으니 예수님은 하나님이 아니라 고급 창조물(천사장 급)이라고 주장합니다. 이 도전을 어떻게 대응하면 좋겠습니까? 기독교의 정통적인 해석은 먼저 나신 이 라는 뜻은 먼저 계셨다 라는 뜻으로 '나셨다'라고 한 것을 주목합니다. 모든 피조물보다 먼저 계셨으니 피조물이 아니며 하나님께로부터 나셨으니 지음 받은 창조물이 아닙니다. 이렇게 설명을 들어도 무엇인가 흔쾌하지 않은 이유는 무엇일까요? 시공간의 제한 안에 있는 인간의 언어 능력으로 초월적

인 하나님 나라의 신비를 표현할 수 없기 때문입니다.

'나셨다'의 헬라어는 '포로토토코스'입니다. 인간의 언어 표현으로 '유출되었다, 파생되었다' 정도로 설명할 수밖에 없습니다. 이 단어는 시간적으로 먼저 창조되었다 라는 의미가 아니라 '모든 피조물을 창조하시고 다스리시는 뛰어난 자'라는 뜻으로 그 근거가 바로 다음 구절에 나옵니다.

(16-17절) "만물이 그에게서 창조되되 하늘과 땅에서 보이는 것들과 보이지 않는 것들과 혹은 왕권들이나 주권들이나 통치자들이나 권세들이나 만물이 다 그로 말미암고 그를 위하여 창조되었고 또한 그가 만물보다 먼저 계시고 만물이 그 안에 함께 섰느니라"

명확하게 예수님은 피조물이 아니라 창조주 하나님이심을 선포하고 있습니다. 나아가 1장에는 모든 성경보다 탁월한 기독론을 통해 예수님이 하나님이심을 설파합니다(15-19절). 이단들의 공통된 특징은 성경의 전체 내용의 핵심 메시지와 문법적 맥락을 외면합니다. 자신들의 주장을 뒷받침할 성구만을 자의적으로 편집하여 순박한 신자들을 속이려고 합니다. 그리스도의 신성과 인성 중의 한 가지만 무너지고 훼손되어도 구세주의 자격이 될 수 없기 때문입니다.

저는 청년시절 영등포에서 여호와의 증인에게 포교당한 형수를 구하기 위해 10대 1로 영적 전쟁을 벌인 경험이 있습니다. 성령 충만과 성경 말씀으로 준비하고 무장하여 저들의 영등포 교구장과 대결했는데 하나님이 함께 하셔서 저들의 입을 닫게 하며 승리했습니다. 15절의 피조설로 신성을 부인하며 도전하는 그들을 16~17절의 예수님의 신성을 확인해 주어 물리쳤습니다. 퇴각하면서 저를 죽여 삼킬 듯이 째려보던 그 얼굴은 사람이 아니라 마귀 모습처럼 보였던 것이 지금도 생생합니다.

1장에서 바울의 가장 큰 관심은 영생을 얻는 복음과 그 복음을 담고 전하는 교회임을 분명히 합니다. 주님이 우리에게 주신 고난은 오직 몸 된 교회를 위한 것만 남아 있다고 말씀합니다(24절). 우리가 사는 이 세상에서 하나님의 현현을 나타낼 수 있는 것은 오직 성도와 교회이기에 온 힘을 다하여 섬기겠다고 다짐합니다(29절).

♦ 골로새서 2장 성경칼럼

7절 | 그 안에 뿌리를 박으며 세움을 받아 교훈을 받은 대로 믿음에 굳게 서서 감사함을 넘치게 하라

23절 | 이런 것들은 자의적 숭배와 겸손과 몸을 괴롭게 하는 데는 지혜 있는 모양이나 오직 육체 따르는 것을 금하는 데는 조금도 유익이 없느니라

"영수저(spirit spoon)"

성령으로 거듭난 그리스도인을 지칭합니다(요 3:5~8). 이 말을 누가 먼저 썼는지 검색해 보았는데 뜨지 않는걸 보니 저에게 저작권(?)이 있는 것 같습니다. 세상에서는 태어날 때의 출신과 기득권의 위력에 따라 금, 은, 동, 흙 수저로 나누고 알게 모르게 차별을 합니다. 그리스도인들은 가장 차원 높은 성령으로 거듭난 존재라는 것을 근거로 영수저라고 불러봅니다. 왕족, 고관대작 가문, 재벌 2세, 학계거목의 자녀 등으로 태어나면 그 출발부터 다릅니다. 이들을 부러워할 수는 있지만 내 힘으로 바꿀 수는 없고 바꾸고 싶은 마음도 안 듭니다. 실상을 들여다보면 금수저들이 받는 의외의 저주가 심각하다는 것을 목도합니다.

세상의 금수저들보다 탁월한 하나님의 새로운 피조물(고후 5:17)이 된 영수저의 혜택은 탁월합니다. 영수저의 영광과 능력을 온전히 안다면 자부

심과 자긍심과 자신감 모두 가져도 됩니다. 불완전한 육신의 부모와는 다르게 완전하신 영적 아버지가 우리를 낳았습니다.

(시 2:7) “내가 여호와의 명령을 전하노라 여호와께서 내게 이르시되 너는 내 아들이라 오늘 내가 너를 낳았도다”

(요일 5:1) “예수께서 그리스도이심을 믿는 자마다 하나님께로부터 난 자니 또한 낳으신 이를 사랑하는 자마다 그에게서 난 자를 사랑 하느니라”

전지전능하신 하나님께서 그리스도의 대속으로 그의 자녀 된 우리를 낳았습니다. 최고의 사랑으로 양육하신 결과가 어떠한지 2장에서 말씀하고 있습니다. 하나님의 비밀인 그리스도를 알게 하시고 신의 성품에 참여하여 지식과 지혜의 보화를 얻게 합니다(2-3절). 예수님을 주로 모시고 사는 자는 그 안에서 행하며 뿌리가 박히고 세움 받아 안전한 연합을 가져옵니다(6-7절). 성장과 성숙을 향한 여정에 수많은 도전이 있지만 주님과 연결된 능력으로 이길 수 있습니다(24절).

영수저가 아닌 자들이 판판이 깨지는 철학과 헛된 속임수와 사람의 전통과 율법의 위력에 휘둘리지 아니하고 승리합니다(8, 14절). 주님의 십자가로 무력화한 세상의 통치자들과 권세들에 대하여 영수저들은 영적으로 타격받지 않습니다(15절). 신비한 천사숭배의 교묘한 미혹도 우리들에게는 능히 이길 영역일 뿐입니다(18절). 이 모든 승리의 비결은 영수저의 특권과 주님과의 연합과 사랑의 양육에 있습니다(19절).

영수저의 복을 받게 되면 세상을 살 때 위선이 아닌 겸손의 삶으로 바뀌게 됩니다(24절). 가장하는 피곤함과 과장하는 수고로움도 벗어날 수 있습니다. 머리되신 주님의 다스림으로 몸 된 교회를 차분히 집중하여 섬기면서 나아가면 됩니다.

(벧전 2:9) "그러나 너희는 택하신 족속이요 왕 같은 제사장들이요 거룩한 나라요 그의 소유가 된 백성이니 이는 너희를 어두운 데서 불러내어 그의 기이한 빛에 들어가게 하신 이의 아름다운 덕을 선포하게 하려 하심이라"

영수저는 경건하게 살고 싶은 그리스도인이 매일 확인해야 할 주요 포인트입니다.

♦ 골로새서 3장 성경칼럼

5절 | 그러므로 땅에 있는 지체를 죽이라 곧 음란과 부정과 사욕과 악한 정욕과 탐심이니 탐심은 우상 숭배니라

16절 | 그리스도의 말씀이 너희 속에 풍성히 거하여 모든 지혜로 피차 가르치며 권면하고 시와 찬송과 신령한 노래를 부르며 감사하는 마음으로 하나님을 찬양하고

"정말 강적이다"

정말 센 상대를 만났을 때 인정하는 멘트입니다. 또는 막무가내이고 수준이 떨어져서 소통을 포기할 때 사용합니다. 여기서 인간의 죄악 중에서 가장 강적이 무엇인지를 질문해봅니다. 구약의 역사를 정리해 보면 하나님이 가장 싫어하시는 3대 죄악이 있습니다. 불순종과 교만과 우상숭배입니다. 불순종으로 타락이 시작되었고 교만한 자는 회개를 하지 않습니다. 우상숭배는 하나님 자리에 다른 무엇을 올리고 하나님이라고 섬기는 엄청난 죄입니다. 3가지 모두 구제불능의 성질이 있어 하나님이 들어오실 공간을 적극적으로 없애는 행동입니다.

3장에는 우상숭배에 대한 언급이 나오는데 의미심장합니다. 우상숭배의 정체를 탐심이라고 못을 박아 버립니다. 구약에서 보이는 형상을 만들고

섬기던 것이 신약에서는 마음 중심이 무엇이냐에 따른 우상으로 변환되었습니다. 음란과 부정과 사욕과 악한 정욕과 탐심의 4가지 죄를 나열하면서 탐심만 콕 집어 우상숭배라고 지적합니다. 도대체 탐심이 무엇이기에 신앙의 최대 강적으로 등장하는 것일까요?

탐심이란 탐내는 마음인데 특별히 남의 것을 부당하게 가지려는 욕심입니다. 이 탐심이 뱀처럼 똬리를 틀고 있으면 사람을 지배하는 능력이 있어 하나님 대신에 주인이 되어 버립니다. 온통 관심이 탐심에 있기에 수단과 방법을 가리지 않고 부당하게 시도합니다. 이것은 물질에만 해당되는 것이 아니라 모든 영역(10계명)으로 파생됩니다. 교회를 다니는 목적이 구원보다 탐심이니 신앙이 성숙할 수 없고 기회가 오면 배교할 가능성도 높습니다.

탐심의 우상숭배를 뛰어넘지 않고는 경건한 일군이 될 수 없습니다. 탐심을 이기는 승리의 비결은 어디에 있을까요? 하나님의 말씀이 우리 속에 풍성히 거하는 상태를 만들어야 합니다(16절). 그 결과로 성도 간에 말씀의 지혜로 서로 가르치고 권면하는 일이 따라옵니다. 시와 찬미와 신령한 노래를 부르며 감사가 넘치게 됩니다(16절). 이런 충만함이 있을 때 탐심의 우상은 퇴출되고 주님의 통치가 이루어집니다. 탐심이 강적이긴 하나 말씀 충만의 실력이 강해지면 이길 수 있습니다.

말씀과 성령에 사로잡히면 무슨 일을 하든지 주의 이름으로 하며 누구를 대하든지 주께 대하듯이 할 수 있습니다(23절). 탐심의 거대한 우상을 부수니 인간적으로 불가능한 그 거룩한 이웃 사랑을 해내는 것입니다.

(갈 5:13-15) "형제들아 너희가 자유를 위하여 부르심을 입었으나 그러나 그 자유로 육체의 기회를 삼지 말고 오직 사랑으로 서로 종노릇 하라 온 율법은 네 이웃 사랑하기를 네 자신 같이 하라 하신 한 말씀에서 이루어졌

나니 만일 서로 물고 먹으면 피차 멸망할까 조심하라"

♦ 골로새서 4장 성경칼럼

2절 | 기도를 계속하고 기도에 감사함으로 깨어 있으라
17절 | 아킵보에게 이르기를 주 안에서 받은 직분을 삼가 이루라고 하라

"소스(source)가 어딥니까?"

먹는 양념인 소스(sauce)가 아닌 원천을 묻는 것입니다. 어떤 특이한 이야기나 정보를 들었을 때 출처와 근원이 중요합니다. 누가 어디서 만든 정보인지에 따라 가치와 신뢰가 결정됩니다. 특히 우리가 사는 이 시대는 가짜 뉴스와 해로운 정보가 홍수처럼 범람하여 잘못 접수하면 큰일 납니다. 뉴스와 정보를 공급하는 자의 흉흉한 목적이 있다는 것을 알고 대처하는 능력이 필요합니다.

신앙의 원천인 성경을 정확무오한 하나님의 말씀으로 믿고 적용하는 것이 얼마나 감사한 일인지 깨닫습니다. 세상은 변하여도 하나님의 말씀은 불변합니다. 불변성은 하나님의 비공유적 속성입니다.

(벧전 1:24~25) "그러므로 모든 육체는 풀과 같고 그 모든 영광은 풀의 꽃과 같으니 풀은 마르고 꽃은 떨어지되 오직 주의 말씀은 세세토록 있도다 하였으니 너희에게 전한 복음이 곧 이 말씀이니라"

인간이 그토록 좋아하는 육신의 부귀영화는 잠시 피고 지는 풀의 꽃과 같다는 선언입니다.

우리가 받고 전하는 복음의 진가는 하나님의 말씀의 언약으로 영원절대적 가치를 가집니다. 성경에 하나님의 뜻이라고 명확하게 알려주는 구절이

있습니다.

(살전 5:16~18) “항상 기뻐하라 쉬지 말고 기도하라 범사에 감사하라 이것이 그리스도 예수 안에서 너희를 향하신 하나님의 뜻이니라”

바울사도가 골로새서를 마무리하면서 기도를 강조하고 있습니다. 평범한 기도가 아니라 쉬지 말고 감사함으로 하는 기도입니다(2절). 기도의 범위는 자신뿐만 아니라 신앙의 동역자들을 위한 기도로 넓힙니다(3, 12절). 우리가 어떤 일을 선택하거나 결정할 때 기도의 과정을 거치지 아니하면 낭패를 겪는 경우가 많습니다. ‘이 결정은 기도하며 하나님의 결재를 받은 것입니다’라는 간증이 나오면 좋겠습니다. 진정한 기도 끝에 나온 결단과 행동은 안전하고 열매가 있습니다.

우리의 맡겨진 사역을 완수하기 위한 길도 기도하는 수고를 놓치면 해낼 수 없습니다. 사무엘은 기도를 쉬는 것이 죄라고 분명히 고백합니다(삼상 12~23). 아킵보에게 이른 권면처럼 주안에서 받은 직분의 존귀함을 알고 끝까지 사명을 감당해야 합니다(17절). 교회에서 아무나 쉽게 임직을 받는 것이 아니라는 것을 자신의 충성의 열매로 증명해야 합니다. 데마(14절)의 실족을 보며 기도의 권능을 사모하게 됩니다.

(딤후 4:10) “데마는 이 세상을 사랑하여 나를 버리고 데살로니가로 갔고..”

기도의 수고를 하면 세상의 수고가 덜어지고 몸과 마음이 편해집니다. 기도 시간이 짧아질수록 세상을 사랑하게 되고 고생하며 살게 됩니다.

데살로니가전서

♦ 데살로니가전서 1장 성경칼럼

3절 | 너희의 믿음의 역사와 사랑의 수고와 우리 주 예수 그리스도에 대한 소망의 인내를 우리 하나님 아버지 앞에서 끊임없이 기억함이니

6절 | 또 너희는 많은 환난 가운데서 성령의 기쁨으로 말씀을 받아 우리와 주를 본받은 자가 되었으니

"실력으로 보여주는 수밖에.."

모함과 비난과 억측이 난무하여 대화로 해결할 수 없을 때는 실력으로 보여주는 수밖에 없습니다. 2018년 아시안게임 축구 대표 팀 선발에서 황의조 선수가 와일드카드(25세 이상 3명)로 뽑혔습니다. 김학범 감독의 병역혜택을 위한 인맥 선발이라고 온 나라가 들끓었습니다. 결과는 황선수가 9골을 넣고 득점왕이 되고 대한민국은 금메달을 획득했습니다. 비난이 칭송으로 바뀌고 도쿄올림픽에서 황 선수는 자랑스럽게 대표팀에 승선하였습니다. 근래의 윤리적 구설수에 오르내리는 그의 소식은 선한 지구력이 얼마나 어려운지를 증거하고 있습니다.

바울사도는 데살로니가 교회의 믿음 실력을 칭찬하고 있습니다. 좋은 소문이 나기가 어려운 시절에 여러 나라(마게도냐와 아가야)에 퍼질 정도입니다(8절). 데살로니가 교회가 칭찬을 받는 배경에는 기록 연대(A.D.52년경)로 볼 때 순수한 복음을 보존할 시기가 작용합니다(행 17:1-9). 신앙의 연륜이 오래 갈수록 순전한 믿음을 잃어가는 현상은 큰 숙제입니다.

1장에는 세상을 대하는 그리스도인의 실력이 믿음과 소망과 사랑에 있음을 선언합니다(3절). 이것은 세상 사람들도 좋아하고 할 수 있는 것입니다. 그러나 그리스도인들은 질이 다른 신망애를 추구 합니다. 믿음은 역사함으로서 인간의 한계를 뛰어넘는 열매를 맺습니다. 이것은 구원받는 믿음에서 더 나아가 사람을 변화시키는 믿음을 의미합니다. 소망은 인내와 오래 참음의 영적 담금질을 통해 주님만을 바라보게 합니다(3절). 이 소망은 세상의 소원이 이루는 것이 아니라 주님의 재림과 천국을 바라보는 것입니다. 사랑에는 주님을 닮는 희생의 수고가 따라야 합니다. 주님의 무조건적인 사랑을 받아 내 몸을 사랑하듯 이웃을 사랑하는 능력으로 최고의 영적 아름다움입니다.

이 3가지는 단기간이 아닌 뚝심과 지구력을 가져야만 되는 승부라는 공통점을 가지고 있습니다. 그리스도인의 실력은 환난 중에 연단되고 자타가 검증하고 역사가 증명합니다. 열매 맺는 비결은 말씀의 능력과 성령의 기쁨을 공급받아야 되고 신자의 순종이 필수입니다(6절). 우리가 세상을 돈과 권력과 문화와 빌딩으로 맞상대를 하려고 하면 판판이 깨집니다. 저들이 흉내도 내지 못하는 거룩한 신망애를 발휘할 때 세상은 놀라고 하나님의 나라는 사모함을 받게 됩니다.

교회가 차별을 넘어 혐오 프레임이 씌워져 있는 이 세태를 이기는 길은 성도의 구별된 신망애입니다. 주님을 더욱 의지함으로 영적 실력을 쌓고 발휘하는 일군이 되기를 갈망합니다. 데살로니가 교회는 안디옥 교회와 빌라델비아 교회와 함께 성경에서 칭찬받은 3대 교회입니다. 지금도 쓰여 지는 생명책에 한국교회도 이 명단에 들어가면 참 좋겠습니다.

(단 12:3) "지혜 있는 자는 궁창의 빛과 같이 빛날 것이요 많은 사람을 옳은 데로 돌아오게 한 자는 별과 같이 영원토록 빛나리라"

♦ 데살로니가전서 2장 성경칼럼

13절 | 이러므로 우리가 하나님께 끊임없이 감사함은 너희가 우리에게 들은 바 하나님의 말씀을 받을 때에 사람의 말로 받지 아니하고 하나님의 말씀으로 받음이니 진실로 그러하도다 이 말씀이 또한 너희 믿는 자 가운데에서 역사하느니라

19절 | 우리의 소망이나 기쁨이나 자랑의 면류관이 무엇이냐 그가 강림하실 때 우리 주 예수 앞에 너희가 아니냐

"메신저(messenger)를 공격하라"

정치의 힘은 선전화와 조직화와 동원화를 기반으로 발휘됩니다. 여기에 생활의 문화화를 거쳐 역사를 장악하고 성역화를 이루는 순서로 체제가 진행됩니다. 선전화에 있어서 쓰는 전략중의 하나가 상대방 메신저의 신뢰를 무너뜨리는 작업입니다. 아무리 옳고 좋은 말을 해도 전하는 사람이 부도덕한 이미지와 거짓말한 과거 전력이 있다면 의심하고 믿지 않게 된다는 것입니다.

고대 철학자인 아리스토텔레스의 설득력에 나오는 '에토스(Ethos,비춰진 나, 인격의 신뢰)'와 비슷합니다. 논리(로고스)와 감정(파토스) 단계의 설득도 중요하지만 신뢰(에토스)가 깨지면 무위로 돌아간다는 것입니다. 이단들이 이 전략을 교묘하게 쓰는데 순진한 성도들이 넘어가는 것이 안타깝습니다. 한국교회는 다 썩었고 목회자는 거의 삯군목자라는 프레임을 씌워 성도들이 의심의 색안경을 쓰고 은혜 받지 못하게 합니다. 한국교회에 가짜도 있고 삯군목사가 있는 것은 사실이지만 부분을 가지고 전체를 오도하는 '일반화의 오류'를 유도하는 것입니다.

2장에서 바울사도는 이 에토스가 결정적으로 중요함을 알기에 지루하리

만큼 끈기 있게 다루고 있습니다. 자신과 동역자들이 얼마나 하나님 앞에서 철저하게 근신하며 사역해 왔는지를 설파합니다. 복음을 전하기 위하여 빌립보에서 고난과 능욕을 당한 일(2절), 메시지의 내용이 간사함이나 부정이나 속임수가 아니었음(3절), 복음의 원천이 하나님이시고 사람보다 하나님을 기쁘게 하는 중심으로 사역한 일(4절), 아첨하는 말로 하거나 탐심으로 하지 않은 것을 너희도 알고 하나님이 증인이 되신다는 것(5절), 너희에게서나 다른 지역에서도 사람의 영광을 얻기 위해 일하지 않았음을 증거합니다(6절).

막강한 사도의 권위를 사용하기보다 아이를 키우는 유모의 심정으로 섬긴 열매(7절), 사랑하는 교회와 신자를 위하여 생명까지 내놓고 사역한 충심(8절), 돈을 위하여 주의 일을 한다는 오해를 불식시키기 위해 밤에는 천막 만드는 일로 생업을 삼은 일(9절), 열매를 보고 나무를 알듯이 너희를 위한 거룩하고 흠 없고 옳은 사역을 인정하며(10절), 이 모든 설명은 자랑이 아니라 너희로 하여금 위로받고 경계를 얻으며 하나님께 합당히 행할 수 있게 함이라는 것입니다(11-12절).

이에 대해 데살로니가 교인의 반응은 다행히도 바울과 동역자의 메시지를 사람의 말이 아닌 하나님의 말씀으로 받았습니다. 말씀을 믿음으로 받은 자는 하나님을 모셔 들인 것과 동일하기에 역사가 일어납니다(13절). 은 사람들이 믿음이 자라지 않고 하나님의 주시는 변화와 기적을 경험하지 못하는 이유는 간단합니다. 설교와 성경공부를 포함한 하나님의 말씀을 믿음으로 받아들이지 않기 때문입니다. 바울의 전심을 다한 사역의 목적은 바로 구원받은 영혼입니다. 천국에서 상급이 수여될 때의 기준은 바로 내가 전도하고 양육하고 섬긴 영혼의 양과 질에 달려 있습니다(19절). 사도는 내세의 영광과 기쁨을 위하여 주님 앞에서 굳세게 전진하였습니다(20절).

♦ 데살로니가전서 3장 성경칼럼

6절 | 지금은 디모데가 너희에게로부터 와서 너희 믿음과 사랑의 기쁜 소식을 우리에게 전하고 또 너희가 항상 우리를 잘 생각하여 우리가 너희를 간절히 보고자 함과 같이 너희도 우리를 간절히 보고자 한다 하니

9절 | 우리가 우리 하나님 앞에서 너희로 말미암아 모든 기쁨으로 기뻐하니 너희를 위하여 능히 어떠한 감사로 하나님께 보답할까

"외로울 틈이 없었어요"

남편을 일찍 보내고 아이들을 바로 키우기 위해 모진 고생을 한 엄마의 한 마디는 가슴을 울립니다. 외로움은 인간에게 있어서 양날의 칼과 같습니다. 외로움의 공간과 사랑의 결핍이 너무 커서 물리적인 것에 중독되기도 하고 나쁜 친구를 가까이 하여 낭패를 보기도 합니다. 외로움은 역설적으로 '절대자의 위로'를 찾아 헤매는 에너지가 되어 창조주 하나님을 만날 수 있습니다. 우리가 후자에 속하여 여기까지 온 것이 얼마나 큰 축복인지 감사를 드립니다.

바울 사도는 일반인들과 같은 혈연의 가정을 이루지 않았습니다. 못한 것이 아니라 안 했다고 한 것은 그의 선택이었다는 의미입니다. 사랑하는 아내와 자신을 닮은 자녀를 가진 번성한 가문의 행복한 모습은 남자의 강렬한 욕망입니다. 그러나 바울은 복음과 교회를 위한 사역에 전념하려고 독신을 선택 하였습니다. 그런 그를 세밀히 관찰해 보면 인간적인 외로움은 별로 찾을 수가 없습니다. 그 이유는 혈연의 가족은 없었어도 진정한 영적 가족이 있었기 때문입니다.

마음에 있기에 입에 달고 사는 영적 아들인 디모데와 디도가 있습니다

(딤전 1:2, 18, 딛 1:4). 전도여행의 동행자인 바나바와 실라와 누가는 인생 가족입니다. 바울의 복음사역을 위해서라면 눈이라도, 목숨이라도, 전 재산도 아낌없이 내놓는 자들은 복음 가족입니다(롬 16:3-4). 각 나라와 지역에 세운 교회 성도들의 바울을 향한 살뜰한 애정은 어느 누구도 받을 수 없는 독특한 기운을 줍니다. 디모데를 통해 받은 데살로니가 교회의 믿음과 사랑의 기쁜 소식을 듣고 뛸 듯이 기뻐하는 모습은 진정한 가족을 증명 합니다. 간절히 보고 싶어 안달 하는듯한 모습 속에 설명할 필요가 없는 영적 아버지가 보입니다(6절).

교인들에게 오히려 위로받고 그들 때문에 하나님께 어떻게 감사할까 하며 행복한 고민을 하는 바울의 모습에 영적 부러움이 생깁니다. 혈연의 가족은 육신과 정신적인 관계 중심으로 맺어집니다. 하지만 영적 가족은 믿음과 영혼의 충만을 공급하고 내세를 위해 간절히 힘쓰는 것으로 나아갑니다(10절). 사도와 성도간의 동역과 친밀감은 교인들 간의 사랑으로 이어 집니다. 육신의 부모가 자녀들이 사이좋게 지내는 것을 가장 바라듯이 사도는 이를 기뻐하고 있습니다(12절).

수평적인 관계인 교인들이 피차 사랑과 섬김의 열매를 맺는 일은 그리 만만치 않습니다. 서로가 잘되기를 바라지 않는 자들의 사이가 좋아지는 것이 얼마나 어려운지를 생각해 보면 됩니다. 이 항목에 연단을 받아 잘한다면 성숙의 최고 점수를 주어도 아깝지 않습니다. 말세의 가장 큰 특징은 하나님을 사랑하는 것의 실종으로 그 자리를 자기 사랑과 재물 사랑과 쾌락 사랑이 차지합니다(딤후 3:1-4). 하나님 사랑과 흠 없는 거룩함을 위한 바울의 간절한 기도가 우리에게도 임하기를 소원합니다(12-13절).

♦ 데살로니가전서 4장 성경칼럼

3절 | 하나님의 뜻은 이것이니 너희의 거룩함이라 곧 음란을 버리고
17절 | 그 후에 우리 살아남은 자들도 그들과 함께 구름 속으로 끌어 올려 공중에서 주를 영접하게 하시리니 그리하여 우리가 항상 주와 함께 있으리라

"인본주의와 신본주의"

선악을 알게 하는 열매를 먹었다는 말은 인간이 스스로 하나님 자리에 올랐다는 의미입니다. 하나님만이 선악을 판단하실 수 있는데 내가 하겠다고 나선 것입니다. 하나님을 모르고 알려 하지 않고 찾지도 않는 인간이 사는 방식을 인본주의라고 합니다. 구원을 받았다는 것은 자기가 하나님으로 살던 방식에서 하나님이 인생의 주인이심을 알고 순종하는 방향으로 전환한 것입니다. 하나님 뜻대로 살고 하나님 앞에서 살겠다고 정한 것이 신본주의입니다.

그러므로 그리스도인은 우선적으로 하나님의 뜻을 아는 것이 필수입니다. 예수님을 믿고 나서 하나님의 뜻을 모르고 자기 생각대로 인본주의로 산다면 허공을 치며 사는 것과 같습니다. 성경에는 수많은 하나님의 뜻이 나옵니다. 항상 기뻐하라, 쉬지 말고 기도하라, 범사에 감사하라(살전 5:16-18), 거룩함을 이루라(3절)로 내적이고 개인적인 것입니다. 선한 일을 열심히 하라(딛 2:14), 이 세대를 본받지 말고 마음을 새롭게 하여 변화하라(롬 12:2)는 외적 열매와 영향력을 가리킵니다.

4장에서는 거룩함을 이루라는 하나님의 뜻이 나옵니다(3절). 거룩함의 반대는 음란과 색욕과 부정임을 분명히 합니다(3-7절). 그리스도인은 성령님을 몸에 모신 자로서 성범죄를 저지르는 것은 성령님을 버리는 것이

고 하나님을 거부하는 것이라고 선언합니다. 성령님의 내재는 거룩함을 이루는 것만이 아니라 신앙의 여러 부분에 영향을 끼치고 있습니다. 성령님의 다스리심을 받을 때 성숙의 최고 난이도인 형제사랑을 할 수 있습니다(9-10절). 일상의 경제생활도 성령님의 지혜와 도움을 받아야만 열매를 얻으며 이웃에게 덕을 나타낼 수 있습니다(11-12절).

신비에 속하는 휴거에 대한 것도 성령님과의 관계가 아니면 이해할 수 없습니다. 이 교훈은 당시에 재림이 있을 것으로 알다가 먼저 죽은 자에 대한 질문에서 나온 대답입니다. 휴거는 주님 재림 시에 성도가 들림 받아 공중에서 주님을 영접하는 것입니다. 성령님이 내주할 때 성령님과 함께 들림 받는 것이 휴거입니다. 마치 우주인이 자기의 능력으로 우주에 가는 것이 아니라 우주선에 몸을 실어야만 가는 원리와 동일합니다.

죽은 후에 재림이 이루어지면 부활을 거쳐 먼저 휴거되고 살아서 재림을 맞으면 성령님을 모셨기 때문에 휴거되는 것입니다(14-17절). 열 처녀 비유에서 알려 주듯이 등과 기름을 준비한 다섯 처녀만 들림 받습니다(마 25:1-13). 늘 깨어서 등과 기름을 준비한다는 것은 성령님과 교통을 하고 있는 것을 의미합니다. 인본주의의 다섯 처녀는 미련하고 게을러서 구원의 문이 닫혔습니다. 열 처녀 모두 문맥상으로 믿는 자들을 의미하는데 결과는 판이합니다. 눈앞에 있는 것만 보고 돌진하는 인본주의와 본향을 사모하며 성령님과 동행하는 신본주의의 각축전은 지금도 계속됩니다.

♦ 데살로니가전서 5장 성경칼럼

18절 | 범사에 감사하라 이것이 그리스도 예수 안에서 너희를 향하신 하나님의 뜻이니라

23절 | 평강의 하나님이 친히 너희를 온전히 거룩하게 하시고 또 너희의 온 영과 혼과

몸이 우리 주 예수 그리스도께서 강림하실 때에 흠 없게 보전되기를 원하노라

"얄미운 사람"

어느 모임이든 10여 명이 모이면 반드시 나오는 캐릭터입니다. 얄미운 타이프는 여러 가지이지만 다음과 같은 사람에 대하여는 무릎을 치며 공감할 것입니다. 아는 것도 많고 언변도 좋아 사람들에게 유익한 코칭도 잘 합니다. 그런데 정작 자신은 그 말대로 하지 못하며 함께 행동할 일이 있을 때는 그림자도 안 보입니다. 만약 그 내용이 물질을 사용하는 부분이라면 그 사람은 용서가 안 되고 그룹에서 퇴출되기 쉽습니다. 말이라도 안하면 중간이라도 가지라는 뒷말을 듣습니다.

만일 사도 바울이 성도를 향한 교훈과 권면만 하고 모범과 열매가 없었다면 어찌 되었을까요? 그동안 바울의 행적을 보았듯이 언행일치의 열매는 타의 추종을 불허할 정도입니다. 그러면 그 모든 공로가 바울에게 가야 하는 것인지 질문해 보아야 합니다. 당연히 바울이 아니라 하나님의 은혜로 이루어진 것이고 바울은 순종한 것입니다(고전 15:10).

항상 기뻐하고 쉬지 말고 기도하며 범사에 감사하라는 명령에는 생각할 것이 있습니다(16-18절). 수도 없이 들었던 하나님의 뜻을 인간적으로 행하기 불가능하다는 것을 시도해본 사람은 압니다. '항상'과 '쉬지 말고'와 '범사에'가 걸리기 때문입니다. 그러면 바울은 실천 불가능한 것을 명령한 것일까요? 바울이 얄미운 사람에 들어갈 리는 없습니다. 이 문제를 푸는 열쇠는 바로 '그리스도 예수 안에서'라는 전제입니다(18절).

인간으로서 불가능한 신앙의 열매는 오직 예수님 안에서 이루어짐을 잊

지 말아야 합니다. 구원의 대속을 이루신 예수님이 구원생활의 목표인 하나님의 뜻을 행하는 힘도 주십니다. 예수님 안에 있고 성령님의 능력을 의지할 때 내 힘으로는 불가능한 하나님의 뜻을 해 냅니다. 성화의 구원은 영화로 연결되며 이것을 합하여 '전인구원'이라고 합니다. 전인구원이란 영혼만의 구원이 아니라 육(육체)과 혼(마음)의 구원도 이루신다는 뜻입니다(23절). 하나님께서 우리의 육과 혼과 영의 구원과 그 거룩함을 끝까지 책임지신다고 약속하십니다.

미쁘시다는 뜻은 '믿어도 된다'라는 뜻입니다(24절). 하나님이 하신 구원완성의 언약은 절대 변개하지 않습니다.

(삼상 15:29) "이스라엘의 지존자는 거짓이나 변개함이 없으시니 그는 사람이 아니시므로 결코 변개하지 않으심이니이다 하니"

사람은 믿을 수가 없지만 하나님은 절대 믿을 수 있고 믿는 자에게 그 언약을 이루십니다(24절). 종말의 시기와 때에 대한 결론을 도둑이 오는 것과 같다고 비유한 것은 경건생활에 대한 송곳 과외입니다(1-10절).

데살로니가후서

♦ 데살로니가후서 1장 성경칼럼

4절 | 그러므로 너희가 견디고 있는 모든 박해와 환난 중에서 너희 인내와 믿음으로 말미암아 하나님의 여러 교회에서 우리가 친히 자랑하노라

5절 | 이는 하나님의 공의로운 심판의 표요 너희로 하여금 하나님의 나라에 합당한 자로 여김을 받게 하려 함이니 그 나라를 위하여 너희가 또한 고난을 받느니라

"좋아하는 색깔?"

저에게 묻는다면 서슴없이 '하늘색(Blue)'이라고 대답합니다. 그 이유는 하늘을 쳐다볼 때 기분이 좋아서입니다. 그런데 하늘색은 밤의 하늘색도 있습니다. 공해가 없는 시골에서 쳐다보는 별이 촘촘히 박혀있는 까만 밤하늘은 정말 좋습니다. 마태복음에서 하늘나라는 천국(Heaven), 즉 하나님 나라의 다른 표현으로 사용됩니다. 하늘색이 좋아진 시기가 예수님을 믿고 은혜 받은 이후인 것을 보면 영적인 영향이 있는 것 같습니다. 밤하늘이 좋은 이유는 낮에는 안 보이던 더 먼 하늘을 볼 수 있고 그 광경이 구원의 신비를 담고 있는 것 같아서입니다.

데살로니가 교회에 첫 편지에 이어지 두 번째 편지를 쓴 이유는 훈련의 연속성을 위해서입니다. 시련 속의 신앙을 격려하고 재림에 대한 오류를 엄중히 교육하려는 의도가 담겨 있습니다. 바울은 온전한 신앙의 증명서(색깔)에 대한 이야기를 시작합니다. 4절에 보면 데살로니가교회가 환난과

박해를 믿음과 사랑으로 견디는 것을 자랑스럽게 여기고 있습니다. 5절에서는 이 열매를 하나님의 공의로운 심판의 표라고 하였습니다. 덧붙여 이런 신자를 하나님의 부르심에 합당한 자라고 합니다.

참된 그리스도인의 증명서는 '고난을 받고 이긴 것'에 있습니다. 인생은 낮과 밤이 있듯이 형통과 곤고의 환경이 병행하도록 정해져 있습니다. 형통할 때 기뻐하고 곤고할 때 뒤돌아보는 것이 지혜로운 자의 특징입니다(전 7:14). 어떤 환경에서든지 적응하고 승리하는 열매가 그리스도인의 증명서입니다. 하나님께서는 불신자들의 악함에 대하여 우리를 대신하여 갚아 주신다는 것을 분명히 하십니다. 하나님께서 저들을 가만 놔두지 않고 세상에서는 환란으로 갚고(6절) 마지막은 영원한 멸망이 형벌로 정해져 있음을 선포합니다(9절). 우리는 악한 자의 일시적 형통을 부러워 할 필요가 없고 억울한 마음을 가질 이유도 없습니다.

신자의 증명서를 가진 자에게는 안식과 모든 선을 기뻐함과 믿음의 역사를 이루게 하겠다고 약속합니다(7, 11절). 평안 없는 이 세상에서 안식할 수 있는 곳은 오직 예수님의 품입니다. 진정으로 질투의 산턱을 넘어 모든 선을 기뻐하는 일은 성숙의 표징입니다. 믿음의 능력 행함은 신앙의 열매를 맺는 놀라운 축복입니다.

주 예수 그리스도의 영광에 초대된 자로서 영광의 반사체가 되는 증명서를 드러내야 하겠습니다(12절). 신자 증명서는 주민증보다 더 귀해서 신앙의 낮과 밤을 행복하게 즐길 수 있습니다.

(빌 3:20) "그러나 우리의 시민권은 하늘에 있는지라 거기로부터 구원하는 자 곧 주 예수 그리스도를 기다리노니"

바른 신앙의 길에서 얻는 예수의 흔적은 우리의 영적 훈장입니다(갈 6:17).

♦ 데살로니가후서 2장 성경칼럼

2절 | 영으로나 또는 말로나 또는 우리에게서 받았다 하는 편지로나 주의 날이 이르렀다고 해서 쉽게 마음이 흔들리거나 두려워하거나 하지 말아야 한다는 것이라

15절 | 그러므로 형제들아 굳건하게 서서 말로나 우리의 편지로 가르침을 받은 전통을 지키라

"주님 재림하시는 날"

이 말을 듣는 순간의 반응은 다양할 것입니다. 교회 역사에서 핍박이 심했던 시대에는 재림에 대한 메시지가 주를 이루었습니다. 일제시대의 설교집을 보면 재림의 내용이 빠진 설교가 거의 없는 것을 확인한 적이 있습니다. 힘든 박해의 세상에서 탈출하고 싶은 소원과 연결되기 때문입니다. 기독교의 세속적 번성이 있는 시대에는 땅에서 누리는 행복을 끝내고 싶지 않은 마음을 반영하여 재림 메시지가 사라집니다. 재림의 내용을 접하면 사용되는 언어가 생경하고 묘사가 상징적이어서 이해가 어렵습니다. 믿음이 아주 강하지 않으면 꼭 버림받을 것 같은 압박감도 밀려옵니다.

이런 정서를 너무나 잘 알고 있는 바울은 먼저 성도들을 안심시키며 시작합니다(1-2절). 재림의 내용은 여차하면 신앙이 흔들리기 쉽고 정서적으로 두려움을 줄 수 있기 때문입니다. 예나 지금이나 재림을 핑계하여 일상생활의 불성실이라는 부작용도 발생합니다. 이어서 하나님을 대적하는 적그리스도에 대한 여러 표현을 통하여 그 정체를 알려주고 있습니다. 미혹하는 영, 불법의 사람, 멸망의 아들(3절), 대적하는 자, 하나님으로 자칭하는 자(4절), 불법의 비밀(7절), 불법한 자(8절), 악한 자(9절) 등입니다.

적그리스도와 거짓 선지자는 영적으로 중간이 아닌 악질이라는 것을 즉시 알아챌 수 있습니다. 그럼에도 불구하고 사람들이 악의 편에 동조하여 따르는 이유가 궁금합니다(11절). 타락한 인간은 진리를 믿지 않고 불의를 좋아하고 따라가는 관성이 있습니다(12절). 진리 되시는 예수님(요 14:6)을 진정으로 믿지 않으면 이단에게 미혹되기 쉽습니다. 교회를 다녀도 성숙을 향한 몸부림이 없으면 악습에 휩쓸려 저절로 불의를 쫓아가도록 되어 있습니다.

좋은 가정은 훌륭한 부모의 양육과 훈계를 통해 자녀를 교육하는 전통을 이어갑니다. 교회의 속성 4가지(거룩성, 통일성, 보편성, 사도성)중에 사도성은 진리의 전수를 중시합니다(15절). 사도성이란 사도들이 믿었던 진리와 교리를 전통으로 삼아 교회가 계승하는 것입니다. 여기서의 전통은 인간의 풍습이 아니라 하나님의 진리로 이루어진 생명의 교리를 뜻합니다.

바울사도는 악한 세력과 맞서 이기는 길로 구원의 확신을 제시합니다. 구원의 확신은 하나님의 택함과 성령의 거룩케 하심과 진리를 믿는 믿음으로 주어집니다(13절). 구원의 확신은 어떤 두려움도 이기는 권세가 있습니다. 이 시대의 급격한 변화는 재림이 밤에(생각지 못한 시간에), 총알처럼(도적처럼) 엄습할 것이라는 느낌을 줍니다(살전 5:2). 우리 세대에 주님의 강림이 있지 않을까하는 생각을 가지고 영적 감각을 연마하며 정보의 안테나를 바짝 세우고 있어야 합니다. 재림을 사모하며 근신하는 경건의 사람이 그립습니다.

(딤후 3:5) “경건의 모양은 있으나 경건의 능력은 부인하니 이 같은 자들에게서 네가 돌아서라”

♦ 데살로니가후서 3장 성경칼럼

3절 | 주는 미쁘사 너희를 굳건하게 하시고 악한 자에게서 지키시리라
10절 | 우리가 너희와 함께 있을 때에도 너희에게 명하기를 누구든지 일하기 싫어 하거든 먹지도 말게 하라

"수족관과 물고기"

하나님의 언약과 그 성취는 완벽합니다. 일점일획도 어긋남이 없이 이루어짐을 우리는 알고 믿습니다(마 5:17). 특별히 구원의 완전성과 신자의 양육과 보호는 의심할 여지가 전혀 없습니다(1-3절). 그럼에도 불구하고 성경은 신자가 해야 할 의무와 책임에 관하여 강하게 명령하고 집요하게 요구합니다.

3장에서도 하나님의 사랑과 그리스도의 인내에 들어갈 것을 권면합니다(4-5절). 일상생활의 생계에 대한 책임을 져야 할 것을 명령합니다. 게으른 자와 전통의 질서를 따르지 않는 자는 교회 공동체에서 떠나보내라고 합니다(6-7절). 야멸찬 것처럼 보이지만 나쁜 습성은 전염되기가 쉽기 때문입니다. 일하기 싫은 자는 먹지도 말라고 강하게 말씀합니다(10-12절).

하나님의 은혜 베푸심과 인간이 해야 할 책임을 정확히 보여주는 것이 수족관과 물고기 이야기입니다. 수족관에 있는 물고기는 주인에 의하여 안전이 보장되고 먹을 것이 공급됩니다(3절). 수족관에 메기를 풀 수는 있지만 상어를 넣는 주인이 없듯이 세상이 험하다고 크게 겁먹을 필요는 없습니다. 그러나 물고기가 먹이를 찾아 먹지 아니하면 큰일 납니다. 주인이 강제로 입을 벌려 먹이를 주입하지는 않기 때문입니다. 주인이 하는 일에 비해 물고기의 할 일은 아주 적습니다. 주는 먹이를 찾아 먹기만 해도 되는데

게을러서 굶어 죽는다는 것은 말이 안 됩니다.

화란의 개혁가인 아브라함 카이퍼는 기독교의 직업관을 '영역주권(sphere sovereignty)'이란 단어로 설명합니다. 영역주권이란 인간의 모든 영역에 하나님의 것이 아닌 것이 없다는 뜻입니다. 우리의 직업을 단지 생계를 위한 것만이 아닌 하나님의 거룩한 소명(Calling)으로 보았습니다. 우리를 수족관의 물고기로 비유해서 자존심이 상할 성질이 아닙니다. 수족관이 작고 답답하다는 것은 선입견으로 하나님이 우리를 위하여 마련한 수족관은 엄청난 규모입니다. 현실적인 범위는 지구이며 초월적인 면에서는 보이는 모든 세계를 일컫는 우주라고 볼수 있습니다.

'세상은 넓고 할 일은 많다'라는 말이 있듯이 하나님의 수족관의 일은 무궁무진합니다. 영역주권은 신자가 게을러서 일하지 않는 것의 책망과 선한 일을 적극적 소명으로 받아 실천하라는 양면적 교훈입니다. 경제생활을 하지 못하는 대상을 돌보는 것이 우리가 해야 할 경제 분야의 선한 일입니다. 이 일을 하다가 낙심하지 말라는 것은 낙심할 가능성이 많다는 뜻입니다(13절). 때마다 일마다 평강을 주시는 좋으신 아버지 하나님을 기뻐합니다(16절).

디모데전서

♦ 디모데전서 1장 성경칼럼

12절 | 나를 능하게 하신 그리스도 예수 우리 주께 내가 감사함은 나를 충성되이 여겨 내게 직분을 맡기심이니

15절 | 미쁘다 모든 사람이 받을 만한 이 말이여 그리스도 예수께서 죄인을 구원하시려고 세상에 임하셨다 하였도다 죄인 중에 내가 괴수니라

"극과 극은 통한다"

극단적인 악인과 선인이 있다면 각각 자기 포지션에서 '최고 지독하다'는 공통점만은 통합니다. 사도바울이 영적인 아들이며 후계자인 디모데와 디도에게 쓴 편지를 목회서신이라고 합니다. 기독교 지도자라면 지속적인 정독과 묵상이 필수입니다. 여기서 바울은 목회자가 가져야 할 영적 극단의 이중 캐릭터를 고백하고 있습니다. 신약교회 영적 직분의 최고봉은 사도인데 현재 사도 직분이 없는 이유는 사도들과 육신적으로 함께 했던 '속사도'까지만 인정되기 때문입니다.

예수님의 명령으로 받은 사도 직분의 긍지는 그의 모든 서신에서 확인됩니다(1절). 사도가 영광의 복음을 맡았다는 감동은 충성으로 연결됩니다(11-12절). 그런데 바울의 이 모습만 지속되었다면 어찌되었을까요? 사람이란 참 묘해서 최고의 지위가 주어지고 권세와 영광이 계속되면 교만과 타락이 뒤 따라 오도록 되어 있습니다. 이는 세속에서는 당연하고 영적 세계도 동일합니다.

바울의 일생을 추적하면 자기 비하적인 고백의 변천을 읽을 수 있습니다. 초기에는 자신을 '성도 중의 지극히 작은 자보다 더 작은 나'라고 고백하였습니다(엡 3:8). 중기에는 '사도 중의 지극히 작은 자'라서 사도라 칭함도 감당치 못할 자라고 낮추었습니다(고전 15:9). 바울이 옥에 갇힌 목회 말기에 쓰여 진 본장에는 '죄인 중의 괴수'라며 극단적으로 낮춥니다(15절). 성화를 이루었다고 볼 수 있는 사역의 말기에 그냥 죄인도 아니고 죄인의 대장이라고 고백합니다. 이런 자기 인식의 바탕 위에 바울은 하나님의 긍휼을 입어 영생 얻는 자들에게 본이 되었다고 감사하고 있습니다.

순교하기 3-4년경(A.D.63년경)에 에베소 교회를 담임하는 디모데에게 쓰여 진 이 서신은 복음의 순수성과 성숙한 신앙을 위한 교과서라고 볼 수 있습니다. 디모데에게 받은 교훈을 붙들고 선한 싸움을 하라고 가르치고 있습니다. 믿음과 착한 양심은 지속적으로 갈고 다듬어야 실족의 파선을 방지할 수 있다고 경계합니다. 신약성경에서 부끄럽고 수치스런 인물인 알렉산더와 후메내오를 반면교사로 제시합니다(20절) 저들은 사탄에게 내어준 것이라고 아찔한 표현을 합니다. 특히 알렉산더는 구레네 시몬의 아들일 가능성이 있어 안타까운 마음입니다(막 15:21). 그들에게 내린 출교의 저주는 우리에게 경계가 되고 교회의 신성이 모독되는 것을 차단합니다.

우리는 하나님의 자녀로서의 영광스런 자부심과 기쁨을 늘 가져야 합니다. 한편으로는 하나님의 긍휼이 아니면 한 호흡도 할 수 없는 죄인임을 알고 몸부림쳐야 합니다. 이 양쪽의 캐릭터는 악한 이중인격이 아니라 겸손의 믿음을 지키고 아름다운 성품으로 나아가게 합니다. 우리가 사모할 것은 청결한 마음과 선한 양심과 거짓이 없는 믿음에서 나오는 사랑입니다(5절).

♦ 디모데전서 2장 성경칼럼

2절 | 임금들과 높은 지위에 있는 모든 사람을 위하여 하라 이는 우리가 모든 경건과 단정함으로 고요하고 평안한 생활을 하려 함이라

8절 | 그러므로 각처에서 남자들이 분노와 다툼이 없이 거룩한 손을 들어 기도하기를 원하노라

"군자삼계"

공자가 제시한 군자가 경계해야 할 3가지를 말합니다. 청년기의 색욕, 장년기의 다툼, 노년기의 탐욕을 조심하라고 합니다. 군자의 즐거움을 말하는 맹자의 '군자삼락'도 있습니다. 부모가 살아계시고 형제가 무고한 것, 하늘과 사람에게 부끄럼이 없는 것, 천하의 영재를 얻어 교육하는 것입니다. 동양의 인물론을 도입하는 이유는 인물의 크기를 논하기 위해서입니다. 학식과 덕이 있고 훌륭한 인품에 대한 동서양의 공통분모는 넓은 마음입니다.

바울 사도는 2장에서 기도해 주어야 할 사람의 범위에 대하여 가르칩니다. 모든 사람을 위하여 기도하는데 특별히 임금을 비롯한 위정자들을 위해 하라고 합니다. 높은 차원의 기도 종류인 간구, 도고, 감사까지 하라고 하니 진심으로 하라는 뜻입니다(1절). 솔직히 그들을 위해서 기도할 마음이 안 생기는 것이 현실입니다. 그들은 강자이고 부자이고 조작의 명수고 대부분이 약자를 착취하는 악질이기 때문입니다. 그럼에도 불구하고 기도해야 한다면 그 이유가 있을 것입니다.

그리스도인이 모든 경건과 단정함으로 고요하고 평안한 생활을 하기 위해서라고 이유를 말씀합니다(2절). 기도하는 것은 쉽지만 기도의 대상을 넓히는 것은 높은 수준의 신앙과 군자의 넓은 인격이 요구됩니다. 우리는

못 마땅한 일과 마음에 안 드는 사람이 많아 늘 다툼을 안고 살아갑니다. 우리가 넓은 믿음의 강자로 나아가지 않는다면 자아 속에 갇힌 이기주의적 졸장부가 되고 말 것입니다.

영적 세계에서는 기도해주는 사람이 강자이고 군자이고 성숙자입니다. 작은 범위에서는 나와 불편한 사람을 위해 기도하고 크게는 나라와 지도자를 위한 기도를 해야 합니다. 나라가 비정상이면 역으로 기독교인이 정치 영역의 기도가 부족해서 생긴 것이라고 분석할 수 있습니다. 하나님께서 우리의 기도를 받으시고 기도의 대상이 된 악질 정치인이 구원받을 수도 있다고 하십니다(4절). 예수님은 모든 사람을 위한 대속물이 되셨으므로 내가 기도할 대상을 제한해서는 안 된다는 논리입니다(6절).

믿고 구원받는 것은 하나님께 맡기고 모든 사람 특히 미워하는 사람을 위하여 기도하면 큰 믿음의 사람으로 나아갈 수 있습니다. 남자들이 분노와 다툼이 없이 거룩한 손을 들어 기도하라는 명령이 천둥치듯이 울려옵니다(8절). 여자들은 하나님의 질서에 순종하고 단정함으로 선행을 하는 경건의 길을 올곧게 걸어야 합니다(9-15절). 가진 자는 시기 질투를 극복하기가 쉽고 강자는 남에게 무엇이든 베풀 수 있습니다. 역사와 온 인류 가운데 오직 단 한 명의 중보자인 예수님을 믿는 우리는 큰 그릇으로 가는 길에 들어섰습니다(5절). 영육간의 넓은 마음과 강한 실력의 그리스도인이라는 목표가 주어졌습니다.

♦ 디모데전서 3장 성경칼럼

6절 | 새로 입교한 자도 말지니 교만하여져서 마귀를 정죄하는 그 정죄에 빠질까 함이요

13절 | 집사의 직분을 잘한 자들은 아름다운 지위와 그리스도 예수 안에 있는 믿음

에 큰 담력을 얻느니라

"직위, 직급, 직책, 직분"

비슷한 것 같지만 조금씩 다른 뜻을 가지고 있습니다. 교회에서는 직분이란 단어를 주로 사용하는데 마땅히 해야 할 본분이란 뜻입니다. 교회에서 직분을 받는 것은 그 본분과 책임을 다해야 할 것을 강조하는 것입니다. 우리는 흔히 직분이 사람을 만든다는 말을 합니다. 직분을 맡고 이전보다 변화하여 잘 감당해 달라는 희망을 담아서 하는 말입니다. 그러나 현실은 그렇지 못하여 직분을 맡은 자가 실망을 끼치는 사례가 빈번합니다. 윤흥길이 쓴 소설인 '완장'의 주인공인 '종술'은 직책의 오용을 콕 집어서 풍자한 유형입니다. 자격과 성품을 갖추지 못하고 직위만 갖게 된 종술이 손바닥 만 한 권력(저수지 관리인)을 만용 하다가 낭패하는 모습을 보여줍니다.

바울은 3장에서 디모데에게 교회 직분자의 자격과 성품에 대하여 교육합니다. 감독과 남여 집사에 대하여 각각 구체적으로 이야기합니다. 지금의 목사격인 감독의 근본 자격 중에 새로 입교한 자는 안 된다는 말씀이 있습니다(6절). 인간적으로 첫사랑이 가장 뜨겁듯이 초신자의 신앙이 가장 열정적이어서 자원하는 경우가 많습니다. 연륜이 적은 자가 목회자로 안 되는 이유를 즉시 설명하는데 얕은 신앙으로 교만해지기 쉽다는 것입니다. 두 번째는 마귀에 대한 대처가 안 되어 자기 기준으로 함부로 정죄하여 교인들에게 상처를 줄 가능성이 높은 것입니다.

세 번째는 외적 소명에 대한 성찰입니다. 내적 소명이 하나님과의 관계라면 외적 소명은 믿는 공동체 안에서 시간을 들여 인정받고 신뢰를 얻어야 하는 것입니다. 자신은 신앙이 좋다고 큰소리치며 신학을 하겠다고 나서지만 불신자나 교인들에게 비방을 받는다면 마귀가 쳐놓은 함정에 빠지게 됩니다(7절).

직분을 받고 그 책임을 잘 감당하는 자의 축복은 사모하기에 넉넉합니다. 아름다운 지위와 예수 안에 있는 믿음에 큰 담력이 주어집니다(13절). 아름다운 지위는 영육 간에 주어지는 것이기에 우리가 원하는 복이라고 볼 수 있습니다. 혹시 당대에서 받지 못하면 후손들에게 상속된다는 신비한 사실도 확인할 수 있습니다. 믿음의 담력이란 우리의 영적 에너지가 충만해지고 사역의 사기가 높아진다는 뜻입니다. 사역할 때 영적 에너지가 고갈되고 사기가 떨어지는 것보다 비참한 것은 없습니다.

주님의 뜻을 받들고 성령님의 동행과 권능이 함께 하니 대단한 축복입니다. 교회는 '하나님의 소유된 것'이고 '진리의 기둥과 터'입니다(15절). 교회의 직분자가 된다는 것은 하나님의 영광과 능력에 참여하는 것이 됩니다. 영적 직분에 대한 책임감과 그 축복을 사모하는 거룩한 소원을 가지시길 기원합니다.

♦ 디모데전서 4장 성경칼럼

7절 | 망령되고 허탄한 신화를 버리고 경건에 이르도록 네 자신을 연단하라
15절 | 이 모든 일에 전심전력하여 너의 성숙함을 모든 사람에게 나타나게 하라

"훈련으로 되는 제자"

청년시절에 네비게이토 제자훈련을 받을 때 첫 번째 참고서적으로 만난 책입니다. 내용은 거의 잊어버렸지만 책 제목 자체의 임팩트는 강하게 남아 있습니다. 제자는 이론이 아닌 훈련으로 되는 것이라는 원리는 영적 사역을

해본 사람은 누구나 압니다. 제자는 몇 번의 은혜를 받았거나 신령한 자에게 안수받았다고 한 방에 될 일이 아닙니다. 훈련은 교육과 달라서 지식 습득은 물론이고 몸의 실천에까지 이르러야 하므로 긴 세월이 필요합니다.

세상의 기업도 인재를 키우고 다듬는 일에 엄청난 시간과 온갖 투자를 합니다. 영적인 일군은 이보다 훨씬 어려운 일을 하는 것으로 훈련의 범위와 강도는 넓고 깊을 수밖에 없습니다. 문제는 실제적인 훈련입니다. 거의 대부분의 사람들이 훈련이란 말을 듣는 순간 피할 생각부터 합니다. 강한 훈련일수록 중도 포기하는 사람이 속출합니다. 그럼에도 불구하고 제자로서의 영광된 소명과 기쁨의 자원함이 있다면 이보다 더 가치 있는 삶은 없습니다.

교회의 구성원은 교인과 성도와 제자로 이루어져 있습니다. 제자로서의 부르심이 있다면 그 훈련의 내용을 살펴보고 자세를 갖추어야 합니다. 각 분야의 신학은 물론이고 세상의 학문과 인생의 난제를 푸는 인간학의 지혜를 연마해야 합니다. 다양한 타인과의 관계 성품은 정답도 내기 어렵지만 훈련을 통해 영적인 의사로 나아가게 합니다. 죄의 몸을 다스리는 자기 관리에 대한 절제 훈련은 만만치 않지만 진력하면 진정한 자유를 얻는 길입니다.

하나님 앞에서 사는 신전신앙은 영원한 숙제처럼 무겁지만 영적 사랑의 아름다움을 누리게 됩니다. 영적 대적자에게 대처하는 성령의 권능과 은사를 갖추게 되면 영적 승리의 깃발을 날릴 수 있습니다. 디모데에게 영적 멘토인 바울이 있듯이 수직적 관계를 잘 감당하면 영적사역의 열쇠가 얻고 위로자를 갖게 됩니다. 성경을 통해서 주어진 풍습과 음식에 대한 분별력은 세상이 모르는 탁월한 자유의 사람이 되게 합니다.

바울은 4장에서 훈련을 연단이라고 다르게 표현합니다(7-8절). 연단이란 두드려서 단단하게 하고 반복하여 익숙하게 된다는 뜻입니다. 훈련의 항목들이 연단이라는 열매로 맺혀진다면 버려야 할 항목들도 제시되어 있습니다. 미혹하는 영과 귀신의 가르침(1절)과 양심의 화인을 맞아 외식하는 것(2절)과 망령되고 허탄한 신화를 버려야 합니다(7절). 이 제자의 길은 전심전력으로 애써야 되는 길이기에 성실함과 열정을 장착해야 합니다(10, 13, 15절). 지도자의 성숙은 세상과 공동체에 반드시 투영되기에 그 결과도 반드시 드러나게 되어 있습니다(15-16절). 제자의 길은 좁지만 영광의 길로서 인생 전부를 걸고 베팅해 볼 만합니다(마 4:18-22).

♦ 디모데전서 5장 성경칼럼

1절 | 늙은이를 꾸짖지 말고 권하되 아버지에게 하듯 하며 젊은이에게는 형제에게 하듯 하고

25절 | 이와 같이 선행도 밝히 드러나고 그렇지 아니한 것도 숨길 수 없느니라

"FM(field manual)대로 하라"

군대나 회사에서 많이 쓰는 말입니다. 원문대로 해석하자면 현장 매뉴얼이고 정해진 규범(정석)대로 하면 틀림없다는 뜻입니다. 바울이 디모데에게 '목회지침(FM)'을 구체적으로 전수하고 있습니다. 다양한 교인들을 대하는 자세와 마음가짐을 가르칩니다. 여기서 주목할 원리가 나오는데 '하듯 하라'라는 말입니다. 나이가 드신 어른은 부모를 대하듯이 하고 남녀 젊은이는 형제자매에게 하듯 하면 틀림없다는 가르침입니다(1-2절). 가족에게는 애쓰지 않아도 저절로 잘 대해 주는 그 마음을 가지라는 것입니다.

이것을 잘 이해하기 위해서는 렌즈 사용의 법칙을 인용하면 효과적입니

다. 네가 '주님 사랑의 렌즈'를 끼는 순간 내 눈이 보는 것이 아닌 다른 것이 보입니다. 상대방이 주님이 사랑하는 영혼으로 보여 지게 된다는 것입니다. 정말 내 맘에는 안 들지만 주님이 그를 불쌍히 여기시는 것이 느껴집니다. 불쌍한 사람으로 보이는 순간 라이벌도 아니고 미워할 대상에서도 제외됩니다. 한걸음 더 나가서 기도해 줘야 한다는 생각이 들어옵니다. 기도하는 순간 신비하게도 그가 잘되길 바라는 진심이 생성됩니다.

큰 병원에 가면 온갖 병자들이 모여 있고 교회에는 별의 별 죄인들이 섞여 있습니다. 인간적 시각과 감정으로 대하면 많은 갈등이 생기고 사역의 한계에 이르게 됩니다. 교회의 일군들은 이러한 현실을 알고 사역해야만 시행착오를 줄일 수 있습니다. 나아가서 교회 일군들은 자기 친족의 경제적 돌봄과 영적 관리에 힘쓸 의무를 명령합니다(7-8절). 주의 일을 하는 일군의 경제적 공급은 구약의 제사장과 레위 족속이 양식을 받는 원리를 적용하라고 합니다.

일하는 소에게 먹이를 주지 않을 주인이 없듯이 교회 일군들에게 걱정하지 말고 열심히 일하라고 하십니다(18절). 사람이 가장 넘어지기 쉬운 '편애' 문제도 지침에 포함되어 있습니다(20-21절). 불공정을 당하는 인간의 감정은 용광로처럼 끓어 오르기에 매우 조심해야 합니다. 인간적으로 편애하는 마음을 없애기는 어렵지만 편애하는 표시를 내서는 안 됩니다.

바울은 교회 일군들에게 하나님 앞에 모든 것이 드러난다는 사실을 인식하라고 합니다. 이 인식은 근신하고 살 수 있는 동기가 됩니다. 우리의 일거수일투족과 선악간의 마음의 동기까지 생명책에 기록될 것입니다(24-25절). 실천신학은 그 중심에 주님의 마음이 없이는 안 되는 것이 확인되었습니다.

(빌 2:4-5) "각각 자기 일을 돌볼뿐더러 또한 각각 다른 사람들의 일을 돌보아 나의 기쁨을 충만하게 하라 너희 안에 이 마음을 품으라 곧 그리스도 예수의 마음이니"

♦ 디모데전서 6장 성경칼럼

5절 | 마음이 부패하여지고 진리를 잃어 버려 경건을 이익의 방도로 생각하는 자들의 다툼이 일어나느니라

10절 | 돈을 사랑함이 일만 악의 뿌리가 되나니 이것을 탐내는 자들은 미혹을 받아 믿음에서 떠나 많은 근심으로써 자기를 찔렀도다

"복음의 상품화"

복음과 상품화는 따로 있으면 좋은 말인데 함께 붙여 놓으면 이상한 이미지가 되어 버립니다. 하나님의 은혜로 이루어진 복음이 인간의 이익을 내기 위한 수단인 상품이 되기 때문입니다. 전도와 양육의 거룩한 영적 사역이 이익을 위한 세상 사업과 동류가 되니 문제가 발생합니다. 5절의 경건을 이익의 도구로 삼는 자들의 결과입니다. 옛날이나 지금이나 영적 열매를 가지고 개인이 탐욕을 채우는 일은 변함이 없습니다. 에스겔도 거짓 선지자들과 백성들의 이런 형태를 맹렬히 꾸짖었습니다.

(겔 33:31) "이는 그 입으로는 사랑을 나타내어도 마음으로는 이익을 따름이라"

교만이 분쟁의 원인이라면 배금주의는 교회 타락의 주범입니다. 하나님을 잘 믿고 그 뜻을 실행하고자 하는 경건이 탐욕을 채우는 수단으로 전락됩니다. 이 인간의 가장 오래되고 끈질기고 찬란한 유혹을 극복하는 비결은 무엇일까요? 첫째, 마음의 부패를 막아야 하고 진리를 유지 보존하는 일

에 전력을 다해야 합니다(5절). 둘째, 자족하는 마음을 가져 평안을 누리고 베푸는 손을 내밀어야 합니다(6-8절). 지금 나에게 있는 것에 만족하며 살 때 주님이 주시는 더 많은 것도 감당할 수 있습니다.

돈은 우리가 사랑할 대상이 아니라 이용할 수 있는 도구로 설정해 놓아야 합니다. 그리하지 아니하면 여지없이 하나님 자리를 차지하는 우상이 되고 일만 악의 뿌리가 되고 맙니다. 돈은 인간을 미혹하고 믿음도 잃게 만들고 마음과 영혼을 찔러 비참하게 하고 인생을 망치게 합니다(10절). 우리의 영적 소원은 하나님의 일을 멋지게 하는 것인데 이 관문을 통과해야 할 수 있습니다(18절).

여기에서 사역자라면 확인하고 넘어가야 할 필수사항이 있습니다. 재물보다 더 좋은 것이 없다고 생각하는 세속적 선입견을 뒤집어야 합니다. 17절의 '정함이 없는 재물에 소망을 두지 말고 오직 우리에게 모든 것을 후히 주사 누리게 하시는 하나님께 두며'라는 말씀을 주목해야 합니다. 정함이 없는 재물이라는 말은 재물은 언제 없어질지 모른다는 뜻입니다. 재물보다 소망을 둘 곳이 있는데 '하나님이 후히 주시고 누리게 하시는 모든 것'입니다.

분명히 재물 아닌 엄청난 그 무엇을 주님이 주시겠다고 확언하십니다. 우리는 그 항목을 되새기는 작업을 통해 신비한 능력을 선물로 받을 것입니다. 의와 경건과 믿음과 사랑과 인내와 온유를 따르고(11절) 믿음의 선한 싸움과 영생을 취하고 부르심을 받으며 선한 증언을 하는 것입니다(12절). 선을 행하고 선한 사업을 많이 하고 나누어 주기를 좋아하며 너그러운 자가 되고(18절) 좋은 터를 쌓아 참된 생명을 취하는 것입니다(19절). 사역자들은 '선 경건, 후 축복'의 청지기 초청장을 받았습니다.

디모데후서

♦ 디모데후서 1장 성경칼럼

5절 | 이는 네 속에 거짓이 없는 믿음이 있음을 생각함이라 이 믿음은 먼저 네 외조모 로이스와 네 어머니 유니게 속에 있더니 네 속에도 있는 줄을 확신하노라

7절 | 하나님이 우리에게 주신 것은 두려워하는 마음이 아니요 오직 능력과 사랑과 절제하는 마음이니

"신앙의 DNA(유전자)"

사람은 반드시 누군가를 닮습니다. 크게는 민족성과 지역 기질도 비슷하게 닮아 있는데 이를 집단 무의식이라고 칭합니다. 유전자는 부모의 외모를 닮고 성격과 행동에도 영향을 끼칩니다. 신앙의 유전자에 대하여는 여러 견해가 있습니다. 목사와 장로의 신앙 가문 출신인데 악한에 속한 인물도 역사상 많기 때문입니다. 그러나 대부분의 경우 신앙의 유전자는 자손에게 이어진다고 볼 수 있습니다.

이 양쪽으로 나눠지는 조건이 무엇인지 1장에서 찾을 수 있습니다. '거짓이 없는 믿음'이 있느냐 없느냐로 결정됩니다(5절). 바울이 디모데에게서 발견한 이 거짓이 없는 믿음은 디모데의 외조모와 어머니에게 있었습니다. 선대가 올바른 믿음을 가졌다면 그 자손이 좋은 신앙의 유전자를 물려받을 가능성이 높다는 것입니다. 하나님의 일을 할 때 신앙 가문의 후원을 받게 되면 큰 도움이 됩니다. 기도와 함께 정서적 지원을 받고 인맥도 넓어질 것입니다.

바울은 디모데에게 최고의 사랑을 주는 것과 함께 최고의 강한 명령도 내리는 것을 곳곳에서 발견합니다. 순교(A.D.67년)를 앞두고 추위가 몰려오는 로마 감옥에서 마지막 편지를 쓰고 있기 때문입니다(4:13). 교리가 담긴 디모데전서와 디도서와 달리 개인적 사정이 나오고 영적 무장과 그 실천에 대한 유언 설교의 분위기가 담겨 있습니다. 교회 지도자는 강한 훈련을 통해 진실한 믿음을 세우고 고난을 기꺼이 받아들이고 이겨내야 함을 강조합니다(11-14절).

나이 어린 디모데에게 두려워하는 마음이 있겠지만 떨쳐 버리라고 명령합니다. 그 자리에 능력과 사랑과 절제하는 마음을 장착하라고 합니다(7절). 교회 지도자는 이 3가지 중 하나만 부족해도 고생하며 열매를 맺기 어렵습니다. 능력과 사랑이 외부로 분출되는 에너지라면 절제하는 마음은 자신과의 치열한 전투입니다. 능력과 사랑이 있어도 절제하는 마음이 없으면 한 방에 무너지는 경우가 흔합니다.

1장에는 신앙의 유전자가 증명되는 사례가 또 한 번 나오는데 바로 '오네시보로'입니다(16절). 바울이 오네시보로의 사랑과 헌신을 얼마나 고마워했는지 행간에 흘러넘칩니다. 그를 위하여 기도해 주고 축복하는 마음이 그득합니다(17-18절). 그런데 자세히 보니 축복의 대상이 '오네시보로의 집'입니다. 집은 가족을 가리키며 오네시보로 때문에 그의 가족이 구원의 모든 복을 받게 된다는 공식을 보여줍니다. 진실한 신앙의 DNA는 평생 기도하고 애써야 할 경건한 목표입니다.

(행 16:31-32) "이르되 주 예수를 믿으라 그리하면 너와 네 집이 구원을 받으리라 하고 주의 말씀을 그 사람과 그 집에 있는 모든 사람에게 전하더라"

♦ 디모데후서 2장 성경칼럼

8절 | 내가 전한 복음대로 다윗의 씨로 죽은 자 가운데서 다시 살아나신 예수 그리스도를 기억하라

21절 | 그러므로 누구든지 이런 것에서 자기를 깨끗하게 하면 귀히 쓰는 그릇이 되어 거룩하고 주인의 쓰심에 합당하며 모든 선한 일에 준비함이 되리라

"생각을 생각하다"

미국 미시간대 심리학과 교수인 리처드 니스벳이 쓴 '생각의 지도'라는 책이 있습니다. 책 내용을 자세히 소개할 수는 없지만 동서양의 차이점과 그 기원을 다루고 있습니다. 더불어 사는 삶/홀로 사는 삶, 전체를 보는 것/부분을 보는 것, 상황론/본성론, 동사/명사로 세상을 보는 것, 논리 중시/경험 중시 차이로 나누고 있는데 전자는 동양이고 후자는 서양입니다. 분류의 기준은 우열이 아니라 차이점입니다. 같은 지구에 살아도 어느 쪽에 사느냐에 따라 생각과 삶의 차이가 운명적으로 정해진다는 것입니다.

바울은 디모데에게 내가 하는 말을 생각해 보라고 합니다(7절). 8절에는 '다시 살아나신 예수 그리스도를 기억하라'고 합니다. 신앙의 지도자는 생각하고 기억하는 것이 매우 중요하다는 것을 알 수 있습니다. 동서양의 사상과 문화가 차이 나듯이 기독교인과 비기독교인은 분명한 차이가 있습니다. 그 원인은 생각의 차이이고 그 생각은 하나님 말씀과 교훈을 수용하느냐의 유무에 달려 있습니다.

2장에서만도 세상과 다른 기독교의 생각과 삶이 몇 가지 나옵니다. 제자훈련의 원리인 2절의 내용은 영적 후손을 이어가라는 명령입니다. 자신과 자기 혈육에 몰두하기 바쁜 세상의 가치관과는 전혀 다른 차원입니다. 주

님부터 시작하여 바울, 디모데, 충성된 사람, 또 다른 사람까지 5대에 걸친 제자 양육이 나오고 지금의 우리까지 와 있습니다. 모든 것을 제공받는 좋은 병사와 규칙대로 경기하는 자와 열매를 먼저 받는 농부는 세상과 같은 이론입니다(3-6절). 다만 모두 주님과의 관련으로 주어진다는 면에서 새로운 기독교 가치관으로 정립됩니다.

기독교는 세상과 달리 언어의 중요성과 함께 절제된 사용을 강조합니다. 말다툼과 헛된 말과 망령된 말은 악성 종양이기에 엄금하고 진리의 말씀을 받고 전하는 생활을 요구합니다(14-17절). 어리석고 무식한 변론은 다툼만 일으키지만 온유함의 말은 타인을 변화시키는 열매를 거둡니다(23절). 그릇 론(인물론)도 명확하게 정리하고 있습니다. 세상에서는 그릇의 종류와 값어치에 따라 구별하지만 기독교는 준비된 그릇의 깨끗함에 의하여 사용이 결정됩니다(20-21절).

거역하는 자들에 대한 대처를 온유함으로 하라는 것은 회개의 기회를 주기 위함입니다(24-25절). 저들 가운데 깨어 마귀의 올무를 벗어나 하나님께 사로잡히는 인물이 나올 수도 있다는 것입니다(26절). 주님이 우리에게 그렇게 하셨기에 우리도 따라 해야 합니다. 주님의 교훈을 생각하고 주님의 대속을 기억하여 사는 삶에 능력과 축복이 실려 옵니다.

♦ 디모데후서 3장 성경칼럼

4절 | 배신하며 조급하며 자만하며 쾌락을 사랑하기를 하나님 사랑하는 것보다 더하며

17절 | 이는 하나님의 사람으로 온전하게 하며 모든 선한 일을 행할 능력을 갖추게 하려 함이라

"내 속엔 내가 너무도 많아.."

시인과 촌장 하덕규의 명곡 '가시나무'를 상징하는 구절입니다. 대중가요로 여러 가수들이 리메이크하여 유명하지만 출발은 복음성가였습니다. 내(그리스도인) 속엔 내(자아)가 너무나 많아 주님이 쉴 곳이 없다고 울부짖는 모습이 처절합니다. 내 속은 마치 가시나무 숲 같아서 바람만 불면(유혹이 오면) 부대끼며 날카롭게 울어댑니다. 지친 어린 새들(도움이 필요한 자)이 위로받고자 날아오면 나의 가시(이기적 사랑)에 찔려 화들짝 놀라 날아가 버리는 신앙의 실패를 고백합니다.

왜 내 안에 주님이 쉴 공간을 만들지 못한 것일까요? 바울은 하나님을 사랑해야 하는 마음에 다른 사랑이 차지하고 있어서 그런 것이라고 진단합니다. 자기 사랑과 돈 사랑과 쾌락을 사랑하기 때문입니다(2-4절). 3가지 모두 브레이크가 없는 기관차 같은데 강렬하게 사랑하고 있습니다. 사랑의 속성은 다른 것이 들어 올 여지를 없애는 성격을 가지고 있습니다.

이 거대한 세상 죄악의 대세를 이겨 내고 하나님 사랑의 열매를 맺는 것이 경건입니다. 경건은 겉모양으로 판정되는 것이 아니라 능력의 열매로 결정됩니다. 바울은 하나님의 사랑을 떠난 자들의 비참한 모습을 적시하고 날이 갈수록 심해진다고 공언합니다. 자랑하며 교만하며 비방하며 부모를 거역하며 감사하지 아니하며 거룩하지 아니하며(2절) 무정하며 원통함을 풀지 아니하며 모함하며 절제하지 못하며 사나우며 선한 것을 좋아하지 아니하며(3절) 배신하며 조급하며 자만하며 경건의 능력을 부인합니다(5절).

어리석은 여자를 유인하고 욕심에 끌린바 되고 항상 배우나 끝내 진리의 지식에 이를 수 없습니다(6-7절). 진리를 대적하고 마음이 부패하고 믿음에 버림받은 자들이 되고 악한 사람들끼리 서로 속입니다(8, 13절). 세상의 비참한 열매를 이기는 그리스도인의 경건을 위한 바울의 처방은 역시 성경입니다. 디모데의 뿌리 깊은 성경 유전자(DNA)를 살리라고 합니다(14-15절).

성경을 읽고 배우고 묵상하고 연구하여 얻는 보상은 아름답고 찬란합니다. 구원을 얻는 지혜를 얻고 온전한 하나님의 사람으로 양육됩니다(15-17절). 예수님을 닮아가는 성품과 선한 능력을 행하는 인물이 됩니다. 이 열매는 모든 성경이 하나님의 감동으로 쓰여 졌음으로 열리는 것입니다(16절). 성경을 가까이 함은 하나님의 현현을 체험하는 것이고 하나님의 만져주심을 느끼는 것입니다(요 1:1). 순종하다 보면 어느새 내 안의 가시가 제거되었다는 것을 느끼게 될 것입니다.

(욥 42:5) "내가 주께 대하여 귀로 듣기만 하였사오나 이제는 눈으로 주를 뵈옵나이다"

♦ 디모데후서 4장 성경칼럼

1절 | 하나님 앞과 살아 있는 자와 죽은 자를 심판하실 그리스도 예수 앞에서 그가 나타나실 것과 그의 나라를 두고 엄히 명하노니

17절 | 주께서 내 곁에 서서 나에게 힘을 주심은 나로 말미암아 선포된 말씀이 온전히 전파되어 모든 이방인이 듣게 하려 하심이니 내가 사자의 입에서 건짐을 받았느니라

"위로, 자문, 권면, 명령, 엄명"

수직 관계인 인간 사이에서 일어나는 언어의 내용을 적어 보았습니다. 사랑이 담긴 위로로부터 생명여탈 권을 가지고 있는 엄명에까지 다양합니다. 디모데를 향한 바울의 편지에는 위의 5가지가 다 들어 있다는 생각이

듭니다. 영적인 아버지로서의 애틋한 사랑과 위로와 권면의 표현은 곳곳에 넘쳐 납니다. 그러나 분명한 것은 바울과 디모데는 스승과 제자이며 사도와 속사도의 관계입니다. 이 수직적인 양육과 훈련의 관계는 사랑을 주는 것만으로 이루어지지 않습니다. 강제력을 가진 올바른 명령의 기능은 훈련 효과로는 최고입니다. 세상의 집단 중에서 임무가 중대한 군대, 검찰, 의사, 조폭의 조직은 상명하복의 위계에 날이 바짝 서 있습니다.

그러면 영적 조직인 교회는 과연 어떨까요? 바울은 디모데에게 엄명(엄히 명하노니)을 내립니다(1절). 세속의 집단과 교회의 명령 체계는 엄명이라는 측면에서 분명히 다릅니다. 첫째, 명령의 주체가 인간이 아니라 하나님이심을 분명히 합니다. '그리스도 예수 앞과 그의 나라'를 두고 엄히 명령합니다. 바울의 권위는 대단하지만 바울도 인간이기에 주님의 권위와 비교할 수 없습니다. 명령은 위임 받은 바울이 내리지만 실제적으로는 주님과 주님의 나라가 내리는 것입니다.

둘째, 명령의 내용은 말씀을 전파하라와 전도자의 직무를 다하라 입니다(2, 5절). 때를 얻든지 못 얻든지 항상 힘쓰라는 전제가 따라 옵니다. 말씀은 반복하여 전하지 아니하면 안 되는 속성을 가지고 있습니다. 죄로 똘똘 뭉쳐 있는 인간이 말씀 한두 번 듣고 변화되지 않는 것을 너무나 잘 알고 있습니다. '범사에 오래 참음과 가르침으로 경책하며 경계하며 권하라'는 것은 여러 방법을 동원하여 말씀을 전해야 한다는 뜻입니다.

나아가서 말씀을 듣지 못하게 하려는 대적자들의 치열한 방해 공작을 이기기 위해서임도 언급합니다(3-4절). 바울의 순교 직전에 옥중에서 쓰여진 디모데후서는 유언처럼 마무리를 합니다. 영육간의 진액을 다 짜내어 일한 자의 후회 없는 고백이 참으로 부럽습니다(6절). 의의 면류관을 준비하시고 계시는 주님을 만나 뵐 설렘이 그대로 전달됩니다(7-8절).

주님이 자기 곁에 서서 힘을 주신 수많은 순간을 회상하며 선포된 말씀이 열매 맺을 것을 확신하고 있습니다(17-18절). 우리가 그 열매의 증인인 만큼 겸손히 바울의 뒤를 따라가고 싶습니다(고전 4:16). 우리가 뿌린 영적인 씨가 성경의 약속대로 수확을 거 둘 수 있도록 주님께 의탁하는 기도를 드립니다.

(마 13:8-9) "더러는 좋은 땅에 떨어지매 어떤 것은 백 배, 어떤 것은 육십 배, 어떤 것은 삼십 배의 결실을 하였느니라 귀 있는 자는 들으라 하시니라"

디도서

♦ 디도서 1장 성경칼럼

2절 | 영생의 소망을 위함이라 이 영생은 거짓이 없으신 하나님이 영원 전부터 약속하신 것인데

16절 | 그들이 하나님을 시인하나 행위로는 부인하니 가증한 자요 복종하지 아니하는 자요 모든 선한 일을 버리는 자니라

"뿌리 깊은 나무"

대부분의 나무는 나무 높이만큼 뿌리의 길이를 가지고 있다고 합니다. 건물도 층수가 높은 만큼 지하의 기초가 깊고 탄탄해야 합니다. 나라의 건국과 치세에 있어서 그 기초의 탄탄함을 다지는 것은 아무리 강조해도 모자람이 없습니다. 하나님 나라와 영생은 무엇과도 비교할 수 없는 최고의 가치입니다. 영생을 주신 하나님의 경륜과 섭리가 얼마나 대단할 것인지는 능히 짐작할 수 있습니다.

영생은 거짓이 없으신 하나님이 영원 전부터 약속하신 것입니다(2절). 영원전이라는 시점은 창세전이라는 뜻이니 하나님 나라의 근원과 기초는 완벽합니다(엡 1:4). 바울이 서신마다 서두에 자신의 정체성을 공포하는 이유가 여기에 있습니다. 하나님의 종이며 예수 그리스도의 사도임을 감격하며 자랑합니다(1절). 종은 종인데 하나님의 종이니 그 권위와 능력은 그 무엇과도 비교할 수 없다는 자긍심입니다. '사도(아포스톨로스)'라는 말은 '보냄을 받았다'는 뜻으로 주님의 전권을 위임받아 보냄을 받은 것입니다.

세상에 보냄을 받았지만 실상으로는 하나님 나라의 보이는 현장인 교회를 위해 파송되었습니다. 그러므로 교회의 기초를 든든히 세우는 일은 사도의 근본 책무입니다. 디도서는 그레데에 남겨둔 영적 아들인 디도를 훈련하고 교회의 일군을 세우는 기초에 대한 내용을 담고 있습니다(6-9절). 장로의 자격, 거짓 교사에 대한 대처, 남녀노소에게 적용할 윤리, 국가관, 이단에 대한 태도를 언급합니다.

1장의 주제인 일군을 세우는 이 기초가 잘못되면 건물이 무너지듯이 교회도 큰 대미지를 받을 수 있는 것입니다. 바울은 그레데 인에 관하여 거짓말쟁이며 악한 짐승이며 배만 위하는 게으름뱅이라고 분별합니다(12-15절). 불행히도 교회에 들어온 사람들도 진실한 그리스도인이 아니라고 판단합니다. 하나님을 시인하나 행위로는 부인하고 가증한 자요 복종하지 아니하는 자요 모든 선한 일을 버리는 자라고 일갈합니다(16질). 심지어 세상의 평가를 그대로 인용하여 사기꾼(크리티조)이며 하나님을 이용하여 배불리는 자들이라고 폄하합니다.

디도서

지도자의 금기 사항중의 하나인 인종과 지역 차별을 그레데에 대하여 무지막지하게 합니다. 이것은 구원과 행위를 이원적으로 보는 그레데교회에 대한 훈련과 치리를 엄격하게 하려는 바울의 중심에서 나온 것입니다. 한국은 OECD(경제개발협력기구) 국가 중에 언론 신뢰도가 최하위권이고 사기범죄율도 1위로서 거짓말 공화국이라고 칭합니다. 이런 배경에서 한국교회는 그레데 교회와 같은 유형으로 갈 확률이 많다는 진단을 아니 할 수 없습니다. 성경과 교회 중심적인 좋은 전통의 신앙양태는 이미 무너졌습니다. 말씀을 붙들고 경건생활에 몸부림치는 신실한 자들이 한국교회의 희망입니다.

(시 121:4) "이스라엘을 지키시는 이는 졸지도 아니하시고 주무시지도 아니하시리로다"

12절 | 우리를 양육하시되 경건하지 않은 것과 이 세상 정욕을 다 버리고 신중함과 의로움과 경건함으로 이 세상에 살고
14절 | 그가 우리를 대신하여 자신을 주심은 모든 불법에서 우리를 속량하시고 우리를 깨끗하게 하사 선한 일을 열심히 하는 자기 백성이 되게 하려 하심이라

"나이 값을 하라"

이 말을 듣는 순간 나이가 몇 살이든 그 무례함에 화가 날 것입니다. 마흔이 넘으면 자기 얼굴에 책임을 지라는 말은 수양의 중요성을 강조합니다. '곱게 나이 드셨네요'라는 말을 듣는다면 온화하고 지혜로 와서 존경한다는 의미이니 신앙 목표를 이루고 있는 중일 것입니다. 어느 조직이나 공동체이든지 수직과 수평 관계가 섞여 있습니다. 교회는 다양한 사람이 모이는 곳으로 교제와 소통에 문제가 생기는 것이 당연합니다. 세대, 성별, 신분, 빈부, 기질, 이념 등의 차이로 크고 작은 충돌이 있기 마련입니다.

그러나 역설적으로 생각해 보면 이 다양한 관계가 어우러진 공동체에서 훈련을 잘 받으면 탁월한 인품을 갖출 수 있습니다. 바울이 인간관계의 성품 훈련을 교회 지도자인 디도에게 목회지침으로 가르치고 있습니다(2-10절). 늙은 남자는 절제하고 경건하며 신중하여 믿음과 사랑의 모범이 되어야 합니다. 늙은 여자는 행실이 거룩하고 모함하지 말며 술의 종이 되지 아니하고 선한 것을 가르치는 모범을 보여야 합니다. 젊은 여자는 남편과 자녀를 사랑하며 집안 일을 잘 하고 자기 남편에게 복종해야 합니다.

어려운 일이기에 잘 감당하면 하나님의 말씀이 드러나고 열매의 축복이 주어집니다. 젊은 남자는 '신중 하라'는 한 가지만 나오는데 이 행동만 잘

하면 이어지는 다른 것도 잘할 수 있다는 것입니다. 교회지도자는 선한 일에 본을 보이며 말씀에 맞는 단정함으로 책망할 것이 없도록 해야 합니다. 이 지침은 대적하는 자들에게 약점을 잡히지 않아야 하는 목적도 있습니다. 지도자는 약점을 보이면 대적자들이 물어뜯어 큰 대가를 치른다는 경고입니다.

종은 자기 상전에게 범사에 순종하여 기쁘게 하고 훔치지 말고 참된 신실성을 나타내야 합니다. 종은 일단 인간을 섬기지만 궁극적으로는 하나님을 섬긴다는 원리를 제공합니다(10절). 이 모든 관계의 공통분모는 그리스도를 본받을 때 이루어지는 열매라는 사실입니다. 예수님이 우리를 대신하여 자신을 주신 목적은 두 가지입니다(14절). 모든 불법에서 속량하셔서 우리를 깨끗하게 하시고 주님을 닮게 하려는 것입니다. 또한 선한 일을 열심히 하는 자기의 친 백성이 되게 하려 하심입니다. 주님을 사모할 때 신중함과 의로움과 경건함의 능력이 주어집니다(12절).

하나님은 모든 사람의 구원을 원하시지만(11절) 모든 사람이 구원받을 수 없는 결과는 난제에 속합니다. 다만 성경에 나오는 11절과 유사한 성구(롬 3:22-23, 5:18)는 앞뒤 문맥의 제한으로 '은혜 받는 모든 사람'으로 해석할 수 있습니다. 내가 은혜 받은 자에 들어 있다는 확인을 함으로서 은혜를 더욱 사모할 수 있습니다. 우리의 선한 열매는 구원의 확신을 가져오고 주님께 더욱 가까이하는 방도가 됩니다.

♦ 디도서 3장 성경칼럼

3절 | 우리도 전에는 어리석은 자요 순종하지 아니한 자요 속은 자요 여러 가지 정욕과 행락에 종 노릇 한 자요 악독과 투기를 일삼은 자요 가증스러운 자요 피차 미워한 자였으나

5절 | 우리를 구원하시되 우리가 행한 바 의로운 행위로 말미암지 아니하고 오직 그의 긍휼하심을 따라 중생의 씻음과 성령의 새롭게 하심으로 하셨나니

"날마다 지옥, 매일 천국"

극단적인 두 표현을 만들어 보았습니다. 일반적인 언어로 천국과 지옥은 상황과 환경의 좋고 나쁨으로 판단합니다. 그러나 영적인 천국과 지옥은 하나님의 것과 어떤 관련이 있느냐에 달려 있습니다. 구원 전의 상태를 정확히 알아야 구원 후의 고마움을 알 수 있습니다. 구원받기 전의 비참한 모습을 떠올리기 싫겠지만 늘 점검하는 것은 매우 유익합니다. 어리석고 순종하지 아니했으며 속았고 정욕과 행락에 종노릇했으며 악독과 투기를 일삼고 가증스럽고 피차 미워한 자였습니다(3절). 한 단어씩 뜯어보니 그곳으로 다시 돌아가고 싶은 생각이 전혀 안 듭니다.

구원의 주님을 만나는 모습과 그 후의 변화된 상황을 살펴봅니다. 하나님의 자비와 사람 사랑하심이 우리에게 나타났습니다(4절). 우리를 구원하시되 우리가 행한 바 의로운 행위로 말미암지 아니하였습니다(5절). 오직 그의 긍휼하심을 따라 중생의 씻음과 성령의 새롭게 하심으로 구원하였습니다(5절). 우리 구주 예수 그리스도로 말미암아 우리에게 그 성령을 풍성히 부어 주십니다(6절). 우리로 그의 은혜를 힘입어 의롭다 하심을 얻어 영생의 소망을 따라 상속자가 되게 하였습니다(7절). 아름답고 선한 일을 하도록 부름 받았고 이제는 사람들에게 유익한 자가 되었습니다(8절).

이 구원의 능력과 축복 중에서 눈에 확 들어오는 것은 '성령의 새롭게 하심' 입니다(5절). 중생의 씻음이 과거의 구원의 출발이라면 성령의 새롭게 하심은 현재진행형입니다. 성령님이 새롭게 해 주심으로 우리는 날마다 천

국을 누리며 살 수 있습니다. 인생의 결핍으로 목마른 경험을 가진 자의 의심을 한 방에 지우는 보장을 하십니다. 성령을 적당히 주신 것이 아니라 풍성히 부어 주셨습니다(6절). 로마서에서는 '성령으로 하나님의 사랑이 우리 마음에 부어졌다'고 합니다(롬 5:5).

성령으로 완전한 사랑이 풍성히 부어졌으니 날이 갈수록 새롭고 즐거울 수 있게 되었습니다. 진짜 좋은 관계는 세월이 갈수록, 만나면 만날수록 점점 좋아지는 사람입니다. 예수님을 오래 믿었는데 예수님이 얼마만큼 좋은지 생각해 봅니다. 마귀는 나와 예수님 사이를 멀어지게 하고 싫어지게 하는 전략을 쓰고 있습니다. 마귀의 졸개들인 이단을 접하면 주님께 대한 관심이 사라지게 되어 있습니다. 한두 번 훈계한 후에 멀리하라는 것은 그들은 회복이 어렵다는 것이고 오히려 타격을 받기 쉽다는 뜻입니다(9-11절). 바울이 함께 한 사람들을 애틋하게 대하듯이 예수님을 좋아하고 자랑하는 그리스도인과 가까이 하며 살겠습니다(12-15절).

디도서

빌레몬서

♦ 빌레몬서 1장 성경칼럼

9절 | 도리어 사랑으로써 간구하노라 나이가 많은 나 바울은 지금 또 예수 그리스도를 위하여 갇힌 자 되어

16절 | 이 후로는 종과 같이 대하지 아니하고 종 이상으로 곧 사랑 받는 형제로 둘 자라 내게 특별히 그러하거든 하물며 육신과 주 안에서 상관된 네게랴

"탁월한 시나리오(감독)"

작품의 성공을 이끈 최고의 주연 배우가 소감을 이야기할 때 많이 하는 멘트입니다. 빌레몬서를 작품으로 만든다면 영적 시나리오 측면에서 탁월합니다. 꾸민 픽션이 아니라 실화이기에 뜨거운 감동이 있습니다. 바울과 빌레몬이 주인공이지만 비중 높은 또 한 명의 주연이 오네시모입니다. 이 세 명이 어우러져 영육간의 사연을 풀어나가는 모습이 그려지는데 성령님의 간섭이 눈에 들어옵니다. 인간의 판단과 감정으로는 해결이 안 되는 난제를 기적같이 풀어나가고 있습니다.

바울이 옥에 갇혔는데 죄를 짓고 들어온 오네시모를 만납니다. 그는 빌레몬 가문의 종이었는데 주인집에서 절도를 하고 도망친 상태이었습니다. 로마시대의 종은 주인이 생사여탈권을 쥐고 있었습니다. 바울의 전도로 거듭난 오네시모는 자신의 과거를 털어놓고 그리스도인으로 새 출발을 하려 합니다(10절). 여기서 바울과 오네시모는 빌레몬을 피하여 사는 방법을 택할 수도 있었습니다. 하지만 하나님 앞에서 살아야 하는 일군이기에 빌레

몬에게 용서와 화해를 구하고 보상을 해주는 길을 선택합니다(18절).

빌레몬에게 오네시모를 보내면서 빌레몬의 믿음과 사랑을 칭찬하고 성도 섬김에 감사를 전합니다(4-7절). 바울은 사도의 권위를 가지고 오네시모에 대한 선처를 명령할 수도 있었습니다(8절). 하지만 바울은 빌레몬의 '자원하는 사랑'을 간곡히 부탁하는 것을 보게 됩니다(9절). 바울은 당사자들의 화해를 통해서만 온전한 관계회복이 일어난다는 것을 알았기 때문입니다(13-14절). 자기에게 해를 끼치고 배신하여 도망친 노예를 용서하며 형제와 동역자로 받아들이는 일은 쉬운 일이 아닙니다.

오네시모의 변화와 빌레몬의 용서로 이 이야기는 해피엔딩이 됩니다. 이 위대한 이야기의 감독이며 주인공은 성령님임이 틀림없습니다. 바울의 탁월한 지혜, 오네시모의 변화의 기적, 빌레몬의 용서 실천, 성령님의 감동하심이 역사합니다. 단 1장이지만 영적 대하드라마처럼 엄청난 메시지와 스케일을 볼 수 있는 빌레몬서입니다. 이 서신은 성숙한 기독교인의 그릇이 얼마나 크고 멋있는지를 보여줍니다. 재산과 신분과 감정의 벽을 넘어 주님께 순종하는 믿음의 위대성을 증거합니다.

주님께서 직접 내리신 명령을 몸으로 이룬 일군들입니다.

(마 5:23~24) "그러므로 예물을 제단에 드리려다가 거기서 네 형제에게 원망들을 만한 일이 있는 것이 생각나거든 예물을 제단 앞에 두고 먼저 가서 형제와 화목하고 그 후에 와서 예물을 드리라"

빌레몬서는 한 영혼과 한 일군을 위한 정성을 배울 수 있습니다. 나를 세 명의 주인공 속에 각각 대입하여 적용한다면 그리스도인의 입체적 사랑도 경험할 수 있습니다.

히브리서

♦ 히브리서 1장 성경칼럼

1절 | 옛적에 선지자들을 통하여 여러 부분과 여러 모양으로 우리 조상들에게 말씀하신 하나님이

14절 | 모든 천사들은 섬기는 영으로서 구원 받을 상속자들을 위하여 섬기라고 보내심이 아니냐

"맹인모상"

'맹인 코끼리 만지기'란 뜻으로 부분만 알고 전체를 알지 못하는 것을 비유한 사자성어입니다. 실체를 온전히 모르고 멋대로 추측할 때 쓰는 말이기도 합니다. 한 번도 코끼리를 본적이 없는 맹인들이 자기가 만진 코끼리의 부분만 알고 커다란 부채(귀), 담장(배), 기둥(다리)같다고 우기는 것입니다. 우리가 하나님과 예수님과 성령님에 대하여 맹인모상처럼 하고 있다면 그냥 웃고 넘길 일이 아닙니다.

사람은 얼마든지 자신이 바라는 하나님을 자기 좋을 대로 만드는 존재입니다. 이것을 우상이라고 하며 그 목적은 복을 빌고 저주를 피하려는 마음에서 나옵니다. 광야의 이스라엘 백성들이 시내 산에 올라간 모세가 더디 내려오자 금을 모아 금송아지를 만들고 하나님이라고 경배한 것이 한 사례입니다. 성경의 최악 장면 중의 하나입니다.

(출 32:4) "아론이 그들의 손에서 금 고리를 받아 부어서 조각칼로 새겨 송아지 형상을 만드니 그들이 말하되 이스라엘아 이는 너희를 애굽 땅에서

인도하여 낸 너희의 신이로다 하는지라"

성경 전체의 주제는 예수님입니다. 예수님의 대속으로 죄인이 용서받고 하나님의 자녀가 된 것이 성경의 핵심입니다. 성경을 읽으면서 예수님이 어떤 분이시고 무슨 일을 하셨는지에 초점을 맞추면 많은 것이 보입니다. 히브리서는 저자를 알 수 없는 책으로 수신자는 유대인으로 그리스도인이 된 성도들입니다. 그들은 당시(A.D.60년대 후반)에 동족 유대인과 로마제국의 양면에서 심한 박해를 받았고 배교의 위험에 처해 있었습니다. 히브리서는 '유대교에 대한 기독교의 변증서'로서 구약을 잘 알고 있는 독자에게 그리스도의 탁월성을 알리고 있습니다. 히브리서의 시작을 구약의 선지자들을 통해 예수의 여러 부분과 모양을 말씀하셨다고 선포한 이유입니다(1절).

구약의 인물과 사건이 그림자라면 이제 신약 시대가 되어 실체이신 주님이 강림하셨습니다. 하나님의 아들인 그리스도가 천사보다 얼마나 탁월한 존재인지를 구약을 인용하여 설명합니다(4-13절). 나아가 그리스도로 말미암아 구원받을 상속자들인 성도가 천사의 섬김을 받는다는 천사론을 변증합니다(14절). 성경이 계시하신 예수님의 실체를 알고 배우고 믿을 때 놀라운 탄성이 나오고 믿음이 생깁니다. 만유의 상속자이시고 창조주이시며(2절, 10절) 하나님의 영광의 광채시요 그 본체의 형상입니다(3절).

지금도 말씀으로 만물을 붙드시는 섭리자이시고(2절) 십자가와 부활로 인간의 모든 죄를 정결하게 하신 구세주입니다(3절). 지금은 승천하셔서 지극히 크신 하나님의 우편에 앉으셨고(3절) 천사보다 뛰어 나사 아름다운 이름을 기업으로 얻으셨습니다(4절). 천사들을 바람으로 부리시고 경배를 받으시는 전능자이시며(7절) 보이는 모든 것은 없어지나 주님은 영원하십니다(11-12절).

천사론에서 가장 중요한 교리는 신자가 천사 명령권을 가지고 있지 않다는 것입니다. 신자가 기도할 때 하나님께서 천사를 사용하신다는 사실을 잊지 말고 겸손해야 합니다. 그리스도의 신성의 선재성을 알 때 구약의 예표들은 복음을 가리키고 있음을 알게 됩니다. 유대인들이 가졌던 구약의 지식들이 예수님을 온전히 알 때 해석이 됩니다. 오늘날의 성도들도 그리스도 대신에 의지하는 것이 있다면 히브리서를 통해 영적 분별이 될 것입니다.

♦ 히브리서 2장 성경칼럼

15절 | 또 죽기를 무서워하므로 한평생 매여 종 노릇 하는 모든 자들을 놓아 주려 하심이니

18절 | 그가 시험을 받아 고난을 당하셨은즉 시험 받는 자들을 능히 도우실 수 있느니라

"자기는 내가 왜 좋아?"

연인들의 대화중에 나오는 질문입니다. 이때 어떤 대답을 센스 있게 하느냐에 따라 관계의 방향이 정해지기도 합니다. 누가 우리 그리스도인에게 이와 비슷한 질문을 한다면 어떻게 대답하시겠습니까? '예수님을 왜 믿어요?, 예수님이 왜 좋아요?' 2장에는 이 질문에 대한 정답이 나와 있습니다. 1절에 '들은 것을 더욱 유념하라'는 것으로 보아 이전에 많이 들었던 것을 되풀이하라는 것입니다.

영적 훈련 원리중의 으뜸은 반복으로 주요 교리를 매일 복습하는 것입니다. 예수님을 믿는 이유와 예수님이 좋은 이유는 예수님의 대속 때문입니다. 하나님이신 예수님이 나를 위하여 죽으셨습니다. 정확히 말하면 나는 죄로 심판받아 지옥에 가야 하는데 그 죄를 대신 갚으신 것입니다. 예수

님의 죽음은 한 평범한 인간의 죽음이 아니라 하나님이 육신이 되셔서 죽으신 것입니다(14절). 천사를 창조하고 부리시는 전능하신 하나님이 잠시 천사보다 못한 육신을 입으시고 대속의 죽음을 감당하셨습니다(9절).

그 결과 예수님의 대속을 믿는 우리는 죽음의 공포에서 벗어나게 되었습니다. 죽기를 무서워하므로 한평생 죽음에 매여 종노릇 하는 우리를 해방시켜 주었습니다(15절). 또한 예수님은 고난을 받으심으로 고난 받는 우리를 온전하게 해 주셨습니다(10절). 예수님을 믿고 난 후에도 고난은 받지만 그 고난은 주님을 위한 고난으로 바뀌게 됩니다.

(골 1:24) "나는 이제 너희를 위하여 받는 괴로움을 기뻐하고 그리스도의 남은 고난을 그의 몸된 교회를 위하여 내 육체에 채우노라"

마지막으로 시험을 이기는 능력도 대속의 원리로 해결됩니다. 예수님은 시험을 받아 고난당하실 분이 아닌데 우리를 위하여 그 길을 가셨습니다(18절, 사 53:4-6). 예수님을 좋아하고 믿는 이유는 죽음 정복과 고난의 승리와 시험의 극복이지만 이를 긍정적으로 전환하면 엄청난 축복입니다. 영생과 천국이고 성숙한 성품이며 강력한 능력입니다. 예수님은 구약의 3대 기름 받는 직분인 선지자와 제사장과 왕으로서의 사역을 완수하심으로 메시야가 되시고 우리가 그 은택을 입게 되었습니다(17절).

예수님이 정말 좋은 내막은 날 사랑하사 십자가에 죽으신 대속이었습니다. 사람들 중에 나에게 조금만 잘해 주어도 고마워하고 사례합니다. 영원한 생명과 진리의 빛을 주신 예수님께 무엇으로 보답할까요? 개성에 따라 하나님을 향한 기쁜 소원이 불타오르면 좋겠습니다.

(사 43:21) "이 백성은 내가 나를 위하여 지었나니 나를 찬송하게 하려 함이니라"

♦ 히브리서 3장 성경칼럼

1절 | 그러므로 함께 하늘의 부르심을 받은 거룩한 형제들아 우리가 믿는 도리의 사도이시며 대제사장이신 예수를 깊이 생각하라

13절 | 오직 오늘이라 일컫는 동안에 매일 피차 권면하여 너희 중에 누구든지 죄의 유혹으로 완고하게 되지 않도록 하라

"기본, 정석, 원리, 핵심"

중요한 것을 일컫는 단어이며 신앙생활에도 적용됩니다. 기초를 잘 놓아야 하고 정석대로 배워야 하고 핵심을 놓치지 말고 원리를 따라야 합니다. 이 네 가지 모두에게 해당되는 영적인 실천사항이 있다면 무엇일까요? 매일 피차 권면하는 일입니다(13절). 여기에서 적극적인 신앙생활의 능력과 승리와 축복이 결정됩니다. 소극적으로는 불신앙과 불순종과 시험당하는 올무에 빠지는 것을 방지할 수 있습니다.

과연 매일 피차 권면하는 것이 무엇이기에 이런 효력이 있을까요? 먼저 이 말씀이 나오기 전의 문맥을 보겠습니다. 1-6절에서 예수님이 어떤 분인지 깊이 생각하라고 합니다. 구약의 대표인물이며 율법 전수자인 모세와 비교하며 예수님을 깊이 배우라고 합니다. 아들이며 집 주인인 예수님과 종이며 집을 섬기는 모세는 엄청난 차이가 납니다. 7-12절에서는 광야의 이스라엘 백성들이 불순종한 악한 죄악을 지적합니다. 하나님을 시험하는 완고함과 미혹당하는 이유가 무엇인지를 알려 줍니다. 하나님께 멀어지고 죄의 유혹에 넘어가는 원인이 무엇인지 질문합니다.

결국 예수님을 깊이 생각하고 악한 시험에 빠지지 않는 비결은 말씀에 있다는 결론입니다. 이 소중한 말씀을 매일 매순간 붙들어야 합니다. 혼자

힘으로는 부족하고 지속하기 어렵기에 서로 가르치고 나누어야 한다고 강조하고 있습니다. 구약의 역사를 관통하면 말씀을 가까이 하던 시대는 평안이 있었고 말씀을 잃었을 때는 재앙이 덮친 것을 볼 수 있습니다. 초대교회의 영광과 능력은 성도들이 날마다 성전에 모이고 말씀을 나눌 때 일어났습니다.

(행 2:46-47) "날마다 마음을 같이하여 성전에 모이기를 힘쓰고 집에서 떡을 떼며 기쁨과 순전한 마음으로 음식을 먹고 하나님을 찬미하며 또 온 백성에게 칭송을 받으니 주께서 구원 받는 사람을 날마다 더하게 하시니라"

믿음은 말씀을 들음으로 생기고 말씀의 내용은 예수 그리스도입니다(롬 10:17). 말씀을 듣지 아니하고 예수님을 제대로 배우지 아니하면 그 어떤 천하장사도 별 수 없이 영적으로 실족하게 되어 있습니다. 몇 년 동안 한국교회 성도들은 말씀을 가까이 하는 예배 환경을 물리적으로 놓쳤습니다. 영적 감각이 얼마나 떨어졌는지 아는 사람은 알 것입니다.

역사가 오래 된 서구 기독교의 경건한 신자는 우리와 달리 기독교 문화가 정착되어서 매일 가정예배를 드립니다. 우리 한국교회도 매일 성경을 정독하고 묵상하고 교제하는 시스템을 정착시켜야 합니다. 누구나 생명이 달린 일은 올 인하듯이 영적 성패가 달린 이 사역에 우선순위를 두기 원합니다. 위기를 기회로 만든 우리에게 의와 승리의 면류관이 기다리고 있습니다.

♦ 히브리서 4장 성경칼럼

2절 | 그들과 같이 우리도 복음 전함을 받은 자이나 들은 바 그 말씀이 그들에게 유익하지 못한 것은 듣는 자가 믿음과 결부시키지 아니함이라

12절 | 하나님의 말씀은 살아 있고 활력이 있어 좌우에 날선 어떤 검보다도 예리하

여 혼과 영과 및 관절과 골수를 찔러 쪼개기까지 하며 또 마음의 생각과 뜻을 판단하나니

"가장 악랄한 상상?"

생각만 해도 앞이 캄캄해지고 숨이 턱 막히는 것을 상상해 봅니다. 고층 건물이 무너져 몸을 움직일 수 없는 상태에서 아무 것도 못 먹고 죽어간다면? 중풍을 맞아 20년간 누워서 소 대변 깔고 살다 주변인에게 피해만 주고 죽어간다면? 어느 날 갑자기 진행된 치매에 가족도, 지인도, 자신도, 예수님도 못 알아보고 살아가는 날들이 이어진다면? 여기까지 생각해도 더 큰 불행이 있을까하는 생각이 듭니다만 이보다 천배 만배 아니 무한대로 끔찍한 일이 있습니다.

하나님의 안식에 들어갈 약속이 있지만 이르지 못할 자가 있다는 사실입니다(1절). 예수 믿고 교회 잘 다니고 은혜도 받아 천국은 당연하다고 생각했는데 죽어서 보니 천국이 아니라 지옥에 떨어져 있는 경우입니다. 황당함과 아찔함을 넘어 후회해도 소용없고 다시 되돌릴 수도 없는 절대 절망의 길에 들어선 것입니다. 구약의 이스라엘 백성들이 안식을 상징하는 가나안에 들어가는 약속이 있었지만 미치지 못한 자들이 대다수이었습니다. 신약시대의 복음을 듣는 자도 말씀을 믿음으로 받아들이고 순종하지 않으면 그 길을 갈 수 있다고 경고합니다(2, 6절).

히브리서 기자는 구약에 정통한 인물로서 구약의 인물과 사건들을 많이 인용합니다. 하나님의 말씀이 얼마나 능력 있고 실제적인지를 실감나게 표현합니다(12-13절). 하나님의 말씀은 살아 있고 활력이 있어 좌우에 날선 어떤 검보다도 예리하여 혼과 영과 및 관절과 골수를 찔러 쪼개기까지 합니

다. 마음의 생각과 뜻을 판단하여 누구도 감출 수 없고 지으신 것이 하나도 그 앞에 나타나지 않음이 없습니다. 마지막에 우리의 결산을 받으실 이의 눈 앞에 만물이 벌거벗은 것 같이 드러날 것입니다. 신자는 하나님의 말씀 앞에 솔직함과 겸손해야 한다는 것을 깊이 새겨야 합니다. 구원은 은혜로 이루어 지는데 그 은혜는 말씀을 믿음으로 받고 순종하는 자에게 주어집니다.

(벧전 1:23) "너희가 거듭난 것은 썩어질 씨로 된 것이 아니요 썩지 아니할 씨로 된 것이니 살아 있고 항상 있는 하나님의 말씀으로 되었느니라"

말씀에서 만나는 예수님의 주요사역이 대제사장직입니다(14절). 구약의 제사장이 백성들을 대신하여 하나님께 나아가듯이 예수님은 우리의 모든 죄와 허물을 짊어지고 하나님께로 나아갑니다. 인간의 모든 고통을 경험하신 주님은 나의 연약함을 동정하시고 긍휼히 여기십니다(15절). 인간은 자기 힘으로 하나님께 나아 갈 수가 없지만 예수님의 공로로 담대하게 나아 갈 수 있습니다.

하나님의 보좌로 나아갈 수 있는 유일한 길은 예수님의 긍휼하심을 입는 것뿐입니다(16절). 도저히 변하지 않는 인간의 죄 성을 변화시킬 수 있는 힘은 성령으로 역사하는 말씀입니다. 말씀이 증거 하는 대제사장 되시는 그리스도를 믿음으로 구약의 불완전한 안식을 온전하게 합니다. 현재 성도들은 그리스도의 안식으로 장차 성취될 영원한 구속의 연장선상에 존재하고 있습니다(히 3:14). 하나님은 구속 계획을 바라보고 사는 우리에게 사랑과 긍휼을 부어주십니다.

♦ 히브리서 5장 성경칼럼

4절 | 이 존귀는 아무도 스스로 취하지 못하고 오직 아론과 같이 하나님의 부르심

을 받은 자라야 할 것이니라

11절 | 멜기세덱에 관하여는 우리가 할 말이 많으나 너희가 듣는 것이 둔하므로 설명하기 어려우니라

"크면 알게 될 거야"

나이가 어리거나 아무리 이야기해도 이해 못하는 사람에게 최후에 하는 말입니다. 바울 사도도 이런 뉘앙스의 말을 한 것을 기억합니다. 셋째 하늘(고후 12:1-4)과 사랑의 온전함을 깨닫는 것(고전13:9-12)과 신령한 세계를 이야기할 때(고전 3:1~2)입니다. 히브리서 기자는 멜기세덱에 관하여 이야기하면서 장성한 자여야만 알 수 있다고 벽을 치고 있습니다(11절). 멜기세덱을 이해할 수 있다면 복음의 깊은 비밀을 아는 영적 어른이 된다는 맥락입니다(14절). 히브리서는 크게 세 부분으로 우월하신 그리스도(1:1-4:13)와 뛰어나신 그리스도의 사역(4:14-10:18)과 그리스도 안에서 뛰어난 성도의 능력(10:19-13:25)에 대하여 기록하고 있습니다.

5장은 그리스도의 제사장적 사역에 앞서 제사장직에 대한 그리스도 자질의 충분성을 논증합니다. 4장에서 예수를 큰 대제사장이라고 전제하고 이제 멜기세덱과의 비교를 통해 그리스도의 대제사장 사역을 보여줍니다. 멜기세덱과 그리스도의 동일성과 상이점을 배우면 예수의 대제사장직을 이해할 수 있습니다(히 7장). 멜기세덱이란 평강의 왕이란 뜻으로 부모도 족보도 출생일도 생명도 끝도 알 수 없는 신적 존재입니다. 율법이 주어지기 전 최초의 십일조를 아브라함에게 받은 영원한 제사장(창 14:18-20)으로 다윗도 영원한 제사장이라고 고백하였습니다(시 110:4).

멜기세덱은 왕과 제사장으로서 구약의 예수님의 예표 적 인물이며 죄와

허물이 많은 인간 출신(레위 지파)의 제사장과 차별되어 계시됩니다(7:5-10절). 예수님은 육신적으로 레위지파가 아닌 제사장을 배출할 수 없는 유다 지파에서 나신 특별한 제사장입니다(7:14-15절). 예수의 대제사장직은 불멸의 멜기세덱의 반차(서열, 품계)를 따른 것임을 분명히 하고 있습니다(히 7:16-17). 인간 출신 제사장직도 레위 지파 아론의 계보이어야만 한 것은 하나님이 뜻과 택함이 있어야 함을 의미합니다(4절).

우리는 구약 시대의 제사장직에 대한 존귀함을 하나님이 얼마나 높이셨는지를 목격하였습니다. 그러나 죄인 출신의 제사장은 죄인을 온전히 속죄할 수 있는 자격이 없습니다. 이런 본질적 이유 때문에 구약에서 율법을 세우기 전에 멜기세덱을 보여 주신 것입니다. 죄가 있는 인간 출신 제사장이 아니라 죄가 없으신 예수의 대제사장으로서의 등장을 그림자로 보여 준 것이 멜기세덱입니다. 예수의 메시아로서의 자격과 능력과 성취가 얼마나 신비롭고 놀라운 것인지를 확인하였습니다. 구원받은 그리스도인이 받은 신분 중에 왕 직과 제사장 직이 있다는 사실은 우리의 정체를 업그레이드시키는 것입니다.

멜기세덱과 주님의 반차를 따라 바로 우리가 세상을 위한 왕과 제사장이 되었다고 성경은 선포합니다.

(벧전 2:9) “그러나 너희는 택하신 족속이요 왕 같은 제사장들이요 거룩한 나라요 그의 소유가 된 백성이니 이는 너희를 어두운 데서 불러내어 그의 기이한 빛에 들어가게 하신 이의 아름다운 덕을 선포하게 하려 하심이라”

주님의 기이한 빛과 아름다운 덕을 선포하는 삶이 우리의 존재 이유입니다. 구속사의 빛나는 진리인 제사장직에 대한 깨달음은 신앙의 장성한 자가 되었다는 징표입니다(14절). 연단을 거친 자가 선악을 분별하듯이 우리는 시대를 이끄는 영적 향도자(leader)입니다.

♦ 히브리서 6장 성경칼럼

2절 | 세례들과 안수와 죽은 자의 부활과 영원한 심판에 관한 교훈의 터를 다시 닦지 말고 완전한 데로 나아갈지니라

19절 | 우리가 이 소망을 가지고 있는 것은 영혼의 닻 같아서 튼튼하고 견고하여 휘장 안에 들어 가나니

"키덜트(kidult)"

키드(Kid, 아이)와 어덜트(adult, 어른)의 합성어로서 어른이 되었음에도 어렸을 때의 분위기와 감성을 가지고 있는 '성인아이'를 일컫는 말입니다. 이들을 대상으로 한 마케팅으로 고가의 장난감이 판매되기도 합니다. 문제는 장난감 등의 정서적인 면에 머무르는 것이 아니라 정신과 경제적인 면에서 성인아이가 될 경우입니다. 아이의 특징은 자기중심적이고 유치하며 다투기 쉽고 책임을 회피하는 것으로 어른이 되어서도 아이처럼 산다면 큰일입니다. 어른이 게임을 할 수는 있지만 게임에 중독되어서 자기의 할 일을 못한다면 나쁜 유형의 성인아이가 되는 것입니다.

교회의 교제권 가운데에서 끊임없이 자기중심으로 돌아가길 바라고 인정 욕구에 목말라 하는 교인이 있다면 나이가 많아도 영적 어린아이입니다. 히브리서 기자는 신자의 성숙에 대하여 충격적인 진단을 합니다. 신앙에 있어서 초보(기초)에 해당하는 항목을 예로 드는데 그 내용이 놀랍습니다(1-2절). 죽은 행실을 회개함과 하나님께 대한 신앙과 세례들과 안수와 죽은 자의 부활과 영원한 심판에 관한 교훈입니다. 우리가 볼 때 고급 신앙의 내용인데 이것은 도의 초보에 해당된다는 것입니다. 어린아이 수준의 터이니 여기에 머물지 말고 완전한 세계로 나아가라고 합니다.

도의 초보를 버리라는 것은 아주 없애 버리라가 아니라 지금 위치를 졸업하고 다음의 깊은 신앙으로 출발하라는 의미입니다. 도의 초보만을 깨닫고 깊은 그리스도의 도를 완전히 이해했다고 하는 자들을 향한 경고입니다. 완전한 세계로 가기 위해 필요한 것이 하나님과 함께 하는 영적 성장입니다(3절). 육적 생물의 원리와 같이 자라지 않는 영적 생명은 도태되고 맙니다. 실족과 배교를 방지하는 길은 믿음의 깊은 세계를 체험하고 성령의 열매를 맺는 길밖에 없습니다(4-6절).

이것은 한 번 구원받은 신자가 타락하여 구원을 상실할 수 있느냐의 논쟁이 아닙니다. 타락의 가능성이 있음을 경계하라는 것이며 거짓 신자가 엄연히 있다는 사실을 지적하고 있습니다. 구원은 하나님께 속한 것이기에 구원에 자신만만해 하는 것보다 중심에 긍휼을 구하는 마음을 가져야 합니다. 열매를 보고 나무를 판단하듯이 나의 신앙의 열매가 합당한 채소인지 몹쓸 가시와 엉겅퀴인지 살펴보아야 합니다(7-8절). 타락한 자들의 비참한 결과를 본보기 삼아 온전한 구원의 사람으로 나아갈 수 있다는 격려를 합니다(9-10절).

경기에서 선수들이 최선을 다하듯 신앙의 올림픽은 장기간의 부지런함과 인내와 지구력의 전쟁임을 알려 줍니다(11-12절). 하나님의 약속을 오래 참고 기다린 아브라함이 믿음의 조상이 된 길을 우리도 가는 것입니다(13-15절). 정박하는 배가 든든한 닻이 필수이듯이 우리의 영혼의 닻은 우리를 위하여 대속하신 예수님께 있습니다(19-20절). 실족을 유도하고 배교를 압박하는 세상을 향해 굳세고 견고한 믿음이 요구됩니다.

(고전 15:58) "그러므로 내 사랑하는 형제들아 견실하며 흔들리지 말고 항상 주의 일에 더욱 힘쓰는 자들이 되라 이는 너희 수고가 주 안에서 헛되지 않은 줄 앎이라"

영광의 부활이 언약되어 있다면 이 땅에서의 성도의 책임도 져야 합니다. 나의 작은 영적 몸부림이 절대 헛되지 않다는 약속은 큰 위로가 됩니다.

♦ 히브리서 7장 성경칼럼

6절 | 레위 족보에 들지 아니한 멜기세덱은 아브라함에게서 십분의 일을 취하고 약속을 받은 그를 위하여 복을 빌었나니

16절 | 그는 육신에 속한 한 계명의 법을 따르지 아니하고 오직 불멸의 생명의 능력을 따라 되었으니

"트루먼 쇼"

짐 캐리 주연으로 1998년 개봉된 영화로 골든글러브 수상을 했습니다. 핵심 메시지는 인간의 나르시시즘(자기애)과 관음증속에 자유에 대한 중요성을 보여줍니다. 세트장과 연기자들 속에 주인공이 속아서 살아가는 24시간을 전 국민에게 생중계하는 에피소드 입니다. 어렸을 때 '내가 이 세상의 주인공이고 우주의 중심이야, 자연만물과 사람들은 나를 위한 배경이고 엑스트라인거야'라고 생각한 적이 있었을 것입니다. 어른이 된 지금은 당연히 허황된 생각으로 웃어 넘깁니다. 하지만 성경적으로 보면 선악과의 후유증에서 나오는 인간의 하나님 되는 착각에서 온 파장입니다. 트루먼 쇼는 이런 상상을 몇 번 비틀어서 만든 영화이기에 웃고 넘길 수 없는 무게가 있습니다.

5장에서 이미 멜기세덱에 관한 내용을 정리하였으므로 본장은 예수의 특별한 신분에 관하여 상고하겠습니다. 주님은 이 세상 어떤 사람에게도 붙일 수 없는 수식어를 가지고 있습니다. 첫째, 멜기세덱의 반차를 쫒는 의미인 인간 혈통에서 나온 레위지파 출신 제사장이 아니라는 것입니다

(6-11절). 이 의미는 인간에게서 난 것이 아니라 하늘에서 오셨다는 것이며 성육신하신 구세주라는 것입니다.

둘째, 모든 인간은 율법아래 있으므로 그 법에 의하여 정죄되지만 예수님은 불멸의 생명이므로 영원한 속죄를 이루는 제사장입니다(16절). 셋째, 인간 제사장은 죽기 때문에 끊임없이 세워야 하지만 주님은 부활하신 생명의 주가 되시므로 영원한 중보를 하시는 제사장입니다. 주님은 지금도 약점 많은 우리를 위하여 간구하고 계십니다(롬 8:26).

창조의 원리 중에 동물은 각각 자기의 종을 바꿀 수 없다는 것이 있습니다. 호랑이는 호랑이고 뱀은 뱀입니다. 구원에 있어서 사람 외에는 하나님의 불멸의 생명을 받을 수 없습니다. 구원의 4부작은 구원의 특별성을 증명하고 있습니다. 1부는 하나님 형상으로 인간을 창조하셨는데 인간의 본질이 하나님의 형상이라는 사실이 중요합니다. 2부는 인간은 하나님께 불순종하여 타락했고 관계가 끊어졌습니다. 모든 인간은 하나님 없이 자기 힘이나 어떤 종교로 구원받을 가능성은 전무합니다.

3부는 성육신하신 예수님의 속죄를 믿는 자만 구원 받습니다(시 2:7). 구원을 받는 것은 예수의 불멸의 생명을 받는다는 것이며 하나님의 형상이 회복된다는 뜻입니다(16절). 4부는 영화로운 구원으로 천국에 들어가는 것입니다. 천국은 에덴동산과 비교할 수 없을 정도로 완벽하며 다시는 타락할 수 없는 곳입니다. 현재 우리는 3부에 있지만 4부의 영광을 소망하며 하나님의 자녀로 벅차게 살고 있는 중입니다. 트루먼 쇼는 가짜 주인공을 보여주지만 각자의 그리스도인은 하나님 나라의 진짜 주인공이 되는 것입니다.

6절 | 그러나 이제 그는 더 아름다운 직분을 얻으셨으니 그는 더 좋은 약속으로 세우신 더 좋은 언약의 중보자시라

10절 | 또 주께서 이르시되 그 날 후에 내가 이스라엘 집과 맺을 언약은 이것이니 내 법을 그들의 생각에 두고 그들의 마음에 이것을 기록하리라 나는 그들에게 하나님이 되고 그들은 내게 백성이 되리라

"남의 주머니, 내 주머니"

세상에서 가장 어려운 것 중의 하나는 남의 주머니에 있는 것을 내 주머니로 옮기는 것입니다. 돈 버는 일보다 어려운 일은 죽음을 막는 것 정도가 될 것입니다. 이와 비슷한 말로 '남의 것을 가지고 일하려니 참 힘들다'가 있습니다. 나에게 능력이 없는데 무엇을 한다는 것은 불가능에 가깝습니다. 남에게 빌려서 하는 방법이 있지만 빌리기 어렵고 필요할 때 제대로 사용할 수 없습니다. 이 논리는 8장에 나오는 옛 언약과 새 언약에 적용됩니다.

모세를 통해 주어진 옛 언약이 외부의 돌비석에 있다면 새 언약은 신자의 마음판에 새긴 것이라고 정리합니다. 돌판의 율법은 남의 것이어서 내 맘대로 쓸 수 없고 지킬 수도 없었습니다. 그러나 새 언약은 성령으로 말미암아 나의 심비(마음판)에 새겨 있으니 지킬 수가 있게 되었습니다. 구약에서 예언된 성령의 내재가 신약성도에게 주어진 것입니다(10절).

(겔 36:26) "또 새 영을 너희 속에 두고 새 마음을 너희에게 주되 너희 육신에서 굳은 마음을 제거하고 부드러운 마음을 줄 것이며"

새 영(성령)을 내 영이라고 하신 하나님께서 신약성도에게 굳은 마음을 제거하고 새 마음을 주시겠다고 약속하신 것이 이루어졌습니다. 구약은 예

수님의 모형과 그림자로서 여러 가지를 보여줍니다. 대표적인 것이 성막과 제사와 제사장 제도입니다. 성막 제도는 참 성막인 주님을 미리 보여주는 것이기에 모세는 자기 생각은 철저히 배제하고 하나님의 명령에 따라 실행하였습니다(5절). 구원에는 인간의 지혜나 방법이 들어갈 여지가 없음을 보여줍니다.

이제 이 모형과 그림자의 시대는 끝이 나고 새 시대의 새 언약이 주어졌습니다(6절). 구약의 백성들이 아무리 지키려고 몸부림쳐도 실패한 율례와 규례를 지킬 수 있는 능력이 신자의 마음과 생각에 새겨지게 된 것입니다. 남의 것이 아닌 성령과 함께 하는 나의 것이 되었습니다. 성령의 내주가 이루어졌는데 실천이 불가능하다면 이어지는 명령을 내리실 리가 없습니다.

(겔 36:27) "또 내 영을 너희 속에 두어 너희로 내 율례를 행하게 하리니 너희가 내 규례를 지켜 행할지라"

여기서 오해하지 말 것은 내가 성령님을 어찌할 수 있다는 것이 아닙니다. 성령님이 주도하시는 인도하심을 내가 순종하여 따르게 된다는 의미입니다. 이 순종이 이루어질 때 부드럽고 따뜻한 마음이 되고 새겨진 말씀이 마치 내 소유처럼 쓸 수 있는 은혜가 주어지는 것입니다. 신약성도인 우리는 문제를 해결할 때 남의 주머니에 있는 것을 빌려서 쓸 필요가 없게 되었습니다. 구약의 인간 제사장은 폐지되고 이제 우리는 참대제사장인 예수님을 통해 하나님께 나아가게 되었습니다. 성령님을 모신 새 언약의 일군인 우리는 복음의 제사장으로 능력이 주어졌습니다(고후 3:6). 때를 따라 아름답고 능력 있게 쓰임 받는 마당에 들어와 있습니다.

10절 | 이런 것은 먹고 마시는 것과 여러 가지 씻는 것과 함께 육체의 예법일 뿐이며 개혁할 때까지 맡겨 둔 것이니라

12절 | 염소와 송아지의 피로 하지 아니하고 오직 자기의 피로 영원한 속죄를 이루사 단번에 성소에 들어가셨느니라

"영원한 속죄를 단번에"

복음의 핵심을 묻는 질문을 받는다면 이 내용을 반드시 넣어야 합니다. 예수님의 십자가 죽음을 영적으로 해석한 것이기 때문입니다. 오직 예수님만이 이 대속의 사역을 할 수 있는 자격이 있습니다. 예수님만이 하나님이며 완전한 인간이 되시기에 메시야의 자격을 유일하게 완벽히 갖추었습니다. '영원한 속죄'는 불완전하고 제한적인 옛 언약의 제사장들의 중보사역과 대조하여 예수님의 영원성을 선언합니다. '단번에'라는 것은 예수님의 십자가 속죄사건이 인류 역사에 오직 한 번뿐인 유일한 사건이라는 것입니다.

'영원한 속죄를 단번에' 드린 십자가의 죽음은 인간의 모든 죄를 완전하게 대속하셨다는 것을 의미합니다. 이제 예수님의 영원한 속죄를 믿는 자는 과거와 현재와 미래의 어떤 죄도 용서받을 수 있게 되었습니다. 이제 인간은 죄를 지어서 지옥에 가는 것이 아니라 십자가의 대속을 믿지 않아서 지옥에 가게 됩니다(요 16:9). 죄를 해결 받을 수 있는 다른 방법은 일절 허용되지 않도록 유일성의 법칙을 정해 놓았습니다.

(행 4:12) "다른 이로써는 구원을 받을 수 없나니 천하사람 중에 구원을 받을 만한 다른 이름을 우리에게 주신 일이 없음이라 하였더라"

만약 다른 방법이 있다면 성자 예수님이 오셔서 피 흘리시고 죽으실 필

요가 없습니다. 이단들의 구원에 대한 어떤 미혹도 십자가로 분별하면 넉넉히 물리칠 수 있습니다. 불신자들은 주님의 십자가를 약하고 어리석고 무능해서 죽었다고 조롱합니다. 그러므로 십자가는 우리에게는 구원의 능력이 되지만 저들에게는 멸망의 증거가 됩니다(고전 1:18).

(빌 1:28) "무슨 일에든지 대적하는 자들 때문에 두려워하지 아니하는 이 일을 듣고자 함이라 이것이 그들에게는 멸망의 증거요 너희에게는 구원의 증거니 이는 하나님께로부터 난 것이라"

십자가 대속의 복음이 믿어진다는 것은 이 믿음이 하나님에게서 온 것이고 실제적으로는 성령의 역사입니다.

(고전 12:3) "그러므로 내가 너희에게 알리노니 하나님의 영으로 말하는 자는 누구든지 예수를 저주할 자라 하지 아니하고 또 성령으로 아니하고는 누구든지 예수를 주시라 할 수 없느니라'"

구원이 시작되면 그 혜택은 하나님의 세계의 깊은 비밀에 참여하는 것으로 이어집니다.

(고전 2:10) "오직 하나님이 성령으로 이것을 우리에게 보이셨으니 성령은 모든 것 곧 하나님의 깊은 것까지도 통달 하시느니라"

우리가 구약을 읽으며 이해가 안 되고 진도가 안 나가며 현실과 연결이 안 되어 해석하기 어려웠던 경험이 있을 것입니다. 그런데 구약이 없었다면 복음과 예수님을 온전히 이해할 수 없습니다. 기자는 구약의 제사법과 성결법과 의식법은 복음의 모형으로 실체이신 예수님이 오시기 전까지 그 역할을 하였다고 해설합니다(10절). 이제 우리는 그리스도의 피의 능력으로 사는 자가 되었습니다(22절). 양심을 깨끗하게 하고 살아 계신 하나님을 섬기게 되었습니다(14절). 십자가를 자랑하는 대열에 참여하게 되었습니다(갈 6:14). 나에게 온 거룩과 영광에의 초대장에 감사와 찬양으로 반응하겠습니다.

16절 | 주께서 이르시되 그 날 후로는 그들과 맺을 언약이 이것이라 하시고 내 법을 그들의 마음에 두고 그들의 생각에 기록하리라 하신 후에

20절 | 그 길은 우리를 위하여 휘장 가운데로 열어 놓으신 새로운 살 길이요 휘장은 곧 그의 육체니라

"출입칩(카드)"

'비밀번호(패스워드), 지문(홍체)인식, 마스터 키, 프리패스, 치외법권'

어떤 문에 들어가거나 시스템을 접속하거나 특별대우를 받는 것과 관련된 단어들을 나열해 보았습니다. 이 단어의 공통점은 허락된 자와 자격이 되는 사람에게만 허락된다는 점입니다. 타락하여 죄인 된 인간은 하나님을 생각할 수도 없고 찾을 수도 없고 만날 수도 없습니다 (롬 3:10~12). 여기에서 발생한 비극은 하나님과 끊어진 인간의 실존과 그 결말입니다.

(전 9:3) "인생의 마음에는 악이 가득하여 그들의 평생에 미친 마음을 품고 있다가 후에는 죽은 자들에게로 돌아가는 것이라"

마지막 부분의 죽은 자들에 대한 성경적 해석은 하나님과 영적 분리를 뜻하며 그들의 있는 곳은 지옥(음부, 스올)입니다. 구원이란 예수 믿고 천국 가는 것이지만 영적으로는 끊어진 하나님과의 관계가 이어져서 하나님 계신 곳으로 가는 것입니다. 이것을 시청각으로 보여 준 사건이 성전의 성소와 지성소를 나누었던 휘장 가운데 새로운 살 길이 열린 것입니다(20절). 히브리서 기자는 이 휘장을 '예수님의 육체'라고 분명히 밝힙니다. 이 구절과 짝이 되는 사건은 십자가에서 주님이 운명하실 때 일어난 기적입니다.

(마 27:50~51) "예수께서 다시 크게 소리 지르시고 영혼이 떠나시니라 이에 성소 휘장이 위로부터 아래까지 찢어져 둘이 되고 땅이 진동하며 바

위가 터지고"

휘장이 예수님의 육체이며 대속의 완성인 십자가의 죽음이 지성소로 들어가는 길을 열었다는 것을 선포합니다. 휘장이 위로부터 아래로 찢어졌다는 것은 사람이 아닌 하나님의 허락임을 증거 합니다. 하나님의 보좌를 이 지상에서 상징으로 보여 주는 곳이 지성소입니다. 지성소 안에는 그룹(천사들)이 있고 법궤 안에는 만나를 담은 금 항아리와 십계명 돌판과 아론의 싹 난 지팡이가 들어 있습니다(히 9:4). 이 세 가지는 하나님으로부터 나오는 생명과 말씀과 부활을 예표 합니다.

지성소에는 오직 일 년에 한 번 대속죄일에 대제사장만이 성결의 과정을 거쳐 방울을 달고 들어가는데 조금이라도 어긋나면 즉사합니다(히 9:6~7). 지성소로 들어가는 관문인 휘장은 신성불가침의 영역이고 하나님께서 허락하지 아니한 방법으로 접근하는 자는 즉사하도록 되어 있습니다. 휘장은 에덴동산을 지키는 불칼(화염검)같아서 인간의 어떤 종교나 수단이 침범하면 절멸됩니다(창 3:22~24).

에덴동산과 성전시대의 지성소가 상징하는 하나님의 보좌로 가는 길이 예수님의 대속으로 열렸습니다. 예수님이 양의 문이 되셔서 예수를 믿는 자는 천국에 들어갈 수 있게 되었습니다(요 10:7-9). 예수님이 하나님께로 가는 구원의 유일한 길과 진리와 생명이 되셨습니다(요 14:6). 이것을 신약시대라고 하며 가장 큰 변화는 신자에게 성령님이 내주하는 것입니다. 성령이 임함으로 하나님의 말씀을 신자의 '마음에 두고 생각에 기록 하겠다'는 구약의 언약이 실제화 되었습니다(16절, 렘 10:33~34).

상상할 수 없는 구원의 말씀이 새겨진 은혜를 받은 자들에게 책임이 주어집니다. 악한 양심으로부터 벗어나고 온전한 믿음으로 하나님께 나아가고 믿는 도리의 소망을 굳게 잡고 격려하며 모이기를 힘쓰는 것입니다(22-25절). 하나님의 아들을 짓밟거나 언약의 피를 부정한 것으로 여기거나 은혜의 성령을 욕되게 하는 자는 엄청난 형벌이 있음을 명심해야 합니다(29절). 복음의 깊은 은혜는 멋진 믿음의 전진을 하게 합니다(38-39절).

♦ 히브리서 11장 성경칼럼

1절 | 믿음은 바라는 것들의 실상이요 보이지 않는 것들의 증거니

6절 | 믿음이 없이는 하나님을 기쁘시게 하지 못하나니 하나님께 나아가는 자는 반드시 그가 계신 것과 또한 그가 자기를 찾는 자들에게 상주시는 이심을 믿어야 할지니라

"두괄식과 미괄식"

글을 쓰거나 말을 할 때 어떻게 시작하고 결론을 도출하는가에 대한 방법과 논리입니다. 두괄식은 머리가 앞으로 나온다는 뜻으로 중요하고 결론적인 내용을 먼저 제시하여 새겨 주는 방식입니다. 미괄식은 그 반대라고 보면 됩니다. 히브리서의 유명한 믿음 장에 도달하였습니다. 히브리서 기자는 믿음을 설명함에 있어서 두괄식을 사용하여 우리들로 하여금 믿음의 정의를 한방에 이해하도록 합니다. 중반부는 귀납법을 사용하여 믿음의 인물을 통해 다양한 믿음을 제시하며 믿음의 내용을 풍성하게 합니다.

믿음은 '바라는 것들을 눈앞에 실상으로 보는 것과 보이지 않는 것들을 볼 수 있는 것'이라고 정의합니다(1절). 쉽게 말하자면 '보고 나서는 누가 못 믿느냐 안 보고 믿어야 믿음이지'입니다. 믿음이란 쌍방에 의해 이뤄지도록 되어 있습니다. 사람과 사람사이에서도 믿음의 척도는 각각 다릅니

다. 입만 열면 거짓말하고 협잡하는 사람은 믿을 수 없습니다. 십년 이상을 사귀었는데 진실한 관계가 이루어진 사람은 믿을 만한 사람입니다.

우리가 하나님을 믿는다고 할 때에 가장 중요한 것은 하나님이 어떤 분인지에 대한 지식입니다. 세상에서는 진화론을 신봉하지만 우리는 천지 만물이 하나님의 말씀으로 지어진 것을 믿습니다(3절). 창조를 본 적이 있어서 믿는 것이 아니라 창조주 하나님을 알기에 말씀으로 만물을 지으신 것이 믿어지는 것입니다. 보이는 모든 세계(3절)를 지으신 하나님을 알 때 200억 광년 크기의 우주보다 더 크신 전능하신 하나님을 만날 수 있습니다.

두 번째 두괄식 전개는 믿음의 내용에 대한 것입니다(6절). 하나님을 믿는데 하나님의 무엇을 믿느냐는 것입니다. 이 믿음의 내용이 바르지 아니하면 하나님을 기쁘시게 할 수 없다고 합니다. 믿음의 내용은 '살아계신 하나님'과 '찾는 자들에게 상주시는 하나님'입니다. 11장에 나오는 수많은 믿음의 인물은 믿음을 가지고 하나님 앞에 산 자들입니다. 허물과 죄가 없어서 믿음의 사람이 된 것이 아니라 살아계신 하나님 앞에 살았기에 약점을 딛고 일어난 공통점을 가지고 있습니다.

어렵고 빈궁한 가운데 고난을 이기고 승리하는 것은 믿음이 아니고는 힘듭니다. 나아가 부귀와 형통을 누릴 수 있는 자가 하나님의 뜻을 받들어 희생을 감당하며 나서는 것은 대단한 믿음입니다. 모세는 살아계신 하나님을 만나서 이 결단을 한 대표적 인물입니다. 애굽의 부귀영화보다 그리스도의 이름으로 사는 고난을 기꺼이 택한 이유는 내세의 상급을 바라보았기 때문입니다(24-27절). 본향을 알아보고 사모한 믿음의 인물들이 이 땅에서 살아간 내용은 나의 것이 될 수 있습니다.

7절 | 너희가 참음은 징계를 받기 위함이라 하나님이 아들과 같이 너희를 대우하시나니 어찌 아버지가 징계하지 않는 아들이 있으리요

28절 | 그러므로 우리가 흔들리지 않는 나라를 받았은즉 은혜를 받자 이로 말미암아 경건함과 두려움으로 하나님을 기쁘시게 섬길지니

"이제 속 시원합니다"

중범죄를 저지르고 도주생활을 하다 들이닥친 경찰관에게 잡히는 순간 범인이 한 말입니다. 피폐한 도피생활을 끝내니 경찰관에게 오히려 고맙다는 인사도 합니다. 죄 짓고는 못산다는 옛말이 적용되는 순간입니다. 죄 값을 치르지 않는 자가 세상에서는 혹 있지만 하나님 앞에서는 있을 수 없습니다. 신자가 되어도 죄를 짓는 것은 피할 수가 없습니다. 스스로 성화를 이루어 거룩해지는 경우는 거의 없다고 보면 됩니다. 징계와 훈련을 받지 않고 저절로 훌륭한 인물이 되는 경우는 절대 없습니다.

하나님께서 징계한다는 것은 사랑한다는 표이고 아들로 대우하는 것이고 실력을 키우는 것이라고 말씀합니다(5-7절). 그 연단을 통해 의와 평강의 열매를 맺게 됩니다(10-11절). 만약 징계가 전혀 없이 신앙생활을 하는 자가 있다면 사생자요 친아들이 아니라고 단정합니다(8절). 에서의 돌이킬 수 없는 기회 박탈의 비극은 우리에게 반면교사입니다. 장자의 명분을 한 그릇 음식과 바꾸는 망령된 선택을 했기 때문입니다(16-17절). 여기서 망령된 일이라는 것은 미쳐서 제 정신이 아니라는 뜻입니다.

에서는 왜 이런 돌이킬 수 없는 잘못된 선택을 하였을까요? '비교 교량의 법칙'을 잘못 적용했기 때문입니다. 이 법칙은 비교하여 이익이 되는 것

을 선택한다는 뜻입니다. 이것이 쉬운 일이 아닌 것은 각자가 가진 가치관과 이익이 다르기 때문입니다. 기관차가 어쩔 수 없이 1명이 있는 선로와 5명이 있는 선로의 양자택일을 할 때는 당연히 1명 있는 쪽을 선택할 것입니다. 문제는 그 1명이 나라를 구할 수 있는 유능한 자일 때입니다. 가치관에 따라 5명을 죽일 수도 있다는 것입니다. 그런데 만약 5명 안에 장차 커서 세계를 구할 사람이 있다면 어찌할 것인가의 궤변이 나오면 복잡해집니다.

에서의 선택은 장자의 축복을 사모하는 영적 세계의 사람들에게는 미친 일입니다. 하지만 에서로서는 순간의 필요와 행복인 팥죽 한 그릇이 더 귀할 수도 있다는 뜻입니다. 이 이야기는 신자가 매일 당면하는 영육 간에 비교 선택의 현안입니다. 안 보이는 미래의 영광과 바로 눈 앞의 이익을 놓고 믿음을 구사하는 것은 만만치 않습니다. 오직 은혜를 받아야만 소망을 품고 영적 장자의 길을 선택할 수 있습니다(28절). 기자는 경건함과 두려움의 영적 감각을 유지할 때 하나님을 기쁘시게 섬길 수 있다는 결론을 내리고 있습니다(28-29절).

♦ 히브리서 13장 성경칼럼

2절 | 손님 대접하기를 잊지 말라 이로써 부지중에 천사들을 대접한 이들이 있었느니라

7절 | 하나님의 말씀을 너희에게 일러 주고 너희를 인도하던 자들을 생각하며 그들의 행실의 결말을 주의하여 보고 그들의 믿음을 본받으라

"예수님이라면 어떻게 하실까?"

천로역정과 더불어 기독교 역사상 최고의 베스트셀러 중의 하나입니다. 사회사업가인 찰스 셸던이 실직한 인쇄공으로 가장하여 여러 계통의 크리

스찬을 만나고 나서 쓴 책입니다. 기독교인은 과연 예수님과 어느 정도 닮은 삶을 살아가고 있을까에 대한 실상을 그리고 있습니다. 짐작하셨겠지만 기독교인의 영육의 이원화된 생활의 점수는 낙제점에 가깝습니다. 최고의 스승과 경전과 전통을 가진 기독교가 저평가를 받는 원인은 무엇일까요? 책 제목에서 나왔듯이 사람을 대할 때나 사건을 만날 때 '예수님이라면 어떻게 하실까'라는 생각 여부에 달렸다는 것입니다.

지상에서 예수님은 작은 자와 약자와 갇힌 자와 병자를 돌보시는 사역의 본을 보여 주셨습니다. 그리고 우리에게 분명한 명령을 내렸습니다.

(마 25:40) "임금이 대답하여 이르시되 내가 진실로 너희에게 이르노니 너희가 여기 내 형제 중에 지극히 작은 자 하나에게 한 것이 곧 내게 한 것이니라 하시고"

지극히 작은 자 하나에게 한 것이 주님께 한 것이고 심판도 여기에 맞추어 하시겠다고 합니다. 사람을 대할 때 누구이든, 특히 약자일 때 그가 주님이라고 생각하고 대하라는 것입니다.

여기서 주목할 것은 많은 사람이 아니라 한 사람입니다. 내가 도울 수 있는 여러 사람을 찾지 말고 내 곁에 내 도움이 필요한 한 사람을 도우면 됩니다. 손님 대접하기를 잊지 않으면 나도 모르는 사이에 천사를 대접하는 것이 된다고 합니다(2절). 아브라함이 이삭 탄생의 약속을 받을 때 지나가던 나그네를 대접했는데 실제는 천사를 대접한 것으로 기록된 것과 같은 원리입니다(창 18:1~8).

인간에게 주어진 재물은 움켜쥔다고 자기 것이 되지 않습니다(눅 12:20).

(전 11:1~2) "너는 네 떡을 물 위에 던져라 여러 날 후에 도로 찾으리라

일곱에게나 여덟에게 나눠 줄지어다 무슨 재앙이 땅에 임할는지 네가 알지 못 함이니라"

하나님께서 떡을 물에 던지는 말도 안 되는 낭비를 거룩한 모험적 투자라고 말씀하십니다. 가난하고 소외된 자는 아무리 도와주어도 직접 갚지 못하지만 그 대신 하나님의 보상이 있다는 것을 약속합니다. 그 선행은 혹시 재앙의 때가 오면 능히 돌파할 저력을 나에게 쌓는 것이라고 말씀합니다.

신앙지도자들의 결말을 주의하여 보고 그들의 믿음을 본받으라고 하신 이유가 여기 있습니다(7절). 스스로 잘 하기가 어렵기에 축복의 롤 모델을 세우셔서 우리로 하여금 선행의 동기부여를 해 줍니다. 육체는 음식으로 살지만 마음은 사랑을 먹어야 삽니다(9절). 우리의 영혼은 두 말할 필요 없이 주님의 은혜가 부어지지 않으면 살 수 없습니다.

그러므로 은혜의 통로로 사용되는 설교자와 영적 인도자와의 관계는 매우 중요합니다. 순종하는 기본과 함께 근심하지 않고 즐겁게 사역하도록 적극 협력하는 자가 복을 받습니다(17절). 히브리의 뜻은 유대 민족을 의미하지만 원어는 '건너온 자'라는 뜻으로 교회(에클레시아, 불러냄을 받음)의 뜻과 유사합니다. 히브리서를 마감하면서 세상에서 교회로 부름 받아 건너온 자들답게 영광과 능력을 누리기를 원합니다.

야고보서

♦ 야고보서 1장 성경칼럼

2절 | 내 형제들아 너희가 여러 가지 시험을 당하거든 온전히 기쁘게 여기라
17절 | 온갖 좋은 은사와 온전한 선물이 다 위로부터 빛들의 아버지께로부터 내려오나니 그는 변함도 없으시고 회전하는 그림자도 없으시니라

"지푸라기 서신(?)"

종교개혁가인 마틴 루터가 야고보서를 향하여 내뱉은 충격적 묘사입니다. 반면에 로마서를 향하여서는 값진 진주 같은 보석이라고 칭하였습니다. 여기까지 들어보면 야고보서는 로마서보다 하위적인 가치에 있는 것처럼 느껴집니다. 로마서는 믿음으로 구원받는 것을 강조하고 행위로 구원을 보태려고 하는 자들을 이단시합니다. 반대로 야고보서는 행함 없는 믿음은 죽은 것이라고 단정하며 행위가 믿음을 증명한다고 합니다(약 2:17~26).

이 구원에 대한 '믿음과 행위의 방정식'은 공식을 알지 못하면 풀 수 없는 고난도의 수학문제 같습니다. 저자인 야고보는 예수님의 형제이고 초대교회의 최고 권위를 가진 사도이며 사도 중에서 최초의 순교자입니다. 결코 바울 사도에 비해서 영적 비중이 못하지 않다는 것을 알게 됩니다. 공동서신을 쓴 저자들(야고보, 베드로, 요한, 유다) 중에 야고보서가 제일 앞에 배치된 것으로도 알 수 있습니다. 초대교회의 율법과 은혜의 적용에 대한 난제를 해결하고 최종적으로 정리한 권위를 가진 지도자이기도 합니다(행 15:12~22).

야고보서는 교훈적 문장으로 신약의 잠언이라고 하며 사회적 문제를 다룸으로 신약의 아모스로도 불리웁니다. 이제 로마서와 야고보서의 영적 공식을 살펴보겠습니다. 로마서의 수신자는 이방인이고 나아가서는 인류이며 야고보서는 믿음으로 구원받은 유대인과 모든 성도들입니다(1절). 로마서는 믿음의 방법이 오직 은혜로 말미암은 믿음임을 제시하고 야보보서는 믿는 자가 어떻게 살 것인가의 경건의 행위를 요구합니다. 로마서는 집으로 비유하자면 기초와 기둥에 해당되고 야고보서는 그 기본 위에 설치되는 지붕을 비롯한 인테리어에 해당됩니다.

로마서와 야고보서는 반대의 주장을 하는 것이 아니라 '믿음의 구원'과 '성화의 구원'을 각각 강조함으로 구원의 양면성을 보여줍니다. 이방인을 향한 로마서는 종교와 율법의 틀을 깨야만 복음이 들어간다는 메시지이고 야고보서는 은혜를 오해해서 죄를 얕보거나 무감각함을 경계하는 지침서입니다. 성화의 구원을 위한 야고보서는 율법의 종으로 돌아가자는 주제가 아니며 교리를 근신하며 지킬 일을 숙제로 주었습니다.

1장부터 믿음만 고백하면 된다고 안일하게 생각하는 자에게 신령한 행위를 가르칩니다. 시험의 두 종류(테스트, 유혹)를 분별하여 연단의 축복과 생명의 면류관을 바라보라고 합니다(2-4, 13-15절). 기도할 때 후히 주시고 꾸짖지 아니하시는 하나님을 절대 신뢰하고 사역을 위한 지혜를 구하라고 합니다(5-8절). 세상 기준의 빈부 개념에 자유하고 하늘로부터 오는 좋은 은사와 온전한 선물을 사모하여 누리라고 합니다(9-11, 17절).

언어사용과 분노처리를 온전히 마음에 심어진 말씀의 능력으로 온유하게 하라고 합니다(19-21절). 진정한 경건은 외식으로 하는 것이 아닌 실제적 구제 활동임을 알고 실천할 것을 명령합니다(27절). 그리스도인을 향한

'천국에 갔는데 대부분 몸은 안 보이고 입만 떠서 다니더라'는 말은 뼈아픈 풍자입니다. 구원이 증명되는 성격으로서의 행위 방정식은 전도와 축복의 입구가 됩니다. 주님 주신 은혜를 어떻게 보답할까를 묻는 신자에게 야고보서는 진리의 빛으로 비추입니다.

♦ 야고보서 2장 성경칼럼

8절 | 너희가 만일 성경에 기록된 대로 네 이웃 사랑하기를 네 몸과 같이 하라 하신 최고의 법을 지키면 잘하는 것이거니와

22절 | 네가 보거니와 믿음이 그의 행함과 함께 일하고 행함으로 믿음이 온전하게 되었느니라

"리트머스 시험지(litmus test paper)"

적색과 청색의 종이가 용액이 닿을 때 변하는 색깔에 따라 산성과 알칼리성을 판별하는 시험지를 말합니다. 육안으로 구별하지 못하지만 실체를 드러내는 어떤 정확한 기준을 리트머스 시험지라고 인용합니다. 가짜가 판치는 세상에서 그리스도인의 믿음도 진위를 가리는 것이 매우 긴요합니다. 가짜 신앙에 당하지 않아야 되고 온전한 신앙의 길을 가기 위해서입니다. 누가 우리를 보고 기독교 신앙이 진리임을 증명하라고 하면 어떻게 하시겠습니까?(18절) 이미 믿지 않으려는 태세를 갖추고 사냥하려는 자에게는 어떤 방법도 통하지 않을 것입니다.

사도들은 이를 잘 알고 있었기에 불신자에게 선포(케리그마)를 했고 기신자에게는 교육(디다케)을 하였습니다. 야고보서는 영적으로 세상과 교회 사이에 위치했다고 보면 됩니다. 로마서는 칭의의 원인으로 믿음을 강조하지만 야고보서는 칭의의 결과로서의 행함을 강조하는 위치에 있습니다(22

절). 야고보는 지적인 믿음만 가지고 행위에는 무능력한 당시의 보편화된 신앙을 책망하고 있습니다. 세상 사람들은 교인이 성경을 많이 알고 말을 잘 한다고 해서 인정하지 않습니다. 저들은 착한 행실의 열매를 맺는 그리스도인을 통해 하나님을 보는 것입니다. 직설적으로 표현하면 우리가 작은 예수의 역할을 한다고 볼 수 있습니다(마 5:16).

율법의 마지막 기능은 신자의 경건한 삶으로서의 기준입니다. 율법의 최종 결론을 이웃 사랑(갈 5:14)이라고 하는 이유는 착한 행실만이 세상을 설복하고 전도할 수 있다는 의미입니다(7-8절). 교회와 세상에 모두 해당되는 이웃 사랑과 착한 행실의 근본 명령은 '차별하지 말라'입니다(1-5절). 세상의 차별은 너무 당연하지만 교회와 성도들은 이 엄청난 장벽을 뛰어넘어야 합니다. 자기가 낳은 자녀도 편애하는 인간이 타인이 모인 공동체에서 차별을 이기는 것은 어려운 숙제입니다.

그러나 하나님께서 풀지 못할 문제를 주시거나 명령하실 리가 없습니다. 이 난제와 장애물을 뛰어넘는 한 단어는 긍휼, 즉 '불쌍히 여기다'입니다(13절). 헬라어로는 '스플랑크니조마이'이며 '창자가 끊어지는 듯한 고통'을 느끼며 불쌍히 여기는 것입니다. 이 단어는 눅 7:13, 10:33, 15:20, 마 9:36에 나오는데 모두 주님의 마음을 나타냅니다. 긍휼은 우리를 향한 삼위일체 하나님의 마음임을 알 수 있습니다. 긍휼은 사람 자체에서 생산되지 않으며 주님이 나를 긍휼히 여기신다는 것과 연결되어야만 비로소 행할 수 있습니다.

팔복의 긍휼(마 5:7)이 주어지고 사마리아 사람을 본받으라(눅 10:37)는 교훈이 이에 해당됩니다. 행함으로 의롭다 함을 받은 인물로 아브라함과 라합의 예를 든 것은 환경을 뛰어넘는 행동을 하였기 때문입니다. 생명을 건 행함의 열매는 어려울지라도 긍휼의 공급을 받아 이웃사랑의 기쁨은 쌓아 갈 수 있습니다.

♦ 야고보서 3장 성경칼럼

6절 | 혀는 곧 불이요 불의의 세계라 혀는 우리 지체 중에서 온 몸을 더럽히고 삶의 수레바퀴를 불사르나니 그 사르는 것이 지옥 불에서 나느니라

9절 | 이것으로 우리가 주 아버지를 찬송하고 또 이것으로 하나님의 형상대로 지음을 받은 사람을 저주하나니

"아차하는 순간?"

저는 운전할 때 가끔 일어납니다. 우리 모두 공통적으로 쉽게 자주 아차하는 순간은 언제일까요? 실수로 말을 잘못 내뱉는 순간입니다. 한번 내 입을 떠난 말은 주워 담을 수도 없고 듣는 사람의 귀를 틀어막을 수도 없습니다. 다시는 실수하지 않겠다는 각오를 해도 여지없이 반복되어 입에 지퍼를 달아 필요할 때만 열었으면 좋겠다는 생각까지 합니다. 야고보 사도는 말의 실수가 없는 사람은 온전한 사람이라고 결론을 내리는데 모두가 동의할 것입니다(2절).

3장에 나오는 혀의 능력은 상상을 초월할 정도의 막강한 힘을 가지고 있습니다. 혀는 온 몸을 제어하는 능력으로 건강에도 막대한 영향을 끼칩니다(3절). 작은 키가 큰 배를 움직이듯이 혀는 인생의 방향을 결정하는 능력이 됩니다(4절). 작은 불이 큰 산을 태우듯이 혀는 인생을 온통 불태울 수 있습니다(5절). 혀는 온몸을 더럽힐 수 있고 삶의 수레바퀴를 불살라 인생을 멈추게 할 수도 있습니다(6절).

지옥 불에서 나온 악독함은 혀를 통해 표현되며(6절) 생물은 길들일 수 있으나 혀는 제어하기 어려워 쉬지 않고 악과 독을 쏟아냅니다(7-8절). 하나님의 형상인 사람을 저주함으로 하나님을 모욕하고 대적하는 도구가 되기도 합니다(9절). 보통 대충 그냥 넘어갔던 우리의 언어생활이 이런 능력이 있고 심각한 결과를 가져오는 것에 대한 충격을 받습니다. 나아가 그리스도인으로서 언어의 훈련을 받지 아니하면 안 되겠다는 강한 동기부여를 받게 합니다.

그리스도인은 언어생활의 역전승이 준비되어 있습니다.

(잠 11:11) "성읍은 정직한 자의 축복으로 인하여 진흥하고 악한 자의 입으로 말미암아 무너지느니라"

우리 인생의 성읍은 정직한 자의 축원으로 다시 일어날 수 있습니다. 의인의 정직한 말은 사람을 변화시키고 그 인생을 성공시킬 수 있습니다. 기독교 사역의 중요한 예배, 찬양, 기도, 전도, 양육, 설교, 선교, 상담, 위로는 모두 언어를 통해 이루어집니다. 이 말들은 사랑과 진실과 능력이 담겨 있을 때 사용됩니다.

야고보 사도는 언어의 저주와 축복의 상반된 갈림길을 정해주는 명쾌한 원리를 가르쳐 줍니다. 바로 한 입과 한 우물과 한 나무의 비유로서 누구나 한번만 읽어도 이해가 됩니다(10-12절). 악한 나쁜 말과 좋은 영적 언어는 동시에 할 수 없음을 웅변합니다. 이제 언어의 축복된 사명을 받은 그리스도인들은 말의 뿌리인 마음과 생각을 올바로 해야 합니다. 위로부터 난 지혜(17-18절)를 구하여 받고 마음에 새기면 기도의 응답으로 돌아옵니다.

(엡 3:20) "우리 가운데서 역사하시는 능력대로 우리가 구하거나 생각하는 모든 것에 더 넘치도록 능히 하실 이에게"

◆ 야고보서 4장 성경칼럼

7절 | 그런즉 너희는 하나님께 복종할지어다 마귀를 대적하라 그리하면 너희를 피하리라

14절 | 내일 일을 너희가 알지 못하는도다 너희 생명이 무엇이냐 너희는 잠깐 보이다가 없어지는 안개니라

"하나님의 절대 주권"

'양자역학, 그래핀, 포스트모더니즘, 회의론적 문답법, 불확정성의 원리, 허무주의, 인생무상론.' 이 단어의 공통점은 확정되지 않아 불규칙하고 혼란스럽다는 것입니다. 인생의 정답을 알 수 없어 헤매며 살다가 알 수 없는 곳으로 가는 인간의 한계를 상징하기도 합니다. 하나님을 알지 못하고 성경을 만나지 못한 자들의 실상입니다. 성경은 정반대의 성격을 가지고 있어서 모든 문제에 정답을 줍니다. 성경은 이 세상의 기원과 인간의 창조와 종말에 대하여 정확한 답을 주고 있습니다.

나아가서 인간의 삶에 있어서 올바른 목적과 성취를 이루는 방법과 지혜도 가르칩니다. 인간 죄악의 악함 때문에 일어나는 정욕의 동기와 결과에 대해서도 적나라하게 드러냅니다. 욕구의 결핍을 채우기 위한 치열한 영육의 전투를 실감나게 표현합니다. 4장에 나오는 신앙 생활의 정답을 배우면 진리의 길을 가는 이정표를 만나게 될 것입니다. 인간 사이의 다툼은 정욕에서 나오며 그 결핍으로 상대와 싸울 수밖에 없으므로 이 욕심을 처리해야 합니다(1-2절).

기도의 응답과 축복을 받지 못하는 이유는 구하지 않아서이고 구하는 자는 정욕으로 구하기 때문입니다(2-3절). 신앙은 세상과 친구가 되느냐와 하

나님을 가까이 하느냐로 성패가 결정됩니다(4-5, 8절). 은혜는 교만한 자는 받지 못하고 겸손한 자에게 임한다는 불변의 법칙을 정해 놓았습니다(6절). 하나님께 복종하고 마귀는 대적하고(7절) 유혹은 피해야 하는 것이 영적 원리입니다(잠 5:8). 타인을 비방하거나 판단할 자격은 아무도 없으며 이 잘못을 저지르면 하나님의 재판관 되심을 거부하는 것이 됩니다(11-12절).

계획을 세울 수는 있으나 미래가 나의 계획에 의하여 이루어진다는 확신은 교만한 태도이며 주님의 주권을 부인하는 것이 됩니다(13-16절). 인간의 생명은 하나님께 속한 것이므로 내일 일을 장담하거나 자랑할 수 없습니다(14절). 이상 8가지의 원리는 적용의 차이가 있겠지만 와 닿는 말씀이 나의 말씀(레마)이 됩니다. 4장 전체를 귀납법으로 살펴보았는데 연역적 결론은 하나님의 절대 주권입니다. 하나님의 절대주권은 하나님이 나의 주인이 되시고 만사를 주관하신다는 확신입니다. 하나님의 주권을 인정하느냐의 싸움과 복종하느냐의 씨름입니다.

이 관문을 통과하며 적용하는 지혜가 주어지고 능력이 부어집니다. 하나님의 주권을 거부하는 자는 혼돈과 방황의 고생길이 열려 있을 수밖에 없습니다. 주님은 전쟁 비유를 통하여 주권 순종의 결단을 촉구하십니다.

(눅 14:31~32) "또 어떤 임금이 다른 임금과 싸우러 갈 때에 먼저 앉아 일만 명으로써 저 이만 명을 거느리고 오는 자를 대적할 수 있을까 헤아리지 아니하겠느냐 만일 못할 터이면 그가 아직 멀리 있을 때에 사신을 보내어 화친을 청 할지니라"

어느 인생도 하나님과 맞서서 이길 자가 없기에 그 주권 가운데 속히 화친하고 들어가야 합니다. 인생의 혼돈에서 신앙의 질서로 가는 나들목에 하나님의 절대주권이 있습니다.

♦ 야고보서 5장 성경칼럼

1절 | 들으라 부한 자들아 너희에게 임할 고생으로 말미암아 울고 통곡하라
20절 | 너희가 알 것은 죄인을 미혹된 길에서 돌아서게 하는 자가 그의 영혼을 사망에서 구원할 것이며 허다한 죄를 덮을 것임이라

"부자의 아이러니"

성경을 읽다보면 가시가 목에 걸리듯이 이러지도 저러지도 못하는 상황이 있습니다. 부자가 되기를 싫어할 사람은 없는데 부자가 되면 큰일이고 저주가 임한다고 하니 어찌할지 모르는 경우입니다. 부자들은 울고 통곡하라고 하는데 고생이 너무 심하여 후회할 일이 많다는 선포입니다(1절). 부자에 대한 예수님의 말씀은 더욱 직설적이고 충격적입니다.

(마 19:24) "다시 너희에게 말하노니 낙타가 바늘귀로 들어가는 것이 부자가 하나님의 나라에 들어가는 것보다 쉬우니라 하시니"

부자가 천국 가는 확률이 거의 없다는 것이니 부자 안 되는 것이 상책입니다.

여기서 부자라는 조건 때문에 구원받지 못한다는 것이 아니라는 점은 누구나 압니다. 구원은 예수를 믿어야 받는 것인데 부자가 되면 예수를 안 믿을 가능성이 엄청 높다는 뜻입니다. 실제로 우리가 알고 있는 기독교인 부자들은 가짜 신앙이 많다는 것을 역사가 증명하고 있습니다. 나아가서 큰 부자가 되기까지 악랄한 짓을 안 하고 된 사람이 거의 없음도 시간이 지나면서 드러나고 있습니다. 가난한 자의 인건비를 착취하는 옛날의 수법은 비열하지만 차라리 낭만적입니다. 현대는 '정보와 심리와 여론과 조작'을 통해 전 인류에게 별의 별 사기를 치는 큰 부자들이 있습니다.

코비드 사태로 전 세계 최고의 재벌인 6개의 제약업체가 자산을 배로 늘렸다는 정보는 입이 다물어지지 않습니다. 교묘한 악한 짓은 사람을 잠시 속일 수 있으나 결국은 하나님 앞에 드러나 심판받는다고 살벌한 경고를 하고 있습니다(2-3절). 재물은 하나님 자리를 차지하는 속성을 가지고 있습니다(눅 16:13). 재물을 자기 그릇에 맞지 않게 가진 자는 아주 자연스럽게 사치하고 방종하고 살육을 감행합니다. 대항하려는 의인들을 용납할 수가 없어 정죄하고 죽이는 일은 눈 하나 깜박하지 않고 자행합니다.

그렇다면 의인들은 어떤 생각과 태도를 가져야 할까요? 대항하지 않고 죽어간 모습은 신비에 속하고 이제 살아 있는 자들은 농부처럼 인내하라고 권고합니다(6-7절). 반드시 이른 비와 늦은 비를 통하여 농부를 위하시는 하나님께서 참는 자들에게 역사하실 것이라고 약속합니다(7절). 악인에게 대항하는 것보다 더 강한 일은 하나님께 심판을 위탁하는 지독한 인내임을 말씀합니다(8-11절). 그리스도인의 능력은 전쟁은 하나님께 속한 것임을 믿고 고난을 받을 때 기도하고 형통할 때 찬양하는 것입니다.

역사를 통해 드러내시는 하나님은 늘 정의가 승리하게 하셨습니다. 세계를 구할 능력이 우리에게 있는 것이 아니라 세계를 구해 달라고 기도하는 사람에게 있습니다. 기도의 권능을 약속하신 주님을 바라는 자에게 응답하십니다(14-18절). 불신자와 실족한 영혼을 향해 주님의 사신 역할에 성실한 신자를 주목하고 계십니다(19-20절). 영생속의 하루하루는 드라마틱합니다.

베드로전서

♦ 베드로전서 1장 성경칼럼

19절 | 오직 흠 없고 점 없는 어린 양 같은 그리스도의 보배로운 피로 된 것이니라
23절 | 너희가 거듭난 것은 썩어질 씨로 된 것이 아니요 썩지 아니할 씨로 된 것이니 살아 있고 항상 있는 하나님의 말씀으로 되었느니라

"고향이 좋습니까?"

고향이 좋고 안 좋은 것은 고향에 살 때 어떤 추억이 있었느냐에 달려 있습니다. 만약 어린 시절 고향에서 차별받고 학대당한 기억이 있다면 그 곳이 그리울 리가 없습니다. 그리스도인의 고향을 어디로 알고 있느냐에 따라 신앙의 정서는 영향을 받습니다. 영적이고 풍유적 의미가 있지만 성경에서 가르치는 것이기에 정리해 보겠습니다.

성경은 예수님을 믿고 영접하는 것을 거듭났다(중생, 다시 태어남, born-again)고 합니다. 성경에서 무엇으로 거듭났느냐고 할 때 베드로전서 1장에서만 2가지가 나옵니다. 흠 없고 점 없는 어린 양 같은 '그리스도의 보배로운 피'입니다(18-19절). 썩지 아니할 씨인 살아 있고 항상 있는 '하나님의 말씀'입니다(23절). 세 번째는 주님께서 말씀하신 '성령으로 거듭나는 것'입니다(요 3:5-8). 성령과 말씀과 보혈이 거듭나게 하는 것인데 보혈을 증거 하는 것이 말씀과 성령입니다.

그렇다면 보혈은 어디에서 나왔을까요?

(요 19:33~34) "예수께 이르러서는 이미 죽으신 것을 보고 다리를 꺾지 아니하고 그 중 한 군인이 창으로 옆구리를 찌르니 곧 피와 물이 나오더라"

예수님이 십자가에서 대속의 피를 흘리셨고 옆구리에서 나온 보혈이 우리의 죄를 속죄하였습니다. 거듭난 그리스도인의 고향은 다름 아닌 예수님의 옆구리(허리)이고 이것은 구약에서 이미 예언되었습니다.

(창 35:11) "하나님이 그에게 이르시되 나는 전능한 하나님이라 생육하며 번성하라 한 백성과 백성들의 총회가 네게서 나오고 왕들이 네 허리에서 나오리라"

여자의 자궁이 아닌 남자의 허리에서 왕이 나온다는 특이한 표현을 하고 있습니다. 인간적 힘이 아닌 하나님께서 세우시는 왕을 의미하는데 궁극적으로 예수님을 예표 합니다. 결국 속죄의 피가 나오는 예수님의 옆구리가 신자의 고향이 되었다는 것을 알 수 있습니다. 신자의 영적 고향을 알 때 지금 주님이 계신 천국이 본향이 되고 우리에게 소망으로 주어집니다.

베드로전서는 로마제국 네로의 박해가 임박한 A.D.64년경에 흩어진 모든 성도에게 격려와 소망을 준 서신입니다(1절). 믿음의 대 교리인 삼위일체와 창조와 기독론과 속죄와 종말을 구약을 인용하여 증거하고 있습니다. 수준 높고 고상한 헬라어로 쓰여 진 본 서신은 실라의 도움을 받았지만 베드로가 저자임이 분명합니다(5:12). 예수의 보혈을 정말 좋아하고 자랑하는 베드로의 마음이 오롯이 전달됩니다.

진정으로 거듭난 신자가 그리스도의 피 이야기를 하면 마냥 좋아하는 이유를 알 것 같습니다. 이 복음의 비밀과 영광이 얼마나 신비로운지 인간과 함께 유이한 영물인 천사도 살펴보기를 원한다고 하였습니다(12절). 이 구원은 하나님께서 창세전부터 계획하시고 섭리하사 이 시대 나에게 왔습니다(20, 엡 1:4~5). 영적 고향이 좋은 영수저들이 영적 수다를 마음껏 떨어도 좋을 것 같습니다(7절).

"예수를 너희가 보지 못하였으나 사랑하는 도다 이제도 보지 못하나 믿고 말할 수 없는 영광스러운 즐거움으로 기뻐하니(8절)"

♦ 베드로전서 2장 성경칼럼

5절 | 너희도 산 돌 같이 신령한 집으로 세워지고 예수 그리스도로 말미암아 하나님이 기쁘게 받으실 신령한 제사를 드릴 거룩한 제사장이 될지니라

16절 | 너희는 자유가 있으나 그 자유로 악을 가리는 데 쓰지 말고 오직 하나님의 종과 같이 하라

"실력 있는 선생님, 좋은 선생님"

일반적으로 선생이 되기 위해서는 실력이 탁월해야 합니다. 제자가 어떤 질문을 해도 시원하고 알기 쉽게 가르칠 수 있어야 합니다. 나아가 제자와 호감과 신뢰를 맺으며 만날 때마다 즐겁다면 좋은 선생이라고 볼 수 있습니다. 사실 이 두 종류의 선생을 만나는 것도 쉬운 일이 아닙니다. 그런데 여기에서 머물지 말고 훌륭한 선생으로 나아가야 합니다. 훌륭한 선생이라는 평가는 제자를 훌륭한 인물로 만들 때에 주어집니다. 자신이 뛰어나도 제자의 열매가 시원찮으면 탈락입니다.

실력과 좋은 인품의 기본 위에 온전한 가치관을 가르치고 인생 전체의 목적을 안내할 수 있어야 합니다. 제자의 수준에 맞는 동기부여를 확실히 하고 시행착오를 통한 연단도 끈기 있게 지켜봐야 합니다. 학생으로서 지금 왜 이 과정을 연마해야 하는 것과 실력의 결과로 얻는 보상을 실감나게 알려주어야 합니다. 개인적 인생의 본인 위치와 역사 속에서의 사명감을

일깨워 주면 그릇에 따라 거물 지도자로 키워낼 수도 있습니다.

2장의 베드로 사도는 구원의 자녀들에게 훌륭한 영적 스승으로서의 면모를 드러냅니다. 1장의 구원의 방법과 은혜의 전개에 이어 본장은 구원받은 자의 신분과 책임을 가르치며 동기부여를 확실히 하고 있습니다. 신자의 신분을 알 때 말씨와 몸가짐이 달라지고 성장하겠다는 소원이 생깁니다. 신자의 능력이 무엇인지 알 때 그 능력을 사용할 수 있는 기술을 구체적으로 연마하게 됩니다. 신앙의 목적이 하나님의 거룩을 닮아가는 것임을 알 때 영적 갈망이 솟아납니다. 신자의 사명이 외인을 향한 제사장적 책무임을 알 때 꼭 필요한 긍휼을 구합니다.

베드로는 강한 동기부여를 하는 것과 함께 구체적인 실천 사항을 이어갑니다. 산돌이며 머릿돌이신 예수님의 영광과 능력이 신자들에게 이어지는 것을 말씀합니다(5-6절). 이 산돌이 복음을 거부하는 자에게는 거치는 돌이 되어 올무에 빠지고 심판이 임하게 합니다(7-8절). 구약에서 상상하지도 못한 왕 같은 제사장이 우리에게 주어졌다는 사실이 놀랍습니다(9절). 여기서 메시야의 3직(왕, 제사장, 선지자) 중에서 선지자가 빠진 이유가 궁금합니다.

정의로운 하나님의 말씀을 전하는 선지자보다 죄인의 아픔을 끌어안고 공감하는 제사장의 심령을 가지라는 교훈을 주고 있습니다. 긍휼을 입은 제사장으로서 하나님과 죄인과의 화목을 위해 긍휼을 베푸는 자가 되어야 하는 것입니다(10절). 영혼의 목자와 감독되신 주님께 돌아온 우리는 방황하는 양들을 주님께 인도하는 역할이 주어졌습니다(25절). 주님이 보여주신 본을 따라 사도들과 믿음의 선배들은 훌륭한 선생이 되었습니다(21-24절, 고전 4:16). 우리도 그 길을 잘 따라가면 참 좋겠습니다.

(마 4:19) "말씀하시되 나를 따라오라 내가 너희를 사람을 낚는 어부가 되게 하리라 하시니"

♦ 베드로전서 3장 성경칼럼

8절 | 마지막으로 말하노니 너희가 다 마음을 같이하여 동정하며 형제를 사랑하며 불쌍히 여기며 겸손하며

15절 | 너희 마음에 그리스도를 주로 삼아 거룩하게 하고 너희 속에 있는 소망에 관한 이유를 묻는 자에게는 대답할 것을 항상 준비하되 온유와 두려움으로 하고

"사랑 참 어렵다"

'사랑이 정말 있기는 한 거니'로 시작하는 이승철이 부른 대중가요입니다. 유행가의 80% 정도는 사랑에 대한 내용이고 그 중 80%는 이별과 아픔과 상처에 대한 노래입니다. 사실 사랑은 죄가 없다는 것을 누구나 압니다. 사랑을 하는 사람에게 문제가 있고 책임이 있습니다. 이기적인 인간이 어찌 이타적인 아름다운 사랑을 오래 유지할 수 있겠습니까? 그래서 이 노래의 제목을 심술 맞게 고쳐 보았는데 '사람 참 어렵다'입니다.

수많은 인간관계가 있지만 어느 것 하나 수월한 것이 없고 가장 어려운 것은 가장 가까운 관계입니다. 소위 무(0)촌이라고 하는 부부 사이도 그 갈등의 사연들이 켜켜이 쌓여 있습니다. 성경의 여러 곳에서 부부의 영적 강령을 가르치는 이유는 그만큼 힘든 관계라는 증거입니다. 아내의 단정함과 순종함을 통하여 남편의 변화를 이끌 수 있다는 원리는 꼭 적용해야 합니다. 물론 베드로전서에 나오는 아내가 남편에게 순종하는 명령은 당시 사정을 염두에 두어야 합니다. 여성 인권이 무시되었던 시대에 이방 남편을 둔 그리스도인 아내의 신앙 환경은 최악입니다. 인간적으로 못하는 순종을 그리스도

의 사랑의 법으로 할 때 남편을 구원할 가능성이 있다는 것입니다(1-6절).

남편이 아내를 귀히 여기고 목숨같이 사랑하라는 명령을 지키면 기도 응답의 축복을 받는 원리는 신비롭습니다(7절). 부부의 기본적인 관계인 이 원리는 다른 인간관계에도 적용됩니다. 사람이 사람을 용납할 수 있는 능력은 마음을 같이 하는 것입니다(8절). 마음을 같이 한다는 것은 한편이 되라는 것이고 주님의 마음을 가질 때에만 가능합니다. 그 다음에 나오는 동정심과 사랑과 긍휼과 겸손과 용서가 주님의 마음이기 때문입니다(8-9절).

부부가 결정적일 때 한편이 되듯이 타인과의 관계에서도 한마음을 가진 한편이 되면 엉킨 응어리가 풀리게 됩니다. 우리가 성경의 지식을 배우고 익히며 성품을 훈련하는 목적은 하나님의 사역에 쓰임받기 위해서입니다. 믿음의 의인을 찾으시는 주님의 눈에 들어야 하고 부르짖는 간구에 귀를 기울이시는 주님 앞에서 살기 위해서입니다(12절). 불신자들이 결정적인 순간에 우리에게 믿음의 소망에 대한 질문을 하게 된다는 것을 잊지 말아야 합니다(15절). 그 때에 온전한 대답을 하기 위한 준비가 의의 고난을 감당하는 것입니다.

고난을 훈련받은 십자가 군병의 절제 있는 영적대처에 택한 영혼이 살아납니다. 온유함과 두려움과 선한 양심의 능력을 갖추고 있을 때 보내준 영혼을 소성케 할 수 있습니다(15-16절). 관계의 포기를 택하는 시대에 우리는 지쳐서 손을 놓아 버리기보다 시도하는 끈기가 요구됩니다. 실패의 알갱이가 모여 어느 날 관용의 사람으로 되어 있을지 누가 알겠습니까?

♦ 베드로전서 4장 성경칼럼

8절 | 무엇보다도 뜨겁게 서로 사랑할지니 사랑은 허다한 죄를 덮느니라
16절 | 만일 그리스도인으로 고난을 받으면 부끄러워하지 말고 도리어 그 이름으로 하나님께 영광을 돌리라

"후유증 vs 새옹지마"

어떤 일과 사건의 사후 평가에 관한 단어입니다. 좋은 일이라고 다 좋은 것이 아니고 나쁜 사건이 다 나쁘게 지속되지는 않는다는 경험에서 나온 말입니다. 하나님의 일과 그리스도인의 역사에 나오는 평가는 역전승을 지향합니다. 개인적으로 같은 고난을 겪었는데 전자에 가깝다면 헛된 고생을 한 것이 됩니다. 본래 안디옥 교회에서부터 시작된 그리스도인이란 명칭은 업신여기고 조롱하는 뜻으로 시작되었습니다. 베드로가 이 편지를 쓰던 당시에도 그리스도인은 야만인이란 프레임이 씌워져 있던 아웃사이더이었습니다.

그러나 통찰력 있는 베드로는 이후의 그리스도인의 영광된 모습을 내다보았습니다. 그리스도인이라는 이유로 치욕을 당하고 고난을 받는다면 기뻐하며 하나님께 영광을 돌리라고 강조합니다(12-14절). 이 권면과 훈련을 받은 초대교회 성도들은 누구도 흉내 낼 수 없는 거룩한 아름다움의 열매를 맺게 됩니다. 로마제국은 기독교가 아니면 망할 것이라는 절박함으로 주후 313년 국교로 지정하게 됩니다. 이것이 새옹지마가 되어 기독교의 세속화를 몰고 옵니다.

신자의 올바른 삶의 모습은 날이 갈수록 더 좋은 방향으로 나아가야 합니다. 그 과정에서 온갖 연단이 있겠지만 결국은 좋으신 하나님을 경험한다면 선한 결과로 전환됩니다. 히브리서 11장에 나오는 믿음의 인물들에

대한 묘사를 보면 특이점을 발견할 수 있습니다. 구약에 나타난 그들은 죄와 허물과 연약함이 가득하지만 그것들은 감춰지고 믿음의 결과만 나열하고 칭찬하는 모습이 의외입니다.

부족함이 많은 인물이 잘못한 수많은 일보다 믿음을 구사한 작은 행동을 귀히 보시는 하나님을 만날 수 있습니다. 신앙을 너무 거대하게 생각하여 큰 일만 하려고 하면 아무 시도를 못하고 끝날 수 있습니다. 내게 주어진 환경과 조건 속에서 작은 선택을 믿음으로 매일 매순간 해 나가면 됩니다. 그 하나하나의 발걸음이 모여 인생이 되고 그 전체가 지향하는 목적지가 주님이라면 믿음의 인물로 전진하는 것입니다.

거대 담론의 신앙의 족적보다 생활 신앙인의 성실함을 귀하게 보시는 주님의 심정을 헤아려 봅니다. 정신을 차리고 근신하여 기도하는 일은 필수입니다(7절). 뜨겁게 서로 사랑할 때 허다한 죄가 덮어집니다(8절). 원망 없이 서로 대접하는 일을 합니다(9절). 각각 은사를 받고 여러 가지 은혜를 맡은 선한 청지기 같이 서로 봉사합니다(10절). 말과 봉사는 내 수단이 아닌 주님께서 공급해 주시는 힘으로 합니다(11절). 이 모범 답안을 분석할 때 마음과 자세만 갖추면 우리가 못할 불가능한 것은 없습니다. 육체의 고난을 받은 자는 죄를 그쳤다는 선포가 천둥같이 머리를 칩니다(1절).

♦ 베드로전서 5장 성경칼럼

2절 | 너희 중에 있는 하나님의 양 무리를 치되 억지로 하지 말고 하나님의 뜻을 따라 자원함으로 하며 더러운 이득을 위하여 하지 말고 기꺼이 하며

6절 | 그러므로 하나님의 능하신 손아래에서 겸손 하라 때가 되면 너희를 높이시리라

"세 번 눈물을 흘린다"

아주 옛날 어르신들이 하시던 말씀이 아직도 귀에 어른거립니다. 남자는 태어날 때와 부모님이 돌아가셨을 때와 나라를 잃었을 때에 눈물을 흘린다는 말입니다. 현실적으로 말도 안 되는 이야기지만 적어도 한 가지 메시지는 확실하게 새겨지는 효과가 있었습니다. 험한 세상 약하게 울며 살지 말고 굳세고 용기 있는 자세로 살아야만 자기 영역을 책임지며 살 수 있다는 교훈입니다. 예수님을 믿고 나서 울고 있는 자신을 발견합니다. 그러나 그 울음은 세상적인 것이 아니라 하나님 앞에서 항복하며 긍휼을 구하는 눈물입니다.

오늘 5장에는 전투적이고 남성적인 용어가 많이 등장합니다. 굳건하게, 강하게, 견고하게, 온전하게, 대적하라, 맡기라, 근신하라, 깨어라 등입니다. 여자와 대조되는 남자의 특징은 강함인데 그 강한 에너지를 발휘하기 위한 자세를 훈련해야 한다는 뜻입니다. 그렇지 아니하면 우는 사자와 같은 원수 마귀들을 상대하여 이길 수 없기 때문입니다. 그냥 사자도 무서운데 굶주려 울며 먹이 감을 찾는 사자는 얼마나 대단합니까? 대적자가 강할수록 십자가 군병의 화력도 강해야 할 것입니다.

문제는 이 강함의 근원이 주님에게 있고 이를 사용하는 방법은 겸손해야 한다는 사실입니다. 지도자로 세워진 장로들은 기꺼이 하는 자원함이 있어야 합니다. 더러운 이익을 취해지 않는 청렴함을 가지고 억지로가 아닌 본이 되는 섬김이 있어야 합니다(2-3절). 젊은 일군들은 겸손한 자세를 익혀 그것이 인품이 되었을 때 하나님이 높여 주신다고 하십니다(5-6절). 겸손으로 허리를 동이라는 뜻은 항상 겸손을 생활화하라는 의미입니다.

신앙생활의 여러 적들이 있지만 염려처럼 끈질긴 것은 없습니다. 떼어나고 또 물리쳐도 불을 향해 달려드는 불나방 같습니다. 염려를 극복하는 비결은 주님께 맡겨 버리는 설정을 하는 것입니다(7절). '맡기다'는 헬라어로 '에피르립토'인데 '~위로 던지다'라는 뜻입니다. 모든 염려를 하나님께 던지면 하나님이 맡아 처리해 주신다는 약속입니다. 베드로 사도는 고난에 대한 신선한 해석을 내 놓습니다. 하나님의 일을 하는 모든 형제들이 고난당하고 있기에 고난을 당연하듯이 받으면 복이 된다는 것이 '고난의 일반화' 원리입니다(9절).

또한 '고난의 일시화'는 이 세상 어떤 고난도 아주 잠시라는 생각을 해야 한다는 것입니다(10절). 주사를 꼭 맞아야 한다면 순간적인 따끔한 아픔은 감당해야 하는 것과 유사합니다.

(사 26:3) "주께서 심지가 견고한 자를 평강하고 평강하도록 지키시리니 이는 그가 주를 신뢰함이니이다"

베드로후서

♦ 베드로후서 1장 성경칼럼

4절 | 이로써 그 보배롭고 지극히 큰 약속을 우리에게 주사 이 약속으로 말미암아 너희가 정욕 때문에 세상에서 썩어질 것을 피하여 신성한 성품에 참여하는 자가 되게 하려 하셨느니라

18절 | 이 소리는 우리가 그와 함께 거룩한 산에 있을 때에 하늘로부터 난 것을 들은 것이라

"외형미에서 영성미까지"

눈에 보이는 외형미에서 신성한 아름다움인 영성미 사이에 개성미와 지성미와 지혜미와 성품미가 있습니다. 젊었을 때는 보이는 것에 매여 몸부림을 칩니다. 나이가 들면서 성숙에 대한 미를 찾고 노년에 다다를수록 보이지 않는 영적 아름다움을 사모하게 됩니다. 베드로는 신성한 성품에 우리가 초대되었다고 합니다. 로마에서 순교를 앞두고 박해받는 성도들에게 신앙의 성숙에 대한 권면을 하고 있습니다. 신의 성품에 대한 참여는 생명과 경건에 관한 내용이며 세상의 썩어질 것과 대비됩니다(3-4절).

8가지 구체적 항목은 서로 교차하며 조화되는 성격을 가지고 있습니다. 믿음에 덕을, 덕에 지식을, 지식에 절제를, 절제에 인내를, 인내에 경건을, 경건에 형제 우애를, 형제 우애에 사랑을 더하라고 합니다(5-7절). 믿음에 덕과 지식이 더해지지 않으면 타인을 불편하게 하고 광신도가 되기 쉽습니다. 믿음생활의 방심을 경계하는 성격으로 주어졌음을 알 수 있습니다. 주

님을 향하여 열심을 내고 영적경험을 사모할 때 열매가 맺혀 집니다. 이 여정을 통하여 주어지는 선물이 넓고 깊게 전체를 볼 수 있는 통찰력입니다. 통찰력은 눈앞에 보이는 것에 따라 휘둘리는 근시안적 사고와 즉흥적인 행동으로 인한 실수를 줄일 수 있습니다(8-9절). 지나고 나서 후회하는 대부분은 분별력과 통찰력이 없어서입니다.

베드로 사도는 예수님의 공생애 중에서 가장 가까이 있었던 제자입니다. 주님과의 살갑고 애틋하고 죄송한 추억이 가슴 속 곳곳에 새겨져 있을 것입니다. 그중에 영광스럽고 자랑스러워 도저히 말 안하고는 견딜 수 없는 사건이 변화산상의 체험입니다(16절). 하나님의 음성을 들었고 모세와 엘리야의 변형된 몸을 보았고 얼마나 기쁘고 황홀했는지 초막 세 개를 지어 그곳에 살고 싶다고 하였습니다(17-18절).

변화 산 사건은 받지 못할 사람들에게는 감추어야 하는 성격이 있기에 부활 전까지 주님께서는 함구령을 내렸습니다. 베드로의 간증을 듣고 신비한 체험을 해 보고 싶다고 생각할 수 있습니다. 하지만 사도는 변화산상의 체험보다 더 강력하고 확실한 은혜가 있음을 알리고 있습니다. 바로 하나님의 말씀입니다. 말씀은 어두운 데를 비추는 등불이요 날이 새어 떠오르는 샛별 같다고 합니다(19절). 구별된 세 제자에게 주어진 신비한 경험보다 믿는 자는 누구나 읽을 수 있는 성경말씀이 실제적인 등불과 샛별이라는 것입니다.

우리가 지금 읽는 말씀에서 주님을 만나는 경험이 얼마나 존귀한 것인지 깊이 깨닫게 됩니다. 주의할 점은 말씀은 개인의 목적에 따라 사사로이 풀고 이용해서는 안 된다는 점입니다(20절). 성령의 감동으로 쓰여 졌기 때문에 성령님의 조명을 받아 읽고 근신하여 지켜야 합니다(21절) 성경을 정독하고 묵상하는 것이 삼위일체 하나님을 체험하는 것입니다.

♦ 베드로후서 2장 성경칼럼

1절 | 그러나 백성 가운데 또한 거짓 선지자들이 일어났었나니 이와 같이 너희 중에도 거짓 선생들이 있으리라 그들은 멸망하게 할 이단을 가만히 끌어들여 자기들을 사신 주를 부인하고 임박한 멸망을 스스로 취하는 자들이라

9절 | 주께서 경건한 자는 시험에서 건지실 줄 아시고 불의한 자는 형벌 아래에 두어 심판 날까지 지키시며

"시험, 실족, 배교, 대적, 멸망"

보고 듣기만 해도 영적 소름이 돋는 단어들입니다. 성경은 은혜를 받아 의인의 삶과 사명을 감당한 사람들을 주인공으로 하고 있습니다. 하지만 그에 못지않게 참된 믿음과 충족한 은혜를 거부하고 버려진 인물들이 등장합니다. 불신자의 유기는 바울이 로마서에서 정리한 것처럼 마음에 하나님 두기를 싫어하기 때문입니다(롬 1:28~31). 21가지의 죄를 지어서 죄인이 아니라 죄인이기에 저절로 열매를 맺고 그 결과는 사형입니다.

(롬 1:32) "그들이 이 같은 일을 행하는 자는 사형에 해당한다고 하나님께서 정하심을 알고도 자기들만 행할 뿐 아니라 또한 그런 일을 행하는 자들을 옳다 하느니라"

사형은 죽음이며 죽음의 본질은 하나님과의 분리이고 분리의 결과는 지옥입니다(막 9:47-49). 믿음의 실족자와 배교자의 타락 원인은 무엇일까요? 단순한 호기심이 아니라 우리에게도 얼마든지 닥칠 가능성이 있는 예민한 주제입니다. 2장에는 이에 대한 대답이 직간접적으로 나와 있습니다. 이단의 사설인 구속의 주님을 부인하는 것을 받아들이면서 멸망은 시작됩니다(1-2절). 성적 범죄인 호색하는 것(2절), 음란한 행실(7절), 음심이 가득한 눈(14절), 음란의 유혹(18절)을 저지르는 순간 영적 감각이 소멸됩니다.

탐심을 정리하지 못할 때 이익을 쫓아 불의한 길로 나아갑니다(3, 13절). 노는 일과 쾌락을 즐기기 위한 친구를 모으고 연락함으로 중독된 타락으로 치달아 갑니다(13절). 불법을 일삼다 보니 올바른 하나님 말씀을 만날 수 없어 혼미 가운데 빠집니다(16-17절). 하나님은 인간의 타락을 방지하기 위한 본보기 심판을 이미 보여 주셨습니다. 범죄 한 천사들을 용서치 아니하시고 지옥에 던져 지키게 하셨습니다(4절). 노아의 홍수를 통해 노아의 식구 8명만 구원하시고 모든 인류를 멸절하였습니다(5절). 소돔과 고모라 성의 불 심판을 통해 경건치 아니한 자에게 경계의 본을 보이셨습니다(6-8절).

하나님의 끔찍한 심판의 역사를 아는 자는 함부로 살 수 없습니다. 마지막 재림의 심판과 백보좌 심판이 남아있기 때문입니다. 믿는 영역에 들어왔다가 타락한 자들의 회복 불능에 대한 경고는 아주 강렬합니다. 아예 안 믿은 것이 훨씬 좋았을 것이라고 선언합니다(20-21절). 개가 토한 것에 돌아가고 돼지가 씻었다가 더러운 웅덩이에 도로 누운 것같이 된다고 비유합니다(22절). 믿음의 도를 굳세게 붙들고 사는 것만은 절대 양보하지 않겠다는 결단이 있어야 합니다. 타락의 신호와 조짐이 감지되면 신앙의 비상을 걸어야 합니다. 신앙의 성숙은 평안과 축복의 말씀보다 고통(pain)과 대가(cost)에 대한 말씀이 더 위력적입니다(9절).

♦ 베드로후서 3장 성경칼럼

4절 | 이르되 주께서 강림하신다는 약속이 어디 있느냐 조상들이 잔 후로부터 만물이 처음 창조될 때와 같이 그냥 있다 하니

10절 | 그러나 주의 날이 도둑 같이 오리니 그 날에는 하늘이 큰 소리로 떠나가고 물질이 뜨거운 불에 풀어지고 땅과 그 중에 있는 모든 일이 드러나리로다

"순환적 역사관, 직선적 역사관"

'우주와 자연과 인간'을 어떤 눈으로 보느냐를 논하는 것을 역사관이라고 합니다. 순환적 역사관이란 쉽게 말해 동그라미처럼 돌고 돈다는 말입니다. 종교적으로는 불교와 힌두교의 윤회설이 있고 과학적으로는 빅뱅 만능설과 진화론이 여기서 나왔습니다. 정치사상에서는 무신론적 유물론과 왜곡된 휴머니즘이라는 괴물을 낳게 됩니다. 문화적으로는 외형가치 추구와 찰나를 중시하는 쾌락주의의 광풍을 만들어 냅니다.

기독교의 역사관은 직선적 역사관이며 성경이 선포하고 있습니다. 이 역사관은 시작이 있고 종말이 있기에 역사는 혼미한 순환이 아니라 직선으로 이어진다는 것입니다. 창세기의 천지창조와 인간의 지으심으로 시작된 성경은 계시록의 종말과 신천신지의 도래로 마칩니다. 모든 역사는 예수 그리스도의 십자가와 부활을 정점으로 이루어집니다. 세속사와 구속사의 모든 시작과 종말은 하나님께서 섭리하고 주관합니다. 하나님의 창조를 믿지 않으면 성경의 첫 구절도 통과할 수 없습니다.

(창1:1) "태초에 하나님이 천지를 창조하시니라"

하나님의 주권을 인정하지 아니하면 은혜와 영광을 체험할 수 없습니다.

(롬 11:36) "이는 만물이 주에게서 나오고 주로 말미암고 주에게로 돌아감이라 그에게 영광이 세세에 있을지어다 아멘"

두 역사관의 최종 충돌은 창조주와 주권자이신 하나님을 믿느냐 아니냐로 결정됩니다. 신앙을 조롱하는 자들은 주의 강림도 부인하고 말씀으로 만물을 지으신 하나님도 거부합니다(4절). 더 악한 모습은 일부러 잊으려 하는 것입니다(5절). 이것은 세상에서 가르치는 진화론을 은근히 받아들이고 재림 메시지는 애써 외면하는 현대 기독교인들의 모습과 흡사합니다.

신앙의 최고 궁금증 중의 하나는 마지막 종말 때의 우주가 어떻게 없어질까에 대한 것입니다. 보이는 우주가 없어져야 보이지 않는 영적 차원의 새로운 새 하늘과 새 땅이 임합니다(계 21:1). 그렇다면 상상할 수 없을 정도로 큰 우주의 처리를 어떻게 하실까 하는 맹랑하지만 진지한 호기심이 생깁니다. 10절과 12절의 두 번에 걸친 보이는 세계의 종말은 최고의 인간적 언어를 동원하여 극적으로 표현합니다. 하늘(우주)이 큰소리로 떠나가고(10절) 불에 타서 풀어진다(12절)고 합니다. 물질(만물)은 뜨거운 불에 풀어지고(10절) 녹아진다(12절)고 합니다.

땅(지구)과 그 중에 있는 인간의 선과 악은 다 드러나도록 되어 있습니다(10절). 천국은 보이는 저 큰 우주속의 어느 곳이 아님을 분명히 하고 있습니다. 창조와 종말에 대한 정확한 지식은 너무 거대해서 오직 성경에서만 배울 수 있습니다. 이 영적 지식이 자라나고 그리스도의 은혜에 더욱 깊어지는 일군으로 나아가십시다(18절).

요한1서

♦ 요한1서 1장 성경칼럼

2절 | 이 생명이 나타내신바 된지라 이 영원한 생명을 우리가 보았고 증언하여 너희에게 전하노니 이는 아버지와 함께 계시다가 우리에게 나타내신바 된 이시니라

9절 | 만일 우리가 우리 죄를 자백하면 그는 미쁘시고 의로우사 우리 죄를 사하시며 우리를 모든 불의에서 깨끗하게 하실 것이요

"결론만 이야기 하세요"

성질이 급하거나 시간이 없을 때와 목적지향적인 사람들이 많이 쓰는 말입니다. 서론이 길고 의중을 돌려서 이야기하는 사람에게 참지 못하고 툭 던지는 멘트입니다. 요한 1서를 시작하면서 사도 요한의 캐릭터를 살펴보게 됩니다. 그는 요한 서신과 함께 요한복음과 요한계시록의 필자입니다. 세 가지 책의 서두는 모두 문안인사가 없이 시작됩니다. 언뜻 보면 급한 성품인 것처럼 보이지만 그에게는 두 가지 상반된 별명이 있습니다. '사랑의 사도'와 '우레의 아들'입니다.

성령 충만하여 94세까지 살았던 그가 사랑의 사도로 불리 운 것은 어쩌면 당연합니다. 그러나 그는 젊은 시절 직선적이고 불 칼 같은 성격을 가지고 있었습니다. 예수님이 그 형인 야고보와 함께 '보아너게 (우레의 아들)'라고 친히 불렀습니다(막 3:17). 종합하면 성격이 급했지만 세월이 흐르면서 사랑의 사람으로 변한 것이 틀림없습니다. 그가 쓴 성경의 책 모두 노년

에 쓴 것으로 요한일서의 기록연대는 A.D.90년 이후입니다.

사랑의 사도로서 정평이 난 시기임에도 본래의 직선적인 기질이 드러나는데 좋은 측면으로 승화되었음을 알 수 있습니다. 사랑의 서신이지만 진리의 변증서로서 교회에 침투한 거짓 교리에 대한 강한 대응을 하고 있습니다. 기독교 문화권의 성과 이름은 성경의 인물들을 따라 지어졌습니다. 베드로(피터), 바울(폴), 마태(매튜), 마가(마크), 누가(루크), 도마(토마스), 스데반(스테파니), 다니엘(마이클), 야곱(자콥), 다윗(데이비드), 마리아(매리) 등등입니다.

그중에 요한(존, John)이라는 성을 가장 많은 사람이 쓰고 있는데 우리나라의 김 씨와 같다고 보면 됩니다. 기독교인으로서 본받고 싶은 인물 1순위임을 알 수 있습니다. 예수님께 가장 사랑을 받은 막내라는 점과 마리아를 모시고 장수하였고 성화된 그의 생애를 본받고자 하는 점이 있을 것입니다.

결론을 빨리 정확하게 알리고 싶은 요한 사도의 가장 중요한 메시지는 1장에 나오는 예수님의 '신인 양성론'입니다. 이 진리가 무너지면 메시아의 자격인 대속 제물이 될 수 없기에 빛과 생명으로 오신 주님을 변증하고 있습니다. 하나님의 본질에 대한 교리는 성도의 바른 생활로 바로 이어진다는 것을 요한은 경험을 통하여 알고 있었습니다. 태초부터 있는 생명의 말씀이신 예수를 사도들은 눈으로 자세히 보고 손으로 만지고 함께 살았다고 간증합니다(1-2절).

구세주의 양성을 완벽히 갖춘 예수의 속죄 효력은 죄인을 온전히 구원합니다. 예수의 피는 모든 죄를 용서하고 모든 불의에서 깨끗하게 합니다. 신자의 죄 자백은 죄 용서의 조건이 아니라 관계의 회복을 위한 능력으로 작용됨을 알 수 있습니다(8-9절). 신앙생활에서 죄와 허물의 자백은 주님을 가까이 하여 교제하는 놀라운 은총을 받게 합니다(6, 10절). 주님과의 교제는 성도 상호간의 참된 교제를 할 수 있는 능력으로 진전됩니다.

♦ 요한1서 2장 성경칼럼

5절 | 누구든지 그의 말씀을 지키는 자는 하나님의 사랑이 참으로 그 속에서 온전하게 되었나니 이로써 우리가 그의 안에 있는 줄을 아노라

17절 | 이 세상도, 그 정욕도 지나가되 오직 하나님의 뜻을 행하는 자는 영원히 거하느니라

"거함(유재)의 원리"

'당신에게 나는 무엇이냐'는 질문은 연인들의 사랑 감정이 절정일 때 나오는 닭살 질문입니다. 나에게 당신은 무엇이다 는 대답에 따라 관계가 달라집니다. 전부라는 뜻이 담겨진 기발한 형용사들이 등장하지만 시간이 지나면 대부분 허공에 날아가 버립니다. 그리스도인에 있어 세상은 무엇이고 주님은 어떤 분일까요? 그리스도인은 세상과 주님 사이에서 사는 독특한 존재입니다. 세상 사람들은 풍조에 따라 생각 없이 그렁저렁 살아갑니다. 그리스도인은 하나님의 말씀을 지키는 자이며 이를 실천하며 하나님의 사랑을 체험합니다.

세상에서 불러냄을 받은 성도들은 이제 주님의 것이 되었고 주님만 사랑하는 자가 되었습니다. 그렇다면 그리스도인이 세상을 전혀 상대 안하고 적대시하며 살아야 하는지에 대한 반문이 나옵니다. 당연히 현실적으로 그렇게 살 수 없고 사명 적으로도 그럴 수 없습니다(고전 5:10). 세상은 하나님의 구원이 수행되는 장소이고 그리스도인의 훈련과 사역과 상급에 관련

되어 있습니다. 타락한 세상은 마귀가 권세를 잡고 육신의 정욕과 안목의 정욕과 이생의 자랑으로 시험하지만 피하기보다 대처할 영역입니다(16-17절).

하나님과의 교제가 그리스도인의 생활 원리로 등장한 1장에 이어 2장은 '유재의 원리'를 제공합니다. 유재라는 것은 '거한다(abide)'는 뜻으로 그리스도인이 영육 간에 있을 곳에 있어야 한다는 뜻입니다. 말씀을 지키는 자가 하나님 안에 거하는 것이고(5절) 바울이 강조한 '그리스도 안'의 원리와 같습니다(엡 1장). 빛 가운데 거하여 행하는 그리스도인은 형제 사랑을 실천함으로 하나님의 사람임이 증명됩니다(7-11절). 율법의 완성인 이웃사랑(갈 5:14)으로 가기 위한 징검다리가 믿는 자들 간의 사랑입니다.

세상을 이기는 것은 혈과 육이 아닌 최고의 영성인 사랑의 실천입니다(12-16절). 나를 위해 죽어주신 예수님의 사랑 안에 거할 때 나오는 결과입니다(17절). 주님의 사랑 안에 거한다는 실제는 주님의 승리를 가져다 쓰는 능력을 말합니다. 아담과 하와의 에덴 실패를 주님께서 광야의 마귀 시험을 이기심으로 회복하였습니다(마 4:10~11). 이제 우리는 예수님의 이름으로 세상과 정욕을 향하여 승리할 수 있게 되었습니다.

그리스도인들은 오직 주님만 사랑하고 하나님의 말씀을 지키는 영역에서 세상과 사람을 사랑하는 순서로 살도록 되어 있습니다.

(시 73:25) "하늘에서는 주 외에 누가 내게 있으리요 땅에서는 주 밖에 내가 사모할 이 없나이다"

이 순서를 따르지 않는 신앙 전투는 판판이 깨지게 됩니다. 소극적으로는 죄를 거부하고 세상의 것을 물리치는 체험을 쌓아야 합니다. 적극적으로는 사랑을 행하고 미혹자들을 물리칠 수 있는 사역자가 되어야 합니다.

우리를 향하여 자상하게 '자녀들아' 하며 부르는 노 사도의 음성에 마음이 뜨거워집니다(28절).

♦ 요한1서 3장 성경칼럼

3절 | 주를 향하여 이 소망을 가진 자마다 그의 깨끗하심과 같이 자기를 깨끗하게 하느니라

9절 | 하나님께로부터 난 자마다 죄를 짓지 아니하나니 이는 하나님의 씨가 그의 속에 거함이요 그도 범죄 하지 못하는 것은 하나님께로부터 났음이라

"주인공이 되는 날"

인간은 누구나 인정받고 싶은 욕구를 가지고 있습니다. 이것이 동기부여와 에너지가 되어서 열심히 노력도 하고 나쁜 편법을 쓰기도 합니다. 인정받는 주인공이 되고 싶다고 해서 마음대로 될 수는 없습니다. 그런데 내가 주인공이 되는 날이 있다면 모든 면에서 최고의 신경을 쓸 것입니다. 태어난 날과 죽는 날은 내가 주인공이지만 실제로는 의식할 수 없기에 별 의미가 없습니다. 나머지 한 날, 바로 내가 '결혼하는 날'이 있다면 주인공이 되는 것이 분명합니다.

결혼식에서 신부는 신랑에 맞추어 모든 준비를 갖추어야 합니다. 화려하면 화려하게 준비해야 하고 소탈하면 그에 맞는 소탈함을 갖추어야 합니다. 성경 전체에서 교회는 여자로, 성도는 신부로 비유하고 있습니다. 예수님이 남편이고 신랑이며 성도는 예수님이 가장 사랑하는 정혼한 예비 신부입니다. 그런 측면에서 신앙생활이란 결혼식을 앞둔 예비신부가 신랑을 맞이할 준비를 하는 것이라고 볼 수 있습니다. 당연히 정혼한 신부는 신랑을 사랑하기에 정조와 절개를 지켜야 합니다.

성도가 신랑을 기다리는 신부처럼 견고하고 깨끗하게 살아야 하는 이유가 여기 있습니다. 예수님이 나타나시는 날(재림)에 우리가 예수님과 같을 것이라는 놀라운 사실을 말씀합니다(2절). 신랑을 사랑하는 신부라면 신랑의 수준에 맞추어 수준을 높여야 하고 신랑이 원하는 것을 준비하고 있어야 합니다. 신랑은 깨끗한 부자인데 신부가 누추한 모습과 더러운 마음으로 신랑을 맞이할 수는 없습니다. 신부의 오직 한 가지 소원은 신랑이 오는 날을 기다리며 깨끗함을 가지는 것이듯이 우리 신앙의 소망도 이와 똑같아야 합니다(3절).

3장에는 하나님과 마귀, 죄와 의, 생명과 사망, 사랑과 미움의 대립되는 단어가 나옵니다. 신앙은 혼동과 타협의 여지가 없이 정절과 의리를 지켜야 함을 강조합니다. 하나님은 우리가 진실로 주님을 사랑하고 소망할 수 있도록 두 가지 은혜를 주셨습니다. 첫째, '하나님의 씨'를 주셔서 죄를 짓지 않도록 하신 것입니다(9절). 하나님의 씨는 말씀을 의미하는 것으로 우리가 하나님께로부터 난 자들이라는 것입니다. 그러므로 우리는 연약하여 실수로 죄를 지을 수는 있지만 고의나 반복으로 죄를 짓는 마귀 족보의 사람은 되지 않습니다(10절).

둘째, 성령님이 우리 안에 거하셔서 계명을 지키게 하시고 믿음의 사람으로 이끌어 가십니다(24절). 우리가 사랑의 계명을 지켜 나갈 때 하나님의 자녀임이 증명되고 성령님의 내주하심을 실감하게 됩니다. 신앙생활은 '안 되는 것은 되게 하라'는 군대 명령이 아닙니다. 사랑하는 신랑이 부족한 신부를 너무나 사랑해서 모든 것을 해낼 수 있도록 해주는 신비한 러브스토리입니다. 예수님의 사랑으로 모든 날을 주인공으로 살게 되었습니다.

2절 | 이로써 너희가 하나님의 영을 알지니 곧 예수 그리스도께서 육체로 오신 것을 시인하는 영마다 하나님께 속한 것이요

4절 | 자녀들아 너희는 하나님께 속하였고 또 그들을 이기었나니 이는 너희 안에 계신 이가 세상에 있는 자보다 크심이라

"증명 하기"

증거를 대고 증명을 한다는 것은 쉬운 일이 아닙니다. 신학에 변증학과 험증학 분야가 있습니다. 변증학은 기독교의 진리에 대한 질문에 철학적이고 사상적으로 변호하는 것입니다. 험증학은 역사적이고 경험적인 측면으로 대응한다고 보면 됩니다. 이 학문의 서두에 '불가해성'이라는 용어가 나옵니다. 하나님을 인간이 이해하는 것은 불가능하다는 뜻입니다.

이해가 불가능한 하나님과 구원의 교리를 왜 변증하려고 합니까? 이 말은 역설적인 변증입니다. 전지전능하시고 영원하시고 무한하신 하나님을 피조물이고 제한적이며 유한한 인간이 이해한다면 이미 그것은 하나님이 아니라는 강한 논설입니다. 그리고 두 번째 전개가 나오는데 '계시론'입니다. 계시라는 것은 보여 주는 자에 의해 보는 자가 알게 되는 것을 말합니다. 보여주는 자가 보여 주지 않으면 알 수 없는 비밀이 됩니다.

하나님은 자연과 역사와 양심에 보여 지는데 이를 일반계시라고 합니다. 일반계시는 하나님을 알 수는 있지만 구원의 영생에 이르게 할 수 없는 한계를 가지고 있습니다. 일반계시가 할 수 있는 최고의 차원은 '알 수 없는 신'이라고 가정하고 섬기는 일입니다. 성경에서는 아덴에서 나오고(행 17:23) 개인적으로는 일본 신사에 쓰여 있는 것을 확인한 적이 있습니다.

구원을 받기 위한 하나님의 특별계시는 하나님의 말씀과 예수 그리스도입니다. 성령은 말씀을 감동하시고 조명하셔서 깨닫게 하시고 구세주이신 예수를 알고 믿게 합니다. 예수의 신성과 인성이 가장 중요하기에 성경과 교회사에서 치열한 논쟁이 일어납니다. 우리는 하나님께로 가는 유일한 길이요 진리요 생명이신 예수님을 온전히 알고 믿어야 합니다(요 14:6). 그러면 예수의 무엇을 믿느냐'라는 질문이 나옵니다.

그 대답이 2~3절입니다. 하나님이신 예수님이 육체로 오신 것을 믿으면 하나님의 영을 받은 것이고 부인하면 적그리스도의 영을 받은 것입니다. 육체로 오신 것을 믿는다는 것은 예수님이 육체로 와서 하신 일을 믿는다는 뜻입니다. 육체로 오셔서 대속의 고난을 당하시고 십자가의 죽음으로 우리 죄를 대속하시고 부활하심으로 사망을 정복하신 사역을 믿는 것입니다. 이것을 믿는 자가 그리스도인이고 그 결과는 성령님의 내주입니다(13~15절). 성령이 그리스도인 안에 계시니 이 세상의 누구도 당할 수 없는 존재가 되었습니다(4절). 사랑의 본체 되시는 하나님을 모신 그리스도인들이기에 사랑을 행할 수 있고 하나님을 증명할 수 있게 되었습니다(10~12, 16~19).

♦ 요한1서 5장 성경칼럼

4절 | 무릇 하나님께로부터 난 자마다 세상을 이기느니라 세상을 이기는 승리는 이것이니 우리의 믿음이니라

14절 | 그를 향하여 우리가 가진 바 담대함이 이것이니 그의 뜻대로 무엇을 구하면 들으심이라

"결혼해서 좋은 것 세 가지?"

‘너무 많아서 세 가지 고르기 힘들지’, ‘무슨 소리야, 단 하나도 없어, 후회만 하고 있어’

같은 결혼을 했음에도 그 행복에 대한 반응은 천차만별입니다. 우리가 예수님을 다 같이 믿어도 그 능력과 축복에 대한 누림은 각각 다릅니다. 요한일서를 마치면서 사도는 그리스도인의 특권 세 가지를 전합니다.

첫째, 세상을 이기는 믿음을 가지게 되었다고 합니다(4절). 육신의 정욕, 안목의 정욕, 이생의 자랑, 마귀의 궤계, 정사와 권세, 철학과 헛된 속임수, 미혹하는 사이비종교 등을 이길 사람은 아무도 없습니다. 모든 인류가 아담의 원죄를 물려받은 죄인의 족보에 속해 있기 때문에 어느 누구도 예외가 없습니다. 그리스도인이 세상을 이길 수 있는 이유는 하나님께로부터 난 자들이기 때문입니다. 하나님께로부터 난 자란 바로 예수께서 그리스도임을 믿는 자라고 분명히 밝히고 있습니다(1절).

처음에는 똑같이 지구에서 태어났으나 두 번째 태어난 것은 예수님의 피(하나님의 피, 행 20:28)의 공로이기에 하나님께로부터 난 자라고 하는 것입니다. 특별한 사람을 ‘어느 별에서 왔니’라고 하는데 그리스도인이야말로 영적 본향인 천국에서 왔다고 볼 수 있습니다.

(히 11:16) “그들이 이제는 더 나은 본향을 사모하니 곧 하늘에 있는 것이라”

거듭난 그리스도인이 천국을 사모하여 살 때 이 세상 어떤 유혹과 환란도 이길 수 있습니다.

(히 11:38) “(이런 사람은 세상이 감당하지 못하느니라) 그들이 광야와 산과 동굴과 토굴에 유리하였느니라”

둘째, 기도의 조건응답의 능력을 갖게 됩니다(14절). 여기서 조건응답이란 조건이 갖춰질 때 응답이 된다는 의미입니다. 그 조건은 어렵다고 하면 어렵고 쉽다고 하면 아주 쉬운 것으로 하나님의 뜻대로 구하는 것입니다. 이 조건만 충족되면 하나님께서는 우리가 구하는 것을 너무나 잘 아시며 응답은 이미 이루어진 것이라고 과거완료형으로 보장하십니다(15절).

셋째, 영육간의 안전을 보장하십니다. 범죄 하기 쉬운 인간의 연약한 모습을 너무나 잘 아시는 주님께서 신자를 지켜주십니다. 심지어 악한 원수와 대적자들이 만지지도 못하게 하신다고 약속하십니다(18절).

(눅 21:17~18) "또 너희가 내 이름으로 말미암아 모든 사람에게 미움을 받을 것이나 너희 머리털 하나도 상하지 아니하리라"

험하고 악한 세상을 아슬아슬하게 살아가는 신자들에게 이 안전에 대한 보장은 담대함을 주기에 넉넉합니다.

세 가지의 능력과 축복의 보장은 모두 예수님을 알아가고 그 안에 거하는 자에게 주어집니다(20절). 예수님이 바로 참 하나님이시며 영생이시기 때문입니다(20절). 하나님 대신에 마음을 뺏는 영육간의 우상을 절대 멀리하고 자신을 지키겠다고 다짐합니다(21절). 하나님의 아들 예수 그리스도를 물과 피와 성령으로 증거 하셔서 믿게 해 주신 은혜가 참 고맙습니다(5-8절).

요한2서

♦ 요한2서 1장 성경칼럼

4절 | 너의 자녀들 중에 우리가 아버지께 받은 계명대로 진리를 행하는 자를 내가 보니 심히 기쁘도다

8절 | 너희는 스스로 삼가 우리가 일한 것을 잃지 말고 오직 온전한 상을 받으라

"나를 잘 되기 바라는 사람"

반대로 나를 잘못되기 바라는 사람이 있을 것입니다. 내가 주체가 되어 생각해 보는 것도 필요합니다. 나를(내가) 정말 잘 되기를 바라는 사람이 그리 많지 않다는 것을 깨닫게 될 것입니다. 사도 요한은 자신을 장로라고 소개하며 서신을 시작합니다. 여기서의 장로란 헬라어로는 '프레스뷔페로스'이며 영어로는 '엘더(elder)'라고 부릅니다. 엘더는 '먼저 된 자'라는 뜻으로 나이 든 사람이라는 뜻인 오울더(older)와 구별됩니다. 영적세계에서 나이 들었다고 장로가 되는 것이 아니라 신앙의 성숙이 먼저 된 사람을 일컫는 것입니다.

요한 사도가 자신을 장로라고 칭하는 것은 성도가 정말 잘되기를 바라는 최고 원로의 깊은 마음을 나타내는 것으로 보입니다. 세상의 온갖 풍상을 겪고 영적인 세계의 깊은 체험을 한 노사도의 모습이 눈에 선합니다. 이제 죽음을 앞두고 진실로 사랑하는 자녀와 손자에게 하듯 칭찬과 격려를 합니다. 자신의 진액과 같은 사랑을 아낌없이 내어주며 가장 귀한 교훈을 전수해 주어 잘되게 하려는 마음이 철철 넘칩니다. 어린아이와 같던 신자

가 어느새 자라서 아버지께 받은 계명대로 진리를 행하니 자기 일처럼 기뻐하고 있습니다(4절). 목회자는 이때가 가장 기쁘고 보람 있다는 것을 경험하였기에 요한 사도의 마음을 깊이 공감할 것입니다.

또한 장로는 신앙의 함정을 알려주며 경계할 것을 권면합니다. 하나님의 일을 해서 열매를 맺지만 그 상을 잃을 수도 있음을 말씀합니다(8절). 옛말에 '일은 실컷 하고 말로 다 망쳐 쏟아 버린다'라는 말이 있습니다. 말과 행동이 조심스럽지 아니하면 일을 아무리 잘 해도 온전한 상을 받기가 어렵다는 뜻입니다. 예수님의 사역을 부인하고 미혹하는 어떤 부류와 접촉하는 것을 삼가 하라고 명령하는데 거의 결벽증 차원입니다.

예수님의 사역(육체로 오신 것)을 부인하는 자와는 인사도 말고 집안에 들이지도 말라고 합니다(10절). 인사만 해도 그 악한 일에 참여한 것이라고 호통을 칩니다(11절). 사랑의 사도인 요한이 왜 이 적그리스도와의 철저한 격리를 요구하는지 이해하기 어려울 수도 있습니다. 그러나 영적인 세계의 경험을 한 사람이라면 능히 이해가 됩니다. 영적 전투는 지식이나 이론이나 경험으로 하는 것이 아닙니다.

사단과 마귀와 귀신들의 시험과 유혹과 모략은 사람의 힘으로 이길 수 있는 차원이 아닙니다. 자만하거나 영적 호기심이 열리는 순간 대적자들의 보이지 않는 바이러스 같은 침투에 자신도 모르게 당해 버릴 수 있습니다. 당시 교회에 침투한 그리스도의 인성을 부인하는 영지주의에 대한 비상령을 내리고 있습니다. 말씀과 성령의 충만함을 늘 유지하는 것이 얼마나 힘들다는 것을 알 때 근신하며 조심할 수 있습니다.

요한3서

♦ 요한3서 1장 성경칼럼

2절 | 사랑하는 자여 네 영혼이 잘됨 같이 네가 범사에 잘되고 강건하기를 내가 간구하노라

10절 | 그러므로 내가 가면 그 행한 일을 잊지 아니하리라 그가 악한 말로 우리를 비방하고도 오히려 부족하여 형제들을 맞아들이지도 아니하고 맞아들이고자 하는 자를 금하여 교회에서 내쫓는도다

"가이오 vs 디오드레베"

사람마다 붙는 캐릭터가 있습니다. 본 서신의 수신자인 가이오 에게는 '사랑하는'이 붙습니다(1절). 반면에 디오드레베 에게는 '으뜸 되기를 좋아하는'이 붙었습니다(9절). 분명히 둘 다 교회를 섬기는 중직자인데 사도가 생각하고 대하는 것은 정반대입니다. 그 갈림길이 무엇인지 본문을 정독하면 알아챌 수 있습니다.

진리와 교회와 성도를 섬긴 가이오와 데메드리오는 사랑과 축복을 받습니다(1, 12절). 반면에 자신이 으뜸이 되려고 입지와 사익을 위하여 교회 일을 한 디오드레베는 저주를 예약합니다(9-11절). 그는 자신의 목적에 부합하지 않는 자가 교회에 있으면 심지어 내쫓기까지 하는 악한 자입니다. 당시의 초대교회는 전도자를 대접하고 안내하는 일이 중요한 사역이었습니다. 그런데 그는 사도들을 비방도 하고 전도자에게 협력하는 교인도 쫓아냈으니 장로는 그 악함을 벌하겠다고 하는 것입니다(10절).

디오드레베의 저주와 대비되어 가이오에게 주어지는 축복은 완벽합니다. 한국 교인이라면 누구나 아는 삼박자 축복으로 알려진 그 내용입니다. 영혼이 잘 됨같이 범사에 잘되고 강건하기를 축복하고 있습니다(2절). 여기서 주목할 것은 영적 축복을 먼저 받고 생활과 건강의 복을 이어서 받는 것입니다. 성경은 결코 육적인 필요와 건강의 중요성을 외면하지 않습니다. 일반적으로 영혼육의 균형 있고 조화로운 복들을 누릴 때 사역의 열매를 충실하게 맺을 수 있습니다. 일반적이라고 한 이유는 특수한 경우에 고난을 통하여 연단의 축복을 받기 때문입니다.

이 두 경우 모두 축복의 조건은 '사랑받는 자'임이 틀림없습니다. 서두에 나와 있는 '사랑하는 자여'를 주목해야 합니다. 첫째, 주님에게서 사랑받아야 합니다. 둘째, 위임권위를 가진 자에게서 받습니다. 셋째, 데메드리오 처럼 교인을 비롯한 뭇사람에게서 인정과 사랑을 받을 때 축복의 사람이 됩니다(12절). 사도요한은 그의 서신의 곳곳에서 속히 대면하여 보고 싶다는 마음을 전합니다(14절). 사랑하고 좋아하는 사람들을 만나 격려하고 축복하고 싶은 그 마음을 충분히 이해합니다. 우리가 그 합당한 사람의 그룹에 들어가는 것이 중요합니다.

반면교사로서 교훈은 절대로 내가 으뜸이 되려는 마음을 가지고 사역하다가는 큰 낭패가 당한다는 것입니다. 선을 행하여 하나님께 속하고 하나님을 뵈옵는 영광의 일군이 되기를 소원합니다(11절).

(딤후 4:8) "이제 후로는 나를 위하여 의의 면류관이 예비 되었으므로 주 곧 의로우신 재판장이 그 날에 내게 주실 것이며 내게만 아니라 주의 나타나심을 사모하는 모든 자에게도니라"

유다서

♦ 유다 1장 성경칼럼

1절 | 화 있을 진저 이 사람들이여, 가인의 길에 행하였으며 삯을 위하여 발람의 어그러진 길로 몰려갔으며 고라의 패역을 따라 멸망을 받았도다
21절 | 하나님의 사랑 안에서 자신을 지키며 영생에 이르도록 우리 주 예수 그리스도의 긍휼을 기다리라

"당근과 채찍의 역할"

효과적인 교육과 훈련을 위한 방법론입니다. 당근이 효과적인 사람이 있고 채찍이 효과적인 사람이 있습니다. 두 가지를 모두 사용해도 안 되는 사람이 있고 두 가지를 조화롭게 받아들여 성공한 사람도 있습니다. 세상 교육과 신앙생활에 모두 적용할 수 있고 나쁜 사례는 3번이고 바람직한 것은 4번입니다, 성경의 원리를 찾아보자 율법의 비율을 적용할 수 있습니다. 율법 항목은 613가지인데 그중 하라는 명령이 248가지이고 하지 말라는 명령은 365가지입니다. 계산기로 비율을 계산해 보니 사사오입하여 40:60입니다.

성경은 당근과 채찍을 모두 사용하지만 죄인 된 인간에게는 채찍이 더 많이 필요하다는 메시지가 뜹니다. 유다서의 내용을 자세히 읽으면서 당근과 채찍의 비율이 위의 통계와 비슷하다는 느낌을 받았습니다. 채찍을 좋아할 사람은 아무도 없지만 부득이 사용하는 이유는 인간의 죄 성 때문입니다. 인간의 쉽게 변화되지 않는 부분이 채찍이 가해질 때 고쳐지는 사례가 높습니다. 나아가 영적 세계는 거짓 교사들과 악한 영들의 도전이 가열

차서 이에 대한 대처로서 주어지는 측면도 있습니다.

구약의 실패한 사건과 인물들을 보여주는 거울을 통하여 그 길에 들어서지 않도록 강력한 경고를 합니다(7절). 교회에 가만히 들어온 자들에 대한 주의는 어느 시대 어느 교회도 예외일 수 없습니다(4절). 그들의 목적은 바른 복음인 예수 그리스도의 속죄의 은혜를 훼손하고 역전시키는 것입니다. 은혜가 주는 자유를 방탕으로 바꾸고 유일한 구원의 주님을 부인하도록 부추깁니다. 그들은 자기 공로를 극히 좋아하는 인간의 심성을 조금만 자극해도 간단하게 넘어오는 것을 너무나 잘 압니다.

사도는 시기를 일으켜 살인으로 치달아 간 가인의 길과 탐심으로 불의의 삯을 향해 달려가는 발람의 길과 모세의 권위에 대항하기 위해 파당을 지어 패역의 본이 된 고라의 길을 경고합니다(11절). 우리도 감정과 정욕과 교만을 처리하지 아니하면 덫과 함정이 될 수 있습니다. 사람은 상벌의 대가를 알 때 행동을 결정합니다. 유다 사도는 가인과 발람과 고라의 길을 선택하여 갈 때 오는 결과를 처참한 시로 묘사하여 실감나게 알려줍니다.

애찬에 암초이니 위험하고 자기 몸만 기르는 목자이니 따라가면 패가망신하고 바람에 불려가는 물 없는 구름이니 유익이 전혀 없습니다. 죽고 또 죽어 뿌리까지 뽑힌 열매 없는 가을나무이니 이미 심판받은 자들이고(12절) 자기 수치의 거품을 뿜는 바다의 거친 물결이니 폼만 잡다 금방 끝나는 존재입니다. 영원히 예비 된 캄캄한 흑암으로 돌아갈 유리하는 별들이니 결국은 소멸되고 말 존재입니다(13절). 사도는 분열을 일으키고 육에 속한 자이며 성령이 없는 자들에게 속으면 안 된다는 신앙의 비상령을 내립니다. 채찍의 경계를 마친 사도는 당근보다 높은 진정한 은혜의 권면을 훈훈하게 내밉니다(20-25절).

요한계시록

♦ 요한계시록 1장 성경칼럼

1절 | 예수 그리스도의 계시라 이는 하나님이 그에게 주사 반드시 속히 일어날 일들을 그 종들에게 보이시려고 그의 천사를 그 종 요한에게 보내어 알게 하신 것이라

3절 | 이 예언의 말씀을 읽는 자와 듣는 자와 그 가운데에 기록한 것을 지키는 자는 복이 있나니 때가 가까움이라

"요한계시록의 영광!"

성경은 가장 많이 출판되었고 역사와 인간에게 끼친 영향력은 압도적 1위입니다. 신구약 66권의 책에서 가장 해석하기 어려운 책은 요한계시록입니다. 구약의 예언서는 다니엘서와 에스겔로서 구속사에서 이미 이루어진 것이 있어 계시록보다 덜 난해 합니다. 요한계시록이 해석하기 어려운 이유는 아직 일어나지 아니한 미래의 예언이기에 잘 해석하다가도 하나만 잘못 풀면 큰 문제가 되기 때문입니다.

실제로 종교개혁가인 존 칼빈은 이런 이유로 요한계시록 주석을 쓰지 않았습니다. 우리나라 보수 주경신학의 권위를 가진 박윤선 박사는 계시록 외의 주석을 다 쓰고 나서 많은 세월이 흐른 후 계시록 주석을 집필 했습니다. 그 이유는 많은 연구가 필요한 이유도 있었지만 계시록 본문을 만 번 정독 묵상했다고 합니다. 대부분의 이단들은 계시록을 오석하여 자신들의 사이비 교리를 뒷받침 합니다. 기성교회 목사 중에서도 요한계시록 해석에

자신만만하면 경계해야 합니다. 제가 설교 본문으로 계시록을 가장 적게 선택하는 이유도 혹시라도 오석을 할 수 있다는 조심성 때문입니다.

지금까지의 논리로 보자면 계시록은 건들지 말고 묻어두어야 할 책으로 보입니다. 그러나 역설적으로 계시록은 큰 신앙을 갖기 위해서 올바르게 해석하고 확실히 믿고 가까이 할 책입니다. 또한 개혁주의 설교학에서 가르치는 이론인 '성경만, 성경전부를 설교하라'를 적용하더라도 계시록은 빼놓을 수 없는 주제가 되어야 합니다. 실제적인 신앙의 경험에서 계시록의 본문과 그 내용이 얼마나 큰 능력이 있는지 많은 간증이 있습니다. 세속사와 교회사는 물론이고 종말의 계시를 완벽하게 보여주고 개인적인 신앙의 결단을 내릴 수 있는 충격적인 말씀들이 주어집니다. 그러므로 이 계시록 말씀을 읽고 듣고 지키는 자는 복을 받는다고 선언합니다(3절).

옷에도 첫 단추가 중요하듯이 요한계시록의 첫 문장은 이렇게 시작합니다. "예수 그리스도의 계시라(1절)" 필자는 요한 사도이지만 예수님이 드러내어 알려주시는(계시) 내용이라는 뜻입니다. 계시록을 다른 말로 묵시록이라고 번역하기도 하는데 이 '묵시'라는 단어를 주목해야 합니다. 헬라어로 묵시(계시)는 '아포칼립시스'로서 '감춘 것을 드러내다'는 뜻입니다. 묵시란 단어는 문학적 술어로 쓰여 지는데 묵시문학이라는 장르가 따로 있습니다. 묵시라고 할 때 꿈이 바로 연결됩니다. 그러나 묵시는 꿈과 같은 현실 이상의 것을 보고 체험한다는 면에서는 같지만 꿈과는 다르게 깨어서 보는 것입니다(10-11절).

즉 요한계시록은 묵시문학처럼 현실과 다른 세계를 주님이 보여 주시는 대로 기록했다는 것을 전제로 해석에 들어가야 된다는 뜻입니다. 2천 년 전의 단어와 상징과 문화를 이해하지 않고 현대의 개념을 가지고 해석하다가는 당연히 잘못 해석할 수밖에 없습니다. 12절에서 16절까지의 예수님의 모습은 어디에서도 볼 수 없는 광경으로 사용된 상징적 단어로 볼 때 심판주로 오실 예수님을 묘사한 것입니다. 주님께서 일곱 금 촛대는 일곱 교회이며 일곱별은 일곱 교회의 사자라고 분명히 설명해 주십니다(20절). 주님의 오른손에 새겨진 일곱 별(16절)이 교회의 사자(사역자들)임을 알 때 우리는 그 영광과 안전으로 담대해 질 수 있습니다. 나아가 주님의 소유인 사자(사역자)들을 함부로 대하지 말아야 할 경계도 받게 됩니다.

♦ 요한계시록 2장 성경칼럼

5절 | 그러므로 어디서 떨어졌는지를 생각하고 회개하여 처음 행위를 가지라 만일 그리하지 아니하고 회개하지 아니하면 내가 네게 가서 네 촛대를 그 자리에서 옮기리라

23절 | 또 내가 사망으로 그의 자녀를 죽이리니 모든 교회가 나는 사람의 뜻과 마음을 살피는 자인 줄 알지라 내가 너희 각 사람의 행위대로 갚아 주리라

"정확히 보시고 아시는 예수님 앞에서..."

사람이 사람을 정확히 아는 것은 매우 어렵습니다. 인간을 창조하신 하나님만이 인간을 정확하게 아십니다. 주님께서 나를 항상 보시고 아신다는 사실을 의식하며 사는 것이 경건생활의 시작입니다. 주님께서는 2장과 3장에서 일곱 교회에 대하여 다 아신다고 여러 번 말씀하십니다. 어느 인간과 교회도 주님 앞에서 드러나지 않을 것이 없습니다. 요한계시록은 1장 19절에 나오듯이 주님이 명령하신 구조로 쓰여 졌습니다. "그러므로 네가 본 것과 지금 있는 일과 장차 될 일을 기록하라"

'네가 본 것'이란 1장의 심판주로 오실 예수님을 본 것입니다. '지금 있

는 일'은 2장과 3장의 당시에 있었던 소아시아(현재는 터키 지역)의 일곱 교회 일입니다. '장차 될 일'은 4장부터 22장까지로 예수님의 재림으로 일어날 종말에 대한 계시입니다. 일곱 교회에 대한 언급은 1차적으로는 당시의 현실 교회에 대한 칭찬, 책망, 상급을 말씀하신 것입니다. 그러나 2차적으로 일곱 교회는 예수님이 피 값으로 세운 모든 교회를 상징합니다. 각 교회에 대한 말씀이 끝날 때마다 '귀 있는 자는 성령이 교회들에게 하시는 말씀을 들을지 어다'라고 하셨기 때문입니다.

여기에 나오는 일곱 교회의 다양한 모습은 교회 역사 속에서 있어 왔고 지금 우리의 눈앞에 있는 교회라고 볼 수 있습니다. 일곱 교회를 자세히 분석하면 우리 신앙과 교회생활을 비춰볼 수 있고 나아가 우리가 섬기는 교회의 역사적 사명도 알 수도 있습니다. 먼저 칭찬과 책망을 함께 받은 4교회(에베소, 버가모, 두아디라, 사데)를 보게 됩니다. 두 번째는 칭찬은 없고 책망만 받은 1교회 (라오디게아)가 있습니다. 세 번째는 책망은 받지 아니하고 칭찬만 받은 2교회(서머나, 빌라델비아)가 있습니다.

여기서 주목할 것은 사람과 세상이 교회를 보는 평가가 주님이 내리는 상벌과 다른 점이 많다는 사실입니다. 외적인 교회의 모습으로는 라오디게아 교회는 부자였고 서머나 교회는 가난했습니다. 그러나 주님은 인간이 부러워하는 라오디게아 교회의 부요함으로 인한 교만을 엄히 책망하신 것을 볼 수 있습니다(3:17). 반대로 서머나 교회에 대하여는 환난과 궁핍 가운데에서 신앙을 지키고 영적 부요함을 누리는 열매를 칭찬합니다(9절). 주님이 정말 좋으신 것은 칭찬과 책망을 하신 것으로 끝난 것이 아니라는 것입니다. 마치 의사가 진단을 하고나서 수술과 치료와 처방을 하듯이 주님은 완벽한 영적의사로서 조치하시는 것을 보게 됩니다.

나아가서 이 조치를 잘 받아들이고 순종하여 실천하는 자에게 주시는 영광스런 상급을 약속합니다. 2장의 네 교회에게 준 생명나무의 열매, 생명의 관, 만나와 흰 돌, 만국을 다스리는 권세와 새벽별은 가슴이 뛰고 사모하기에 넉넉합니다. 연약하여 넘어지기 쉬운 우리를 너무나 잘 아시기에 자상한 사후처리도 하시는 주님을 뵙게 됩니다. 일곱 교회의 모습을 자세히 읽으면서 나의 이야기로 받아들이고 적용하는 축복을 받을 수 있습니다. 저는 개인적으로 처음 사랑이 어디에서 떨어졌는지 생각하여 처음 행위를 가지는 은혜를 누리겠습니다(4-5절).

♦ 요한계시록 3장 성경칼럼

8절 | 볼지어다 내가 네 앞에 열린 문을 두었으되 능히 닫을 사람이 없으리라 내가 네 행위를 아노니 네가 작은 능력을 가지고서도 내 말을 지키며 내 이름을 배반하지 아니하였도다

20절 | 볼지어다 내가 문 밖에 서서 두드리노니 누구든지 내 음성을 듣고 문을 열면 내가 그에게로 들어가 그와 더불어 먹고 그는 나와 더불어 먹으리라

"적극적 사고방식, 성경의 적극적 신앙"

신앙생활에는 수많은 난제와 고비가 있습니다. 성경의 절대성, 구원의 확신, 우선순위와의 전투, 진정한 교회론, 헌신에 대한 정리, 이원론적 신앙의 분별, 종말과 부활신앙 등등입니다. 앞에 예를 든 '적극적 신앙'의 교통정리도 아주 중요한 주제입니다. 대형서점에 가면 책들이 잘 팔리는 순서로 좋은 자리에 진열되어 있는데 항상 우위에 있는 분야가 성공과 행복에 대한 책들입니다. 그 책들의 공통적인 내용이 있다면 바로 적극적 사고방식입니다. 긍정의 힘과 신념의 마력을 떠나서는 성공과 행복은 있을 수가 없다는 증거이기도 합니다.

교회에서도 적극적인 사고와 행동을 강조하는 것을 피할 수는 없습니다. 아멘이란 '맞습니다' '그렇게 되기를 원 합니다'라는 뜻입니다. 실제적인 경험에서도 적극적인 성격과 긍정의 실천을 한 사람이 열매를 맺는다는 것은 공감합니다. 그러나 여기서 우리는 본질적인 질문을 해야 합니다. 세상의 적극적인 신념과 성경의 적극적 신앙을 어떻게 구별 하는가라는 문제입니다. 성경의 인물 중에서 적극적인 사람도 사용되지만 반대로 소극적인 사람도 많이 사용되기 때문입니다.

이 문제의 본질은 적극적인 사고와 행동의 출처와 근원이 어디인가라는 문제입니다. 신앙이 있더라도 자기 생각과 주관에서 나온 것이라면 그것은 신념입니다. 반대로 자신의 마음을 꺾고 주님 뜻을 받든 것이라면 성경적 적극적인 신앙이 되는 것입니다. 이 문제가 왜 중요한지는 성경의 수많은 사례에서 말씀하고 있습니다. 제자들의 사역 실패에 대하여 주님은 그 이유가 자기 힘으로 했기 때문이라고 하십니다.

믿음을 가지고 긍정적 사고를 구사했음에도 허전한 결과를 가져온 제자들에게 주님께서 하신 말씀입니다.

(막 9:28~29) "집에 들어가시매 제자들이 조용히 묻자오되 우리는 어찌하여 능히 그 귀신을 쫓아내지 못 하였나이까 이르시되 기도 외에 다른 것으로는 이런 종류가 나갈 수 없느니라 하시니라"

바울은 기도는 주님을 의지하는 것이요, 주님께서 해 주십시오 라는 것이니 능력의 출처가 주님이시라고 고백합니다.

(빌 4:13) "내게 능력 주시는 자 안에서 내가 모든 것을 할 수 있느니라"

내가 모든 것을 할 수 있는 원동력은 능력주시는 주님 안에서만 가능한 것을 확실히 합니다.

3장의 세 교회를 향한 주님의 칭찬과 책망을 자세히 보면 적극적 신앙에 대한 정답이 나와 있습니다. 최고의 칭찬을 받은 빌라델비아 교회는 작은 능력을 가졌지만 말씀을 순종함으로 승리한 교회였습니다(8절). 유일하게 책망만 받은 라오디게아 교회는 주님을 향한 마음도 행동이 없는 미지근한 신앙이었습니다(15절). 현실적으로 아쉬운 것이 별로 없다고 생각했기에 주님의 능력과 도움도 구하지 아니했습니다. '두드리며 말씀하시는 주님. 음성을 듣고 반가워서 문을 여는 나, 주님과 함께 먹고 마시는 생활'이 성경의 적극적 신앙입니다(20절).

♦ 요한계시록 4장 성경칼럼

2절 | 내가 곧 성령에 감동되었더니 보라 하늘에 보좌를 베풀었고 그 보좌 위에 앉으신 이가 있는데

6절 | 보좌 앞에 수정과 같은 유리 바다가 있고 보좌 가운데와 보좌 주위에 네 생물이 있는데 앞뒤에 눈들이 가득하더라

"지상의 교회와 천상의 보좌"

그럴 일은 절대 없겠지만 만약 성경에 요한계시록이 없었다면 어떠했을까 하는 생각을 해 봅니다. 재림과 종말에 대한 확실한 예언을 알지 못하고 확신 있는 신앙생활을 하지 못할 수도 있을 것입니다. 그리고 결정적인 한 가지, 바로 천국에 대한 모습과 하나님 보좌의 광경을 지금처럼 알지 못했을 것입니다. 2-3장의 '이제 있는 일'은 지상의 교회에 대한 이야기였습니다.

4장에는 심판의 주관자이신 하나님의 보좌를 보여주고 5장에는 심판자이신 어린 양의 모습을 보여줍니다. 1절에서 사도요한은 하늘로 올라오라는 나팔 소리 같은 음성을 듣습니다. 몸은 지상에 있으나 천국 보좌 앞에

간 것이라고 볼 수 있는데 이를 2절에서는 성령에 감동되었다고 합니다. 성령에 감동되었다는 것은 성령 안에 있게 되었다는 뜻이며 성령님과의 신비한 연합으로 천상의 보좌를 보았다는 것입니다.

이 체험은 바울이 셋째 하늘에 다녀온 것과 같은 차원입니다(고후 12:1~4). 바울은 신비한 입신의 체험을 여러 가지를 고려하여 말을 아낀 것이고 요한은 명령을 받아 계시록을 쓰게 된 것입니다. 하나님의 보좌를 본 요한이 쓴 용어는 묵시문학이라는 측면으로 이해를 해야 합니다. 우리가 꿈을 꾸고 나서 그 내용을 묘사할 때 비현실적인 내용이지만 최대한 현실적인 단어를 사용하는 것과 같습니다. 영적 세계를 육적 언어로 표현해야 하므로 계시록에 묘사된 천국 환상은 내가 진짜 천국에 가면 내용이 다를 수도 있다는 의미입니다. 진짜 천국은 우리가 무엇을 상상하던 그 이상으로 훨씬 좋고 황홀하다는 뜻입니다.

3절에 나오는 '~같고'라는 말이 계시록에 21번 나오는데 초현세적인 광경을 현세적 언어로 표시할 수밖에 없을 때 쓰는 간격을 메우는 어법입니다. 우리가 천국에 가서 하나님이 계시는 보좌를 보았는데 모양이 3절처럼 벽옥과 홍보석 같고 또 무지개가 보좌에 둘려 있는데 그 모양이 녹보석 같을 수도 있고 아닐 수도 있다는 것입니다. 여기서 녹보석은 현대어로 에메랄드로서 은혜를 상징하고 무지개는 하나님의 언약을 상징한다고 해석을 하는데 누가 다른 해석을 한다고 해서 시비 걸 일도 아닙니다.

결론은 다음에 나오는 하나님의 보좌를 향하여 영광과 권세와 존귀를 드리고 감사하며 찬양하는 모습만은 틀림없는 사실입니다. 24장로(4-5절)와 네 생물(6-7절)의 찬미(8-11절)하는 위엄과 영광을 보라는 것입니다. 24장로는 여러 해석이 있지만 구약 12지파의 족장과 신약 12사도를 상징하며 구원받은 모든 성도의 대표자라는 뜻입니다. 24장로의 주변에 있는 네 생물(사자, 송아지, 사람, 독수리)은 피조물의 대표로서 하나님을 찬양하고 있습니다. 사람을 비롯한 모든 피조물의 창조 목적은 창조주 하나님을 찬양하는데 있습니다.

(시 19:1) "하늘이 하나님의 영광을 선포하고 궁창이 그의 손으로 하신 일을 나타내는도다"

(사 43:21) "이 백성은 내가 나를 위하여 지었나니 나를 찬송하게 하려 함이니라"

찬양의 내용은 하나님의 전능성과 영원성이며 찬미의 방법은 밤낮 쉬지 않고 하는 것입니다(8절). 타락 후에 빼앗긴 찬미가 구원이후에 누려야 할 최고의 축복이 되었다는 것을 천국 보좌를 보며 알게 됩니다. 우리의 면류관(자랑과 명예)을 주님 앞에 드리며 찬양하는 것에 최선을 다합시다(10절). 절대 순종하며 경배하는 자세인 엎드려 찬양하는 모습(10절)이 우리의 찬양하는 모습이 되기를 원합니다. 영생을 사는 우리는 지상의 교회에서 천국의 보좌를 바라보며 찬양하는 특권을 받았습니다.

♦ 요한계시록 5장 성경칼럼

5절 | 장로 중의 한 사람이 내게 말하되 울지 말라 유대 지파의 사자 다윗의 뿌리가 이겼으니 그 두루마리와 그 일곱 인을 떼시리라 하더라

8절 | 그 두루마리를 취하시매 네 생물과 이십사 장로들이 그 어린 양 앞에 엎드려 각각 거문고와 향이 가득한 금 대접을 가졌으니 이 향은 성도의 기도들이라

"코드명(code name):어린 양(lamb)"

코드명(암호명)은 밝히고 싶지 않은 특정 이름이나 단어를 은밀하게 지

칭하는 것입니다. 아군끼리 통하는 암호를 통하여 작전의 비밀을 공유한다고 볼 수 있습니다. '어린 양'이란 코드명을 주고받을 때 온전하게 이해하고 전할 수 있다면 참된 복음을 아는 그리스도인이라고 인정할 수 있습니다. 그만큼 어린 양이란 뜻은 성경과 복음에 있어서 핵심단어입니다. 계시록 5장에 5번 나오는 어린 양은 바로 예수 그리스도입니다. 지금 그리스도인인 우리가 알듯이 당시의 1차 수신자들도 다 알고 있는 성자 예수님이십니다.

그러나 우리들에게는 너무 쉽게 아는 지식이 구약을 모르고 복음을 모르는 자들에게는 풀 수 없는 비밀스런 암호명이 됩니다. 어린 양인 예수님이 등장하는 5장은 4장에 비하여 역동적인 분위기를 보여 줍니다. 어린 양으로 예수님이 하신 대속의 사역이 인류 역사상 최고의 사건이기 때문입니다. 타락 장인 창세기 3장 21절에 '가죽옷'이 나오고 아벨의 제사(창 4:4)에 '양의 첫 새끼'가 제물로 드려집니다. 아담의 타락 후에 구원의 첫 출발을 어린 양으로 시작되는 것을 목격합니다. 유월절 출애굽의 구원은 어린 양의 피에 의하여 받습니다(출 12:3~7). 구약의 번제에 어린 숫양이 제물의 중심이 되는 것은 너무나 당연한 것입니다(출 29:15~18).

대속의 광경을 눈앞에서 본 것같이 묘사하는 이사야의 예언도 어린 양의 희생을 중심에 두고 있습니다.

(사 53:6~7) "우리는 다 양 같아서 그릇 행하여 각기 제 길로 갔거늘 여호와께서는 우리 모두의 죄악을 그에게 담당시키셨도다 그가 곤욕을 당하여 괴로울 때에도 그의 입을 열지 아니하였음이여 마치 도수장으로 끌려가는 어린 양과 털 깎는 자 앞에서 잠잠한 양 같이 그의 입을 열지 아니 하였도다"

성육신하신 예수님이 세례 받으러 오실 때 세례 요한은 감격에 겨워 외칩니다.

(요 1:29) "이튿날 요한이 예수께서 자기에게 나아오심을 보고 이르되 보라 세상 죄를 지고 가는 하나님의 어린 양이로다"

예수님은 세상 죄를 다 담당하셔서 죄인 대신에 죽으신 하나님의 어린 양이 되셨습니다. 6절에 나오는 '일찍이 죽임을 당한 것 같은' 어린 양이 예수님임이 증명되었습니다. 오직 어린 양이신 예수님만이 심판의 책인 두루마리의 인을 뗄 수 있는 이유이기도 합니다. 천사도 장로도 요한도 인을 뗄 수 없는데 다윗의 뿌리(육신으로 오신)이신 어린 양 예수님이 두루마리를 취하게 됩니다(5~7절).

5장에서는 4장의 찬양보다 웅장하고 찬란한 영광의 찬양이 울려 퍼집니다. 구원의 대표자인 24장로와 모든 피조물을 의미하는 네 생물의 찬양에 더 큰 무리가 참여합니다. 이 땅의 성도들의 기도가 향이 되어 금대접에 실려 보좌로 올라갑니다(8절). 새 노래로 드려지는 찬미 내용을 보면 성도들을 그리스도의 피로 사셔서 하나님께 드린 것을 감사하고 그 결과 왕 같은 제사장이 되었음을 기뻐하고 있습니다(9~10절). 이 모든 찬양의 무리를 에워싼 천천만만 천사들의 큰 음성이 엄청납니다(11절). 모든 찬양을 받으실 분은 죽임을 당하신 어린 양과 보좌에 앉으신 성부이심을 확실히 하고 있습니다(13절). 다시 오실 우리 주님은 능력과 부와 지혜와 힘과 존귀와 영광과 찬송을 받으시기에 합당하신 하나님입니다(12절).

♦ 요한계시록 6장 성경칼럼

1절 | 내가 보매 어린 양이 일곱 인 중의 하나를 떼시는데 그 때에 내가 들으니 네 생물 중의 하나가 우렛소리 같이 말하되 오라 하기로

6절 | 내가 네 생물 사이로부터 나는 듯한 음성을 들으니 이르되 한 데나리온에 밀 한 되요 한 데나리온에 보리 석 되로다 또 감람유와 포도주는 해치지 말라 하더라

"그리스도인은 스포일러(spoiler)?"

영화나 연극이나 소설 등에서 주요 내용이나 결말을 미리 이야기하여 보는 재미를 크게 떨어뜨리거나 그렇게 하는 사람을 스포일러라고 합니다. 스포일러가 지나쳐 공개적으로 하다가 작품의 흥행에 지장을 주면 법적 소송을 당해 배상할 수도 있습니다. 대표적인 작품이 브루스 윌리스가 주연한 '식스 센스'라는 영화인데 스포일러를 하면 절대 안 되는 내용입니다. 이런 약간 푼수 같은 부정적인 이미지를 가지고 있는 스포일러를 그리스도인이 현실에서 하고 있다면 무슨 설정일까요? 그것도 일개 흥미로운 어떤 작품이 아니라 인류의 종말에 대한 것이라면 심각한 일이 아닐 수 없습니다.

인류 종말에 대한 스포일러는 주님이 우리에게 맡겨 주신 사명입니다. 물론 이 스포일러를 믿지 않는 사람이 너무 많아 별 효과는 없습니다. 사람들이 잘 믿지 않는 이유 중의 하나는 그동안의 수많은 종말의 스포일러가 틀렸기 때문입니다. 예를 들어 666 짐승의 표, 세대주의 휴거설, 현실적인 지상왕국 등을 주장하는 이단들의 속임수에 역사적으로 수많은 사람들이 당했습니다. 원래의 계시록은 초대교회의 성도들이 모임에서 읽었던 쉽게 이해되는 내용이었습니다. 묵시문학이라는 장르 속에 그림언어에 익숙했던 초대교회는 요한이 본 계시를 구약(다니엘서, 에스겔서, 스가랴서 등)과 대조하여 이해할 수가 있었습니다.

마치 '세모시 옥색치마 금박물린 저 댕기가..' 라는 문장을 들으면 외국인들은 잘 모르지만 나이 지긋한 분들은 얼른 '그네'를 생각해 내듯이 말입니다. 그러나 세월이 흐르며 수많은 오석과 이단들의 난잡한 행동으로 계시록은 난해하고 헷갈리게 하는 책이 되고 말았습니다. 이제 6장에서부터 지상의 대환난에 대한 봉인이 어린 양이신 예수님께서 떼게 됩니다. 이 내용은 계시록의 구조를 알아야만 해석과 적용이 가능합니다. 계시록은 환난과 종말에 대하여 일곱 인을 떼는 것(6장)과 일곱 나팔을 부는 것(8-9장)과 일곱 대접을 쏟는(15-16장) 순서로 되어 있습니다.

여기서부터 착각이 생기기 시작하는데 이 세 가지(인, 나팔, 대접)는 같은 내용이라는 것을 알아야 합니다. 즉 일곱 재앙에 있어서 인(뗀다)은 공개 한다는 것이고 나팔(분다)은 경고의 의미이고 대접(쏟는다)은 실행 한다는 것입니다. 일곱 재앙이 반복되어 일어나는 것이 아니라 공개와 경고를 거쳐 마지막 일곱 대접의 쏟는 것만이 실제로 일어나는 재앙입니다. 그러므로 예수님의 재림과 심판도 당연히 단 한 번뿐입니다.

또한 계시록을 해석하는데 있어서 큰 벽은 이른바 '삽입광경이 중간 중간 들어가 있는 것입니다. 7장, 10-14장, 17-20장인데 심판에 대하여 다른 각도에서 구체적인 설명을 하고 있습니다. 예를 들어 6장 10절에서 '그 무서운 심판에서 누가 설 수 있습니까?'라는 의문에 7장에서 대답해 주시는 것입니다. 오직 예수 그리스도의 보혈을 믿고 의지하는 사람들은 단 한 사람도 실패하지 않고 구원받는 다는 것을 말씀합니다(7:13-17).

6장에 나오는 재앙과 환난을 보면 무섭고 두렵습니다. 이 종말의 계시는 예수님이 공생애 중에 말씀하신 복음서(마 24:1~35, 막 13:1~37, 눅 21:5~33)의 예언 내용과 비슷합니다. 백마의 기묘한 정체와 홍마의 전쟁과 흑마의 기근과 청황마의 사망이 공포스럽습니다(2-8절). 그러나 계시록을 읽고 해석하고 믿는 우리들은 종말과 심판의 해피엔딩을 알고 있는 영적 스포일러입니다. 세상의 어떤 변화무쌍한 일들도 종말을 알고 있는 믿음의 무리에게는 현실 너머의 영적 게임으로 볼 수 있는 여유를 줍니다. 구세주이신 예수님이 심판주로 오시는 그 날을 사모합니다.

♦ 요한계시록 7장 성경칼럼

4절 | 내가 인침을 받은 자의 수를 들으니 이스라엘 자손의 각 지파 중에서 인침을 받은 자들이 십사만 사천이니

14절 | 내가 말하기를 내 주여 당신이 아시나이다 하니 그가 나에게 이르되 이는 큰 환난에서 나오는 자들인데 어린 양의 피에 그 옷을 씻어 희게 하였느니라

"암탉이 그 새끼를 날개 아래에 모음같이"

예수님께서 선민 이스라엘을 향한 하나님의 오래 참으심이 얼마나 절절했는지 안타깝게 전하는 구절입니다(마 23:37). 유대인의 구원이란 주제는 성경의 굵직한 산맥과도 같습니다. 신구약은 하나님의 은혜를 패역과 배신으로 갚는 이스라엘 민족의 죄악으로 꽉 채워져 있습니다. 그토록 여러 모양으로 알아듣도록 애원하듯이 두드려도 꿈쩍도 하지 않는 모습이 신기하기까지 합니다. 심지어 하나님이신 독생자 예수님까지 죽이는 죄악을 저지릅니다. 그런데 그들의 모습이 바로 우리의, 아니 나의 모습이라는 사실에 깜짝 놀라지 아니할 수 없습니다.

포도원을 맡겨 주었더니 주제도 모르고 탐욕에 눈이 멀어 포도원 주인 아들을 죽이는 만행을 저질렀습니다(눅 20:9~18). 원래의 예언대로 하면 이스라엘 민족이나 우리는 모두 버림을 받고 지옥에 가야 할 존재입니다.

(겔 23:59) "나 주 여호와가 이같이 말하노라 네가 맹세를 멸시하여 언약을 배반하였은즉 내가 네 행한 대로 네게 행하리라"

자연인으로서의 인간은 구원받을 일을 할 수도 없고 믿음의 의지도 가질 수도 없다는 것이 성경의 전체적 결론입니다.

여기에서 '하나님의 인'이 등장합니다(2절). 여기서의 인(도장)이란 소유

권과 보증이라는 뜻으로 하나님께서 친히 주관하시고 책임지신다는 뜻입니다. 유대인의 최후적인 구원은 바로 대환난기를 통과하면서 하나님의 은혜로 회개하여 돌아오는 것을 말합니다. 이 사실은 예수님이 예언하시고(마 24:31~32) 바울이 신학적으로 정리하고(롬 12:1~12) 요한은 환상으로 계시했다(4~8절)고 볼 수 있습니다. 12지파의 144.000명의 구원받는 숫자는 상징적인 숫자로서 완전에 완전을 뜻합니다. 하늘의 숫자 3에 땅의 숫자 4를 곱한 완전 숫자 12를 자승한 144에 10을 3승한 1.000배를 하여 나온 숫자입니다.

그러므로 이 숫자는 하나님이 구원하실 자를 인을 쳐서 끝까지 구원하신다는 메시지입니다. 육적 이스라엘의 구원에 대한 숫자가 아닌 영적 이스라엘을 의미한다고 보아도 무방합니다. 이것은 구약의 일반 족보와는 다른 계시록 족보 기록 때문이기도 합니다(4-8절). 유다가 선두에 있는 것은 메시야가 나온 지파이기 때문이고 우상숭배를 가장 먼저 한 단 지파는 탈락되었는데 12제자 중에 실족한 가룟 유다와 닮았습니다. 에브라임 대신 요셉이 그 아들 므낫세와 함께 들어와 두 지파의 지분을 갖게 되고 제사장 지파인 레위가 나타난 것으로 영적 족보가 최종적으로 완성되었습니다.

이어서 나오는 이방의 구원받은 무리는 한정적인 숫자가 아닌 셀 수 없는 무한정으로 표현하고 있습니다(9절). 정결의 상징인 흰 옷을 입고 승리의 표시인 종려가지를 들고 큰 소리로 쉬지 않고 구원을 노래합니다(9-10절). 그 찬양의 내용은 '구원하심이 보좌에 앉으신 우리 하나님과 어린 양께 있도다'입니다. 찬양하는 자들의 정체를 장로가 묻고 요한이 되묻자 장로는 대답합니다. 저들은 어린 양의 피로 죄 씻음을 받아 의롭게 된 자들이 대 환란을 통과하면서 순교한 자들임을 알려줍니다(13-14절). 요한은 구원의 성격과 결과를 기술하면서 7장을 마감합니다. 보좌 앞에 살며, 성전에서 밤낮 하나님을 섬기며, 영광의 장막 아래 거하여 주님과 동거합니다. 아무 부족함 없이, 안전하게, 목자이신 어린 양 예수님의 위로와 사랑을 받는 천국이 우리 눈앞에 펼쳐져 있습니다(15-17절).

♦ 요한계시록 8장 성경칼럼

4절 | 향연이 성도의 기도와 함께 천사의 손으로부터 하나님 앞으로 올라가는지라
5절 | 천사가 향로를 가지고 제단의 불을 담아다가 땅에 쏟으매 우레와 음성과 번개와 지진이 나더라

"다른 각도에서 보기"

한 영화에서 여러 주인공이 얽혀서 다른 이야기를 만들어 가는 것이 있습니다. 1편에서는 얄미운 역할인데 2편으로 들어가니 그럴 수밖에 없는 착한 사연의 캐릭터로 그려지는 경우입니다. 영화 '인터스텔라'의 명장면은 공간은 같은데 시간이 다른 우주에서 서로 접촉할 수 없는 것의 한계를 그린 것입니다. 블랙홀을 지난 우주에서의 하루가 지구의 1년 정도 된다는 양자역학적 물리학에서 나온 설정입니다. 계시록 8장에 '지상에서의 영적 일이 하늘에서는 어떤 각도로 보여 지고 역사되는가?'에 대한 실감나는 기록이 나옵니다.

지상에서의 성도의 기도가 천상에서 어떻게 나타나는가에 대한 이야기입니다. 이 기도는 6장 10절의 순교자의 기도와는 달리 일반적 성도의 기도임이 명확합니다. 성도의 기도가 심판을 재촉하고 따라서 종말적 순서의 한 요소로 작용하고 있습니다. 천사가 금향로의 많은 향과 함께 성도들의 기도를 모아 보좌 앞 금단에 드리고 있습니다. 우리가 하나님의 뜻대로 기도할 때 천사가 가장 귀한 금 그릇에 담아 한 마디도 떨어뜨리지 아니하고 하나님 보좌 앞에 드린다는 것을 잊지 말아야 합니다.

기도는 하나님께 바쳐지는 최고의 향연이며 시간과 공간을 초월하여 역사합니다.

(막 11:24) "그러므로 내가 너희에게 말하노니 무엇이든지 기도하고 구하는 것은 받은 줄로 믿으라 그리하면 너희에게 그대로 되리라"

예수님께서 기도는 과거 현재 미래가 없다는 특성을 말씀하십니다. 지상에서는 누구도 보지 않고 듣지도 않는 기도처럼 보이지만 천국의 각도에서 볼 때 하늘의 뜻을 행하는 능력이 된다는 것을 알 수 있습니다.

천사는 향로를 가지고 번제의 단으로 돌아와 불을 취하여 향로에 담아 땅에 쏟습니다. 향기로운 기도의 향연이 이제는 하나님의 진노의 그릇으로 땅위에 쏟아집니다(5절). 우레와 음성과 번개와 지진이 일어나 불신자에게 심판이 임하게 됩니다. 이 땅에서는 신앙과 불신앙은 거기서 거기처럼 보이지만 심판 날에는 극과 극으로 나누어집니다. 계시록의 재앙 모양과 내용은 출애굽의 열 재앙(출 7-10장)과 흡사합니다. 이스라엘 백성들에게는 구원의 징표이지만 애굽 사람들에게는 멸망과 저주로 임하는 것과 같습니다.

8장에는 처음의 네 나팔이 나오는데 앞에서 언급한대로 심판이 곧 시작될 것임을 경고합니다. 첫째 나팔을 불 때 피 섞인 우박과 불이 떨어지는데 땅위에 환난을 일으키나 인명 피해는 없습니다(7절). 둘째 나팔은 바다에 대한 심판으로 삼분의 일이 피가 되고 생물은 죽고 깨어집니다(8-9절). 셋째 나팔은 물에 대한 심판이며 쓴 물은 인간에 대한 간접 심판으로 많은 사람이 죽게 됩니다(10-11절). 넷째 나팔은 일월성신 등의 천체에 대한 심판으로 삼분의 일이 빛을 잃으니 그 영향은 상상하기가 무섭습니다(12절).

여기서 끝이 아니라 세 번의 화가 남아 있다고 독수리가 외치고 있습니다(13절). 인간 죄악의 특성인 갈 데까지 가는 모습이 점진적으로 강해지는 심판의 형태로 연결됨을 경고하고 있습니다. 살벌한 경고 속에서 두려움은 엄습하지만 계시록을 읽고 지키는 자에게 복이 임한다는 약속은 강력합니다(계 22:7). 우리의 소속은 바로 여기입니다.

♦ 요한계시록 9장 성경칼럼

4절 | 그들에게 이르시되 땅의 풀이나 푸른 것이나 각종 수목은 해하지 말고 오직 이마에 하나님의 인침을 받지 아니한 사람들만 해하라 하시더라

6절 | 그 날에는 사람들이 죽기를 구하여도 죽지 못하고 죽고 싶으나 죽음이 그들을 피하리로다

"감동과 충격"

내가 할 수 있는 영역 이상의 일을 보거나 당할 때 나오는 말입니다. 계시록을 정독하고 연구하면서 절로 나오는 표현입니다. 상징과 비유로 되어 있지만 천국과 은혜의 광경을 볼 때는 감탄이 나오고 환난과 지옥의 모습을 대할 때는 한탄이 나옵니다. 9장에서 다섯째와 여섯째 나팔의 재앙을 보면서 어쩌면 불신자들이 이렇게 끝까지 패역할까라는 한탄이 나옵니다. 나아가서 불신자들을 사로잡고 있는 영적 권세의 정체를 올바로 알아야 하겠다는 생각이 듭니다. 사탄에 대한 성경의 계시는 다른 분야에 비해 적은 편입니다. 그 이유를 유추하자면 사단의 분야는 인간이 어찌할 수 없고 이해하기 어려운 영역에 있는 것이기 때문이 아닌가 싶습니다.

1절에 나오는 사탄의 기원에 대한 지식은 성경의 몇 군데에서 힌트를 주고 있습니다. '하늘에서 땅에 떨어진 별(1절)'에서 완료형을 쓴 것은 사단을 천사장의 타락으로 보는 것과 연결됩니다.

(사 14:12) "너 아침의 아들 계명성(루시퍼)이여 어찌 그리 하늘에서 떨

어졌으며 너 열국을 엎은 자여 어찌 그리 땅에 찍혔는고"

(눅 10:18) "예수께서 이르시되 사탄이 하늘로부터 번개 같이 떨어지는 것을 내가 보았노라"

(고후 11:14) "이것은 이상한 일이 아니니라 사탄도 자기를 광명의 천사로 가장하나니"

사탄의 원어의 뜻은 대적자이며 '디아볼로스(딤전 3:6, 고소자, 중상자)'로도 불립니다. 성경에 나오는 별칭을 보면 바알세불(마 12:27), 벨리알(고후 6:15), 귀신의 왕(막 3:22), 이 세상의 왕(요 14:30), 공중의 권세 잡은 자(엡 2:2), 뱀(고후 11:3), 용(계 12:3), 원수(계 13:39), 악한 자(엡 6:16), 시험하는 자(마 4:4), 속이는 자(계 12:9), 살인자(요 8:44), 거짓말 장이(요 8:44) 등등입니다. 그 신분과 성격과 역사를 볼 때 인간의 힘으로는 감당하지 못하는 존재임을 알 수 있습니다.

여기서 '무저갱'이 등장하는데 바로 사탄을 한시적으로 가두는 곳입니다(1절). 무저갱은 '땅의 깊은 곳으로서 밑이 없다'는 뜻이며 물이 없고 무섭고 혼돈하며 불타는 곳으로 지옥이나 음부와는 구별됩니다. 이곳의 문이 열려 연기 속에서 나오는 황충은 구약의 사례에서 보듯 모든 식물들을 삽시간에 전멸하는 짐승입니다. 여기에 전갈의 권세를 가지고 독으로 물어 버리니 그 공포는 최고조로 치달아 갑니다(3절). 이 사탄의 군단이 목적한 곳은 불신자로서 하나님의 인을 맞지 아니한 자들이라고 분명히 밝히고 있습니다(4절). 다른 말로 하자면 사탄의 인을 받은 자들(계 13:16)인데 그 고통이 얼마나 심한지 차라리 죽는 것을 간절히 원하는 정도입니다(6절).

여섯째 나팔의 인간에 대한 둘째 화는 불신자의 삼분의 일이 죽는 처참한 전쟁의 재앙으로 나타납니다. 18절에 나오는 불과 연기와 유황을 무엇으로 볼 수 있는지 논란이 많았지만 핵무기가 발명된 이후에는 상상하기가 쉬워졌습니다. 문제는 인구의 삼분의 일의 죽음을 보고도 회개하지 아니하는 불신자의 완고함입니다(20절). 하나님을 향하는 것이 아니라 오히려 우상을 경배하고 사람들끼리는 부도덕한 죄악(살인, 복술, 음행, 도둑질)을 더 깊이 저지릅니다(21절). 이것은 이상한 일이 아니라 당연한 것입니다. 사탄의 인을 받았다는 것은 머리(이마)의 뇌에 사탄의 생각이 세뇌되어 하나님의 말씀이 들어갈 공간을 없앤 것이고 그래서 회개할 수도 없게 되었습니다.

말씀과 성령으로 하나님의 인을 받은 진정한 그리스도인의 길을 걷는 우리의 행복에 감격과 감탄이 터져 나옵니다.

(신 6:8) "너는 또 그것을 네 손목에 매어 기호를 삼으며 네 미간에 붙여 표로 삼고"

(엡 1:13) "그 안에서 너희도 진리의 말씀 곧 너희의 구원의 복음을 듣고 그 안에서 또한 믿어 약속의 성령으로 인 치심을 받았으니"

♦ 요한계시록 10장 성경칼럼

7절 | 일곱째 천사가 소리 내는 날 그의 나팔을 불려고 할 때에 하나님이 그의 종 선지자들에게 전하신 복음과 같이 하나님의 그 비밀이 이루어지리라 하더라

10절 | 내가 천사의 손에서 작은 두루마리를 갖다 먹어 버리니 내 입에는 꿀 같이 다나 먹은 후에 내 배에서는 쓰게 되더라

"대비의 효과(대조의 위력)"

상대적인 것을 비교하여 한쪽의 선택을 유도할 때 쓰는 방법을 대비의 효과라고 합니다. 예를 극단적으로 들수록 효과는 더 좋아 집니다. 아주 옛날에 공부 안하는 자식에게 부모가 주로 하는 말이 있었습니다. '너 그렇게

공부 안 하다가는 커서 똥 푸고 산다!'입니다. 직업을 비하하는 의미도 아니고 그렇게 살라는 저주가 아니라 제 나이에 제 할 일을 꼭 해야 한다는 경고입니다. 계시록에는 이른바 삽경(삽입 광경)이라는 것이 있습니다. 재앙의 심판 중간 중간에 나오는데 7장에 이어 두 번째 삽경이 10장입니다. 9장의 불신자에게 임한 살벌하고 처참한 재앙과 대조되어 희망과 사명을 일깨우는 메시지가 나옵니다.

7장의 삽경이 천상에 올라가서 본 모습을 그렸다면 10장은 지상 교회에서 바라보는 장면입니다. 하늘에서 내려온다(1절)고 한 것은 요한이 땅위에 있기 때문입니다. 둘째 삽경은 강한 천사와 작은 책의 환상입니다. 강한 천사의 모습을 묘사한 것을 보면(1-3절) 마치 예수님처럼 묘사되지만 천사장중의 하나로 보이며 미가엘 일 가능성이 제일 높습니다. 특별히 양발로 바다와 땅을 밟고 사자의 부르짖는 것같이 큰소리로 외치는 것은 세상을 다스리는 권세를 위임받은 것을 의미합니다. 강한 천사가 창조주 하나님을 맹세하여 이른 예언은 심판을 지체하지 않겠다는 것입니다(5-6절).

일곱째 천사가 나팔을 불 때에 그 종 선지자들에게 전하신 복음대로 이루어진다고 합니다(7절). 지금 우리가 전하는 복음의 가치와 위력이 얼마나 놀랍고 결정적인 것인지를 알게 됩니다. 천사들도 살펴보기를 원하는 복음이라고 함은 구원의 최종 혜택이 천사가 아니라 신자임을 보여줍니다(벧전 1:7~12). 요한에게 주어진 작은 두루마리를 갖다 먹어 소화시키고 그것을 전하라고 합니다. 신자로서 지상에서의 사명이 성경의 내용을 전하는 것임을 알 수 있습니다(8-11절).

4절의 일곱 우레가 말한 것을 인봉하여 비밀로 두라고 하신 이유를 생각해 봅니다. 신앙의 호기심은 성숙의 에너지로 나아갈 수는 있지만 위험 부담이 클 수도 있음을 명심해야 합니다. 그보다 훨씬 중요한 일은 작은 두루마리가 의미하는 주님의 대속의 복음과 심판의 경고를 알고 믿어 전하는 것입니다. 두루마리를 먹을 때 입에는 달고 속에서 소화시키니 쓰다는 것은 복음과 심판의 성격을 알 때 이해가 됩니다. 이 쓴 맛은 구약에서는 눈물의 선지자 예레미야를 통해 보여 주셨고 신약에서는 바울이 신자를 위해 해산의 수고를 한다는 것으로 나타납니다.

두 번째 삽경을 통해 주신 은혜의 메시지는 계시록이 종말과 심판에 대한 예언만 있는 것이 아니라는 것을 깨닫게 됩니다. 지금 성경을 읽고 묵상하고 배우는 것은 작은 두루마리를 먹는 것과 같고 지켜나가는 것은 소화되어 배에서 쓰게 된 것이라는 것을 알게 됩니다. 이제 11절에 요한은 구약의 예언에 더한 최후의 예언을 많은 백성과 나라와 방언과 임금에게 전하라는 명령을 받습니다(11절). 이 명령은 마치 우리에게 계시록을 배우고 나서 이전보다 더 풍부한 복음의 내용을 전하라는 적용으로 적합합니다. 지상에서 천국의 이야기를 듣는 시간도 얼마 남지 않았음을 계수하며 복음의 사신으로 새 힘을 내야 하겠습니다.

♦ 요한계시록 11장 성경칼럼

1절 | 또 내게 지팡이 같은 갈대를 주며 말하기를 일어나서 하나님의 성전과 제단과 그 안에서 경배하는 자들을 측량하되

12절 | 하늘로부터 큰 음성이 있어 이리로 올라오라 함을 그들이 듣고 구름을 타고 하늘로 올라가니 그들의 원수들도 구경하더라

"모든 것은 들어난다"

11장은 계시록 중에서도 난해도에 있어서 최상입니다. 조금만 잘못 해

석해도 그 영향은 심히 크게 나타납니다. 세 번째 삽입광경에 해당되는 1-13절에는 성전의 측량과 두 증인의 활동이 나오고 무저갱에서 나오는 짐승(적그리스도)에 의해 두 증인이 핍박받고 죽습니다. 3일 반 뒤에 저희가 부활하고 지진이 있고 성의 일부가 무너지고 불신자의 일부가 회개하는 일이 생깁니다. 여기서 3일 반이란 시기는 상징적인 시간으로 7년 대 환란의 반인 3년 6개월이고 42개월, 1,260일, 한 때와 두 때와 반 때(계 12:14)라는 것과 동일한 기간입니다.

14절부터는 제 7나팔의 서막이 열리며 심판의 절정으로 나아갑니다. 계시록 해석은 구약의 배경을 배우지 아니하면 절대 할 수 없음을 절감하는 용어들이 11장에 많이 나옵니다. 성전안의 경배하는 자들은 측량하고 성전 바깥인 이방인 마당을 측량하는 것은 생략하라는 명령이 나옵니다(겔 40:2~4, 슥 2:1~4). 신자의 모든 행위는 주님이 철저히 보시고 재고 계신다는 것을 알 수 있습니다. 사람은 몰라도 주님은 나의 모든 예배와 헌신과 봉사를 측량하신다는 것을 알 때 더욱 성실한 열심을 낼 수 있습니다.

반대로 이방인의 마당의 일들은 보류시켜 놓으신 것을 알 수 있습니다. 불신자들의 악함에 대하여 우리가 판단하여 분내지 말고 하나님의 심판에 맡길 수 있는 여유를 가질 수 있습니다. '두 증인'에 대한 환상은 수많은 논란을 일으킨 주제입니다. 특별히 이 별칭은 한국의 이단 교주들이 애호하는 것입니다. 자신이 바로 증인이요 촛대요 감람나무라고 칭하고 숭배를 받는 이단의 역사가 이전부터 지금까지 주변에 수두룩합니다. 순진한 교인들은 이 거짓에 속아 평생을 허비하고 재산을 탕진하는 것을 많이 보았습니다.

계시록을 문자적으로만 보면 이런 엄청난 함정에 빠지고 맙니다. 두 증인의 활약은 전반기의 환난에서 능력을 나타내지만 무저갱의 짐승(적그리스도)이 나오면서 순교를 당합니다. 그런데 그 시체를 무덤에 장사지내지 못하고 모욕당하는 일이 발생합니다. 불신자(땅에 있는 자)에게 최대의 가혹과 잔인한 취급을 받는 모습이지만 이는 부활의 예비함인줄 아무도 몰랐습니다. 3년 6개월 동안을 시체로 있었던 두 증인은 이제 하나님의 생기를 받아 저희의 발로 일어서는 일이 생깁니다(11절). 그동안 조롱하며 기뻐했던 자들의 놀라며 두려워하는 모습을 상상해 봅니다.

두 선지자가 원수들 앞에서 하늘의 큰 음성을 듣고 구름타고 올라갑니다. 그 때 큰 지진이 나고 성의 십분의 일이 무너지고 칠천 명이 죽습니다. 그 후에 일어난 일은 우리에게 큰 여운을 남깁니다. 불신자들의 일부가 하나님께 영광을 돌리는 일이 나타나는데 이는 회개하는 자들이 나왔다는 것을 의미합니다(13절). 환난의 마지막 지점에서 최후 회개의 기회를 주시는 하나님의 깊은 섭리를 이해하기는 어렵지만 은혜임은 분명합니다. 두려운 마음이지만 영광의 날을 바라보는 우리 믿음의 측량이 온전히 재어지기를 소원합니다. 신자나 불신자에게나 주님 앞에서 드러나지 않을 것은 절대로 없습니다.

♦ 요한계시록 12장 성경칼럼

5절 | 여자가 아들을 낳으니 이는 장차 철장으로 만국을 다스릴 남자라 그 아이를 하나님 앞과 그 보좌 앞으로 올려가더라

11절 | 또 우리 형제들이 어린 양의 피와 자기들이 증언하는 말씀으로써 그를 이겼으니 그들은 죽기까지 자기들의 생명을 아끼지 아니하였도다

"천상과 지상이 연결되는 영적 전투"

마이클 잭슨이 부른 'Yor are not alone(당신은 혼자가 아니에요)'이란 팝송이 있습니다. 연인간의 떨어져 있는 아쉬움을 잔잔하고 감성적인 분위

기로 노래합니다. 물리적으로 떨어져 있지만 사랑의 힘으로 함께 하고 있으니 당신은 혼자가 아니라고 위로합니다. 12장을 읽으면서 이 노래가 생각난 것은 천상에서 일어나는 일과 지상의 교회는 이렇게 깊은 연관이 있기 때문입니다. 주님께서 고난 받고 힘든 교회와 성도를 향하여 결코 혼자가 아니고 함께 하신다고 말씀하십니다. 보이지 않는 천상에서 싸우는 영적 전쟁이 지상에 사는 교회와 성도들을 보호하며 승리하게 합니다.

12장에 나타난 네 번째 삽경은 교회와 사단과의 투쟁을 그리고 있습니다. 여자와 용으로 표현되고 있는데 그 느낌이 큰 격차를 냅니다. 약한 여자와 강한 붉은 용과의 전투이니 세상적인 잣대로는 상대가 안 되는 것처럼 보입니다. 9절의 대적자에 대한 여러 표현만 보아도 섬뜩할 정도로 대단합니다. 큰 용, 옛 뱀, 마귀, 사단이란 뜻은 원문대로 해석하자면 '그 용 그 큰 자', '그 뱀 그 늙은 자', '마귀', '그 사단'으로 되어 있습니다(9절). 에덴에서 하와를 유혹한 것을 시작으로 온 천하를 멸망으로 꾀는 일과 중상하는 자임을 알리고 있습니다(9절).

여기서 여자는 여러 해석이 있지만 철장으로 만국을 다스릴 아이인 그리스도를 낳았고 그 아들은 승리하여 승천하셨으니 구약의 이스라엘이라고 보는 것이 정통적입니다(5절). 물론 이 해석은 점진적인 발전을 하여 신약에서는 여자는 신약교회요 그 아들은 교회가 낳은 성도들이라고 해석합니다. 여자가 상징하는 교회는 광야로 도망하여 일천 이백 육십일(3년 6개월)동안 예비한 곳에서 양육을 받게 됩니다(6절).

지상의 상태와는 다르게 하늘에서는 치열한 영적 전쟁이 벌어집니다. 하나님의 군대 장관이라고 볼 수 있는 미가엘 천사장과 그의 사자들이 용과 그 졸개들을 이기고 땅으로 내어 쫓습니다(7-8절). 이 사단의 정체는 하나님 앞에서 믿는 형제들을 밤낮 참소하던 자라고 밝힙니다(10절). 용이 하늘에서 추방되는 승리를 가져온 이후 믿는 무리의 웅장한 찬송이 울려 퍼집니다. 승리의 능력은 믿는 형제들이 의지한 어린 양의 피와 증거 하는 말씀인 것을 알 수 있습니다(11절). 생명을 건 영적전쟁을 보혈과 말씀으로 승리합니다.

땅으로 쫓겨난 용은 자기의 때가 얼마 남지 않았다는 것을 알고 남자를 낳은 여자를 핍박합니다. 여자는 바로 유대인이며 끝까지 완고하여 회개하지 않은 탓으로 대 환난을 겪는 대가를 치르게 됩니다. 17절에서 용이 끝까지 싸울 여자의 남은 자손이 있다는 것은 끝까지 사단과 싸우며 구원받을 어떤 대상이 있음을 보여 줍니다. 구약에서는 이스라엘을 여인이라 했고 신약에서는 교회를 여인이라고 하였습니다. 약함의 대명사인 여인 같은 교회이지만 사랑하는 분이 주님이시기에 최강의 힘이 함께 하는 것입니다. 주님께 사랑받고 함께하는 보장을 받은 교회는 어느 시대이건 외롭지 않습니다. 천상에서 이미 승리한 그리스도의 이름으로 사랑받는 교회와 성도들은 오늘도 동행을 이어갑니다. 당신은 혼자가 아니에요!(You are not alone!)

♦ 요한계시록 13장 성경칼럼

1절 | 내가 보니 바다에서 한 짐승이 나오는데 뿔이 열이요 머리가 일곱이라 그 뿔에는 열 왕관이 있고 그 머리들에는 신성 모독 하는 이름들이 있더라

16절 | 그가 모든 자 곧 작은 자나 큰 자나 부자나 가난한 자나 자유인이나 종들에게 그 오른손에나 이마에 표를 받게 하고

"꿈속의 장면이나 영화의 내용이 현실이라면?"

계시록의 성경 칼럼을 쓰면서 드는 생각입니다. 꿈이나 영화는 현실이 아니어서 끝나면 안심이 되지만 계시록의 예언은 실제적으로 일어나는 일

이니 피할 재간이 없기 때문입니다. 다만 7년 대 환란의 때에 천국에 있을 것이라고 믿으면 상관은 없지만 그 시기에 지상에 있을 사람은 아찔할 것입니다 드디어 13장의 후반 3년 6개월의 대 환란이 시작되는 다섯 번째 삽입광경에 도달했습니다.

1-10절은 바다에서 나오는 첫째 짐승에 대한 것이고 11-18절은 땅에서 올라오는 둘째 짐승에 대한 환상입니다. 이 두 짐승은 흔히 용이 준 권세를 받았기에 용과 더불어 마귀의 삼위일체라고 불립니다. 첫째 짐승을 한마디로 정리하자면 압도적인 세상 권력을 의미하는데 하나님의 자리를 차지해버리는 존재입니다. 그에게 묘사된 표현과 그 능력은 마치 하나님과 예수님에게 드려진 것과 아주 흡사합니다. 용이 준 능력과 보좌와 큰 권세라는 것은 하나님에 대한 찬미와 같아 매우 익숙합니다(2절). 더 나아가 머리 하나가 상하여 죽게 된 것이 나아서 온 땅의 경배를 받는 모습은 예수님의 부활을 모방하는 것 같습니다(3-4절). 하나님을 모독하고 훼방하며 42개월의 후반 환란 기를 통치하는 천하무적의 권세를 받습니다.

어린 양의 생명책에 기록되지 못한 자들은 모두 이 짐승을 경배하게 됩니다. 이 짐승의 실체에 대한 수많은 논란이 있지만 지나간 어떤 특정한 제국적인 권력집단이나 사람으로 특정하기에는 무리가 따릅니다. 다만 다니엘서 7장의 세 짐승(표범, 곰, 사자)의 모든 것을 합한 최강의 적그리스도임은 분명합니다(2절). 성경의 마지막 제국인 로마의 유산을 이어 받은 특징이 있을 것이라는 해석도 있습니다.

땅에서 올라오는 둘째 짐승은 거짓선지자를 의미하는데 교회 내부에서 발생한 적이라고 볼 수 있습니다. 외모는 양 같은데 그 말하는 것은 용같이 위력적이어서 거의 모든 사람이 속습니다. 양의 탈을 쓴 이리 같아서 거짓 교리를 말하고 불을 하늘에서 내리는 기적적인 능력을 행하며 천하를 미혹합니다(12-13절). 심지어 부활한 짐승(적그리스도)의 우상을 만들어 생기를 주어 말하게 하고 그것을 경배하지 아니하는 자는 다 죽여 버립니다(15절).

3년 반의 후반기 대 환란 때에는 짐승의 표를 받지 아니하면 매매도 못하기에 살기가 힘들만큼 고통을 당합니다. 적그리스도를 뜻하는 666이라고 하는 짐승의 수가 무엇을 의미하는지에 대한 논란은 종말론의 주요 논제입니다. 과연 짐승의 표를 받는다는 것의 실체가 어떤 것인지에 초점이 있습니다. 짐승의 표를 이마에 받는다는 것은 생각과 신분에서 지배받는다는 것이고 오른손에 받는다는 것은 마귀의 활동을 하며 행동이 완전 통제 가운데 처하게 됨을 의미합니다.

우리가 사는 지금 이 시대에는 아직 나타나지 않았지만 계시록을 온전히 배운 자는 적그리스도를 보면 금방 알아볼 수 있을 것입니다. 예수님과 같은 부활을 흉내 내고 세상 모든 권력을 장악하고 거짓선지자의 증거를 받는 그 어떤 인격체가 나타나면 적그리스도의 출현으로 볼 수 있을 것입니다. 우주적이고 역사적인 종말의 때에 일어날 환상을 미리 보게 하신 하나님께 감사드립니다. 개인적 종말인 죽음을 언제 당할지 모르고 사는 우리도 주님 만날 준비를 항상 하고 살아야 하겠습니다. 말세지말에 지혜와 총명을 갖추어 복음의 사신으로 쓰임 받는 일군을 소망합니다.

♦ 요한계시록 14장 성경칼럼

1절 | 또 내가 보니 보라 어린 양이 시온 산에 섰고 그와 함께 십사만 사천이 서 있는데 그들의 이마에는 어린 양의 이름과 그 아버지의 이름을 쓴 것이 있더라

20절 | 성 밖에서 그 틀이 밟히니 틀에서 피가 나서 말굴레에까지 닿았고 천육백 스다디온에 퍼졌더라

"여자의 사랑, 남자의 인정"

풀어서 표현하면 '여자는 자기를 사랑하는 남자에게 자신을 바치고 남자는 자기를 알아주는 자에게 목숨을 바친다'입니다. 어린 시절 많이 들었던 말이었는데 좀 순화하여 표현해 보았습니다. 사람의 욕구 중에서 사랑받고 인정받고 싶은 것이 가장 강하다는 것을 보여줍니다. 불신자가 계시록을 볼 확률은 아주 희박할 것입니다. 그렇다면 종말의 심판과 상급을 이토록 반복하여 세밀히 알려 주시는 하나님의 본심을 짐작할 수 있습니다. 바로 자기 백성인 신자에게 굳센 믿음을 주시고 말씀을 지키게 하시려는 진의가 곳곳에 드러납니다. 이 땅의 부귀영화와 비교할 수 없는 하늘의 상급을 위해 애쓰며 인내하라는 사랑의 마음이 전달됩니다.

14장에는 여섯 번째 삽입광경이 나오는데 미래의 계시로서 그 전체 맥락이 신자에게 위로와 격려를 주고 있습니다. 불신자의 심판의 처절함과 신자의 구원의 영광을 대비함으로서 흔들리는 약한 신앙인들에게 새 동기부여를 하고 있습니다. 1-5절의 시온 산에 어린 양으로 나타나신 주님과 구원의 무리인 144,000명의 영광된 모습은 우리가 밤낮으로 사모하는 광경입니다. 이제는 단순히 하나님의 인을 받은 것(계 7장)에서 나아가 그 이마에 어린 양의 이름과 그 아버지의 이름을 쓴 것이 있습니다. 이것은 모든 핍박을 이긴 자라는 표식입니다. 큰 소리로 위엄 있고 아름다운 찬양을 드리는 하늘의 찬양은 신앙의 승리에 대한 개가라고 볼 수 있습니다(2-4절). 이 새 노래를 배워 부를 수 있는 자의 숫자에 들어가는 영광을 바라봅니다(3절). 그 조건(4-5절)이 어렵더라도 의지를 드리면 주님께서 인도해 주실 것입니다.

둘째 천사가 전해준 큰 성 바벨론의 무너짐의 모습은 세상 권세의 멸망을 보여줍니다(8절). 여기서의 바벨론은 1차적으로는 로마 제국이지만 불신과 부도덕한 대도시의 상징입니다. 이 시대의 찬란하고 황홀한 대도시의 타락한 문화가 거품처럼 사라질 것을 예언하는 환상입니다. 낮보다 밤에 절경을 자랑하고 차고 넘치는 대도시의 모습은 인간이 얼마만큼 타락할 수 있는지를 보여주는 것입니다.

셋째 천사는 정치와 종교의 대권을 잡은 적그리스도의 표를 받은 자의 멸망과 저주를 선포합니다. 섞인 것이 없는 진노의 포도주를 마신다는 것은 조금도 감할 것이 없는 심판을 받는 것이며 그 고난은 불과 유황이고 밤낮 쉬지 않고 영원히 지속됩니다(9-11절). 성도들이 믿음을 지킨다는 것은 하나님의 뜻인 계명을 지키고 예수님을 배신하지 않는 것이며 이는 인내의 열매가 없이는 어려운 일입니다(12절).

성도에게 주님의 계속적인 격려와 약속이 주어지는 가운데 천사에게는 불신자들에 대한 최후의 추수를 명령합니다. 예리한 낫을 휘둘러 땅의 포도를 거둬 틀에 던지니 피가 어마어마하게 흐릅니다. 직경 1,600스다디온(340km)에 퍼졌다고 했는데 이는 팔레스틴 길이와 같은 것입니다. 서울과 부산의 직선거리가 294km라고 하니 그 피의 양과 심판받은 사람의 숫자는 완전 숫자로 보면 됩니다. 주님의 일을 하다가 주님 안에서 죽는 일(13절)의 복락이 얼마나 고맙고 감사한 일인지를 확인하게 됩니다. 계시록은 다른 사람이 아닌 나를 위해 주어졌다는 고백이 절로 나오게 합니다. 나를 사랑하고 알아주시는 주님께 감사를 드립니다.

♦ 요한계시록 15장 성경칼럼

1절 | 또 하늘에 크고 이상한 다른 이적을 보매 일곱 천사가 일곱 재앙을 가졌으니 곧 마지막 재앙이라 하나님의 진노가 이것으로 마치리로다

7절 | 네 생물 중의 하나가 영원토록 살아 계신 하나님의 진노를 가득히 담은 금

대접 일곱을 그 일곱 천사들에게 주니

"상대에 따라 상대를 선정하다"

정상적인 모든 대결은 같은 수준에서 상대를 결정하도록 되어 있습니다. 크게는 나라간의 의전에서 그러하고 작게는 회사의 협상 파트너를 정할 때도 그렇게 합니다. 성경 전체에서 성도를 대하는 영적 파트너를 굳이 정하자면 황송하게도 삼위일체 하나님입니다. 구약에서 하나님이 함께 하신다고 했고 신약에서는 예수님과 성령님께서 우리와 동행하신다고 하셨습니다.

(사 41:10) "두려워하지 말라 내가 너와 함께 함이라 놀라지 말라 나는 네 하나님이 됨이라 내가 너를 굳세게 하리라 참으로 너를 도와주리라 참으로 나의 의로운 오른손으로 너를 붙들리라"

(요 14:16) "내가 아버지께 구하겠으니 그가 또 다른 보혜사를 너희에게 주사 영원토록 너희와 함께 있게 하리니"

이것을 실제적으로 신자의 삶에 적용할 때는 하나님의 현현이라고 할 수 있는 하나님의 말씀이 우리와 함께 한다고 볼 수 있습니다. 그러면 인간과 함께 유이한 영물인 천사는 어느 수준이며 그 상대는 누구일까요? 천사는 인간과의 관계로 볼 때 맞상대가 아닌 것으로 나옵니다.

(히 1:14) "모든 천사들은 섬기는 영으로서 구원 받을 상속자들을 위하여 섬기라고 보내심이 아니냐"

여기서의 천사는 하나님을 대적하여 천상에서 쫓겨난 천사장 루시엘(루시퍼, 사단)이 아니라 하나님이 쓰시는 사역자로서의 천사를 말합니다.

15장에서 최후의 환난인 일곱 대접을 쏟을 준비를 하는데 등장한 주인공은 바로 천사입니다. 즉 사탄과 마귀와 적그리스도와 그 수하와 짐승의 인을 맞은 불신자들의 상대자는 하나님이 아니라 천사라는 사실입니다. 타락한 천사가 사탄이 되었으니 이제 마지막 심판은 하나님의 명령을 받은 천사가 위임을 받아 실행을 하게 되는 것입니다. 사탄은 하나님의 맞상대가 안 된다는 사실을 알 때 우리 신자의 존귀함과 함께 사탄을 주님의 이름으로 이길 수 있는 권세도 갖게 됩니다.

구원받은 무리들이 유리 바닷가에서 하나님의 거문고를 가지고 찬양하는 광경이 나오는데 찬양의 내용은 바로 우리가 찬양할 것과 같습니다. 구약에서 출애굽 하여 홍해를 건너고 나서 부른 모세의 어린 양의 노래가 그림자라면 계시록의 모습은 구원의 완성을 찬양한 것이라고 볼 수 있습니다(3절). 모세의 때나 지금이나 종말의 마지막 때나 오직 구원은 전능하시고 거룩하신 하나님께 있음을 찬양하고 있습니다(3-4절). 증거 장막의 지성소에는 법궤와 그룹이 있었는데 그 곳의 일곱 천사가 마지막 사명을 위해 나오는 것을 보게 됩니다(6절). 세마포 옷을 입고 가슴에 금띠를 띤 네 생물중의 하나가 하나님의 진노를 가득히 담은 금 대접을 일곱 천사에게 전달합니다(7절).

네 생물은 이전에 말씀드린 대로 온 피조물을 대표하는 존재입니다(계 4장). 피조물들 스스로가 종말을 재촉하는 예언을 이루고 있는 것입니다.

(롬 8:21~22) "그 바라는 것은 피조물도 썩어짐의 종 노릇 한 데서 해방되어 하나님의 자녀들의 영광의 자유에 이르는 것이니라 피조물이 다 이제까지 함께 탄식하며 함께 고통을 겪고 있는 것을 우리가 아느니라"

모든 피조물이 종말의 심판을 바라고 있다는 사실은 우리의 생각이 미치지 못하는 신비로운 지식입니다

오직 죄를 즐기는 인간만이 종말을 반기지 아니하며 심판을 애써 잊으며 살아가는 것을 알 수 있습니다. 8절에 나오는 성전에서 나오는 연기는

하나님의 영광과 능력을 의미합니다(사 6:3~4). 하나님의 심판이 끝나기 전에는 어느 누구도, 하늘에 있는 거민들까지 하나님께 접근이 금지됩니다. 엄위하신 주님을 향한 우리의 사랑은 가볍고 버릇없는 사랑이 아니라 경외하는 자세를 갖춘 고귀한 사랑입니다.

♦ 요한계시록 16장 성경칼럼

1절 | 또 내가 들으니 성전에서 큰 음성이 나서 일곱 천사에게 말하되 너희는 가서 하나님의 진노의 일곱 대접을 땅에 쏟으라 하더라

13절 | 또 내가 보매 개구리 같은 세 더러운 영이 용의 입과 짐승의 입과 거짓 선지자의 입에서 나오니

"하늘을 보다, 땅을 보다, 그리고 인간을 본다"

가을의 파랗고 높은 하늘에 뜨문뜨문 있는 흰 뭉게구름이 참 멋집니다. 멀리 보이는 산과 무성한 숲은 언제나 자리를 지키는 변함없는 약속의 상징입니다. 흙과 바람과 동식물의 어우러짐은 조금도 지루할 틈이 없는 창조주의 선물로 주어진 것입니다. 타락한 세계도 볼수록 한없는 감탄이 쏟아지는데 타락전의 에덴동산은 얼마나 좋았을까요? 더 큰 상상은 우리가 갈 천국의 신천신지인데 얼마나 멋지고 아름다울지 설레며 기대합니다.

피조물의 세계에 재앙의 일곱 대접이 쏟아지는 16장에 다다르게 되었습니다. 마지막 일곱째 재앙의 결과가 각 섬도 없어지고 산악도 간 데가 없다니 얼마나 큰 심판인지 알 수 있습니다 (20절). 처음 네 가지 대접이 쏟아질 때 재앙이 단숨에 땅과 바다와 강과 천체에 내려집니다. 하늘과 땅에 그토록 아름답고 듬직하게 펼쳐졌던 자연 만물이 환난을 받게 되는 이유는 단 한 가지입니다. 바로 '인간의 죄' 때문입니다. 대접을 쏟는 마지막 재앙은

나팔 재앙의 경고가 더욱 강화되어 짐승(적그리스도)이 지배하는 세계에서 짐승을 따르는 사람에게 임하게 됩니다.

애굽의 권세자가 악착같이 아홉 번째 재앙까지 버티고 회개하지 않은 것처럼 종말의 심판에도 끝까지 패역한 자들이 있음을 보여 줍니다. 오히려 하나님의 이름을 비방하며 흠집을 내며 모독하는 악함에 비통함을 감추기 어렵습니다(9절). 짐승의 추종자가 되는 순간 회개의 기회도 거의 없음을 보여주는 장면입니다(21절). 다섯 번째 대접이 쏟아지는 짐승의 왕좌는 적그리스도의 자리이며 그 재앙이 얼마나 심한지 혀를 깨물 정도입니다.

여섯 번째 재앙이 임하는 유브라데는 큰 강이라고 설명하는데 이는 실제적으로 전쟁의 요충지라는 뜻입니다. 강물이 말라서 사탄의 군대가 최후의 결집을 용이하도록 합니다. 악신과 마귀를 상징하는 개구리 같은 세 영의 입으로부터 악한 군세의 총출동령을 발동합니다. 이 세 영은 '용과 짐승과 거짓 선지자'로서 마귀의 삼위일체라고 볼 수 있습니다. 최후의 전쟁이 벌어지는 아마겟돈은 므깃도 산과 그 평야로서 구약에서 수없이 많은 결전이 벌어진 상징적인 장소입니다. 여기서 상징적이라고 함은 마지막 전쟁의 실제적인 결전 장소가 어디일지 추론만 할 수 있다는 뜻입니다.

마지막 일곱 번째 대접을 공중에 쏟음으로 '되었다'라는 큰 음성과 함께 사단의 영역이 와해되는 것을 보게 됩니다(17절).

(벧후 3:10) "그러나 주의 날이 도둑 같이 오리니 그 날에는 하늘이 큰 소리로 떠나가고 물질이 뜨거운 불에 풀어지고 땅과 그 중에 있는 모든 일이 드러나리로다"

하나님 능력의 표현인 번개와 음성들과 우렛소리와 큰 지진이 일어납니다(18절). 세속적인 권력을 가진 만국의 성들이 무너지고 종교적인 바벨탑

격인 바벨론이 맹렬한 진노의 포도주 잔을 받습니다(19절).

보기에 화려함을 추구하는 종교는 타락한 음녀 바벨론으로 가는 발작버튼을 누르는 것이기에 조심해야 합니다. 영원할 것 같았던 자연이 사라지고 맙니다(20절). 불신자들에게는 하늘로부터 한 달란트 무게의 어마어마한 우박이 떨어지는데 한 개의 무게가 50~60kg입니다. 오늘도 특별한 소유(말 4:17)가 되어 보호와 인도함을 받아 거룩과 영광에의 길을 가게 하신 주님을 더욱 의지합니다.

♦ 요한계시록 17장 성경칼럼

2절 | 땅의 임금들도 그와 더불어 음행하였고 땅에 사는 자들도 그 음행의 포도주에 취하였다 하고

14절 | 그들이 어린 양과 더불어 싸우려니와 어린 양은 만주의 주시요 만왕의 왕이시므로 그들을 이기실 터이요 또 그와 함께 있는 자들 곧 부르심을 받고 택하심을 받은 진실한 자들도 이기리로다

"짐승과 음녀 vs 어린 양과 신부"

계시록에서 선과 악의 관련성과 결과를 보여주는 매치입니다. 17장과 18장은 마지막 삽입광경으로 일곱 번째입니다. 17장은 바벨론의 멸망의 원인을 다루고 짐승과 음녀를 통한 사탄의 역사를 보여 주고 있습니다. 짐승이 적그리스도의 별칭이라면 음녀는 타락한(간음한) 여자를 의미합니다. 하나님을 배역하는 정신적인 음녀가 되면 그 다음은 자연스럽게 도덕적 퇴폐 가운데 향락함으로서 전면적인 음녀가 되고 맙니다.

구약적인 표현으로의 음녀는 이교적 우상숭배를 하는 것으로 나옵니다.

그러나 신약적인 음녀는 적극적으로 세상과 더불어 짝이 되어 하나님을 대적하며 살게 됩니다. 이것은 인간의 죄악의 뿌리에서 나온 것이지만 말세지말에는 외부의 강제적 힘에 의하여 끌려가게 됩니다. 술 취한 사람이 자기 통제를 못하듯이 큰 음녀가 주는 음행의 포도주에 취하면 벗어날 길이 거의 없다고 보면 됩니다. 세상 권력을 혼합한(많은 물위에 앉은, 1절) 종교적 음녀의 세속적 영광은 묘하게 하나님의 영광을 모방합니다.

붉은 빛 짐승을 탄 음녀의 모습을 보면서 어떤 생각이 드십니까?

(4절) "그 여자는 자주 빛과 붉은 빛 옷을 입고 금과 보석과 진주로 꾸미고 손에 금잔을 가졌는데 가증한 물건과 그의 음행의 더러운 것들이 가득하더라"

세상적인 호화로움과 사치와 쾌락과 고급스러움으로 꾸미고 하나님을 떠나 우상을 숭배하고 음행을 부추기는 모습이 보입니다. 죄의 속성 중의 핵심이 '블랙홀' 성질입니다. 이것은 중독성보다 훨씬 강하여 끊을 틈도 없이 빨려 들어가는 위력을 가지고 있습니다. 지금까지 인간이 물리적으로 발견한 원리 중에 이보다 강한 힘은 없습니다. 죄에게 노출되지 않을 수는 없지만 죄에 유혹되어 내민 손을 잡는 순간 음녀 바벨론의 블랙홀에 휘감겨 들어가는 것이 인간의 실제상황입니다.

큰 음녀의 비밀 정체가 드러나는데 큰 바벨론이고 땅의 음녀들과 가증한 것들의 어미라고 합니다(5절). 요한이 자세히 보니 이 여자가 순교자(성도와 예수의 증인)의 피에 취해 있다고 합니다(6절). 사단의 편으로 볼 때는 성도를 핍박하여 죽이는 개가를 얻은 것으로 볼 수 있습니다. 일시적이지만 얼마나 기고만장하여 교만했을지 눈에 선합니다. 종말적 세상권력들은 한 뜻으로 일치단결하여 능력과 권세를 다해 짐승에게 봉사합니다(13절).

그러나 저들은 어린 양과 성도들에게 패배합니다. 여기서 어린 양은 하나님이심(만주의 주시요 만왕의 왕)을 분명히 합니다(14절). 또한 성도들에 대한 묘사(함께 있는 자, 부르심을 받은 자, 택하심을 받은 진실한 자)는 우리의 정체와 능력을 확실히 합니다(15절). 이 전쟁의 패배 후 악의 세력들은 분열하게 됩니다.

(16절) "네가 본 바 이 열 뿔과 짐승은 음녀를 미워하여 망하게 하고 벌거벗게 하고 그의 살을 먹고 불로 아주 사르리라"

결국 하나님의 뜻에 의해 분열과 파멸도 이루어진 것이라고 정확히 말씀합니다(17절). 승리를 보여 주시고 신앙의 담력을 입히시는 주님을 찬양합니다.

♦ 요한계시록 18장 성경칼럼

3절 | 그 음행의 진노의 포도주로 말미암아 만국이 무너졌으며 또 땅의 왕들이 그와 더불어 음행하였으며 땅의 상인들도 그 사치의 세력으로 치부 하였도다 하더라

10절 | 그의 고통을 무서워하여 멀리 서서 이르되 화 있도다 화 있도다 큰 성, 견고한 성 바벨론이여 한 시간에 네 심판이 이르렀다 하리로다

"빠른 성공, 소년 급제의 위험"

쉽게 이룬 것이나 어릴 때 출세하여 부와 명예를 차지했는데 아차 하는 순간 그 모든 것을 잃어버리기 쉽다는 경고입니다. 빠른 성공을 위해서는 악마와도 손을 잡는 것이 세상의 조류입니다. 사탄과 짝하는 바벨론의 위력은 1차적으로는 로마제국이고 종말적으로는 적그리스도의 통치입니다. 역사 기록에 의하면 당시의 로마는 세계 경제력의 9할을 차지했다고 하니 현실적으로 그 앞에 굴복하지 않을 재간이 없을 것입니다.

바벨론의 거대한 세력에 협력하고 동참하여 이익을 나눈 세 집단(만국, 땅의 왕들, 땅의 상인들)은 심판도 함께 받습니다(2-3절). 땅의 왕들은 범죄에 직접 참여하여 음행하고 상인들은 바벨론의 사치생활을 공급하며 치부하였습니다. 그들의 무너짐과 형벌은 하나님이 세우신 갑절의 복수 법에 의하여 이루어집니다(6절). 자기를 영화롭게 하고 사치한 만큼 고통과 애통함으로 갚아 주겠다고 하늘의 음성은 선언합니다(7절). 하나님의 은혜를 외면하고 죄악의 세력에 동참하여 성공의 열매를 누린 자들의 심판 시기는 갑자기 닥치는 것을 보게 됩니다.

8절의 '하루 동안에 이른다'는 말은 원어에 보면 '일시 간에 닥친다'는 뜻입니다. 10절과 17절에는 '한 시간'에 바벨론에 심판이 임한다고 하여 더욱 긴박함을 선언합니다. 인간이 자랑하는 대도시는 사망과 애통과 흉년이 임하는데 이는 전쟁 시에 겪는 환난입니다. 현대문명이 지향하는 부요와 사치와 음란의 문화는 바벨론의 행태를 그대로 물려받은 것으로 종말의 심판을 받을 것입니다. 애통하는 노래가 들리는데 이미 때는 늦었습니다(9절). 땅의 상인들이 팔지 못해 쓸모없어진 상품 목록들을 여기에 장황하리만큼 열거하는 이유는 무엇일까요? 지금 이 시대에도 품명은 다르지만 속성은 같은 존재에게 마음과 영혼을 빼기는 사람들을 경고하기 위해서입니다.

총 28가지이며 7종류로 나누고 한 종류 당 4가지를 나열하고 있습니다. 이 품목들을 오늘날의 용어로 각각 만들어서 생각해 보는 것도 유익할 것입니다. 귀금속 보석류(금과 은과 보석과 진주), 사치품 의류(세마포와 자주 옷감과 비단과 붉은 옷감), 사치스런 실내 가구 품(향목과 각종 상아 그릇이요 값진 나무와 구리와 철과 대리석으로 만든 각종 그릇), 고급 향료류(계피와 향료와 향과 향유와 유향), 식료품(포도주와 감람유와 고운 밀가루와 밀), 가축과 승용 물(소와 양과 말과 수레), 몸들과 영혼들(종들과 사람의 영혼들, 탐하는 과실과 빛난 것들)입니다.

하늘을 놓치고 땅에 연연하여 사는 자들의 망함과 대비되는 신자의 축가는 찬란합니다(20절). 한 힘센 천사가 바다에 던지는 큰 맷돌 같은 돌은 바벨론에게 임한 심판이 돌이킬 수 없음을 선포합니다. 순교자들의 피에 대한 대가는 세상의 그 어떤 소리와 일도 들리지 않고 보이지 않는 마지막 심판임을 알려 줍니다(22-23절). 성도와 순교자의 땀과 눈물과 피는 절대로 헛되지 않았습니다(24절).

♦ 요한계시록 19장 성경칼럼

11절 | 또 내가 하늘이 열린 것을 보니 보라 백마와 그것을 탄 자가 있으니 그 이름은 충신과 진실이라 그가 공의로 심판하며 싸우더라

20절 | 짐승이 잡히고 그 앞에서 표적을 행하던 거짓 선지자도 함께 잡혔으니 이는 짐승의 표를 받고 그의 우상에게 경배하던 자들을 표적으로 미혹하던 자라 이 둘이 산 채로 유황불 붙는 못에 던져지고

"예수님의 모습을 말씀해 보세요"

누가 나에게 이런 질문을 한다면 어떻게 대답하시겠습니까? 어린 시절 성탄절에 교회 가서 만났던 아기 예수님이 생각날 수도 있습니다. 성경을 읽고 신앙생활을 한 사람은 기적을 행하신 주님과 십자가에 죽으신 예수님과 부활하시고 나타나신 예수님도 말해 줄 수 있을 것입니다. 그러나 우리처럼 계시록을 정독묵상하고 연구한 신자라면 재림하실 때의 주님 모습을 말해 줄 수 있습니다. 예수님이 심판주로 재림하실 때의 모습이 11-16절에 나와 있습니다.

우리 모두 수도 없이 읽으면서 머리와 가슴에 새기고 정확하게 전달할 수 있는 실력을 가지시면 참 좋겠습니다. 주님의 재림이 있기 전에 먼저 나오는 1-8절까지의 하늘의 찬송은 하나님의 계시의 원리입니다. 결과를 보고나서 찬양하는 것이 아니라 전능하신 하나님을 절대 신뢰하기에 선불처럼 찬양하고 있습니다. 구약에서 그토록 많이 보았던 '할렐루야(하나님을 찬양하라)'란 단어가 신약에서 여기에만 4번 나옵니다. 구원의 완성 단계를 절대 기뻐하는 모습을 나타내고 있다고 볼 수 있습니다.

천사들의 찬양(1-3절)과 24장로와 네 생물이 찬양(4절)하고 하늘의 큰 무리들이 최고의 찬양(5-8절)을 올리고 있습니다. 성도들에게 의의 세마포 옷을 입혀 주셔서 옳은 행실을 할 수 있도록 하신 하나님을 즐거워하고 크게 기뻐하며 영광을 돌리고 있습니다(7-8절). 9-10절의 천사와 요한과의 대화는 다시 한 번 우리와 천사와의 관계설정을 확인해 줍니다. 천사, 혹은 어떤 위대한 사람의 업적이 아무리 찬란해도 우리가 숭배할 대상은 아니며 우리가 경배할 분은 오직 하나님 한 분입니다.

11절의 하늘이 열린 것은 전에 열린 하늘 문(4:1)이나 성전의 문이 열린 것(11:19)과 다른 주님과 그 군세가 나오기 위해 '하늘 자체'가 열린 것입니다. 계시록에는 주님의 모습이 몇 군데 나오는데 1장에서는 일곱 교회에 보여주신 여러 영광의 모습을 볼 수 있고 5장에서는 죽임 당한 어린 양으로, 14장은 추수하는 주인으로 나옵니다. 그러나 19장의 예수님은 하늘의 모든 군대를 관할하는 절대 권세의 대장수로 오십니다. 초림의 예수님은 구원주로 오셨지만 재림의 주님은 만왕의 왕이시고 만주의 주인 심판주로 오십니다.

자기밖에 알 수 없는 이름을 면류관에 새기신 주님의 심판은 두 가지의 무기로 실행됩니다. 첫째, 입에서 나오는 예리한 검은 그의 말씀입니다.

(살후 2:8) "그 때에 불법한 자가 나타나리니 주 예수께서 그 입의 기운으로 그를 죽이시고 강림하여 나타나심으로 폐하시리라"

둘째, 철장(쇠 지팡이)으로 다스린다는 것은 아무도 절대 저항할 수 없는 권세를 가리킵니다. 모세가 가진 나무지팡이가 일시적 치리권을 나타냈다면 예수님의 철장은 만국의 완벽한 지배권을 의미합니다.

(계 12:5) "여자가 아들을 낳으니 이는 장차 철장으로 만국을 다스릴 남자라 그 아이를 하나님 앞과 그 보좌 앞으로 올려가더라"

18장에서 짐승이 음녀를 멸절했다면 이제 예수님의 재림 심판으로 두 짐승인 적그리스도와 거짓 선지자가 산채로 유황불 붙는 못(지옥)에 던져집니다(20절). 그들을 따르던 나머지 무리들도 죽어 비참하게 새들의 먹이 감이 됩니다(21절). 어른이 되어서 어머니를 생각할 때 어릴 때 나에게 무조건적으로 잘해 주던 것만 생각한다면 버릇없는 불효자가 될 가능성이 있습니다. 우리가 구원주 만 생각하고 재림하셔서 심판하실 예수님을 생각하지 않는다면 경건치 못한 신앙을 가질 가능성이 있습니다. 심판주로 오실 주님을 사모하고 기다리며 근신하여 신실한 신앙생활로 나아가기를 소원합니다.

♦ 요한계시록 20장 성경칼럼

2절 | 용을 잡으니 곧 옛 뱀이요 마귀요 사탄이라 잡아서 천 년 동안 결박하여
6절 | 이 첫째 부활에 참여하는 자들은 복이 있고 거룩하도다 둘째 사망이 그들을 다스리는 권세가 없고 도리어 그들이 하나님과 그리스도의 제사장이 되어 천 년 동안 그리스도와 더불어 왕 노릇 하리라

"과정은 복잡했지만 결론은 단순 합니다"

20장의 최후의 심판을 보며 드는 감상입니다. 본장에는 음녀와 짐승의

심판에 이어 그들의 총수인 사탄과 그를 따르는 자들이 최후에 심판받는 장면이 나옵니다. 또한 성경 전체에서 유일하게 천년왕국이 7번 언급되는데 성도들의 무한한 축복으로 주어집니다. 1-3절에 나오는 사탄의 결박과 일시적인 풀어줌의 모습은 신비한 영적세계의 사건이기에 신비롭습니다. 무저갱의 열쇠와 큰 쇠사슬을 가진 천사가 하늘로부터 내려와서 용을 잡았습니다(1절). 이 용을 옛 뱀, 마귀, 사탄이라고 했는데 사단 명칭의 총집합이고 그 정체의 공개이기도 합니다.

천사가 누구인지는 분분하지만 하나님의 위임을 받은 것만은 분명합니다. 사탄을 임시 감옥 인 무저갱에 천년 동안 감금하고 만국을 미혹하지 못하게 하는 동안 특별한 성도들이 그리스도와 함께 천년 동안 왕 노릇하게 됩니다. 여기서 특별한 성도들에 대한 설명이 자세히 나옵니다. 심판하는 권세를 가진 그들은 예수를 증언함과 하나님의 말씀 때문에 목 베임을 당한 자들의 영혼들입니다. 또한 짐승과 그의 우상에게 경배하지 아니하고 그들의 이마와 손에 그의 표를 받지 아니한 자들이어서 살아서 그리스도와 더불어 천년 동안 왕 노릇하게 됩니다(4절).

이들은 첫째 부활에 참여한 자들로서 복이 있고 거룩한 자들이라고 하며 둘째 사망은 그들과 상관없다고 합니다(5-6절). 이 천년왕국의 논쟁은 지금도 결론이 나지 않았습니다. 천년이란 숫자를 문자적으로 볼 것이냐 아니면 상징적으로 해석할 것이냐는 것부터 접점이 안 되어 있습니다. 교회 시대를 천년왕국으로 보는 무천년설이 있고 예수님 재림의 전후에 따라 전천년설, 후천년설이 있습니다. 이 세 가지 천년왕국 이론은 모두 강점과 약점을 가지고 있어 짧은 지면으로 어찌 설명할 수가 없습니다. 하지만 성경에 분명히 있기에 어느 것에 마음이 두는 것보다 경건한 마음으로 주께서 실현시킬 그 왕국을 대망하는 신앙을 가지면 될 것입니다.

드디어 천년이 차서 사탄이 그 옥에서 나와 땅의 사방에서 백성을 모아 최후의 '곡과 마곡의 전쟁'을 일으킵니다(7절). '아마겟돈 전쟁'은 사탄 휘하의 짐승과 땅의 왕들이었지만 곡과 마곡의 전쟁은 사탄이 직접 지휘하게 됩니다(8절). 바다 모래같이 무수한 사탄의 무리들이 지면에 널리 퍼져 성도들의 진과 사랑하는 성을 에워쌉니다. 아마겟돈에서는 그리스도의 입에서 나오는 예리한 칼로 멸하셨지만 이번에는 하늘에서 내려온 불로 소멸합니다(9절). 이 불의 심판이 성경전체에서 주는 의미는 하나님의 직접 심판을 뜻합니다. 마귀가 불과 유황 못(지옥)에 던져지고 먼저 들어가 있던 짐승과 거짓선지자와 함께 예비 되었던 영원한 처소에 거하게 됩니다(10절).

11절부터 나오는 마지막 심판을 백(흰)보좌 심판이라고 합니다. 땅과 하늘이 피하여 없는 상태(11절)이니 보이는 세계가 없어진 새로운 차원의 영적세계에서 일어나는 심판입니다. 첫째 부활에 참여한 자들을 제외하고 죽은 자를 포함한 전 인류의 모두를 심판하게 됩니다. 생명책에 녹명된 신자는 영생의 길로 가고 불신자는 자기 행위가 기록된 책에 따라 영벌에 보내집니다(12절). 사망과 음부도 불못에 던져진다는 둘째 사망은 그 곳에 있는 사람들이 불못에 가니 사망과 음부도 사라지고(14절) 신천신지가 시작되는 것입니다.

(눅 10:20) "그러나 귀신들이 너희에게 항복하는 것으로 기뻐하지 말고 너희 이름이 하늘에 기록된 것으로 기뻐하라 하시니라"

♦ 요한계시록 21장 성경칼럼

1절 | 또 내가 새 하늘과 새 땅을 보니 처음 하늘과 처음 땅이 없어졌고 바다도 다시 있지 않더라

22절 | 성 안에서 내가 성전을 보지 못하였으니 이는 주 하나님 곧 전능하신 이와 및 어린 양이 그 성전이심이라

"천국과 지옥, 중간은 없습니다"

인간이 죽음을 앞두면 마지막 최종 관심이 내세임은 명확합니다. 내세는 인간이 상상해서 만들어내는 것도 아니고 뭇 종교의 선동으로 믿는 막연한 그 무엇도 아닙니다. 오직 창조주이시며 심판자이신 하나님의 계시인 성경만이 내세를 보여 줄 수 있습니다. 내세는 지옥과 천국의 두 세계만 있습니다. 다른 무엇을 제시하는 것이 있다면 성경과 맞지 않기에 속지 말아야 합니다.

20장까지 모든 심판이 끝나면서 지옥의 상태와 거기에 가는 대상자를 보여 주었습니다. 이것은 즉흥적으로 이루어진 것이 아니라 구약과 신약에서 수도 없이 예언된 것이 성취된 것입니다.

(마 25:41) "또 왼편에 있는 자들에게 이르시되 저주를 받은 자들아 나를 떠나 마귀와 그 사자들을 위하여 예비된 영원한 불에 들어가라"

지옥은 사탄과 마귀와 그 수하인 짐승과 음녀와 불신자들(왼편에 있는 무리)이 들어갑니다.

이제 21장에 들어서면서 새 하늘과 새 땅의 외관과 새 예루살렘의 모습과 그 안의 생활이 마지막 환상으로 보여 집니다. 요한이 본 이 내용은 묵시문학의 상징주의로 기록되었다는 것을 전제로 하여 해석해야 합니다. 천국의 실제 모습이 이와 똑같을 것이라고 생각하면 안 된다는 뜻입니다. 예를 들어 1절에서 하늘과 땅은 새롭게 이루어졌는데 '바다는 다시 있지 않더라'라고 한 것은 바다의 상징성 때문입니다. 바다가 제거된 것은 짐승의 주소요 거처라는 의미가 있기에 악한 세력이 없는 천국을 보여 주는 것입니다(계 13:1).

2절에서 신부를 상징하는 새 예루살렘성이 내려오는데 다른 곳과는 다른 형용사인 '거룩한'을 붙이고 있습니다. 교회가 새 예루살렘인 신부가 되었으니 거룩한 남편인 예수님과 같은 반열로 영화롭게 되었음을 선포하는 것입니다. 이 신분을 가진 교회(성도)는 이제 그토록 사모하던 하나님과 함께 있는 구원의 결과를 누리게 됩니다. 구약에서 그의 백성에게 언약한 것이 실재(사실, fact)가 되는 것이 천국입니다.

(레 26:12) “나는 너희 중에 행하여 너희의 하나님이 되고 너희는 내 백성이 될 것이니라”

이 세상의 불행을 상징하는 눈물도 없고, 죽음도, 애통함도, 곡하는 것도, 아픈 것도 없는 새 세계가 전개됩니다. 7절에서는 진전된 반복으로 하나님께서 신앙의 승리를 이룬 우리를 친히 ‘내 아들’이라고 부릅니다. 이와 대비로 8종의 어둠의 악인들의 죄악과 심판을 열거하면서 신앙의 분발을 촉구합니다(8절). 거룩한 성 새 예루살렘의 묘사는 당시의 최고 그림과 문자의 동원하여 완벽한 영광스러움을 알리고 있습니다(10-21절).

21장에서는 천국에 없는 네 가지를 전합니다. 하나님과 어린 양이 성전이니 ‘보이는 성전’은 필요 없습니다(22절). 하나님의 영광이 비취고 어린 양이 등이 되시니 해와 달이 필요 없고 시간이 없는 영원한 세계가 열리는 것입니다(23절). 낮에 ‘성문의 닫힘이 없다’는 것은 출입이 완전 자유하게 되어 모든 속박에서 벗어난 것을 의미합니다(25절). 또한 ‘밤이 없다’는 것을 성문을 닫지 않는 이유로 말씀하는데 이는 악한 것이 일절 없고 날의 경계도 없어졌음을 뜻합니다(25절). 어린 양의 생명책에 기록된 나의 이름을 확인하며 천국을 사모하는 일상이 되길 소원합니다.

♦ 요한계시록 22장 성경칼럼

7절 | 보라 내가 속히 오리니 이 두루마리의 예언의 말씀을 지키는 자는 복이 있으

리라 하더라

20절 | 이것들을 증언하신 이가 이르시되 내가 진실로 속히 오리라 하시거늘 아멘 주 예수여 오시옵소서

"천국에 가면 어떤 일이 있을까?"

우리는 정말 궁금해서 이 질문을 하지만 이 대답을 하기 위한 목적으로 계시록이 쓰여 지지는 않았습니다. 구원과 회개와 심판과 상급에 대한 내용이 주된 메시지입니다. 설혹 천국에 대한 계시를 한다고 해서 시공간의 축이 전혀 다른 인간이 온전히 이해하기는 어려울 것입니다. 다만 보이는 세계와는 다른 차원의 무한하고 영원한 영적세계를 보여주면서 소극적으로 지상의 모든 문제가 해결된 것을 보여 줍니다(21:3~4). 하나의 예로 천국에는 바다가 안 보인다고 나오는데(계 21:1) 바다를 좋아하는 사람이 천국은 별로라고 생각할 수도 있습니다. 인간의 수준으로는 딱 이렇게 오해하기가 쉽다는 뜻입니다.

정확한 사실은 천국은 인간이 가장 좋은 무엇을 상상하든 무조건 그 이상입니다. 1절에 나오는 하나님의 보좌로부터 나오는 수정처럼 맑은 생명수의 강은 에덴동산으로부터 발원된 네 강(창 2:10~15)이 연상됩니다. 타락한 인간의 실낙원으로 불 칼로 지켜 접근 불가능했던 에덴동산이었지만 이제 생명나무 열매를 먹을 수 있게 되었습니다. 12가지 실과가 달마다 맺히고 그 잎사귀는 만국을 치료하기 위해서 있다는 것은 이 세상의 결핍과 질병들이 해결된 상태를 의미합니다.

여기서 천국은 에덴동산을 회복한 차원으로 해석하면 안 됩니다. 에덴동산은 선악과가 있어서 타락할 가능성을 가지고 있었지만 천국은 '다시는 저

주가 없는 곳(3절)'이라고 못 박아 말씀하고 있습니다. 천국의 절정은 하나님과 어린 양의 보좌를 바라보며 주님을 섬기고 얼굴을 볼 수 있는 것입니다. 물리적인 빛도, 어둠의 밤도 없이 주 하나님의 빛을 받아 우리가 세세토록 왕 노릇하는 생활입니다(4~5절). 여기서 왕 노릇한다는 것은 지상의 개념으로 우리 밑에 누구를 지배하여 욕망을 채운다는 뜻이 아닙니다. 왕자 권이 가진 속성인 속박당하지 않는 진정한 자유와 영광을 누린다는 의미입니다.

이제 계시록의 신실성과 가치에 대한 증언이 나옵니다. 천사를 통해 들려진 주님의 재림의 약속은 미래형이 아니라 현재형으로 되어 있습니다. '내가 속히 오리니(7, 11, 20절)'라는 말씀은 벌써 오시고 있다는 뜻입니다. 이 책의 예언을 인봉하지 말고 공개하라는 말씀은 종말이 가깝기 때문이라고 하십니다(10절). 여기서 비극적인 장면을 그리고 있는데 예언의 말씀이 공개되어도 불의한 자와 더러운 자는 고쳐지지 않는다는 말씀입니다(11절). 예언의 말씀을 듣고 지키는 자들의 상급과 권세와는 다르게 성 밖에 내쳐지는 저주의 사람들을 끝까지 경고합니다.

(15절) "개들과 점술가들과 음행하는 자들과 살인자들과 우상 숭배자들과 및 거짓말을 좋아하며 지어내는 자는 다 성 밖에 있으리라"

정말 조심할 것은 마지막에 있는 '거짓말을 좋아하며 지어내는 자'이며 앞선 죄악보다 더 적극적인 악을 의미합니다. 계시록의 마지막은 주님의 스스로의 증명과 이에 대한 요한이 대표한 신자의 응답으로 나타납니다. 계시록의 예언의 말씀은 절대 더하거나 빼면 저주를 받는다는 것을 잊지 말아야 합니다(18~19절). 저도 부족하지만 계시록 칼럼을 쓰면서 이 명령을 지키려고 최선을 다했다는 것을 고백합니다. 종말과 심판에 대한 진정한 우리의 고백은 초대교인들이 예배의식마다 했던 이 고백입니다. 마라나타 아멘! [아멘 주 예수여 오시옵소서!(20절)]

부록

경건 생활과 영적 열매를 위한 도구(tool)

1. 목적

그리스도인으로서 경건생활에 몸부림친 분들이 많을 것입니다. 열정과 성실을 위한 도구로서 3가지를 만들었습니다. 제자훈련을 할 때 사용한 것입니다. 우등생은 20-30% 정도 되지만 성장과 성숙에 도움을 주는 것은 분명합니다. 사정에 맞게 편집해서 사용하셔도 좋습니다. 각 도구를 매월 한 장씩 사용하도록 되어 있어 실천에 미흡하더라도 새 달에 다시 도전할 수 있는 장점이 있습니다. 멘토와 멘티 관계를 맺거나 영적 교제 권을 형성해서 사용하면 더욱 효과를 볼 수 있습니다.

2. 사용법

① 개인 경건 Ten-step 점검표

학습과 성숙과 실천의 항목을 10가지 단계로 일기처럼 점검하는 것입니다. 다 채우기보다 매일 영적 감각을 위해 씨름한다고 생각하고 시작하면 됩니다. 매월 도전하면서 성숙의 사이클을 높여가면 좋겠습니다.

② **나의 기도세계**

은혜의 방편인 기도를 온전하고 규칙적으로 할 수 있는 도구입니다. 기도의 대상과 기도의 내용을 확실히 하여 기도할 수 있습니다. 매일 체크하며 기도하고 1개월 단위로 새로운 전환이 가능합니다. 기도의 응답을 확인함으로 주님과의 깊은 영적 관계를 체험하게 됩니다.

③ **3015 구령운동**

신앙생활의 면류관인 전도를 능력 있게 하는 도구입니다. 30은 1달을 의미하고 15는 전도의 실행을 말합니다. 한 달 동안 전도대상자 1명을 향하여 기도하고 전도하는 것입니다. 2명이면 2장을 사용하면 됩니다. 매월의 결과를 보고 다음 달로 연장해 나가면 됩니다.

3. 부언

도구를 만들기 어려운 분은 저자에게 e-메일을 보내 신청하시면 파일로 보내 드리겠습니다.

e-mail : kmj-0245@hanmail.net

이라 너희 안에서 착한 일을 시작하신 이가 그리스도 예수의 날까지 이루실 줄을 우리는 확신하노라" (빌 1:5-6)

202 년 월 성명 :

개인경건 Ten-Steps 점검표

Step / 일자(요일)		학 습			실 천				성 숙			
		①성경읽기 (시간,내용)	②기도,찬양 (시간,장소)	③예배,모임	④교제 (양육,상담)	⑤복음전도	⑥봉사.헌신	⑦생업성실도 (최선,평범,미흡)	⑧희생,인내	⑨약속,신뢰	⑩비전,확인	♦ 나의 비전 ♦
1												
2												
3												
4												
5												
6												
7												♦ 나의 기도 ♦
8												
9												
10												
11												
12												
13												
14												
15												♦ 나의 태신자 ♦
16												
17												
18												
19												
20												
21												
22												
23												
24												♦ HELPER 평가 ♦
25												
26												
27												
28												
29												
30												
31												

나의 기도세계

"우리 가운데서 역사하시는 능력대로 우리가 구하거나 생각하는 모든 것에
더 넘치도록 능히 하실 이에게 교회 안에서와 그리스도 예수 안에서
영광이 대대로 영원무궁하기를 원하노라 아멘" (엡 3:20-21)

구분	이름 or 내용	응답 내용
전도대상자		
연약한자		
사역자		
가족		
영적 목표		
육적 필요		
기타		

일	체크
1	
2	
3	
4	
5	
6	
7	
8	
9	
10	
11	
12	
13	
14	
15	
16	
17	
18	
19	
20	
21	
22	
23	
24	
25	
26	
27	
28	
29	
30	
31	

202 년 월 기도자:

3015 구령운동 (개인전도 카드)

♦ **전도자 :** 성명 ( ) 소속 ( )

♦ **태신자 :** 성명 ( ) 전화 ( )
주소 ( )

집중 기도 30번

회	월/일	기도 시간	확인
1			
2			
3			
4			
5			
6			
7			
8			
9			
10			
11			
12			
13			
14			
15			
16			
17			
18			
19			
20			
21			
22			
23			
24			
25			
26			
27			
28			
29			
30			

접촉 및 전도 15번

회	월/일	방법 (전화, 문자, 방문)	결과 (예배, 모임, 등록)
1			
2			
3			
4			
5			
6			
7			
8			
9			
10			
11			
12			
13			
14			
15			

“내가 천국 열쇠를 네게 주리니…”(마 16:19)

MEMO

MEMO

MEMO

성경과 함께 읽는 성경1장 칼럼 5권 (마가복음-요한계시록)

1판 1쇄 발행 2023년 12월 31일

지은이 김명제

편집 이새희
마케팅 • 지원 김혜지

펴낸곳 (주)하움출판사 **펴낸이** 문현광

이메일 haum1000@naver.com **홈페이지** haum.kr
블로그 blog.naver.com/haum1000 **인스타** @haum1007

ISBN 979-11-6440-491-9 (94230)

좋은 책을 만들겠습니다.
하움출판사는 독자 여러분의 의견에 항상 귀 기울이고 있습니다.
파본은 구입처에서 교환해 드립니다.